勐腊县克木语及其使用现状

Kemu Language and Its Use Status in Mengla

戴庆厦　主编

Edited by **Dai Qingxia**

作者　中央民族大学　戴庆厦
中国社会科学院　陈国庆
云南民族大学　余金枝
山西大同大学　王跟国
中央民族大学　李春风　黄　平
黔南民族师范学院　余成林
北京语言大学　朱艳华
中国传媒大学　范丽君
勐腊县教师进修学校　依论刚
泰国清莱皇家大学　THANYALAK SAELIAO
老挝南塔师范学院　THONGBAY SIVILAY

Authors
Minzu University of China：Dai Qingxia
Chinese Academy of Social Sciences：Chen Guoqing
Yunnan University of Nationalities：Yu Jinzhi
Shanxi Datong University：Wang Genguo
Minzu University of China：Li Chunfeng　Huang Ping
Qiannan Normal College for Nationalities：Yu Chenglin
Beijing Language University：Zhu Yanhua
Communication University of China：Fan Lijun
Yunnan Mengla Teacher Training School：Yi Lungang
Chiangrai Rajabhat University：THANYALAK SAELIAO
Luangnamtha Teacher College：THONGBAY SIVILAY

商务印书馆
The Commercial Press
2012年·北京

图书在版编目(CIP)数据

勐腊县克木语及其使用现状/戴庆厦主编.—北京:商务印书馆,2012
(新时期中国少数民族语言使用情况研究丛书)
ISBN 978-7-100-08695-0

Ⅰ.①勐…　Ⅱ.①戴…　Ⅲ.①孟高棉语族—语言调查—调查研究—勐腊县　Ⅳ.①H61

中国版本图书馆CIP数据核字(2011)第215656号

MĚNGLÀXIÀN KÈMÙYǓ JÍQÍ SHǏYÒNG XIÀNZHUÀNG

勐腊县克木语及其使用现状

戴庆厦　主编

商　务　印　书　馆　出　版
(北京王府井大街36号　邮政编码 100710)
商　务　印　书　馆　发　行
北京瑞古冠中印刷厂印刷
ISBN 978-7-100-08695-0

2012年4月第1版　　开本 787×1092　1/16
2012年4月北京第1次印刷　　印张23　插页4

定价: 46.00元

课题组成员在中老边境磨憨口岸合影

（前排从左到右：依论刚、余金枝、THONGBAY SIVILAY、戴庆厦、THANYALAK SAELIAO、朱艳华、李春风；后排从左到右：黄平、范丽君、余成林、陈国庆、王跟国）

目　　录

Contents

第一章　绪论

本书是中央民族大学"985 工程"创新基地语言中心"中国少数民族语言国情调查"系列丛书之一。该系列丛书旨在深入、具体、科学地认识我国少数民族语言的使用现状及其演变，为语言学学科建设提供新的养料，并希望能为国家制定民族语文政策提供参考。

本课题主要以使用人口较少的少数民族语言——克木语为研究对象，尽可能将跨境语言克木语目前的使用现状描述清楚，并解释其在现代化进程中语言使用功能的变化。课题组希望这一成果能帮助读者更好地认识克木人的语言使用问题，思考对这样一种在我国使用人口很少的跨境语言应该采取什么样的对策。

本章主要介绍以下内容：论述选题意义，介绍全书主要内容和调查方法，说明语料如何处理等。

第一节　研究意义

在中国，克木人是一个归为布朗族的独立群体。这个群体有自己的语言、有相对聚居的分布地、有共同的族群认同感。克木人在我国境内只有 3000 多人，但在老挝、泰国、缅甸、越南等地却是一个人口比较多的民族。特别是在老挝，克木族是第二大民族，人口有 50 万之多。

在中国的现代化进程中，像克木人这样一个人口很少的群体，又是分跨几个国家的跨境群体，其语言保留得如何，是否有衰变的现象，语言接触对克木语产生什么样的影响，克木语的语言本体和语言功能产生哪些变化，其演变趋势又将如何，这些问题的解答，将有助于进一步认识克木语的特点，为南亚语系的语言研究以及揭示语言普遍规律提供新的材料。还有助于国家对语言国情的了解，为制定语言文字政策和民族政策提供来自田野调研的第一手材料。

跨境语言调查研究的重要性已经成为学界的共识，但现有的研究成果不多。为此，中央民族大学"985 工程"创新基地语言中心把跨境语言作为一个重要的研究领域，设立跨境语言研究系列项目，计划对我国所有跨境语言逐一进行调查研究。克木语的跨境研究是继阿卡语、拉祜语之后的第三个案例调查研究项目。

从语言学的角度看，克木语是孟高棉族中的一种有特点的语言，其语音系统丰富、复杂，有"一个半音节"词，在现有孟高棉族诸语言中克木语的"一个半音节"系统保留较为完整；固定音高正处于萌芽状态，语法上也有许多独特之处。这些特点对南亚语的历史比较以及类型学研究都是非常有价值的。

总之，研究克木语不仅具有学术价值，而且也有重要的应用价值。

本课题的研究对象是分布在我国云南省勐腊县的克木语，之所以选取这个点，主要是因为勐腊县是克木人主要聚居区，而且它又紧邻老挝克木族的分布区。弄清这一地区的克木语状况，将为下一步赴老挝调查该国境内的克木语提供可参照的语言材料，并有利于对中国、老挝两国克木语的比较研究。

本书中的材料大部分都是课题组通过田野调查收集到的第一手材料，书中的观点和分析是基于所调研到的第一手材料而形成的理性认识。

第二节 研究过程

本课题调查研究的过程大致分以下几个阶段：

一、课题筹备

经过近一年的筹备，中央民族大学、中国社会科学院、云南民族大学、泰国清莱皇家大学、老挝南塔师范学院等三个国家五个单位组成了克木语研究课题组，先由课题组中的戴庆厦（中央民族大学教授）、陈国庆（中国社会科学院副研究员、博士）、余金枝（云南民族大学副教授、博士）、余成林（黔南民族师范学院副教授、中央民族大学博士生）、朱艳华（中央民族大学博士生）、范丽君（中央民族大学博士生）、王跟国（北京语言大学博士生、山西大同大学教师）、李春风（中央民族大学博士生）、黄平（中央民族大学博士生）、THANYALAK SAELIAO（中央民族大学泰国籍博士生桐柏）、THONGBAY SIVILAY（中央民族大学老挝籍博士生刘玉兰）11位成员，赴云南勐腊县进行中国境内克木语的调查，然后全组成员再赴老挝南塔省调查，完成跨境语言克木语的全部调查研究。

二、实地调查

2011年1月初，课题组成员陆续来到云南省勐腊县，对分布在该地的克木语本体结构和语言使用功能进行调查研究。课题组选择勐腊镇曼迈村和尚勇镇王四龙村为个案，进行深入的调查。课题组进到村寨后，除了从面上了解该村的社会情况和语言情况外，还选取部分克木人家进行穷尽式的调查统计。此外，还参加了村民的集庆活动，如上新房庆典，以观察群众的语言使用情况和民俗民情。为了了解不同层次克木人的语言能力，课题组设计400个基本词汇对不同年龄段的克木人进行测试，以观察他们母语能力的差异。

除了调查语言使用功能，课题组还对当地克木语的语音、词汇、语法进行了全面调查，包括记录2000个常用词、长篇语料、基本语法材料，整理、归纳语音系统，描述克木语的基本语法特点。

三、书稿撰写

拟出全书编写提纲，并做出具体人员的分工安排。在完成基本材料的收集整理之后，课题组立即转入书稿编写。材料不足的，课题组另行安排时间下村补充调查，要求初稿在离开实地调查点之前全部完成。

第三节 调查设计

本节主要介绍全书的调查方法、语言能力的划分、年龄段的划定等几个问题。

一、调查方法

本选题成败的关键是能否收集到充分的有价值的第一手材料。为此，课题组在总结以前几次调查研究经验的基础上，根据本课题的研究需要，结合勐腊县克木语使用的实际情况，采用了以下几种调查方法：

（一）访谈法

克木语的使用情况对每一个课题组成员来说都是一个未知数，能否对克木语使用情况有个大致的了解，是本课题调查研究的第一步。为此，入住勐腊县城的当天，课题组就根据调查需要确定访谈的相关人员，如县民宗局局长岩晓、曼迈村村长波依康叫、曼迈村小学的克木人教师依金等人。通过对他们的调查，课题组对勐腊县克木语的使用情况有了基本的了解。

（二）量化统计法

语言使用情况的调查需要有客观的数字依据。为此，课题组成员来到个案调查点勐腊镇曼迈村和尚勇镇王四龙村，选取了村寨中的大部分克木家庭，并入户对这些家庭成员的语言使用情况进行穷尽性调查，统计出克木人不同年龄段使用母语和兼用语的人数及比例，以及其他民族兼用克木语的数据等，为认识克木人语言使用情况提供量化的认识。

（三）细心观察法

语言是人们日常生活中最重要的交际工具，不同场所、不同对象、不同交际内容的语言选用往往体现一种语言的活力和语言使用者的语言观念、语言态度。为此，从进入克木人村寨的第一天起，课题组成员就细心地观察每一个语言使用的场景。如：到曼迈村调查，一下车看到了闲聚在当地小吃凉粉摊上的该村村民，课题组就及时走上前去与他们交谈，了解他们的民族成分、语言使用情况，关注他们交谈选用什么样的语言。就这么一个无意碰到的场景，通过观察和调查，课题组获得了一些有价值的语言信息。在曼迈村村民岩甩侄女上新房的酒席庆宴上，细心地观察了与课题组成员同桌吃饭的两个克木人岩甩和波依康叫的语言使用情况，发现了这两个中年克木人的本民族口头语言使用水平的差异。课题组就是这样从所目睹的每一个语言使用场合中，从所遇到的每一个语言使用者那里，有心地、细心地采集课题组所需要的语言使用信息。

（四）多学科综合法

本课题虽然是以语言学的研究方法为主，但要对个案进行全方位的描写和深入的分析，还需要吸取民族学、文化学、民俗学等学科的有关知识和方法，从而得出科学的结论。曼迈村克木语的使用现状与这个村的地理位置、经济发展、文化教育、民族关系、民族成分构成等多种因素密切相关，所以深入研究克木语必须综合运用多种学科的方法。

（五）核心词汇测试法

词汇可以分为核心词和非核心词两类。核心词是一种语言中较为稳固的、使用频率较高的词汇。掌握核心词的多少直接影响到语言使用水平的高低。为了观察不同年龄段克木人语言使用水平的差异，课题组结合克木语的特点设计了“克木语 400 词测试表”，作为测试克木人母语使用能力的依据。

这 400 词表是从 2000 多个常用词汇中挑选出来的。400 词表挑选的标准是：

1. 克木人大多会说的基本词汇。如：自然现象类的天、地、月亮、星星、风、雨、火等；动物类的马、牛、猪、鸡、鸭、鱼等；身体部位类的眼睛、鼻子、耳朵、肩膀、手、脚、腿、肚子等；人物称谓类的男人、女人、姑娘、孩子、父亲、母亲、女儿、媳妇等；工（用）具类的铁锅、梯子、扫帚、钥匙、板凳等；动词类的看、听、咬、吃、说、笑、哭等，以及性状类的高、低、圆、轻、重、多、少等。

2. 不收现代的外来借词，即使是在日常生活中已普遍使用的。如：电视、电话、手机、汽车、公路等，因为从这些词无法测出克木人使用母语的真实水平。

3. 不收在现代生活中已逐渐不用的词。如：妾、麻风病等。

词的掌握能力分为四级：A、B、C、D。A 级：能脱口而出的。B 级：需想一想说出的。C 级：经测试人提示后，测试对象想起的。D 级：虽经测试人提示，但测试对象仍不知道的。

400 词测试综合评分的标准是：(1) A 级和 B 级相加的词汇达到 350 个以上的，语言能力定为“优秀”，即能较好地掌握克木语。(2) A 级和 B 级相加的词汇在 280—349 个之间的，语言能力定为“良好”，即基本掌握克木语。(3) A 级和 B 级相加的词汇在 240—279 个之间的，语言能力定为“一般”，即克木语的使用能力出现轻度衰退。(4) A 级和 B 级相加的词汇在 240 个以下的，语言能力定为“差”，即克木语的使用能力出现严重衰退。

二、语言使用水平等级划分的说明

语言能力包括听、说、读、写四项能力，但对于无文字的克木语来说，则只能从听、说两个方面来考察克木人的语言能力。克木人的语言使用除了自己的母语外，还兼用汉语、傣语等其他民族的语言。所以，语言使用水平的等级划分，除了母语外还有兼用语。根据调查对象的听、说能力，将其语言能力分为三个等级：熟练、略懂、不会。三个等级的划定标准为：

1. 熟练：听、说能力俱佳，日常生活中能够自如地运用该语言进行交际。

2. 略懂：听、说能力均为一般或较差，或听的能力较强，说的能力较差。

3. 不会：听、说能力均较低下或完全不懂。

三、关于年龄段的划分

根据曼迈村和王四龙村克木人母语和兼用语的使用情况，以及九年制义务教育对克木人使用语言的影响，本书把调查对象分为四个年龄段：青少年段（6—19 岁）、青壮年段（20—39 岁）、中老年段（40—59 岁）、老年段（60 岁以上）。由于 6 岁以下儿童（0—5 岁）的语言能力不稳定，所以本书只统计 6 岁（含 6 岁）之上的调查对象。少年的年龄段从 6 岁划到 19 岁，是因为这个年龄段的克木人正在接受学校教育，在语言使用上具有不同于其他年龄段的特点。如：有部分人改变母语习得顺序，在家庭用语上既选用母语，又选用汉语，他们的汉语能力比母语能力强。20—39 岁的克木人，大多接受过学校教育，母语和汉语能力都很好。40—59 岁的克木人，大多数人除了兼用汉语以外，还兼用了傣语，母语的使用水平比兼用语好。60 岁以上的克木人，汉语水平大多比较差。这样划分年龄段，能体现语言使用能力的代际差异。

第二章 概况

第一节 人口分布与支系划分

克木人是一个跨境而居的群体，主要分布在老挝、越南、泰国、中国、缅甸、柬埔寨等国，总人口 70 万左右。① 在中国，归入布朗族；在国外，都划为单一民族。

中国境内的克木人自称 kə muˀ“格木”，意为“人、人民、人们”，他称为 khə muˀ“克木”、“克慕”。当地汉族称之为“岔满”，傣族称之为“卡克木”。

在中国，克木人分布在云南省西双版纳傣族自治州的景洪市和勐腊县，人口 3291 人(2008 年)。勐腊的克木人主要居住在勐腊镇的曼迈村、曼岗村，勐满镇的曼暖远村、曼蚌索村，尚勇镇的王四龙村、中南西村、东洋村，勐捧镇的曼种村、回结村、回伞村等地。景洪市克木人居住在嘎洒镇曼咪村、曼香班村、曼回龙村、曼播一组、曼播二组、曼罗金村、曼吕村等地。

中国境内的克木人依据历史来源的不同分为克木仂、克木老和克木交三个支系。“克木仂”指世代居住在西双版纳的克木人，“仂”为“勐仂(今西双版纳)”意；“克木老”指从勐老(今老挝)迁入的克木人。克木仂和克木老两个支系均分布在勐腊县境内。“克木交”指从交趾(今越南)迁入的克木人，分布在景洪市。

在老挝，克木人约有 50 万，仅次于老族，是老挝第二大民族。在老挝境内，老族把属于南亚语系孟高棉语族的各族群体统称为“卡”(kha)人。克木族被称为“卡克木”，主要分布在老挝北部的乌多姆塞、琅勃拉邦、南塔、丰沙里、桑怒、万象、波齐、沙耶武、川圹、甘蒙等省。老挝克木族分五大支系：达迈霍(tə mɔːi xɔː)、达迈仂(tə mɔːi lɯ)、达迈乌(tə mɔːi u)、达迈困(tə mɔːi khuɛːn)、达迈别(tə mɔːi mɛt)。“达迈”(tə mɔːi)是各支系间的互称，意为“外来的”、“非本族群的”。其中，达迈乌在上述各省中均有分布。达迈仂仅分布在南塔省和乌多姆塞省。

泰国的克木人被称为“卡”(kha)，意为“山地居民”，约有 65000 人。据说源自老挝或缅甸，有的随泰国商人来到泰国经商，有的越过湄公河来到泰国北部的柚木林场当工人后定居。主要集中在泰国北部的难府和清莱府以及乌太他尼府山区。

越南克木人约有 6 万人，是越南 54 个民族之一，按人口数量排列在第 23 位。越南克木族

---

① “克木”在中国习惯称为克木人，属于布朗族。在老挝、越南等国是单一民族，也称克木族。为统一称呼起见，本书均称“克木人”。

被称为“摩依”(moi)意思是“土著”,亦被称为“萨考人”,后来称为“舍”人。主要分布在越南北部的义安省和河静省的湘阳县、圻山县,莱州省的巡教县、奠边县及黄连山省的文振县,在山罗省、老街省和清化省也有少量分布。

柬埔寨境内的克木人约有2000人,主要分布在上厂省北部山区。

缅甸克木人主要分布在与中国、泰国交界的掸邦东北部山区,人数不详。

第二节 历史源流

一、克木人的创世纪神话

任何民族都有自己的创世纪神话,并且世代流传,经久不衰。在克木人中同样流传着一个关于民族起源的传说。相传,在远古时期,天上挂着七个太阳,大地炙热如火。终于有一天,大地万物被太阳烤焦,纷纷燃烧起来。大火过后,洪水泛滥,世间一片汪洋,有两兄妹正在洪水中挣扎,突然从远处漂来一只大鼓,兄妹二人便藏于鼓中,随洪水漂浮。他们不时敲鼓听声以测是否靠岸,他们敲了七天七夜,鼓都不响。直到第八天,鼓敲响了,兄妹二人知道鼓已靠岸,便从鼓中爬出,登陆上岸。他们采摘野果充饥,之后沿着东西方向相背而行,寻找异性作为配偶,寻了九日,没有结果。一日,兄妹二人忽听一只德哥鸟(似白头翁)在树上叫道:“德哥哥,帕勒玛什勒哥。”意思是大地上已无其他男女,兄妹婚配,合情合理。他们听从神鸟的安排结为夫妇。女的怀孕七年,生下一个葫芦。夫妻将葫芦放于家中,白天照常到山上打猎,采摘果实。一日,他们上山归来,忽听屋内人声嘈杂,二人便躲在门外偷听,发现声音是从葫芦里传出来的,他们把铁尖烧得红彤彤的,戳穿葫芦,克木人出来了;又钻了一个洞,佤族出来了。里面还有说话的声音,嗡嗡的。夫妻俩用大刀劈开了那个葫芦,出来了傣、汉、布朗、拉祜、哈尼等很多民族。

这个神话反映了克木人朴素的民族和谐观。他们认为,无论汉族、傣族还是佤族、布朗族、拉祜族、哈尼族等民族,都是从一个葫芦里走出来的,他们都拥有共同的祖先,各民族应团结一致。

二、历史来源

克木人只有自己的语言,没有文字,其历史除了有一些汉文、泰文、傣文的文献记载外,大多是以神话、传说、故事的形式流传于民间。这些口传历史,难以确切考证,只能作为追溯历史的参考。

据汉语史料《左传释例》记载:“建宁郡南有濮夷,无君长总统,各以邑落自聚,故称百濮。”《华阳国志·南中志》载:“永昌郡有闽濮、鸠僚、僄、越、裸濮、身毒之氏。”其中“濮夷”、“阅濮”、“裸濮”所指濮人应包括古时居住在云南省南部至老挝北部地域的克木人以及佤族、布朗族、德昂族等孟高棉族群。建宁郡在滇池地区至滇东一带,其南即滇南。永昌郡包括今保山、德宏、临沧、普洱、西双版纳等地。

唐人《蛮书》卷四记载："茫蛮部落，并是开南杂种也。茫是其君之号，蛮呼茫沼。"茫蛮部落居住在包括我国境内的保山、临沧、普洱、德宏、西双版纳以及缅甸东北部、老挝北部和越南西部等广阔区域。

《蛮书》中的蛮人和《左传释例》中提到的濮人居住的区域基本相同，可据此推断蛮人即濮人。《蛮书》卷六载："开南城在龙尾城南十一日程，……茫乃道并黑齿等十部落皆属焉。"开南城在景东，为南诏开南节度治所。西双版纳古称"勐仂"，也称"勐乃"，"茫乃"疑为"勐乃"的异读音。由此可以判断在唐朝之时，西双版纳就居住着克木、佤、布朗、德昂等"百濮"之人。

《元志·地理志·威楚路》载："开南州，昔朴、和泥二蛮所居也。……至蒙氏兴，立银生府，后为金齿白蛮所陷，移府治于威楚。"又载："威远州，在开南州西南，……昔朴、和泥二蛮所居，……其后金齿白夷蛮酋阿只步等夺其地。"

又据《镇源府志》载："古西南极边地，濮、洛杂蛮所居，唐代南诏蒙氏为银生府之地。其后金齿白夷所夺之，宋时大理段氏莫能复"。"威楚"即今楚雄，"威远"即今景谷；"朴"、"濮"，即克木人、佤族、布朗族、德昂族等孟高棉族群；"和泥"即今哈尼族；"洛"即今拉祜族；黑齿、白夷为傣族。

以上史料说明西双版纳自古便是多民族的聚居地。在唐朝以前，"百濮"之众，如克木人、佤族、德昂族、布朗族先民就已经在这里繁衍生息。至于傣、哈尼、拉祜等民族都是在唐朝之后迁入的。

克木人认为他们的先人是西双版纳最早的土著。传说中说，克木人的先人有过辉煌的历史，克木古国曾经繁荣一时，都城建于广补法，以磨歇盐井为经济贸易中心，设有 12 个行政区域。当时的首领叫峨朵朵，副首领叫召达闷，下设召补主、召补沙、召补敏、召补满四大寨主和夯亚、夯牛、达里、达董（即竖、韧、铁、铜）四大将军。拥有矛兵一万，弓弩手十万，长矛及箭头均用毒汁熬过，见血封喉。都城中有一眼圣水井，士兵喝了圣井水，就有大象般的气力，兵将身上画有咒符和文身，刀枪不入。

后来，召勐交（越南王）派兵攻打克木人的都城广补法。克木人居高临下御敌，远用滚石，近用弓弩。交人久攻不下，便施诡计，驱羊 3000 做前导，羊角点上棉蜡条，趁黑夜进攻，企图利用羊群引诱克木人放尽滚石，然后拥兵齐上，一举攻克都城，殊不知克木人的滚石阵分三层，砸倒羊群的只是第一层滚石，当交兵杀到城门之下时，第二层和第三层滚石如山洪般滚滚而下，交兵惨败而归。

克木人还有些历史传说，叙述他们历史上怎样沦为傣族统治者的奴隶或仆人。这些历史故事和传说，反映了克木人在西双版纳这片土地上已有较长的历史。

三、民族迁徙

在研究没有文字的民族历史时，我们不得不从该民族居住地其他民族的历史中寻找可供参考的资料。克木人的先人与布朗族、佤族、德昂族的先人同属“百濮”之列，即古孟高棉族群，且目前克木人的分布区域同样生活着佤族、布朗族、德昂族、傣族、佬族等东南亚各民族。因此克木人的迁徙史亦可以从这些民族的迁徙史中寻找些许踪迹。

学术界一般认为，历史上，在中国云南南部及东南亚地区曾发生过三次大规模的由北向南的民族迁徙浪潮。第一次迁徙中，来到东南亚的民族属于南岛语系。我国著名人类学家林惠祥先生认为这些民族可能与中国东南地区的“百越”有关。第一次迁徙沿东西两线同时进行，东线由闽粤沿海经台湾到达菲律宾群岛；西线由印度支那到达苏门答腊岛，分布在马来群岛的印度尼西亚和菲律宾广大地区。

第二次迁徙中，来到东南亚的民族是孟高棉族群。据我国学者陈序经指出，公元前五六世纪，居住在中国西南边境的一些少数民族因北方民族的南迁而被迫向东南亚迁徙。孟吉蔑人（孟高棉各族的祖先）即“百濮”，自中国西南向南迁徙，其中一部分停留在中南半岛，另一部分继续南移。停留在中南半岛的孟吉蔑人，受到民族迁徙浪潮的冲击，一部分被迫移居山区，成为“山地民族”，即今天的克木人；而另一部分则深入到中南半岛的中部和南部，发展成为今天的孟族和高棉族。

从族称上判断，克木人与孟高棉民族应有同源关系。他们古时都称“吉蔑”、“阁蔑”。从考古学的角度亦能发现克木人与古孟高棉民族的同源关系。历史上，孟吉蔑人以擅长巨型石雕工艺而闻名于世。在老挝北部的查尔平原，发现了近百个巨大石缸。柬埔寨的孟吉蔑人创造的吴哥文明更以其宏伟、壮观的巨石工艺而闻名遐迩。

中国西南地区的孟高棉民族也有制造巨石石器的传统，如德昂族古寨遗址中的石寨门、石板路、石拱桥和石墓等。在中国境内，克木古城遗址同样发现许多石器。如：可供十人共用的巨大石烟嘴，杀牛用的圆孔巨石，以及石猪槽、宫殿石墩子等。

中国克木人的巨石文化与孟高棉民族的石雕文化同宗同源。老挝北部查尔平原石缸文化很可能是中国克木人迁徙至此后创造的，因为至今老挝查尔平原附近的川圹、琅勃拉邦山区仍分布着大量克木人。由此推断，克木人随着古孟高棉各民族从中国南部逐步向南迁徙。

第三次民族大迁徙发生在公元10到11世纪。这次来到中南半岛的民族是汉藏语系各民族。在中南半岛中部定居的民族是壮傣语族的傣族、佬族和掸族，壮傣支系可能源自中国南方的“百越”，他们发展成为今天的傣族、佬族和掸族。落户中南半岛西部的民族是源自中国西北的氐羌，属藏缅语族，包括缅族、钦族、克钦、克伦、拉祜族等。迁入中南半岛东部的是越语族，包括越族和芒族。

在第三次民族大迁徙中，傣族与中国西双版纳境内的克木人为了争夺领地，发生了战争。克木人与傣族之战，最终克木人败北，被迫南迁，移居老挝北部、越南东北部及缅甸、泰国和柬埔寨等地，剩余少量克木人被驱赶至山区居住，从而形成了克木人今天的分布格局。

第三节 社会经济

中国境内克木人居住在东经 101°1′—101°45′、北纬 21°34′—21°51′之间的热带雨林之中，那里空气湿润，高温多雨，生态资源丰富。

克木人自古以农业生产为主，主要种植旱稻，同时也种植玉米、薯类和豆类等。克木人的生产工具简陋、粗糙，生产方式落后，生产力低下，直至 20 世纪 80 年代，克木人仍沿用刀耕火种的传统生产方式。在耕种制度上，克木人采用土地轮歇制度，具体方法是将土地分成若干部分，每年砍烧其中一部分，并在此块地上种植谷物，次年再砍烧另一部分土地进行种植，使土地能轮流得到休息。克木人的生产过程和方法如下：傣历三、四月（阳历 1、2 月）间克木人约好亲朋好友共同砍树、烧山。待整片山砍完后，统一口令一齐放火烧山，七、八月（阳历 5、6 月）间人们开始点种庄稼，点种前土地不施任何肥料，仅靠烧山剩下的木灰作为肥料，为庄稼提供养分。九月至十月间（阳历 7、8 月）为庄稼除草二次到三次，到十二月份（阳历 10 月）稻谷成熟，收割后运回村里，存在自家仓库。

由于克木人的种植方式落后，生产力低下，每年收获的稻子仅够维持八个月的口粮，剩余的几个月就靠玉米和薯类充饥。新中国成立后，克木人在党的政策引导下，顺利完成由原始社会向社会主义社会的过渡。随着联产承包责任制的推行，克木人的生产积极性大大地提高了，开始种植茶叶、橡胶和甘蔗等经济作物。如今，克木人的生活发生了翻天覆地的变化，家家户户通水通电，天然气、电话和小汽车等也逐步进入克木人家庭。

渔猎是克木人生活中的重要内容。每个克木男子都掌握丰富的渔猎技术。克木人狩猎喜欢单独行动，大型猎物用火药枪射杀或者挖陷阱捕杀。小型猎物如兔子、野鸡、小鸟和老鼠等则使用弩弓射杀。按克木人的传统，猎到马鹿、麂子，要将前腿送给头人，脊肉送给舅舅。男子还会用鱼钩钓鱼或者撒网捕鱼。

手工业方面，妇女已经掌握纺织技术，能够使用手摇式纺织机织出粗布，织出来的布多用于制作布袋、头巾和小孩背袋。许多家庭用自家种植的棉花换取傣族的衣服和筒裙。男子大多会编制竹箩、竹桌和竹席等生活用品，特别是他们编制的圆形小竹盒极其精致。克木男女都会编制草排用来建造屋顶。一些克木人寨子中有铁匠，但铁匠不脱离农业生产，要打铁器的克木人不仅要自带原料而且要在事后帮铁匠耕种山地，劳动工时与铁匠打造铁器所用的时间相同。

新中国成立前，西双版纳的克木人受傣族土司统治，每个寨子由傣族土司指派一名头人为其征收租金，土地归村寨公有，由克木头人分派给各户耕种，各户对土地只有使用权，没有所有权。各村寨的土地范围有明确界限，不得越界而种。总之，新中国成立前，克木人内部并无租佃、雇佣的剥削关系，克木人村寨还处于原始公社阶段。如今，各村寨的日常事物由大家选举的村长、副村长负责管理。

新中国成立前，克木人尚处于原始社会末期向奴隶社会过渡阶段，散居在西双版纳州景洪市郊区和勐腊县中老边境线上中方一侧的热带雨林之中，过着游耕生活，以旱稻、玉米、豆类和薯类等旱地作物为主食，生活艰辛。

1956 年，克木人居住区被列为“直接过渡区”，由原始社会直接跨入社会主义社会。克木人在政府的帮助下，学习种植水稻，从山区搬到坝区定居。然而，由于克木人主要聚居在边境沿线，社会发育程度和生产力水平低，经济和社会发展面临的困难多，与其他民族相比，仍存在较大差距。扶贫部门数据显示，截至 2008 年，克木人有贫困户 150 户，占总户数的 20%；总贫困人口 1353 人，占总人数的 41%。勐腊县克木人年纯收入不到 1200 元(人民币)。

2008 年 1 月，党中央、国务院就人数特少民族的生产生活问题作出重要批示。云南省及西双版纳州随后研究、编制完成了《云南省人民政府关于扶持莽人克木人发展的实施意见》和《西双版纳州扶持克木人发展规划(2008－2010 年)》，采取措施帮助克木人尽快脱贫致富。计划在交通、水利、通电、安居、基本农田建设、教育、卫生、文化广电等 12 个项目中投入资金8000余万元，实现村村通路、家家通水通电，解决危房问题，改造中低产田，改善办学条件，改扩建镇卫生院、建设村卫生室、培养乡村医生，建设文化室、实施“广播电视村村通”工程，重点发展粮食、茶叶、草果、橡胶、科学养殖等产业，建设沼气池，发放生活、医疗、学生补助等。云南将在三年内改善克木人村寨的基础设施条件，使 90%以上的农户能掌握一至二门实用技术，适龄儿童入学率达到 100%，人人享有医疗卫生保健，使绝大多数克木人摆脱贫困，使克木人总体达到当地中等以上生活水平。

这场政策春雨惠及到每一个克木人，如今的克木人村寨发生了翻天覆地的变化。老式干栏木屋变成了一排排色彩鲜艳的傣式楼房，柏油路通往各村各寨，水泥路铺到各家各户。电视、摩托车和太阳能热水器几乎家家都有，部分家庭还购置了小汽车。漂亮的楼房、崭新的轿车、宽阔整洁的马路、悠闲的老人构成了一幅社会主义新农村的美丽画面。

第四节　文化与风俗习惯

一、图腾崇拜

图腾崇拜是克木文化中最具特色的部分。克木人中每个氏族都有自己的崇拜物。克木人的崇拜物或为凶猛的野兽，如虎、豹；或为温驯的动物，如鹿、松鼠；或为植物，如树蕨、象尾蕨等，种类多达数十种。图腾崇拜物与氏族的来源密切相关。确切说，氏族祖先要么被图腾物所害，要么因图腾物而伤，其子孙惧怕、敬畏此物，遂尊为崇拜对象，并以此物为姓氏，可称为姓氏图腾。中国境内的克木人姓氏有 20 余种，如：虎氏、豹氏、水鸟氏、白头翁氏、青猺氏、小米雀氏、八哥氏、象尾蕨氏、野猫氏、细白花氏、秧鸡氏、梭乐鸟氏、小獭猫氏、犀鸟氏、松鼠氏、猴氏、马鬃蛇氏、孤鸟氏、野鸡氏、鲤鱼氏、花叶水锦树氏、豆腐渣叶氏等。

每个姓氏的来源都有一个传说。虎氏的传说是这样的：有一个父亲为儿子卜卦，得知儿子将死于虎口，便将儿子关于屋内，不准其出门，生怕其子被虎吃掉。有一天，村子里有人从山上猎得一只老虎。其父以为儿子已经逢凶化吉，就带着儿子去看虎。他的儿子见到老虎躺在地上，便上前仔细观看，还用脚去踢老虎，边踢边说："你不是要吃我吗？现在你来吃我呀！"不料，死虎复活，爬起来把他的儿子咬死了。从此，他非常敬畏老虎，遂以虎为姓，其子孙后代就叫虎氏族。

再以象尾蕨氏为例，传说一位猎人回家时被洪水阻隔。他看到有一棵巨大的象尾蕨树伸向对岸，无数只蚂蚁正沿着树干爬向对岸。见此情景，猎人也爬上大树，学蚂蚁的样子向对岸爬去，当他爬到河中央时，大树突然断开，猎人落水而亡。从此，他的子孙后代就以象尾蕨为图腾和姓氏。

克木人对本氏图腾物十分敬畏，不能做出任何对图腾物不敬的行为，如捕食、猎杀、采摘或砍伐图腾物。例如，虎氏不能猎虎，别人猎到老虎，虎氏成员要躲在家中，不能前去观看。水鸟氏不能捕食水鸟，也不能到猎获水鸟的家庭串门。

克木人的图腾姓氏按照父传子，母传女的双轨制传递。如父亲是虎氏，母亲是水鸟氏，则他们生的男孩都随父亲姓虎，女孩都随母亲姓水鸟。克木人严禁同姓氏成员结婚。如果有人坚持要在氏族内通婚，就要接受一种叫"同槽吃食"的严厉惩罚。届时，所有村民都来围观，受罚男女被绑起来，要学猪的样子爬向食槽，吃掉事先放在猪槽内的米糠等食物。同时，由一名男子手执斧子，在二人头顶上空一挥，表示向雷神认错，请雷神不要再怪罪他们了。再由一名女子提一桶水泼向二人，意思是向龙王认错，请龙王原谅他们。仪式完成后，二人即可生活在一起。新中国成立后，同氏族不能通婚的习俗已经打破，但人们仍尽量与外氏族克木人通婚。

二、宗教信仰

克木人普遍信仰鬼神。后来，受傣族影响，景洪市一部分克木人也信仰南传小乘佛教。

在克木人心中，人类世界由一种超自然的力量（即鬼神）掌控。他们认为世间万物都由各种不同的鬼神掌管，各司其职。例如，风神控制风、雷神控制雷、河神掌管水、火神掌管火。克木人心中的鬼神多到无处不在，山有山神、路有路神、土地有土地神、树有树神，甚至每个村寨都有村寨神。正是由于各种自然现象和世间万物都由鬼神掌控着，为了庄稼能够丰收、百姓能够平安生活，克木人的生活中充满了各种各样祭祀神灵的仪式。仅农事活动就要进行择地仪式、播种仪式、求雨仪式、收割仪式等，收割仪式又包括尝新米仪式、祭地神仪式和脱粒打谷仪式三个部分。除此之外，遇到自然灾害、有人生病或死亡、造新房、搬新居等都要举行相应的仪式。

克木人的丧葬仪式充满了对死人的敬畏和恐惧。他们相信人是有灵魂的，而且人死后灵魂可能会因为依恋世间的亲人朋友而不愿离去，继续在村寨里游荡。因此要举行仪式，送死者的亡魂到天国。

三、婚姻习俗

克木人的婚姻制度是一夫一妻制，而且是种族内婚制和氏族外婚制。克木人的婚姻观是恋爱自由，但在选择恋爱对象时要确定对方与自己分属不同姓氏。适龄男女要谈恋爱时，小伙子们结伙来到姑娘家串门，演奏乐器，唱歌跳舞，逗引姑娘，姑娘暗中选择恋爱对象。之后，小伙子要单独拜访姑娘，向姑娘示爱。姑娘若不喜欢，会当面告之。当姑娘的意中人来访时，则向他表明心意，其他男子不再来访。两人的恋情告知父母后，双方父母安排见面，男方父母要带聘礼来女方家中说亲。克木人恋爱期比较短，相处一至三个月就可以结婚了。

结婚当日，男方要准备肉、菜到女方家设宴，女方不仅什么都不准备，还紧闭大门不让男方进门，要求与她们对歌，对得上方可进门。新郎、新娘都可找亲朋好友帮助对歌。进门后，女方还故意把水倒掉，把火熄灭，把肉抢走，制造种种困难，婚礼场面热闹非凡。婚后第七天，回男方家探亲。

克木人有从妻而居的习俗，男子结婚后在女方家中居住三到四年，最少要住一年，给女方家充当劳动力，如果要提前带妻子回家，男方要给女方家里钱财、粮食和肉等作为补偿。如果女方家缺少劳动力，男方可终身居于女方家中。

克木人家庭中，男主外，女主内，各有分工。男人负责农业生产如渔猎和社交等事务，女人负责掌管钱、粮以及照顾小孩和饲养家禽等事务。

按照同氏族不通婚的原则，兄弟的儿子和姐妹的女儿不能通婚，因为兄弟的儿子随兄弟姓，姐妹的女儿随姐妹姓，所以兄弟的儿子娶姐妹的女儿就等同于兄弟娶姐妹，视为近亲；而兄弟之女和姐妹之子则不属于近亲，可以通婚。克木人认为兄弟之女与姐妹之子结合是上等婚，亲上亲。如果兄弟之女不嫁姐妹之子，兄弟要赔钱给姐妹，反之姐妹也要赔钱给兄弟。他们解释说，不嫁自家人却嫁给外人，家族的历史就忘记了，无人继承了。

近些年，随着社会经济飞速发展，克木人与其他民族的交往越来越多，克木人的婚姻观发生了重大转变，克木人与外族通婚的现象越来越多。

四、建筑

随着人类文明的进步和克木人不断迁徙，克木人的房屋经历了从简陋的地棚到傣式的木屋、再到钢混水泥楼房的发展过程。

20 世纪 70 年代以前，克木人大多居住在热带雨林之中，他们将地棚盖在朝北的山坡上。地棚结构简单，用几根龙竹做房梁、柱和檩，四周用竹板围拢，屋顶盖上草排即可。这种传统房屋布局规整，进了正门面对一条笔直的过道，过道左侧依次设有客人住宿处，父母住处和家神屋。家神屋在过道尽头，屋内设有后门，老人过世后要从后门抬出。过道右侧全部是子女住处。地棚里共有三处火塘，第一处在一进正门的过道中央，主要用于烧煮食物；第二处在父母住处，这个火塘仅在祭祖时使用；第三处在家神屋，用于平日烧饭。

新中国成立后，克木人逐渐从山区迁至坝区，受到周围傣族的影响，克木人的房屋从雨林中的地棚变成傣式木屋。傣式房屋是干栏式建筑，分上下两层，上层住人，下层关鸡、猪，放置柴火和农具，地板都是用方木柱支撑。房子冬暖夏凉，室内宽敞、明亮。改革开放以后，克木人逐步脱离贫困，走向富裕。如今，富裕的克木家庭已住进了钢筋水泥建造的新式二层楼房，楼下是仓库和车库，楼上是卧室、客厅和餐厅。

克木人团结互助的精神在建房中充分体现出来，无论哪家要建新房，大伙都前来帮忙，主人要杀猪、杀鸡，热情招待前来帮忙的乡亲。据说从前盖房子需要七天，七天之内大伙尽情吃喝，唱歌跳舞好不热闹。新房落成，要有上新房仪式。搬入新房时，要先请村中长者上楼，房主人身背火药枪、长刀、竹酒筒和酒杯来到门前，将酒洒些在地上用来祭神，然后问长者："楼盖好了吗？可以上来了吗？"楼上的长者答道："盖好了，上来吧。"主人方可进入新房，其他村民紧随其后。待一切家具、物品摆放完毕后主人在新房设宴款待亲友。搬新居是克木人生活中的一件大喜事，主人家要摆三天宴席，宴请亲邻好友。届时，本村寨和其他村寨的亲戚朋友一同赶来庆贺，主人在新房周围幕天席地摆上几十桌宴席招待亲友。

五、服装

西双版纳的克木人长期与傣族杂居，其饮食、建筑和语言等各个方面均受到傣族文化的熏染，其中服饰受到的影响较大。现今克木人着傣族或汉族服饰。克木女子着傣族服饰，其特点是长袖、无领对襟开衫，无纽扣，收腰、窄袖，衣领、袖口和衣摆多褶皱或花边。年轻女子喜欢艳丽的颜色，如橘红、桃红、草绿、天蓝和金黄色等；中老年妇女喜欢较暗的颜色、老成的款式。克木女子下身普遍着筒裙，筒裙色彩、款式多种多样，有纯色的、横条纹的、竖条纹的，还有印花的，等等。克木男子着西装、夹克、T 恤衫、皮鞋或胶鞋等。

据说，克木人曾经有过传统服饰。男子的传统服饰是头裹三尺白布，上身着白色对襟短衫，无纽扣，腰间束麻布腰带；下身着黑色短裤，耳戴大银耳环，腕套银手镯。女子装束美丽大方，长发绾于头顶，披金色丝线织成的头巾，脖子上戴银项圈，腕上戴手镯，其他首饰如戒指、耳环等一应俱全；上衣为白色无领搭襟，短衫，无纽扣，腋下布条束紧，窄袖收腰，领和肩膀绣有花边，胸襟装饰有白色银片；下穿黑、白条筒裙，条纹连接处只有彩色丝线，这种服饰淡雅而不失光彩，亮丽而不张扬。

六、节日

克木人最主要的传统节日是"玛格乐(mah greh)"节，即秋收节(阳历 12 月末)，相当于汉族的春节。秋收节最重要的内容是祭祖。氏族祖先只能供奉在氏族长子家中，长子去世则供于次子家中。女儿和女婿无权供奉，因为女儿和女婿非本姓氏成员。祭祀祖先分大祭和小祭，小祭两年一次，大祭三年一次。小祭只要杀鸡供祭即可；而大祭时氏族全体成员共同参加，并邀请本寨其他氏族的人前来参加，杀猪、宰牛，大庆三天，场面十分隆重。

节日里，大家围坐在插满竹管的酒坛周围，共同吮吸坛中米酒，吸不出时再向坛中注入泉水，直至酒味消失殆尽。大家一边喝酒一边唱歌跳舞，姑娘们在场地中间击鼓唱歌，小伙子们手持短刀或握拳伴着歌声跳舞，欢歌笑语，喜气洋洋。

克木人的传统节日除了秋收节外，还有尝鲜节(mah prə ʔɯp)和祭花节(mah raːŋ sa li)。尝鲜节在阳历九月，每年这个时候，旱稻长到八成熟，人们剪些稻穗，晒干后舂出新米，蒸熟嫩米饭，杀鸡摆宴祭祖，祭完祖先，再祭土地神，仪式完成后，家人团坐在一起吃喝庆祝。

祭花节大约在每年阳历四五月份举行。祭花节是为了感谢村中的"医生"(永摩)。因为过去克木村寨医疗水平有限，村民生病只能靠永摩卜卦治病。永摩略懂医学常识和药理知识并且掌握一些治病救人的巫术。因此，节日这天，全村男女老少共同上山采花，编成花环送给永摩。大家齐聚一堂，永摩摆设祭台，点燃蜡条献花祭神，祈求神灵不要怪罪人们因种地而砍伐树木，祈求风调雨顺，人丁兴旺，五谷丰登。仪式完成后，村民各自散去。现在，这个节日已经不过了。

七、乐器

克木人是个热爱音乐的民族，尤其擅长制作乐器，乐器大多是竹制的。

排笙，在克木语中称为"宋滚尔(səŋ kuːl)"，由 14 根长 30—150 厘米的笙管按长短顺序分两排对称排列，插在木制笙斗之中。每根笙管都挖有一个音孔，装一个铜簧片。笙斗外侧刻有花鸟、纹理等图案，内侧为吹口。演奏者双手抱笙，两手拇指、中指和无名指按音。排笙通常由男子演奏，为歌舞伴奏。

单孔笛，克木语叫"贺洛(hə roŋ)"。笛长约 40 厘米，其特点是只有一个声孔。单孔笛通常选用节长皮薄的竹子作为原料，两端各留一个竹节，距上端竹节 3 厘米处开一个宽 1 厘米的方形吹口，距下端竹节 4 厘米处开一个圆形音孔。演奏时双手持笛，伸向右侧，右手拇指或中指按音。虽然单孔笛只有一个音孔，但演奏者可通过控制气流强弱和指法吹出 la、do、re、mi 4 个音。

长芦苇笛，克木语叫"筚兰布兰宛(pi raŋ blaːŋ)"。笛长 70—100 厘米，由 5—6 根粗细不同的竹管相互嵌套而成，不演奏时，可缩成一节，演奏时可拉伸成原貌，具有携带方便的特点。铜簧片装在最细的竹管一端，簧片下方设一音孔，簧片前边按一定间距设 5 个音孔，上下共 6 个音孔。长芦苇笛多用于独奏，其音浑厚、悠扬。

叨叨(daudau)，是克木人竹制乐器中最具特色的打击乐器。叨叨由 70—120 厘米长、管径 2—8 厘米宽的两节竹管制成。竹管之间的竹节打通，一端削成 U 形音叉，另一端竹节的正面和背面各开一个音孔。粗管叨叨声音低沉，细管叨叨声音清脆。演奏时右手握住底端，拇指和中指各按住一个音孔，挥动叨叨，用其中部敲击左手手掌，音乐声从音叉端传出。演奏者可通过音孔来调节叨叨的音质，或者将叨叨置于腿上，封住底端出气口，来改变音色。叨叨是女性专用乐器，其节奏可快、可慢。节奏快时，轻快柔美，似山间溪水；节奏慢时，曲调悠扬，耐人寻味。

铜鼓，克木语读为 jaːn，属金属乐器。克木人视铜鼓为神圣之物，只有在祭祀时才能使用。据说，中国境内以前有四面铜鼓，现在只剩下一面，保存在曼暖远。这面铜鼓高 40 厘米，鼓面直径 47 厘米，鼓面四角雕着四只青蛙，鼓身饰有大象、壁虎、螺螄等多种图案。铜鼓一般由女士演奏，而且不能用木槌击打，要用毛巾拧紧后打成结击打，声音洪亮、柔和、悠扬。

第五节 克木语的研究成果

克木语是跨境语言，属于南亚语系孟高棉语族语言。国外关于克木人的研究较早，约在 19 世纪就有学者在著作中介绍克木人，最早见于法国人的著作，随后，英、德、泰、瑞典、丹麦、美、前苏联、越南、缅甸等国学者也分别作了相关的介绍和研究。到 20 世纪 70 年代以后，各国学者开始对克木人作系统的综合性调查研究，其中主要的研究成果有瑞典隆德大学林德英、史岩、谭戎·戴雅宁的《克木语方言之语音研究》，该著作对克木语的方言作了语音方面的比较研究。隆德大学史岩的《克木语音位与形态学》(1983)对老挝北部南塔河地区克木语方言的语音、词汇和形态构词法等方面作了全面的描写和分析。

中国境内最早涉及克木人的调查研究工作始于 20 世纪 40 年代。当时中国学者凌纯声等人在其著述中提出了克木人与佤、布朗、德昂等族并列同属孟高棉语族的论点，但由于当时的历史条件和诸多原因，并没有对克木人进行深入的实地调查和研究。50 年代以后一批科学工作者深入到少数民族地区，进行民族识别、语言和历史方面的调查研究，至此，克木人的研究也逐渐受到了学术界的关注。1957 年，云南大学缪鸾和教授在其著作《西双版纳傣族自治州的过去和现在》一书中，介绍了克木人的分布与人口数字。20 世纪 70 年代中期至今，中国有关人员开始深入到克木人的村寨，对克木语作了调查，发表了一些相关成果。主要情况如下：

1. 对于克木语的综合介绍研究

在王敬骝、陈相木《我国的孟高棉语及其研究情况》(1981)一文中，把克木语与布兴语、莽语归在一类，认为此类语言有丰富的前缀系统，“一般音节”的声母不太复杂，元音通常有 9 个，大都分长短；有-p、-t、-k、-m、-n、-ŋ、-ʔ、-h 8 个辅音韵尾，复合元音带韵尾的不多。李道勇在《我国南亚语系诸语言特征初探》(1984)、《中国的孟—高棉语族概略》(1984)、《我国南亚语系诸语言纪略》(1985)等文章中，对克木语的语言特点也有所介绍。

2. 对于克木语的专题研究

王敬骝《克木语调查报告》(1986)一文，对克木语的语音、词汇、语法等方面进行详细的描写分析，归纳、整理出克木语的语言特点。指出克木语在语音、词汇、语法上同佤语、布朗语、德昂语有着密切的关系。

颜其香、周植志的《格木语元音的长短与松紧、声调的关系》(1993)主要讨论了格木语(克木语)的元音长短与其他语言的元音松紧、声调高低的关系。指出中国克木语中以清音为首辅音的长短元音音节，与老挝克木语北部方言的高调长短元音相对应；以浊音为首辅音的长短元音音节则与老挝克木语北部方言的低调长短元音对应；佤语的松元音与中国克木语长短元音、老挝北部方言低调对应，佤语紧元音与中国克木语长短元音、老挝克木语北部方言高调对应；布朗语高调与克木语长短元音对应，低调一般与长元音对应，中平调一般与短元音对应。

颜其香《格木语形态词法浅说》(1994)一文中，指出格木语(克木语)的形态构词方式，主要有附加法和内部屈折法两种形式，分析了这两种形式的语音特点。

颜其香、周植志的《中国孟高棉语族语言与南亚语系》(1995)一书是对中国孟高棉诸语言进行全面研究的专著。书中核心内容主要是对中国孟高棉语的语音进行全面比较，揭示出它们之间的语音对应规律和语音演变轨迹，其中讨论了孟高棉诸语言方言土语中，声调的产生以及声调同辅音演变的关系、声调同元音松紧的对应关系、声调同元音长短的对应关系等内容。其中也对克木语的语言特点进行介绍、研究。

陈国庆的《克木语概况》(2001)，通过实地调查，对克木语语音、词汇、语法进行描写分析，进一步指出克木语与我国的孟高棉语之间具有亲属关系。

陈国庆《克木语研究》(2002)是一部对克木语进行综合研究的专著，该书运用结构语言学的方法，对克木语的语音、词汇、语法进行了初步的描写，分析了克木语的语言特点。通过与南亚语系的相关语言进行比较分析，运用比较语言学的方法论证了克木语的系属归向，书中结论认为克木语在语音、词汇、语法等方面同布朗语、佤语、德昂语、高棉语等语言之间具有发生学的同源关系，同属南亚语系孟高棉语族。

第三章　勐腊县克木人语言使用现状

第一节　曼迈村语言使用现状

曼迈村隶属于勐腊县勐腊镇曼纳伞村委会，是克木人的一个分布区。勐腊镇下分 8 个行政村。其中的曼迈村和曼岗村是克木人分布较多的两个村寨。下面，主要分析曼迈村的社会情况和语言情况。

一、曼迈村概况

曼迈村共有 69 户，217 人，其中男 113 人，女 104 人。

曼迈村坐落在勐腊县城的南部，距离县城 4 公里。该村东临勐腊农场二分场，南挨南亮村，西临勐捧农场，北接勐腊农场三分场。除了与之相连的曼岗村是克木人聚居寨以外，其余周边村寨居住着傣、汉、哈尼、彝、瑶等民族，这些民族均以自己的母语或汉语为交际工具。

曼迈村的经济经历了不同的发展阶段。新中国成立以前，克木人尚处于原始社会末期向奴隶社会过渡的阶段，普遍采用刀耕火种、轮歇垦荒的原始耕作方式，生产力低下。主要的农作物为旱稻、玉米、薯类、豆类等旱地作物，生活十分艰辛。1956 年民主改革，曼迈村克木人居住区被列为"直接过渡区"，通过合作互助，发展生产，直接过渡到社会主义初级阶段。近几年，特别是 2008 年，云南省政府下达了《云南省人民政府关于扶持克木人发展的实施意见》之后，曼迈村民的经济生活有了很大改观。从原来单一的农耕经济转化为以种植橡胶为主兼农耕经济的多元经济。现有橡胶面积 1973 亩，橡胶收入成为曼迈村克木人的主要经济来源。每户卖橡胶的年收入最低有两三万元，最高达十几万元。村里有 3 户克木人家有小轿车，有 3 户正在昆明买小轿车；有 4 户人家有皮卡；家家都有摩托车，有的还不止一辆。

该村的文化习俗大致与傣族相同，房屋是傣族风格，中年女性大多穿傣族服装，青年女性大多穿汉族服装，20 世纪 80 年代以前过傣族的泼水节，从 1992 年开始，有的村民过傣族泼水节，有的人过自己的丰收节，到了 2002 年，所有的克木人都只过自己的丰收节，不过傣族的泼水节了。从 2002 年开始，克木人村寨轮流举办丰收节。

丰收节是曼迈人最隆重的节日，每年 12 月到 1 月举行，挑选其中的三天来过节。节日的第一天，从早上到中午，举行关门仪式，被关在门内的人不能出来，门外的人不能进去。门内的人对鬼怪神灵祈祷，以求消除病痛、家禽易养、五谷丰登。门内的人举行完祈祷仪式后，门外的人敲门查问："门内的人是好人还是坏人？"门内的人答道："是好人不是坏人。"这时才能开门，门内的人才能出去，门外的人才能进来。若在此之前门内的人出去了，所有的祷告就不灵了。

上新房是曼迈村克木人最为看重的日子。上新房要摆上宴席庆祝三天。第一天宴请全村老小、外村的克木人和亲戚；第二天宴请亲戚；第三天答谢帮忙者。上新房的第一天客人最多，宴席从屋内一直摆到屋外，屋外的果园里都摆满了宴席，果树底下到处是举杯同庆的客人。

克木人结婚后习惯于从妻居，婚后三年借居妻家，之后再迁回夫家。但曼迈村的借居男性，三年后往往留下，成为永久居民。我们在曼迈村见到的外族男性，大多是随妻迁来的外村人，他们因恋曼迈地多生活好而不愿离去。

曼迈村的克木人没有停放死者的习俗，不管死者的亲人是否到齐，上午死下午埋；下午死，第二天上午埋。下葬后的三天内，亲戚朋友前来慰问。

该村的克木人文化程度较低。村里 40 岁以上的人，大多是文盲。20 岁到 39 岁的，大多只有初中文化程度。现在的年轻人也大多只读到初中，初中毕业后就回家割胶。这个村只有两个大学生，一个大学毕业后由政府委派到本村担任克木人工作组组长，另一个还在西双版纳就读。高中生和中专生只有几个。大多数学生读到初中毕业，自己不愿意读，家长看不到读书的希望，也不勉强孩子读。村里有一所寄宿制完全小学，116 名学生，其中克木学生共有 26 人。只有一位老师是克木人。

课题组通过入户调查、访谈、400 词测试等多种方式，初步形成了对曼迈村克木人语言使用状况及其成因的认识。

二、曼迈村语言使用现状

我们调查了曼迈村 25 户克木人的语言使用情况，另外还调查了与其相邻的曼岗村的 8 户克木人家。曼岗村与曼迈村原先是同一个村，而且两村相邻，情况大致相同，所以我们除了主要分析曼迈村克木人的社会情况和语言情况外，还附带把曼岗村的 8 户克木人家放在一起统计分析。

我们入户调查的 33 户人家，共有 135 人。其中克木人 114 人，汉族 13 人，哈尼族 3 人，基诺族 1 人，彝族 4 人。在这两个以克木人为主体民族的村子里，克木人除了熟练使用自己的母语以外，40 岁以上的大多兼用傣语和汉语，40 岁以下的大多只兼用汉语。村中的其他民族除了熟练地使用自己的母语以外，大多听得懂克木语。也就是说，这个村克木人的语言使用的基本情况是：既使用自己的母语，也兼用傣语、汉语。母语主要用于族群内部交际，傣语和汉语主要用于族际交际。母语和兼用语用于不同的场合、不同的交际对象、发挥不同的功能。

下面对曼岗村和曼迈村的语言使用情况进行分析。

(一) 克木人语言使用情况分析

1. 克木人母语使用情况分析

我们对两个村 103 位克木人(6 岁以上)的母语水平进行调查统计,发现不同年龄段的克木人都能够熟练使用自己的母语。具体数据见表 3－1。

表 3－1 曼迈村、曼岗村克木人母语使用情况表

年龄段(岁)	调查人数	熟 练		略 懂		不 会	
		人数	百分比(%)	人数	百分比(%)	人数	百分比(%)
6—19	29	29	28.16	0	0	0	0
20—39	42	42	40.78	0	0	0	0
40—59	25	25	24.27	0	0	0	0
60 以上	7	7	6.80	0	0	0	0
合计	103	103	100	0	0	0	0

表 3－1 显示,熟练使用克木语的人数比例是 100%。这说明克木语是这个地区每个克木人都掌握的交际工具,是区域性强势语言。在曼迈村调查时,我们耳闻目睹了克木语的强劲活力。所到之处,所遇到的克木人没有不会说克木语的。如一进村寨,我们就遇到在村口凉粉摊聚集的克木人,他们都用克木语愉快地聊天,旁边还有几个五六岁的克木小孩在玩耍,也都用克木语交谈。在村长波依康叫家,他用克木语向全村人民广播,告诉大家我们课题组到来的消息,并通知大家到上新房的主人家吃饭和我们见面。在上新房的庆贺宴席上,克木人用克木语祝酒言欢。与我们同桌用餐的村长还唱起了克木歌,以表达对课题组的热烈欢迎。

在曼迈村逐家逐户访谈的过程中,我们所遇到的克木人,无论是白发苍苍的老人,还是稚气未脱的儿童,没有一个不会克木语的。这个只有 217 人的小小村寨,而且还处在傣、汉、哈尼、彝等其他民族村落的包围下,克木语竟然能够保持如此旺盛的语言活力。这个现象的成因值得我们去探索,因为它对研究现代化进程中,多民族杂居区中,人口很少的民族群体的语言走向是一个什么状态,是很有价值的。

2. 克木人汉语使用情况分析

我们所调查的 103 位克木人(6 岁以上),都不同程度地兼用了汉语,具体数据见表 3－2。

表 3－2 曼迈村、曼岗村克木人使用汉语情况表

年龄段(岁)	调查人数	熟 练		略 懂		不 会	
		人数	百分比(%)	人数	百分比(%)	人数	百分比(%)
6—19	29	29	100	0	0	0	0
20—39	42	41	97.62	1	0.97	0	0
40—59	25	19	76	6	8.74	0	0
60 以上	7	5	71.43	2	28.57	0	0
合计	103	94	91.26	9	8.74	0	0

表 3－2 显示，在我们所调查的 103 位克木人中，有 94 人能熟练使用汉语，占调查人数的 91.26%；略懂汉语的只有 9 位，仅占 8.74%的比例。这 9 位略懂汉语的克木人的基本信息见表 3－3。

表 3－3　曼迈村、曼岗村略懂汉语的 9 位克木人相关信息情况表

姓名	族群	年龄（岁）	文化程度	第一语言及水平	第二语言及水平	其他语言及水平
咪甩	克木	76	文盲	克木语，熟练	傣语，熟练	汉语，略懂
波光	克木	68	小学	克木语，熟练	傣语，熟练	汉语，略懂
咪光	克木	59	文盲	克木语，熟练	傣语，熟练	汉语，略懂
咪叫	克木	55	文盲	克木语，熟练	傣语，熟练	汉语，略懂
波光	克木	54	文盲	克木语，熟练	傣语，熟练	汉语，略懂
咪岩务	克木	53	文盲	克木语，熟练	傣语，熟练	汉语，略懂
咪光	克木	52	文盲	克木语，熟练	傣语，略懂	汉语，略懂
咪岩庄	克木	46	小学	克木语，熟练	傣语，熟练	汉语，略懂
依元	克木	23	小五	克木语，熟练	老挝语，熟练	汉语，略懂

表 3－3 所列的略懂汉语的 9 位克木人，除了 1 位是 23 岁的年轻人以外，其余的 8 位都是 45 岁以上的中老年人。这位 23 岁的年轻人之所以略懂汉语，是因为他刚从老挝迁来不久，习得汉语的时间较短，目前只能听懂简单的日常用语，还不会说。其余的 8 位中老年人，有 6 位是文盲，2 位只有小学文化。这些出生于 1965 年以前的克木人，他们习得汉语的途径主要是学校教育和与汉族人交往，但在他们应该接受基础教育的 20 世纪七八十年代，勐腊地区的教育落后，他们没有机会接受学校教育，失去了从学校习得汉语的这条主要途径，再加上当时的曼迈村交通闭塞，与外界交往的机会少，从日常交往中练习汉语的机会不多，所以汉语水平不高。他们现有的汉语水平主要是在改革开放以后，特别是近 10 年来经济生活、交通条件改善以后，通过看电视、卖橡胶与汉族人交往才慢慢提高的。这些只会听但说不好汉语的克木人，只能算半个双语人，在日常交际中往往不习惯选用汉语，在汉语交际场所多充当被动的受话方。如 1 月 5 日晚，在曼迈村的小路边，我们遇见几位围火闲聊的克木老人。他们知道我们是外地客人，需要用汉语交际，但他们不说话，只是对我们微笑示意，我们用汉语向他们问好，他们听懂了但笑而不答。

3. 克木人使用傣语情况分析

我们所调查的 103 位克木人（6 岁以上）中，只有少数人懂傣语，多数人不懂。具体数据见表 3－4。

表 3－4　曼迈村、曼岗村克木人使用傣语情况表

年龄段（岁）	调查人数	熟　练		略　懂		不　会	
		人数	百分比（%）	人数	百分比（%）	人数	百分比（%）
6—19	29	2	4.88	1	2.44	26	92.68
20—39	42	4	9.52	8	19.05	30	71.43

40—59	25	16	64.0	7	28.0	2	8.0
60 以上	7	6	85.71	0	0	1	14.29
合计	103	28	24.35	16	13.91	59	61.74

表 3－4 的数字告诉我们，103 人中只有 28 人能够熟练地使用傣语，仅占 24.35％的比例，远远不及兼用汉语的 91.26％。不懂傣语的有 59 人，达 61.74％，兼用傣语不具有普遍性。能兼用傣语的主要集中在 40 岁以上的年龄段。当时的社会条件决定他们的第二语言主要是傣语，因为在日常生活中，他们接触傣族人的机会多，需要有使用傣语的能力。

（二）其他民族兼用克木语情况分析

我们所调查的 103 位克木人来自 33 个家庭。这些家庭的成员除了有克木人以外，还有 20 位是汉、彝、哈尼、基诺等民族。这些其他民族的家庭成员，除了基诺族的张纪伟和汉族的郑学明以外，其余的都懂克木语，只是水平不同而已。其中 7 位能够熟练使用克木语，11 位略懂克木语，他们能听懂克木语但不会说或说不好。这 20 位外来民族家庭成员的具体情况见表 3－5。

表 3－5　部分克木家庭中的外族成员语言使用情况表

姓名	族群	年龄（岁）	文化程度	第一语言及水平	第二语言及水平	其他语言及水平
金家福	汉	37	初中	汉语，熟练	克木语，熟练	傣语，略懂
郑学明	汉	35	小学	汉语，熟练		
黄其芳	汉	35	初中	汉语，熟练	克木语，熟练	
冯志成	汉	36	小学	汉语，熟练	克木语，略懂	
张进春	汉	31	初中	汉语，熟练	克木语，略懂	
陶树发	汉	45	初中	汉语，熟练	克木语，熟练	
罗华	汉	28	中专	汉语，熟练	克木语，熟练	
姚彩虹	汉	24	初中	汉语，熟练	克木语，略懂	
冯志诚	汉	36	文盲	汉语，熟练	克木语，略懂	
彭学忠	汉	39	小学	汉语，熟练	克木语，略懂	
郑茂华	汉	36	初中	汉语，熟练	克木语，略懂	
高云	汉	32	小学	汉语，熟练	克木语，略懂	
杨国荣	彝	39	初中	汉语，熟练	克木语，略懂	
鲁万美	彝	27	初中	汉语，熟练	克木语，略懂	
钟秀枝	彝	25	小学	彝语，熟练	汉语，熟练	克木语，熟练
高利明	彝	33	初中	彝语，熟练	汉语，熟练	克木语，略懂
彭华琼	哈尼	32	小三	哈尼语，熟练	汉语，熟练	克木语，熟练
大妹	哈尼	22	初中	哈尼语，熟练	汉语，熟练	克木语，略懂
波依香	哈尼	48	小学	哈尼语，熟练	汉语，熟练	克木语，熟练
张纪伟	基诺	30	大专	汉语，熟练	基诺语，略懂	

表 3－5 列出的克木家庭中的外族成员大多都不同程度地掌握了克木语，这是因为他们每天与克木人接触，在耳濡目染中自然而然地学会了克木语。

在这33户家庭以外，我们还调查了一些族际婚姻家庭中会说克木语的其他民族成员，其中有的说得好一些，有的差一些。如：在曼迈小学调查时遇到一位彝族男子，他叫高利明，今年33岁，第一语言是汉语，第二语言是克木语。他是曼迈小学依金老师（女，32岁，克木人）的丈夫，有一个6岁的孩子在上小学。他在家庭内与妻子和孩子交谈都用汉语，而他的妻子与他的孩子主要说克木语，但也说汉语。他说自己克木话说得不好，但能听得懂。平时不大敢说，因为克木语不容易学，但在酒桌上高兴时也说几句。又如，在村口的凉粉摊，我们遇到一位外村嫁进来的汉族媳妇，她24岁，背上背着个两岁的孩子。我们问她："来吃凉粉的这些人说的是克木语吗？你能听懂吗？"她回答说："克木语，我能听得懂但不会说。"在曼迈村，我们还遇到了多位能听懂但不会说克木语的其他民族的人。

这些外来的非克木人，其克木语水平大多只停留在会听不会说的水平上，可称之为"汉语—克木语"的半兼语人。究其原因，除了在克木人寨子生活的时间不长外，主要还与克木语难学有关。克木语的特点与汉语、傣语、哈尼语、彝语等汉藏语系语言的差别很大，拿语音来说，克木语语音系统复杂，有50多个声母，其中20多个是复辅音声母，韵母有200多个，其中带辅音韵尾的就有200个以上。外族人要学会克木语是有相当难度的。可见，兼语的习得与语言的易习度有重要的关系。

三、曼迈村克木人语言使用特点

(一) 曼迈村克木人是一个全民双语的群体

如上所述，曼迈村克木人既稳定使用自己的母语，又普遍兼用汉语，部分人还兼用了傣语。这是曼迈村克木人语言生活的主要特点。这种特点，说明克木人的语言生活是适应社会发展的需要的。它保证了克木人在现代化进程中能够顺利进行所需要的语言交际，对克木人的发展是有益的。

(二) 曼迈村克木人兼用语使用水平出现代际差异

1. 兼用语类型存在差异

曼迈村的双语关系因不同年龄段存在类型差异。40岁以上（包括40岁）的克木人，兼语类型多为"克木语—傣语—汉语"类型；40岁以下的多为"克木语—汉语"类型。

在我们所调查的103人中，40岁以上的共有32人，其中兼语类型为"克木语—傣语—汉语"共有29人，占这个年龄段的总人口的90.63%，他们的情况见表3－6。

表3－6　曼迈村40岁以上兼用傣语和汉语的克木人语言使用情况表

姓名	族群	年龄（岁）	文化程度	第一语言及水平	第二语言及水平	其他语言及水平
波南罗	克木	71	小学	克木语，熟练	傣语，熟练	汉语，熟练
波光	克木	68	小学	克木语，熟练	傣语，熟练	汉语，略懂
波香甩	克木	66	文盲	克木语，熟练	傣语，熟练	汉语，熟练

咪香甩	克木	65	文盲	克木语，熟练	傣语，熟练	汉语，熟练
咪光	克木	59	文盲	克木语，熟练	傣语，熟练	汉语，略懂
波岩务	克木	56	文盲	克木语，熟练	傣语，熟练	汉语，熟练
咪岩务	克木	53	文盲	克木语，熟练	傣语，熟练	汉语，略懂
岩温	克木	47	小学	克木语，熟练	汉语、熟练	傣语，熟练
依拉	克木	46	小学	克木语，熟练	傣语，略懂	汉语，熟练
波依康叫	克木	45	小学	克木语，熟练	汉语，熟练	傣语，略懂
米依康	克木	45	小学	克木语，熟练	汉语，熟练	傣语，略懂
咪康旺	克木	44	小学	克木语，熟练	汉语，熟练	傣语，熟练
岩甩	克木	44	小学	克木语，熟练	傣语，熟练	汉语，熟练
岩香甩	克木	50	小学	克木语，熟练	汉语，熟练	傣语，熟练
咪香甩	克木	48	小学	克木语，熟练	汉语，熟练	傣语，熟练
咪岩庄	克木	46	小学	克木语，熟练	傣语，熟练	汉语，略懂
波依凤	克木	47	文盲	克木语，熟练	傣语，熟练	汉语，熟练
咪依凤	克木	44	文盲	克木语，熟练	傣语，熟练	汉语，熟练
波温	克木	48	文盲	克木语，熟练	汉语，熟练	傣语，熟练
咪依流	克木	48	文盲	克木语，熟练	汉语，熟练	傣语，熟练
波岩庄	克木	48	文盲	克木语，熟练	汉语，熟练	傣语，熟练
岩捧	克木	40	小学	克木语，熟练	汉语，熟练	傣语，略懂
波光	克木	54	文盲	克木语，熟练	傣语，熟练	汉语，略懂
咪叫	克木	55	文盲	克木语，熟练	傣语，熟练	汉语，略懂
咪光	克木	52	文盲	克木语，熟练	傣语，略懂	汉语，略懂
波双	克木	80	文盲	克木语，熟练	傣语，熟练	汉语，熟练
咪甩	克木	76	文盲	克木语，熟练	傣语，熟练	汉语，略懂
波岩温叫	克木	49	小学	克木语，熟练	汉语，熟练	傣语，略懂
咪岩温叫	克木	45	小学	克木语，熟练	汉语，熟练	傣语，略懂

在克木语、傣语和汉语三种语言中，使用水平最高的是克木语，其次是傣语，最差的是汉语。

在我们所调查的 103 人中，40 岁以下的共有 71 人。其中兼语类型为“克木语—傣语—汉语”的只有 8 人，仅占这个年龄段总人口的 11.27%。这 8 个三语人的情况见表 3-7。

表 3-7　曼迈村 6—39 岁兼用傣语、汉语的克木人语言使用情况表

姓名	族群	年龄（岁）	文化程度	第一语言及水平	第二语言及水平	其他语言及水平
依良	克木	35	初中	克木语，熟练	汉语，熟练	傣语，略懂
岩香	克木	27	初中	克木语，熟练	汉语，熟练	傣语，略懂
依务	克木	24	小学	克木语，熟练	汉语，熟练	傣语，略懂
依亮	克木	36	初中	克木语，熟练	汉语，熟练	傣语，略懂
岩香甩	克木	27	初中	克木语，熟练	汉语，熟练	傣语，略懂
依金	克木	35	中专	克木语，熟练	傣语，熟练	汉语，熟练
岩糯香	克木	27	小二	克木语，熟练	汉语，熟练	傣语，熟练
岩温	克木	27	小学	克木语，熟练	汉语，熟练	傣语，略懂

除了上述的 8 人外，其余的 63 人都不懂傣语，都为“克木语—汉语”的双语类型。

2. 兼用语的能力出现代际差异

在克木语、傣语和汉语三种语言中,中老年是本族语使用情况最稳定的一类人,也是本族语水平比较高的,青少年的本族语水平比中老年人低。青少年和青壮年是汉语使用水平最高的一个层次,因为他们大多接受过一定程度的学校教育,与汉族接触多。30 岁以下的汉语水平比 30 岁以上的高,并且大多能熟练地使用普通话。

中老年人一般接受学校教育时间短或未受过学校教育,加上所处的语言环境主要是村民、家庭成员构成的本族语语境,接触汉语的机会少、时间短,所以汉语水平普遍低于中青年。我们在访谈 40 岁以上的克木人时,问他们懂不懂汉语,虽然他们都说懂,但与我们用汉语交流时常常遇到困难,需要人来翻译,就连接待我们的村干部汉语说得也不很顺当。中老年是傣语使用水平最高的一个群体,大多数中老年人会说傣语。

3. 家庭用语的选择出现代际差异

在族内婚姻家庭用语出现这样的新情况:祖辈、父母辈、子女辈三代人,二三十岁的父母辈跟自己的父母交谈时,必须说克木语,否则会被认为是不尊敬父母。但是跟自己的子女交谈时,则既使用克木语也使用汉语。孩子放学回家跟父母说话常常会说汉语。

家庭用语的选择往往反映语言活力的升降,我们可以从家庭用语的变化中窥视兼语使用的变化趋势。

(三) 克木语、汉语、傣语既和谐共存又相互竞争

曼迈村多语的语言关系可以分为三类:第一类是汉语和克木语之间的关系,即通用语和非通用语的关系,也就是强势语言与弱势语言的关系。第二类是少数民族语言之间的关系,即克木语与傣语的关系。在勐腊镇傣族人口较多,处于亚强势语言的地位,它与克木语的关系是亚强势语言与弱势语言的关系。第三类是汉语普通话和当地汉语方言的关系,即标准语和地方汉话的关系。这三类语言关系既有和谐共存的一面,又有相互竞争的一面,如何处理好语言关系是需要认真对待的问题。

曼迈村克木人的多语关系主流是和谐性的,表现在勐腊镇的克木、傣、彝、哈尼、瑶等民族,除了稳定使用自己的母语外,基本都能兼用汉语,有的还能兼用其他少数民族的语言,汉族中有的人也能兼用少数民族语言。他们互相兼用对方的语言,都是自觉自愿的,不存在任何的强制或不尊重,他们认为不会说别的民族的话非常不方便,只有互相懂得对方的语言,才能更好地生活在一起。这种和谐的语言生活,满足了各民族的语言交际需要。

克木人把兼用汉语看成是一种文明进步的表现。由于汉语处于通用语的地位,曼迈村的克木人都积极学习汉语,把汉语作为最重要的兼用语。他们普遍认为:汉语记载着先进的科技和文化,掌握汉语是一种先进的表现;不学汉语,就不能较好地掌握现代科学文化知识,也无法与其他民族沟通;不学汉语就无法适应时代发展的需要。而且认为,汉语和本族语不是互相排斥的,而是互相补充的。因此,在曼迈村,克木人兼用汉语的现象已经很普遍,在青壮年中,几

乎没有不懂汉语的，只是程度高低不同而已。克木人越来越重视汉语学习，曼迈村小学的依金老师告诉我们说："曼迈小学的学生越来越少，因为有条件的家长为了让自己的孩子学好汉语，把孩子送到县城读书去了，曼迈小学的学生人数在逐年减少。"

曼迈村和曼岗村除了有克木人居住之外，还有傣、汉、哈尼、彝、瑶等其他民族。不同民族之间的语言兼用是自然的、和谐的。其中以其他少数民族兼用傣语的为多，其他民族兼用克木语的较少。原因是克木语的使用区域在勐腊镇仅仅限于曼迈村和曼岗村，而且克木语音韵系统复杂，学习难度大。居住在这两个村的其他民族掌握克木语的水平往往只能达到听得懂但不能说的半双语人的水平。

克木语、傣语和汉语有强弱之分：克木语是克木人的族内交际用语，其使用语域仅限于曼迈村和曼岗村这样的克木人聚居地；傣语是曼迈村所属的勐腊县使用人口最多的少数民族语言，其语言功能比克木语强；汉语是国家通用语，其社会功能最强。这三种功能强弱不同的语言，在使用中各就其位、各司其职，在家庭内、小组内等族内交际场所使用克木语，在学校、村寨等族际交际场所使用汉语或傣语。

克木语、傣语和汉语三种语言的关系既有和谐的一面，也有竞争的一面。其竞争性主要表现在汉语对克木语、傣语的强大冲击上：汉语的使用域越来越大，克木语的使用域越来越窄。人们对汉语的重视程度越来越高，有意识学习汉语已经成为克木人的共识，但对本民族语言存在和发展则处于一种任其自然的状态。

(四) 母语使用水平出现代际差异，青少年母语能力下降

虽然曼迈克木人都能使用自己的母语，但不同年龄段的母语水平存在代际差异。主要表现在以下几个方面：

1. 青少年掌握母语基本词汇的数量较少

掌握母语基本词量的多少是母语水平的重要表现。一般的规律是：词汇量的大小与语言使用能力成正比。为了对克木人母语水平有个量化的了解，我们选取了不同年龄段的22位克木人考察他们掌握母语400词的情况。考察结果是：3位青少年中，成绩是优秀的只有1位，其余两位的成绩分别是"一般"和"差"；而20岁以上年龄段的19位克木人成绩都为优秀。具体数据见表3-8。

表3-8 曼迈村克木人母语水平统计表

年龄段(岁)	调查人数	优秀		良好		一般		差	
		人数	百分比(%)	人数	百分比(%)	人数	百分比(%)	人数	百分比(%)
6—19	3	1	33.33	0	0	1	33.33	1	33.33
20—39	10	10	100	0	0	0	0	0	0
40—59	7	7	100	0	0	0	0	0	0
60以上	2	2	100	0	0	0	0	0	0
合计	22	20	90	0	0	1	4.55	1	4.55

为了更深入地分析这22位测试对象的测试成绩，我们把他们的测试结果列为表3-9。

表3-9　曼迈村克木人母语水平测试情况表

姓名	年龄（岁）	性别	文化程度	A		B		C		D		等级
				数量	百分比（%）	数量	百分比（%）	数量	百分比（%）	数量	百分比（%）	
依庄香	7	女	小三	194	48.5	10	2.5	2	0.5	194	48.5	差
岩香	8	男	小四	200	50	27	6.75	30	7.5	123	30.75	差
岩光	11	男	小六	340	85	10	2.5	35	8.75	15	3.75	优秀
依南	23	女	小学	397	99.25	3	0.75	0	0	0	0	优秀
依腊	23	女	小学	378	94.5	5	1.25	14	3.5	3	0.75	优秀
依勇萍	24	女	小学	319	79.75	52	13	14	3.5	15	3.75	优秀
依腊香	25	女	小学	359	89.75	27	6.75	10	2.5	4	1	优秀
依康	26	女	高中	335	83.75	34	8.5	18	4.5	13	3.25	优秀
依南	26	女	小学	391	97.75	0	0	0	0	9	2.25	优秀
依风	29	女	小学	391	97.75	7	1.75	2	0.5	0	0	优秀
岩坎甩	32	男	小学	391	97.75	0	0	0	0	9	2.25	优秀
岩渤	35	男	小学	391	97.75	0	0	0	0	9	2.25	优秀
依叫	37	女	初中	391	97.75	0	0	0	0	9	2.25	优秀
依甩	33	女	小学	374	93.5	20	5	5	1.25	1	0.25	优秀
依庄	40	女	小学	382	95.5	1	0.25	9	2.25	8	2	优秀
咪岩务	53	女	小学	400	100	0	0	0	0	0	0	优秀
依旺	53	女	小学	400	100	0	0	0	0	0	0	优秀
波燕	51	男	小学	400	100	0	0	0	0	0	0	优秀
咪坎光	53	女	小学	400	100	0	0	0	0	0	0	优秀
波岩香	53	男	小学	400	100	0	0	0	0	0	0	优秀
波依叫	67	男	文盲	400	100	0	0	0	0	0	0	优秀
咪岩叫罗	75	女	文盲	400	100	0	0	0	0	0	0	优秀

从表3-10显示的数据，我们可以得出这样的认识：词汇量的大小与年龄大小密切相关，年龄越大词汇量越大。20岁以下的3位青少年，只有11岁的岩光A级词汇达300个以上，7岁的依庄香和8岁的岩香A级词汇都只有200个左右，即只有200个左右的母语词汇能够脱口而出。20—49岁年龄段的12位克木人，A级词汇都在300以上。50岁以上的7位老年人，400个词都能脱口而出。

青少年不会说的D级词汇和C级词汇主要是哪些呢？我们先来看这3位测试对象都不会说的D级词汇：

汉义	克木语	汉义	克木语
井	sən luˀ	炭	glaːŋ kən sah
水獭	naːk	豪猪	r̥eˀ
麻雀	sim tɕlɔi	芽儿	ŋɔˀ
穗	pə lɛˀ	茶壶	tə lɔh m̥iaŋ
背篓	bɛːm buh	脚杵	dai gual
脚臼	n tuˀ gual	箭	kam mɔˀ
耙(田)	sloi	打嗝儿	tɕə lək
打鼾	n tɤl	饿	ha lui
孵(蛋)	gəm	嚼	miaŋ

这些词汇大多是一些他们没有见过的事物名称或自己不熟悉的动作，在日常交际中没有用到这些词。

这 3 位青少年经过提示都想起来的 C 级词汇主要有以下几个：

汉义	克木语	汉义	克木语
虹	daːŋ doːr	伯父	joŋ deŋ
麻雀	siːm tɕər lɔːi	芽儿	ŋɔˀ
舂(米)	hic		

这些词由于使用频率低，被测试者一时想不起来，需要测试者启发后才能回忆起来。

这 3 位 400 词测试成绩较差的青少年都是曼迈小学的在读学生。曼迈小学是农村寄宿制小学，学生在校时间多，在家里时间少。学校共有 116 位学生，民族成分主要是傣、汉、彝、哈尼等民族，克木学生很少，只有 26 位。曼迈小学的校长告诉我们说："我们学校语言训练的重点是普通话训练，学校里的老师普通话要求达到二级乙等。课堂教学用语都是普通话。课后，老师之间、学生之间都说当地的汉语方言，师生之间讨论学习问题有时用普通话，有时用汉语方言。"在寄宿制学校就读的学生使用当地汉语方言或普通话的时间较多，回到家里，也习惯性地跟父母说汉语方言或普通话。我们在曼迈村采访了上表中的被测试者 8 岁的岩香的母亲，她叫波依康叫(女，29 岁，克木人)，是曼迈小组的妇女主任。她告诉我们说："我儿子在家里有时跟我说地方汉话，有时跟我说普通话。"

2. 个别人改变语言习得顺序，以母语为第二语言

双语习得的一般规律是：母语是第一语言，非母语是第二语言。曼迈组克木人的语言习得情况大致也是如此。但在我们调查的 115 位克木人中出现了一个新情况：在母语熟练型和略懂型的人群中有 9 位克木人以母语为第二语言。

母语习得顺序的改变有可能会降低母语的使用水平。因为母语的使用能力主要是通过与家庭成员和村寨内同族人的交流而获得的。从 1 岁到 5 岁的学前阶段是儿童习得母语的最佳

时期,6岁以后进入学校就缺乏母语训练的时间了。因此,我们应该关注母语习得顺序的改变。我们在调查中了解到,这种语言习得顺序的形成有其客观条件,也有其主观因素,需要我们加以分析,认识其性质和规律。为了了解其改变母语习得顺序的原因,表3-10列出这9位成员的家庭信息情况。

表3-10 母语为第二语言的克木人家庭语言使用情况表

序号	家庭关系	姓名	族群	年龄(岁)	文化程度	第一语言及水平	第二语言及水平
1	户主	金家福	汉	37	初中	汉语,熟练	克木语,熟练
	妻子	玉凤	克木	36	小学	克木语,熟练	汉语,熟练
	长子	岩康	克木	15	高中	汉语,熟练	克木语,熟练
	次子	金时发	克木	12	初中	汉语,熟练	克木语,熟练
2	户主	依留	克木	36	小学	克木语,熟练	汉语,熟练
	丈夫	郑学明	汉	35	小学	汉语,熟练	
	长子	岩康	克木	17	初中	汉语,熟练	克木语,熟练
	长女	依庄香	克木	7	小三	克木语,熟练	汉语,熟练
3	户主	高利明	彝	33	初中	彝语,熟练	汉语,熟练
	妻子	依金	克木	35	中专	克木语,熟练	傣语,熟练
	长子	岩木需	克木	6	小一	汉语,熟练	克木语,熟练
4	户主	岩香	克木	35	小学	克木语,熟练	汉语,熟练
	妻子	高云	汉	32	小学	汉语,熟练	克木语,略懂
	长女	依旺	克木	15	初二	汉语,熟练	克木语,熟练
	次女	依腊	克木	14	初一	汉语,熟练	克木语,熟练
5	户主	岩叫	克木	31	小学	克木语,熟练	傣语,熟练
	妻子	依腊	克木	30	小学	傣语,熟练	克木语,熟练
	长女	依旺	克木	10	小六	傣语,熟练	克木语,熟练
	次女	依腊	克木	8	小三	傣语,熟练	克木语,熟练

表3-10所列的改变母语习得顺序的9位成员,来自5个家庭,其中4户是族际婚姻家庭,只有1户是克木人族内婚姻家庭。在族际婚姻家庭内部,由于汉语的强势语言地位,父母双方为了迁就其中一方,便会主动放弃自己的母语,汉语便成为家庭内部的主要用语。汉语也就成为族际婚姻家庭中儿童语言习得的首要选择。来自4户族际婚姻家庭的6位成员第一语言均为汉语,第二语言才是自己的克木语。族内婚姻家庭成员改变母语习得顺序的,我们只发现岩叫一家的3位家庭成员。岩叫本来是傣族,因为从小被克木人家收养,他自认为是克木人,从小就学会了克木语。他的亲戚都是傣族,与亲戚交往交往中学会了傣语。他的孩子是由傣族亲戚带大的,所以先学会了傣语。

3. 口头文学的传承在年轻一代中出现断裂

我们在调查中了解到,60岁以上的老年人,大多会说民间故事、会唱克木语歌曲。40—59

岁的，虽然都不会说民间故事，但有少数人会唱克木歌，都听得懂克木歌或克木语民间故事。40 岁以下的，连听都听不懂。如在上新房的宴席上，与我们同桌就餐的村长波依康叫（46 岁，克木人）和村会计岩甩（44 岁，克木人），村长波依康叫会唱克木语歌曲，村会计岩甩不会唱但能听得懂。席间，波依康叫为我们唱了迎客歌，岩甩用汉语翻译。看来克木语口头文学的传承出现了代际差异。

四、曼迈村克木人语言使用现状的成因分析

（一）族群认同是曼迈村克木人保留母语的重要因素

克木人虽然不是一个独立的民族，但他们却是一个独立的群体。有自己的名称，有自己的语言，有自己相对集中的分布区和不同于其他群体的文化特征。这些使得各地的克木人都有群体的认同感。不论是来自哪个地区、哪个国家的克木人，只要他们知道对方是克木人后，很快就亲热起来，把对方看成自己的人。这种群体认同感是保持自己母语的基础。

虽然克木人的经济文化受到傣、汉等其他民族的影响，如克木人妇女穿傣族服装，克木人住的房子是傣族风格建筑，他们的命名习惯受到傣族的影响，也曾长时间地过傣族的泼水节，在他们的语言里吸收了许多傣语借词，但仍然认为自己是一个独立的群体。这一群体概念使得他们具有保持自己语言的心理基础。

（二）国家的语言平等政策是曼迈村克木人保留母语的有力保证

克木人虽然人数少，但同其他民族一样，都享有使用自己母语的自由。克木语受到周围民族的尊重，可以自由使用。这是克木人保留和使用自己母语的重要保证。

克木人对保留自己的母语是有信心的。当我们问及小组会计岩甩（克木人，男，44 岁）“你担不担心你们的后代不会克木语”时，他坚定地回答：“不会丢失的，生活在克木人的村寨里，哪里会丢失自己的母语呢？”

（三）九年义务教育的推行以及汉语的通用语地位加速了克木人兼用汉语的进程

曼迈村所有儿童都要接受九年义务教育，这使得他们能够通过上学既学会科学文化知识，又学会全国的通用语汉语。一般说来，儿童进入学校三年之后都具有运用汉语进行一般交际的能力。汉语的通用语地位更使得他们具有学习汉语的动力。

特别是 2008 年以来国家对克木人实行了经济扶持政策，大力帮助克木人发展经济、改善生活。短短几年来，克木村寨面貌大大改观。随着经济生活水平的大幅度提高，克木人的文化教育以及他们的语言生活都会得到更健康的发展。

（四）跨境的族群分布扩大了克木语的使用功能

克木人是一个跨境族群，虽然在我国只是一个小小的群体。但在老挝、缅甸、泰国等国，却

有几十万人口。特别是在老挝，克木人是该国第二大民族。随着改革开放的深入发展，我国克木人与境外克木人的交往日益频繁。这种局面有助于我国克木人的语言使用。

附　　录

一、曼迈村语言使用情况总表

表 3－11　曼迈村语言使用情况总表

序号	家庭关系	姓名	族群	年龄(岁)	文化程度	第一语言及水平	第二语言及水平	其他语言及水平	备注
1	户主	金家福	汉	37	初中	汉语，熟练	克木语，熟练	傣语，略懂	
	妻子	玉凤	克木	36	小学	克木语，熟练	汉语，熟练		
	长子	岩康	克木	15	高中	汉语，熟练	克木语，熟练		
	次子	金时发	克木	12	初中	汉语，熟练	克木语，熟练		
2	户主	杨国荣	彝	39	初中	汉语，熟练	克木语，略懂		
	妻子	咪依涛	克木	38	初中	克木语，熟练	汉语，熟练	傣语，熟练	
	长女	依涛香	克木	16	高中	克木语，熟练	汉语，熟练	傣语，略懂	
	次女	依腊	克木	14	初中	克木语，熟练	汉语，熟练		
3	户主	依留	克木	36	小学	克木语，熟练	汉语，熟练	傣语，略懂	
	丈夫	郑学明	汉	35	小学	汉语，熟练			
	长子	岩康	克木	17	初中	汉语，熟练	克木语，熟练		
4	户主	波岩温叫	克木	49	小学	克木语，熟练	汉语，熟练	傣语，略懂	
	妻子	咪岩温叫	克木	45	小学	克木语，熟练	汉语，熟练	傣语，略懂	
5	户主	岩温	克木	27	小学	克木语，熟练	汉语，熟练	傣语，略懂	
	妻子	鲁万美	彝	27	初中	汉语，熟练	克木语，略懂		嫁过来后学会的
6	户主	波南罗	克木	71	小学	克木语，熟练	傣语，熟练	汉语，熟练	
	长子	岩捧	克木	40	小学	克木语，熟练	汉语，熟练	傣语，略懂	
	长媳	黄其芳	汉	35	初中	汉语，熟练	克木语，熟练		
	长孙	岩叫	克木	11	小学	克木语，熟练	汉语，熟练		
	次孙	岩坎光	克木	8	小学	克木语，熟练	汉语，熟练		
7	户主	冯志成	汉	36	小学	汉语，熟练	克木语，略懂		
	妻子	依良	克木	35	初中	克木语，熟练	汉语，熟练	傣语，略懂	
	长女	依康	克木	17	中专	克木语，熟练	汉语，熟练		
	长子	岩劳	克木	14	小学	克木语，熟练	汉语，熟练		
8	户主	岩编	克木	24	小学	克木语，熟练	汉语，熟练		
	妻子	依香	克木	21	小学	克木语，熟练	汉语，熟练		

9	户主	波岩庄	克木	48	文盲	克木语,熟练	汉语,熟练	傣语,熟练	
	妻子	咪岩庄	克木	46	小学	克木语,熟练	傣语,熟练	汉语,略懂	
	长子	岩庄	克木	27	初中	克木语,熟练	汉语,熟练		
	长媳	依旺叫	克木	25	初中	克木语,熟练	汉语,熟练		
10	户主	张进春	汉	31	初中	汉语,熟练	克木语,略懂		
	妻子	依甩	克木	32	初中	克木语,熟练	汉语,熟练	老挝,熟练	
11	户主	陶树发	汉	45	初中	汉语,熟练	克木语,熟练		入克木人家 20 年
	妻子	依庄	克木	40	小学	克木语,熟练	汉语,熟练		
	长子	岩帮	克木	19	初中	克木语,熟练	汉语,熟练		
	长女	依温	克木	17	初中	克木语,熟练	汉语,熟练		
12	户主	波依康叫	克木	45	小学	克木语,熟练	汉语,熟练	傣语,略懂	
	妻子	米依康	克木	45	小学	克木语,熟练	汉语,熟练	傣语,略懂	
	长女	依康	克木	26	高中	克木语,熟练	汉语,熟练		
	长婿	罗华	汉	28	中专	汉语,熟练	克木语,熟练		
	长子	岩遍	克木	24	高中	克木语,熟练	汉语,熟练		
	长媳	依香	克木	22	初中	克木语,熟练	汉语,熟练		
13	户主	岩甩	克木	44	小学	克木语,熟练	傣语,熟练	汉语,熟练	
	妻子	依拉	克木	46	小学	克木语,熟练	傣语,略懂	汉语,熟练	
	长子	岩温	克木	21	初中	克木语,熟练	汉语,熟练		
	长女	依叫	克木	17	小学	克木语,熟练	汉语,熟练		
14	户主	岩叫	克木	25	初二	克木语,熟练	汉语,熟练		
	妻子	姚彩虹	汉	24	初中	汉语,熟练	克木语,略懂		
15	户主	岩温	克木	47	小学	克木语,熟练	汉语,熟练	傣语,熟练	老挝语,略懂
	妻子	咪康旺	克木	44	小学	克木语,熟练	汉语,熟练	傣语,熟练	
	长子	岩康	克木	27	小学	克木语,熟练	汉语,熟练		
	长媳	钟秀枝	彝	25	小学	彝语,熟练	汉语,熟练	克木语,熟练	小时学会
	长女	依南	克木	25	初二	克木语,熟练	汉语,熟练		
	长婿	张纪伟	基诺	30	大专	汉语,熟练	基诺语,略懂		
	次子	岩腊香	克木	23	初中	克木语,熟练	汉语,熟练		
16	户主	波光	克木	68	小学	克木语,熟练	傣语,熟练	汉语,略懂	
	妻子	咪光	克木	59	文盲	克木语,熟练	傣语,熟练	汉语,略懂	
	长女	依光	克木	39	小学	克木语,熟练	汉语,熟练		
	孙子	岩坎	克木	18	小学	克木语,熟练	汉语,熟练		

17	户主	岩务	克木	27	小学	克木语,熟练	汉语,熟练		
	妻子	依凤	克木	30	小学	克木语,熟练	汉语,熟练		
	长子	岩香	克木	8	小三	克木语,熟练	汉语,熟练		
18	户主	岩香甩	克木	50	小学	克木语,熟练	汉语,熟练	傣语,熟练	
	妻子	咪香甩	克木	48	小学	克木语,熟练	汉语,熟练	傣语,熟练	
	长子	岩香	克木	27	初中	克木语,熟练	汉语,熟练	傣语,略懂	
	长媳	依务	克木	24	小学	克木语,熟练	汉语,熟练	傣语,略懂	
	孙女	依庄香	克木	7	小三	克木语,熟练	汉语,熟练		
19	户主	波依凤	克木	47	文盲	克木语,熟练	傣语,熟练	汉语,熟练	
	妻子	咪依凤	克木	44	文盲	克木语,熟练	傣语,熟练	汉语,熟练	
	长子	岩再	克木	28	小学	克木语,熟练	汉语,熟练		
	长媳	依腊光	克木	24	小学	克木语,熟练	汉语,熟练		
	次子	岩扁	克木	27	小学	克木语,熟练	汉语,熟练		
20	户主	波岩务	克木	56	文盲	克木语,熟练	傣语,熟练	汉语,熟练	
	妻子	咪岩务	克木	53	文盲	克木语,熟练	傣语,熟练	汉语,略懂	
	次子	岩康拉	克木	25	初中	克木语,熟练	汉语,熟练		
	次媳	依腊温	克木	24	小学	克木语,熟练	汉语,熟练		
21	户主	冯志诚	汉	36	文盲	汉语,熟练	克木语,略懂		
	妻子	依亮	克木	36	初中	克木语,熟练	汉语,熟练	傣语,略懂	
	长女	依康	克木	17	中专在读	克木语,熟练	汉语,熟练		
	长子	岩劳	克木	14	小学	克木语,熟练	汉语,熟练		
22	户主	岩叫	克木	31	小学	克木语,熟练	傣语,熟练	汉语,熟练	傣族,从小被克木人收养
	妻子	依腊	克木	30	小学	傣语,熟练	克木语,熟练	汉语,熟练	
	长女	依旺	克木	10	小六	傣语,熟练	克木语,熟练	汉语,熟练	
	次女	依腊	克木	8	小三	傣语,熟练	克木语,熟练	汉语,熟练	
23	户主	波香甩	克木	66	文盲	克木语,熟练	傣语,熟练	汉语,熟练	
	妻子	咪香甩	克木	65	文盲	克木语,熟练	傣语,熟练	汉语,熟练	
	长子	岩香甩	克木	27	初中	克木语,熟练	汉语,熟练	傣语,略懂	
	长媳	依务	克木	23	小学	克木语,熟练	汉语,熟练		
	长孙女	依庄香	克木	8	小三	克木语,熟练	汉语,熟练		
	长孙	岩再	克木	6	小一	克木语,熟练	汉语,熟练		
24	户主	高利明	彝	33	初中	彝语,熟练	汉语,熟练	克木语,略懂	
	妻子	依金	克木	35	中专	克木语,熟练	傣语,熟练	汉语,熟练	
	长子	岩木需	克木	6	小一	汉语,熟练	克木语,熟练		

25	户主	依腊	克木	33	小学	克木语,熟练	汉语,熟练		
	丈夫	彭学忠	汉	39	小学	汉语,熟练	克木语,略懂		
	母亲	咪叫	克木	55	文盲	克木语,熟练	傣语,熟练	汉语,略懂	
	长子	岩坎	克木	14	小学	克木语,熟练	汉语,熟练		
	次子	岩再	克木	11	小三	克木语,熟练	汉语,熟练		
26	户主	波温	克木	48	文盲	克木语,熟练	汉语,熟练	傣语,熟练	汉语、傣语水平差不多
	妻子	咪依流	克木	48	文盲	克木语,熟练	汉语,熟练	傣语,熟练	
	长子	岩温	克木	31	小三	克木语,熟练	汉语,熟练		
	长媳	彭华琼	哈尼	32	小三	哈尼语,熟练	汉语,熟练	克木语,熟练	
	长孙	岩光	克木	12	小六	克木语,熟练	汉语,熟练		
	长孙女	依应	克木	6	学前班	克木语,熟练	汉语,熟练		
	长女	依旺香	克木	29	小学	克木语,熟练	汉语,熟练		
27	户主	岩糯香	克木	27	小二	克木语,熟练	汉语,熟练	傣语,熟练	老挝语,熟练
	妻子	依元	克木	23	小五	克木语,熟练	老挝语,熟练	汉语,略懂	老挝的克木
28	户主	岩扁	克木	33	初中	克木语,熟练	汉语,熟练		村长,家里说汉语
	妻子	大妹	哈尼	22	初中	哈尼语,熟练	汉语,熟练	克木语,略懂	
29	户主	波光	克木	54	文盲	克木语,熟练	傣语,熟练	汉语,略懂	
	妻子	咪光	克木	52	文盲	克木语,熟练	傣语,略懂	汉语,略懂	
	长女	依光	克木	28	初一	克木语,熟练	汉语,熟练		
	长婿	郑茂华	汉	36	初中	汉语,熟练	克木语,略懂		能听懂简单的
	外孙女	郑相清	克木	13	初二	克木语,熟练	汉语,熟练		
30	户主	波双	克木	80	文盲	克木语,熟练	傣语,熟练	汉语,熟练	
	妻子	咪甩	克木	76	文盲	克木语,熟练	傣语,熟练	汉语,略懂	
31	户主	波依香	哈尼	48	小学	哈尼语,熟练	汉语,熟练	克木语,熟练	
	妻子	咪依香	克木	41	文盲	克木语,熟练	汉语,熟练		
32	户主	波依康	克木	61	文盲	克木语,熟练	汉语,熟练		
33	户主	岩香	克木	35	小学	克木语,熟练	汉语,熟练		
	妻子	高云	汉	32	小学	汉语,熟练	克木语,略懂		会听不会讲
	长女	依旺	克木	15	初二	汉语,熟练	克木语,熟练		
	次女	依腊	克木	14	初一	汉语,熟练	克木语,熟练		

二、曼迈村会计岩甩访谈录

访谈对象:岩甩,1967 年 7 月 15 日生,克木人,曼迈村人,小学文化,农民

访谈时间:2011 年 1 月 4 日

访谈地点:岩甩家

访 谈 人:陈国庆、余金枝、桐柏

整 理 人:余金枝

问:岩甩,您好!我们今天是来向您了解克木人和克木语的使用情况的。您能听懂普通话吗?

答:听得懂,不喜欢说,我用当地汉话和你们说。

问:我们边喝啤酒边聊,慢慢说,怎么样?

答:可以嘛。

问:您的父母都是克木人吗?

答:都是的,我老婆的父母也都是克木人。我们两个是同一个寨子的,都是土生土长的克木人。我们有两个孩子:一个是儿子,叫岩温;一个是女儿,叫依叫。

问:哎,你的儿子也叫岩温?是不是男孩名字的第一个字都叫"岩……",女孩都叫"依……"?

答:是的,起名字跟傣族一样,男的叫"岩……",女的叫"依……"。

问:那你们跟傣族的关系很密切啊。

答:是。

问:刚才我们在村头碰到的那个男孩也叫岩温,那么多岩温,怎么区分哪个岩温是你们家的岩温呢?

答:这个嘛,很简单,在"岩温"后面加上我的名字"甩",叫"岩温甩"就不同名了。女儿如果跟别人同名,就加上妈妈的名字,这样就不同名了。

问:村里克木人多吗?

答:多,有三分之二的人是克木人。

问:你是不是一直在这个寨子住?

答:我一直在这里,我是在这里生的。

问:旁边有什么寨子?

答:周围是国营农场,都是汉族。这里只有两个克木人寨子,一个是曼岗,一个是曼迈。

问:你们跟曼岗的克木人有往来吗?

答:经常往来,都是亲戚。

问:村寨里的克木人娶外族人多吗?

答:有,一般嫁进来的都是汉族。在我们寨子里有五六个克木人娶了汉族媳妇。我家儿子娶的是克木人。

问:你希望你儿子娶克木人还是其他民族的人?

答:我还是希望儿子找克木人。

问:这些汉族媳妇会说克木话吗?

答:说克木话有点难度,听克木话都听得懂。

问:明天上新房的是你家亲戚?

答:是我侄女啊,明天我们杀猪。一个寨子人都去帮忙。

问:你到过别的克木村寨吗?跟他们说不说克木话?你们说的克木话跟景洪的一样吗?

答:我到过景洪。他们的发音跟我们的不一样。

问:你们寨子是说汉话的人多还是说克木话的人多?

答:说克木话的人多。

问:平时在家说什么话?

答:说克木话。

问:在寨子里说什么话?

答:大多数讲克木话。在县城里,碰到傣族说傣话,碰到克木人说克木话,碰到其他人说汉话。

问:有没有克木孩子不会说克木话的?

答:没有。小娃都会说克木话。他们读书说汉话,在寨子里都说克木话,傣话都不会。

问:你认为孩子以后有可能不会说克木话吗?

答:可能。我们克木人嫁给其他民族的,他们的小娃就不说克木话了。我家姑娘嫁到补锅寨,那是个哈尼族寨子,她的娃娃不会说克木话了。

问:我们村里的孩子克木话有没有你说得好?

答:一样好。

问:要是有一天娃娃不会克木话了怎么办呢?

答:不会的,天天住在克木寨子,永远都不可能不会说的。我希望我们的下一代又会说汉语,又会说克木话。

问:你会用克木话说民间故事、唱克木歌吗?

答:不会。有的老人会。像我岳父这一代老人都会。他们唱的克木歌曲,有的我们听得懂,有的听不懂。

问:跟你年纪一样大的都不会了吗?

答:像我这个年龄的会唱克木语歌的不多,只有一两个。村长和我年纪差不多,村长还能唱一点儿。民间故事,连村长也不会了。

问:老人会说民间故事,会唱克木语歌曲的多吗?

答:老人一般都会。现在上新房、结婚、上山打猎、上山劳动时会唱克木歌。老人上山唱那些克木歌,有一些古歌要好好听才听得懂,有一些好好听也听不懂。

问:有什么重大的活动,其他村寨是不是都来?跟其他村寨相处得怎么样?

答:都来。有什么活动大家都来,不管是不是克木人。

问:尚勇寨说的话跟你们是不是一样?

答:他们讲的话跟我们不同,老人会讲我们的克木话。

问:你们过哪些节日？过克木人自己的节日吗？

答:过“玛格乐”节,也就是我们克木人的丰收节,每年的12月15号到20号。像汉族的春节一样,要杀猪。前几天刚过。过丰收节的时间是两天,这两天邀朋友来,大家一起喝酒,不能出去劳动。一年就过这一个节日。

问:过傣族的泼水节和汉族的春节、端午节、中秋节吗？

答:傣族的泼水节以前过,现在不过了。汉族的节日都不过。

问:你们的丰收节傣族也过吗？

答:不过。

问:克木人家平时做家务,是男的做得多还是女的做得多？

答:还是女人做得多,跟傣族不一样。

问:你没有自己的克木服装？

答:有嘛。平时在寨子里都不穿,只在节日时才穿。小孩过节时也不穿克木服装。

问:(指着挂在墙上的穿着傣族服装的女孩相片)这个女孩是你女儿吧,怎么照相不穿克木服装而穿傣族服装呢？

答:现在的孩子都不穿了,他们都买傣族衣服了。

问:村里的克木人有什么吹、拉、唱的器乐吗？

答:没有了。傣族的象脚鼓也不敲。

问:你认为需要国家来保护我们克木人的文化吗？

答:需要嘛。

问:国家给克木人很多扶持,你家得到什么扶持？

答:项目来的时候,每人得到200元钱。60岁以上的克木老人每人都办了一个卡,每月有70元的养老金。(说到这里,老人拿出了“新型农村社会养老保险对账簿”,这个对账簿每个月都有70元养老金进账。)

问:不是克木人也有这个卡吗？

答:不是克木人也有,是社会主义新农村的扶持项目。

问:受到这么多的扶持,心里有什么感受？

答:心里很感谢国家。国家碰到大的灾难,我们克木人非常愿意捐款,愿意帮助其他民族。

问:寨子里除了克木族以外还有哪些民族？克木人跟他们相处得怎么样？

答:还有汉族、彝族和哈尼族。跟他们相处还可以,从来没有打过架,没有因为土地发生过纠纷。

问:你们家靠做什么赚钱？

答:靠卖橡胶。我家有800棵橡胶,一年毛收入10多万。

问:还有其他经济来源吗？

答:天天割胶都忙不赢,没有时间做其他的。

问:你觉得国家扶持以后,我们克木人的生活是不是有好转?

答:比原来好多了。但是,整体的生活水平比傣族还是要差一点儿。

问:你对你现在的生活满意吗?

答:觉得还可以,马马虎虎吧。

问:我们克木人读书好不?

答:有的好,有的不好。只有两个大学生,一个叫依勇荣,现在是政府下派的驻村工作人员;还有一个叫岩温,今年还在景洪读大学,好像是在西双版纳职业技术学院读大专。

问:现在的孩子读完初中后还继续读书吗?

答:不读了,他们也读不上了。读完初中,他们就割胶去了。

问:有没有出去打工的?

答:有,不多。少数人出去打工,不久就回来了。前不久有一个出去打工的又回来了。大多数孩子都在家里割胶。

问:以前不割胶时,你们干啥?

答:以前是种田。现在大部分地都种橡胶了。

问:你们家不种田了?

答:我们家的稻田都租给别人了,别人收稻谷后给我一点儿。

问:你喜欢住木头房子还是水泥房子呢?哪种成本更高?

答:我喜欢木头房子,我们住惯了这种房子。这种房子过去成本低,现在成本高,光这一根大梁就要花 800 元,我家的房子用了 6 个大梁,花了 5000 来块钱。

问:花那么多钱呀?看来咱们村里的克木人还是有钱的。有没有人有车?

答:有嘛。有 3 户人家有轿车,有的人家有皮卡,家家都有摩托车,而且不止一辆。前几天有 3 户人家去昆明买车了。

问:外族肯嫁给我们克木人吗?

答:肯嫁。以前嫌弃我们克木人,现在不嫌弃了。

问:现在经济条件好了,想不想去昆明?

答:我想去。今年过年我自己开车旅游了。

问:想去北京吗?

答:想去的。(端着酒,用坚定的语气说)要去的。哦,我还是不敢去北京,担心迷路。

问:你的存款多吗?

答:这一两年刚盖房,又买车,就没有什么存款。

问:你不是党员,村里的党务会也会叫你参加吗?

答:叫的。我是村里的联防队员。有什么事他们会叫我的。原来村里的治安不好,这两年村里的治安好了,没有外村的人来闹事了。我本来是要去买牛的,你们来了,就先陪你们坐一会儿。我马上要去买一头牛，这头牛有两岁，要花 4000 元。

问：买牛做什么？

答：明天我老婆姐姐家的女儿要上新房，要杀一头牛。明天全村人都要去她家吃饭，其他寨子的克木人也会来。你们也来吧！

问：怕给你们添麻烦。

答：不会的，不会的，你们来吧，大家都欢迎你们来呢。

问：你快去买牛吧，一会儿天黑了，不好挑了。

答：好，我去买牛了，你们明天要来哦。

三、曼迈村小学教师依金访谈录

访谈对象：依金，32 岁，克木人，中师毕业，曼迈村小学教师

访谈时间：2011 年 1 月 5 日

访谈地点：曼迈村小学

访 谈 人：余金枝、刘玉兰、李春风、黄平

整 理 人：余金枝、李春风

问：请您介绍一下您的个人及家庭情况。

答：我是曼迈人。中师毕业以后，曾经在镇一小教书。2008 年通过统一考试，被分配到这个学校。我爱人是彝族，有一个 6 岁男孩。

问：请您介绍一下曼迈村小学学生的民族情况。

答：我们学校现有 116 名学生，有哈尼、傣、布朗、彝、瑶、基诺等民族。汉族学生少一点儿，哈尼族学生最多。

问：学校克木学生有多少？

答：共有 26 人。其中学前班 4 人，2 男 2 女；一年级 2 人，1 男 1 女；二年级 3 人，2 男 1 女；三年级 6 人，3 男 3 女；四年级 8 人，五男 3 女；六年级 3 人，1 男 2 女。2010 年 9 月，五年级被合并到本镇桥头小学。因为我们学校学生多，教师少，而那个学校学生少教师多。

问：克木学生在学校的语言使用情况如何？

答：克木学生之间交流有时候用汉语，有时候用克木语，与其他民族同学交流都是用汉语。有时候我用克木语问他们，他们用汉语来回答我。

问：您的家庭语言使用情况如何？

答：我爱人能听懂克木语，但是不太会说，所以和他使用汉语交流。家里面用汉语的时候更多一些，有时候跟孩子说克木语，孩子用汉语对答。孩子跟他爸爸都是说汉语。

问：您爱人从来不说克木语吗？

答:他讲克木语时发音不准确,说出来周围人尤其是老人会笑他,他觉得害羞,时间久了就不敢说了。有时候也会说一点儿,比如在喝酒喝得高兴的时候,或者觉得周围都是年轻人不受约束的时候。

问:那您会刻意地教孩子克木语吗?

答:会。只是有时候教他几句,他就说:"妈妈,我太累了!"看来,克木语他都能听得懂,但是现在说得不好,也不愿意学。

问:寨子里这种情况的孩子多吗?

答:多。尤其是别的民族跟克木人通婚的家庭,孩子说汉语的时候更多一些。但纯克木家庭(父母都是克木人),孩子掌握克木语的情况好一些。

问:有人特意教自己孩子学汉语吗?

答:寨子里有人怕孩子汉语说不好,将来上学以后听不懂老师讲课,所以也有人会在家教孩子说汉语。

问:现在大家都比从前更重视孩子的教育吗?

答:没太大变化。以前是家里没钱供不起孩子上学。而现在,上学成本太高,即使考上大学了将来也还是难找到工作。所以很多父母都反对孩子读书,并说"读书读得好了有什么用?还不如早点儿回家赚钱买车、盖房子"之类的话,都觉得孩子上不上学都无所谓了。甚至有的孩子考上了高中也不读,回家赚钱。现在生活是越来越富裕了,可是也越来越不重视教育了。

问:寨子里不同年龄段的人对克木语的掌握情况有什么不同吗?

答:有。比如一些较复杂的词语,现在年轻人就听不懂。很多词都借用汉语。

问:不同年龄段的人对汉语的掌握情况有什么不同?

答:以前大多数老人不会汉语,跟他们交谈只能用克木语或傣语;而现在的老人一般都能听懂一点儿汉语,所以用汉语的时候就多了。小孩或年轻人跟老人交谈,多数还是尽量用克木语,复杂一点儿的词语不会的话就用汉语;年轻人之间主要是看对方说什么语言,就用什么语言来对答,用汉语的时候更多一点儿。

问:寨子里出去打工的人多吗?

答:不多。以前有年轻人出去打工,回来后穿着打扮跟本地人不太一样,老人们看不惯,说"学坏了"。时间久了,年轻人就都不想出去了。

问:如今外来人口越来越多,对本寨克木语有影响吗?

答:有。以前外来的外族人都会学克木语,但是现在外族来的人口越来越多,用汉语就可以交流,他们也不刻意学克木语了。另外,30—40 岁这一年龄段,女性多一些,入赘来的外族女婿多;但现在 30 岁以下男性多,所有外族嫁进来的媳妇就多一些。他们过一段时间后,一般都能听懂克木语,但是不说克木语,多数用汉语回答。现在还有汉族家庭搬到我们寨子里,遇到有事情的时候,大家都互相帮助,所以寨子里用汉语的场合越来越多。开会的时候也是克木语和汉语两种语言都用，基本都能听得懂。

问：村民是否担心会说克木语的人尤其是年轻人越来越少呢？

答：读过书的人会担心。没读过书的人一般不会想这个事情，他们认为孩子们想说就说，不想说只要能沟通就行。但是这两年有部分老人、家长开始重视自己的民族语言了，都希望孩子们能会克木语。

问：为什么人们开始重视自己的语言呢？

答：我们克木人很少，没有人学我们的语言。时间久了，有的克木人多少会有点自卑心理，跟外族人在一起的时候也不怎么说克木语。这两年政策好了，我们克木人的生活状况得到很大改观，越来越富裕。我们还是认为会自己的语言更好。

问：村民们的生活越来越富裕了，会不会出现一些不良的社会风气呢？

答：有时候不忙的话会有人打牌，但不是赌博性质的。我们寨子的风气还是很正的。有困难就全村帮忙，对不良风气还是都反感。吸毒、赌博之类的，在我们寨子是没有的。

四、曼迈村民玉凤访谈

访谈对象：玉凤，36 岁，克木人，曼迈村人，小学文化，农民

访谈时间：2011 年 1 月 4 日

访谈地点：曼迈村路口

访 谈 人：李春风

整 理 人：李春风

问：请您介绍一下您的家庭情况。

答：我 36 岁，布朗族克木人。丈夫叫金家福，37 岁，汉族。有两个男孩，岩康 15 岁，读高中一年级，金时发 12 岁，读初中一年级。

问：供两个中学生读书还是很辛苦吧？

答：是啊，太费钱了！别人家早都盖上新房了，我们家一直供孩子读书，前几年一直比较穷。直到这两年了才好一点儿。

问：那现在也盖上新房了吗？

答：是的，政府支持盖新房，盖新房还给补助的。

问：是靠什么改变了生活条件呢？

答：割胶。

问：割胶一般都是什么季节？

答：每年三月到十一月底。还是辛苦的，起早贪黑。最近刚能休息。我丈夫他们很多人都喜欢去拿鱼（捕鱼）。

问：您的家庭语言使用情况如何？

答:我先会说克木语,后来才会汉语,都熟练;还能听懂一点儿傣语。读书时候学会汉语。在家跟丈夫和小孩讲汉语,很少说克木语。孩子是奶奶带大的,奶奶是汉族只说汉语,所以孩子们从小说汉语,但能听懂克木语。

问:那您想让小孩学克木语吗?

答:也想让小孩学克木语。但是孩子在学校读书,回到家我就用克木语跟他们说话,他们一般能听懂,但多数都用汉语回答。

问:这种情况寨子里常见吗?

答:现在寨子里的年轻人都习惯说汉语,穿汉族服装。

问:您觉得这样好吗?

(在旁的表姐抢着回答:不好。本民族嘛,不说本民族语言会害羞的。)

答:原来觉得汉语重要,现在觉得民族语也重要。觉得过去的认识错了。寨子里好多人现在都这样认为:如果本民族不说民族话不太好,要多学点儿民族话。但是多会一点儿其他语言也好。如果再有机会的话,我一定先教孩子学会说克木语。

问:寨子里什么时候、什么场合说克木语呢?

答:开会时说克木语多一点儿。如果说汉语方言也没人反感,但是普通话有人听不懂。一般是跟寨子里的老人在一起讲民族话。孩子们在一起的时候看情况,有些时候说汉语,有时候说克木语。

(访谈期间来了两个克木人,告诉玉凤明天要上新房,请她和她表姐去帮忙煮饭,要煮两三百斤的米。)

问:这寨子里的风俗习惯有变化吗?

答:这个寨子里嫁来或入赘来的有汉、傣、布朗、瑶等民族。现在寨子里好多习俗已经变了。比如上新房,以前就是送一些米呀、酒水之类的,现在跟汉族一样,要送红包。不过汉族是用请柬来邀请的,克木人还是派人挨家挨户通知。

问:您认为什么原因使得外来人口越来越多呢?

答:我们寨子离县城很近,交通方便。而且这两年政策好了,越来越富裕。现在我们寨子是出去的少,进来的多。汉族的媳妇、女婿都越来越多。

问:您认为越来越多的外来人口对克木语有冲击吗?

答:冲击不太大。外族媳妇、姑爷过来后,很多后代小孩都能听懂克木语,但不会讲。近两年越来越多的人都意识到民族语言的重要性,积极地学克木语并教给孩子。

第二节　王四龙村语言使用现状

一、尚勇镇概况

尚勇镇位于勐腊县东南部，地处北纬21°10′，东经101°27′—101°41′。东与老挝接壤，南与磨憨边境贸易区、磨憨国家级口岸相连，西邻勐满镇，北接勐腊镇，具有独特的地理优势。辖区面积803平方公里，森林覆盖率87%，国境线长174公里（占全县国境线740.8公里的近四分之一）。尚勇镇辖区有3条直通老挝的公路（分别为曼庄至老挝丰沙里、新民至老挝勐赛、磨憨至南塔），是昆曼大通道连接东南亚的国门首镇，是西双版纳州桥头堡之一。

全镇国土面积803平方公里（其中磨憨经济开发区98平方公里），海拔850米，年平均气温21℃，年降水量1525毫米，辖区境内有保存完整的热带原始森林，珍稀动植物品种多，矿产资源和水利资源极为丰富。适合种植水稻、蔬菜、玉米、茶叶、橡胶、甘蔗等农作物。2010年全镇共有耕地面积28455亩，其中水田13849亩；粮豆播种面积为26745亩，粮豆总产量为916.5万公斤；有茶叶面积25664亩，橡胶56743亩，甘蔗种植面积1342亩，砂仁11309亩。粮、胶、糖、茶是尚勇镇的主要经济来源。

尚勇镇是一个以傣族为主，汉、哈尼、苗、瑶、拉祜（苦聪）、布朗（克木人）等多民族聚居的边境山区农业镇。全镇辖区内有尚勇、尚岗、曼庄、龙门、魔龙5个村委会（均为边境一线村委会），45个村民小组，7个茶农队，有镇属站所（文化站、统计站、计生所、城乡规划所）、国营农场等36个单位，有3372户14615人（农业人口13346人）。

据尚勇镇政府2010年末统计，尚勇镇有中学1所，即尚勇中学，全镇有6所完小，8个教学点，共有教职工163名。全镇中学在校学生621人，辍学率为1.43%；小学在校学生有2016人，适龄儿童入学率为99.76%，辍学率为0.29%。

全镇各类医疗卫生机构齐全，辖区内医疗主要依靠镇、村医疗机构。除各类私人门诊外，有镇属卫生院2个，即尚勇镇卫生院和磨憨口岸卫生院。作为村级卫生医疗机构，全镇每个村委会都有卫生所，医疗卫生设施齐全，共有村级卫生所10所，医疗人员28人，包括5个村委会卫生室及大龙哈、磨歇、磨整、东方红、南西卫生站。

二、王四龙村基本情况

王四龙村是隶属于尚勇镇尚岗村委会的一个自然村，位于尚勇镇西北方向，沿213国道行9公里的地方，寨子坐落在一个小山坡上，一条水泥路从山脚下的寨门通到山坡上，村民的房子就盖在水泥路的两侧。这里的房子都是傣式木楼，比较集中。房子的坐落不太讲究方向，哪边出入方便门就朝向哪边，不像中国北方的房子追求向阳。前几年盖的房子，木柱子、木墙板没有经过油漆，屋顶也还是土瓦，显得不太美观。这两年新盖的房子就不一样了，木柱子油漆过了，屋顶盖上了绿色的铁皮瓦，下有保温层，屋檐挂上了琉璃瓦，装饰得很漂亮。

全村共63户，285人。其中克木人244人，汉族20人，哈尼族18人，苗族2人，傣族1人，是一个典型的克木人聚居的寨子。外族人大都是上门后留在这儿的，有几个是前几年来这儿租种土地落户在这里的。遵循族内通婚的传统习俗。寨子里的63户中有5户是外来包地的，实际上住在寨子里的只有58户，这58户有45户是族内婚姻，比例相当大。比邻接壤的老挝国北部三省多是克木人，中国境内的边民在出入境管理处办上一张出境证就可以进入老挝的北部三省，同样，老挝的边民也可以进入中国境内。两国边民有一定的来往自由，有些还做一些边贸生意，这大大增强了两国人民之间的友谊。近10年来，从老挝嫁过来的媳妇就有8位。

这个村的村民受教育的水平不高。2008年前，初中生的辍学率达到90%，高中生仅有1人，大部分人仅仅是小学毕业。一个现实原因是孩子们的汉语基础差，入学后才开始学习汉语，理解不了，很快就跟不上了。但一个更主要的原因是，上一代家长们的文化水平低，没有感受到教育的重要意义，也没有谁直接享受到受教育的好处。对待子女们上学的态度是任其自然发展。

西边的尚岗村距王四龙村1公里，北边的南侯寨子距王四龙村1公里。尚岗村以傣族为多，南侯也是傣族、汉族、哈尼族杂居的寨子，而王四龙村所隶属的镇政府所在地尚勇也是傣族居多。人口分布和日常用品的购买、公务的来往决定了王四龙村人同傣族人之间的密切关系。所以这里的传统文化受傣族的影响较大。村民的住房都是傣式木楼，上了木楼先是一个较大的庭院，庭院相当于一个露台，里边连接着住房，其余的三侧有六七十厘米高的木板围墙，靠围墙摆放了一圈木椅，可以坐或躺在那儿乘凉。房子中间是一个大厅，右侧的房子有火塘，从大厅外的庭院进入。大厅的左侧是卧房，从大厅内进入。他们的饮食习惯跟傣族人差不多，酸辣的较多，喜欢吃一些野菜、烤肉之类的。老年妇女喜欢穿傣式筒裙，中青年以下穿着同汉族没什么两样。他们的传统祭祀活动日期都是按傣历来过的，过去是过傣族的泼水节，近几年在克木人的倡导下只过克木人自己的"玛格乐"节。

中央出台了扶持克木人的文件之后，2008年勐腊县各级政府及有关单位积极认真地推行《勐腊县克木人发展项目》工作，派出了扶持克木人工作组成员入住克木寨子帮助克木人发展。经过两年的扶持，寨子的面貌发生了很大改观。村内有了水泥路、排水沟、冲水公厕、垃圾池等；不少人家的屋顶上架着太阳能热水器，有了自己的洗澡间和家庭用的冲水厕所。过去是一家三代人同住在一个厅子里，现在新盖的房子的卧房是在厅子的两侧隔出了几个卧房，有给老人住的、孩子们住的、夫妻住的；村子里建起了文化室、篮球场；家家户户有了电视机，能够收看40多个台。群众的经济状况有了明显改善，精神文化生活逐步得到了提高。寨子里妇女要求过三八节，组织一些集体活动。人们的教育观念也出现了良好的势头，一些条件好的年轻夫妻，孩子刚三四岁就送到尚勇的幼儿园，租车接送，目的是让自己的孩子早日接受教育，不愿输在起跑线上。这一切都将为寨子今后的长期持续发展奠定下坚实的基础。

三、王四龙村语言使用现状

我们对王四龙村63户家庭共285人进行了穷尽式的调查。除语言能力还未完全稳定的6岁以下儿童19人外，266人中有克木人228人，汉族18人，哈尼族17人，苗族2人，傣族1人。以下是对这266人语言使用情况的统计、分析。

（一）母语使用情况

1. 克木人母语使用情况

作为一个人数特少的群体，克木人生活在汉族和傣族等其他民族的包围之中，他们的母语（即克木语）能否完好保存，未来发展趋势如何，这些问题都很值得探讨。为了弄清楚这些问题，我们深入到克木人村寨王四龙村，仔细调查了克木人的母语使用情况。调查结果如表3-12所示。

表3-12　王四龙村克木人母语使用情况表

年龄段（岁）	调查人数	熟练		略懂		不会	
		人数	百分比（%）	人数	百分比（%）	人数	百分比（%）
6—19	55	55	100	0	0	0	0
20—39	86	86	100	0	0	0	0
40—59	66	66	100	0	0	0	0
60以上	21	21	100	0	0	0	0
合计	228	228	100	0	0	0	0

表3-12数据显示，王四龙村的克木人母语水平全部是“熟练”，即每个克木人都能熟练地使用自己的母语进行交际。这说明，克木人的母语得到完好的保留，并且具有很强的生命力。在寨子里走访过程中，有三个4岁左右的克木小朋友一边玩耍，一边用克木语交流。我用汉语对他们说：“小朋友，你们好啊！”他们一脸茫然。我又问：“你们是克木人么？”其中一个年龄较大的孩子用很不流利的汉语问我：“什么？”这说明，克木语是克木儿童最先习得的语言，而且在5岁以前，他们还没开始习得汉语，克木语是儿童最先习得的语言。

克木语是克木人最主要的交际工具，而且是克木人之间使用的唯一交际工具。大多数克木人都能使用汉语进行交流，有些人还能讲傣语，但是他们只有在和其他民族交谈时，才使用汉语或傣语，而在克木人之间，他们只使用克木语交际。王四龙村的组长岩腊和副组长岩光都是克木人，当我们向他俩了解村里情况时，他们用汉语和我们交际，但是他们俩之间还讲克木语。当岩光用汉语问岩腊问题时，岩腊表示惊讶，并开玩笑地说：“我又不是汉族，你干什么和我讲汉话？”岩光当时有些不好意思。

从整体上看，王四龙村克木人的母语保存完好，可以判断为“全民稳定使用母语型”。其完好保存母语的成因可归结为以下四个方面：

（1）高度聚居是克木语保存完好的客观因素

中国境内的克木人仅3000多人，集中分布在勐腊县和景洪市的一些村寨。克木人的村寨是高度聚居的，王四龙村的克木人占全组总人口的85.6%。该组中有5户共20人是纯汉族和哈尼族家庭，他们从外地来这里包地，户口落在王四龙，但并没有住在克木人的寨子里。除去这20人，克木人的人口比例高达92.1%，这使得克木语成为村寨里最主要的交际工具，是克木语能够完好保留的有力保障。

（2）族内婚姻制有利于母语稳定传承

克木人的婚姻制度是族内婚、氏族外婚。即克木人一般不与其他民族通婚，只能选择克木人，而且同姓氏的不能通婚。这种婚姻制度为克木语完好传承提供了条件。克木人的这种婚姻制度自古流传至今，直到解放初期，克木人还没有与外族人结婚的先例。改革开放以后，随着社会经济的不断发展，克木人与汉族、傣族等其他民族的接触越来越多，在以汉族文化为主体的多元文化的冲击下，这种传统的婚姻制度也被打破。

现在，虽然克木人支持族际自由恋爱，但年轻人仍然尽量选择克木人作为配偶。克木人的族际婚姻家庭中，多数是外族人入赘到克木寨子，而嫁给外族的克木姑娘则很少。王四龙村民小组有克木家庭58户，其中纯克木人家庭有45户，占全组77.6%，而族际婚姻家庭有13户，其中入赘克木寨子的有9户，2户克木家庭娶了外族媳妇，2个克木姑娘嫁入哈尼族家庭。

无论在家庭内，还是在村寨里，克木人的人口比例都具有绝对优势，因而克木语在村寨里、家庭内占据了主导地位。族内婚姻制保证了克木人家庭成分的单一性，防止家庭成员多元化、家庭语言多元化，有效地保证了克木语的历史传承。

（3）深厚的民族情感是稳定使用母语的情感基础

语言是民族的重要特征之一。任何一个热爱自己民族的人都会对本民族的语言有深厚的感情。克木人对自己的民族语言同样有着浓厚、真挚的感情。他们热爱自己的民族，同样热爱自己的语言，无论走在哪里，克木人相见都会热情地用克木语交谈。副组长岩光的女儿依腊今年19岁，读到高二弃学回家务农。当我问她在学校里其他同学会不会因为她是克木人而不尊重她或她的语言时，她告诉我说学校里没有民族歧视，各民族的同学相处十分融洽，没有人歧视她，更没有人歧视她的语言。相反大家对她的语言很感兴趣，她经常教她的好朋友说克木语。当她说到自己的语言时，心中充满了自豪感。依尖扁，34岁，嫁给汉族丈夫后，只能用汉语和丈夫交流，平时很少使用克木语。当我对她进行400词测试的时候，她不时地发出不好意思的笑声。我问她笑什么，她告诉我说："自己民族的语言都不会了，不好意思了。"

（4）与境外克木人的密切联系是克木语保持活力的一个原因

克木人是个跨境民族，在中国虽然只有3000多人，但是在老挝，克木人有50多万，在泰国、越南、缅甸等国也有分布。所以，虽然国内只有3000多人讲克木语，但是在国外，克木语还有广阔的使用空间。中国境内的克木人与境外的克木人始终保持着密切往来，因为有些中国的克木人是从老挝迁移而来，有些老挝的克木人是从中国迁过去的。国内的克木人大多都有国外的亲戚。王四龙村组长岩腊的姨妈(已故)曾经担任老挝共和国总理,为了证实他的话,他还从影集中翻出他姨妈的相片给我们看。中国境内克木人与境外克木人的密切联系使克木语不断获得新鲜血液。

2. 其他民族母语使用情况

王四龙村中除了克木人外,还有汉族、哈尼族、苗族和傣族。生活在克木人聚居的村寨里,他们的母语使用情况如何,是否会受到克木语的影响等问题将在下文中讨论。

(1) 汉族母语使用情况

王四龙村民小组共有汉族 18 人,他们的母语使用情况见表 3－13。

表 3－13　王四龙村汉族母语使用情况表

族群	调查人数	熟　练		略　懂		不　会		转用克木语	
		人数	百分比(%)	人数	百分比(%)	人数	百分比(%)	人数	百分比(%)
汉族	18	16	88.9	0	0	0	0	2	11.1

表 3－13 数据显示,有 16 人,即 88.9%的汉族能够熟练使用汉语母语,没有人略懂或不会汉语,有两人的母语转用克木语,这两人均是族际婚姻家庭出生的汉族儿童,他们的家庭语言使用情况见表 3－14。

表 3－14　王四龙村汉族克木人通婚家庭语言使用情况表

家庭关系	姓名	族群	年龄(岁)	文化程度	第一语言及水平	第二语言及水平	其他语言及水平	备　注
户主	陈家明	汉族	36	小学	汉语,熟练	克木语,略懂		
妻子	依但	克木人	28	文盲	克木语,熟练	汉语,熟练	傣语,略懂	从老挝嫁过来 7 年了
长子	陈群康	汉族	6	学前班	克木语,熟练	汉语,熟练		
户主	陈家能	汉族	38	小学	汉语,熟练	克木语,略懂		
长子	陈群狸	汉族	12	小六在读	克木语,熟练	汉族,熟练		

陈群康和陈群狸都是出生在族际婚姻家庭,爸爸讲汉语,妈妈讲克木语。由于爸爸经常在外面劳作,从小由母亲和外公、外婆带大,所以他俩先习得的语言是克木语。他们从小和村子里的克木小朋友一起玩耍,使用的语言也是克木语。他们使用克木语的场合远远多于汉语,因此,克木语水平比汉语好得多,他们的母语已经转用为克木语。

(2) 哈尼族母语使用情况

哈尼族共有 17 人,他们的母语使用情况见表 3－15。

表 3－15　王四龙村哈尼族母语使用情况表

族群	调查人数	熟　练		略　懂		不　会		转用汉语	
		人数	百分比(%)	人数	百分比(%)	人数	百分比(%)	人数	百分比(%)
哈尼	17	12	70.6	0	0	0	0	5	29.4

表 3－15 显示，哈尼族母语使用情况与汉族母语使用情况类型相同，即除了 12 人母语“熟练”外，其余 5 人的母语全部转用为汉语。这 5 人之所以将母语转用汉语是因为他们从小生活在汉语环境之中。

(3) 苗族、傣族母语使用情况

王四龙村民小组有苗族 2 人，傣族 1 人，她们 3 人全部是从外地嫁进来的。因为她们嫁到王四龙村的时候母语能力已经形成，所以虽然她们平时只讲汉语或克木语，很少讲母语，但他们的母语能力仍然是“熟练”。

(二) 兼用语使用情况

1. 克木人兼用语使用情况

克木人普遍兼用汉语和傣语，但兼用程度因年龄的不同而出现一定的差异性，下面分别对兼用汉语情况和兼用傣语情况进行分析。

(1) 克木人兼用汉语情况

汉语是克木人与外族人交际的重要工具，绝大多数克木人能够兼用汉语，但兼用汉语的水平有所差别。表 3－16 为克木人兼用汉语具体情况。

表 3－16 王四龙村克木人兼用汉语情况统计表

年龄段(岁)	调查人数	熟练		略懂		不会	
		人数	百分比(%)	人数	百分比(%)	人数	百分比(%)
6—19	55	48	87.3	2	3.7	5	9.0
20—39	86	75	87.2	3	3.5	8	9.3
40—59	66	48	72.7	16	24.3	2	3.0
60 以上	21	2	9.5	11	52.4	8	38.1
合计	228	173	75.9	32	14.0	23	10.1

表 3－16 数据显示，75.9% 的克木人能够熟练使用汉语，有 14.0% 的人略懂汉语，有 10.1% 的人不会汉语。不会汉语的 23 人可以分为三类：第一类是 8 岁以下的学前儿童，他们的家庭语言环境为克木语单一语言环境，而且没上过学前班或刚进入学前班学习，没接触过汉语环境。她们是万振轩和依旺，表 3－17 是她们的语言使用情况。

表 3－17 王四龙村 6—8 岁不能兼用汉语的克木人语言使用表

姓名	族群	年龄(岁)	文化程度	第一语言及水平	第二语言及水平	其他语言及水平	备注
万振轩	克木人	6	学前班	克木语，熟练			
依旺	克木人	7		克木语，熟练			没户口，不能上学

第二类是从老挝嫁过来的媳妇和她们带过来的孩子，他们的特征是文化程度为“文盲”，年

龄在10—40岁之间。由于来到中国时间不长，寨子里的人多数讲克木语，他们学习汉语的机会不多，所以汉语还没学会。表3-18是他们的语言使用情况。

表3-18　王四龙村10—40岁不能兼用汉语的克木人语言使用情况表

姓名	族群	年龄	文化程度	第一语言及水平	第二语言及水平	其他语言及水平
岩坎伞	克木人	10	文盲	克木语，熟练	傣语，熟练	
岩西	克木人	15	文盲	克木语，熟练		
依波	克木人	19	文盲	克木语，熟练	傣语，熟练	
依囡	克木人	20	文盲	克木语，熟练	傣语，略懂	
依香叫	克木人	20	文盲	克木语，熟练	傣语，略懂	
依为	克木人	27	文盲	克木语，熟练	傣语，略懂	
依芳	克木人	28	文盲	克木语，熟练		
依香	克木人	29	文盲	克木语，熟练	傣语，熟练	老挝语，略懂
依尖	克木人	32	文盲	克木语，熟练	傣语，熟练	
依南	克木人	33	文盲	克木语，熟练	傣语，熟练	
咪依赛	克木人	39	文盲	克木语，熟练	傣语，熟练	

第三类是年龄在40岁以上的本地克木人，他们这个年龄段的克木人几乎没接受过任何教育，多数是文盲，个别上过学的只是在早年的傣语学校里学习过一段时间。他们基本没学过汉语，而且早年与傣族接触多，与汉族接触少，没有机会提高汉语能力，所以汉语水平很低。他们的特征是年龄在40岁以上，文化程度多数是文盲，克木语熟练，傣语熟练。表3-19是他们的语言使用情况。

表3-19　王四龙村40岁以上不能兼用汉语的克木人语言使用情况表

姓名	族群	年龄(岁)	文化程度	第一语言及水平	第二语言及水平	其他语言及水平
咪依坎	克木人	42	文盲	克木语，熟练	傣语，熟练	
依西	克木人	49	文盲	克木语，熟练	傣语，熟练	
咪尖丙	克木人	60	文盲	克木语，熟练	傣语，熟练	
依光燕	克木人	64	文盲	克木语，熟练	傣语，熟练	
咪依为	克木人	69	文盲	克木语，熟练	傣语，熟练	
咪尖坎	克木人	69	文盲	克木语，熟练	傣语，熟练	
咪旺囡	克木人	77	文盲	克木语，熟练	傣语，熟练	
咪依亮	克木人	79	文盲	克木语，熟练	傣语，熟练	
波尖坎	克木人	80	文盲	克木语，熟练	傣语，熟练	
咪叫囡	克木人	87	文盲	克木语，熟练	傣语，熟练	

(2) 克木人兼用傣语情况

傣语是克木人重要的兼用语之一。约有37.7%的克木人能够熟练掌握傣语，而有34.6%的人略懂傣语，有27.7%的人不懂傣语。表3-20是克木人兼用傣语的具体情况。

表 3-20 王四龙村克木人兼用傣语情况统计表

年龄段(岁)	调查人数	熟练		略懂		不会	
		人数	百分比(%)	人数	百分比(%)	人数	百分比(%)
6—19	55	2	3.6	8	14.5	45	81.9
20—39	86	14	16.3	57	66.3	15	17.4
40—59	66	49	74.2	14	21.2	3	4.6
60 以上	21	21	100	0	0	0	0
合计	228	86	37.7	79	34.6	63	27.7

从表 3-20 数据中可以看出一条规律,即在不同年龄段,熟练掌握傣语的比例与年龄大小成正比,即年龄越小的掌握傣语的熟练度越低,年龄越大的掌握傣语的熟练度越高。表中6—19岁年龄段熟练掌握傣语的比例仅为 3.6%,而 60 岁以上年龄段熟练掌握傣语的比例达100%。不会傣语的人口比例与年龄高低成反比。

2. 其他民族兼用克木语情况

克木语是王四龙村民小组最重要的交际工具,生活在克木人家庭或王四龙村民小组的外族人学习克木语对他们的生产和生活是大有裨益的。他们兼用克木语的情况如表 3-21 所示。

表 3-21 王四龙村非克木人兼用克木语情况统计表

族群	调查人数	熟练		略懂		不会	
		人数	百分比(%)	人数	百分比(%)	人数	百分比(%)
汉族	18	5	27.8	8	44.4	5	27.8
哈尼	17	3	17.6	4	23.5	10	58.9
苗族	2	0	0	1	50	1	50
傣族	1	1	100	0	0	0	0

表 3-21 数据显示,汉族有 27.8%的人能够熟练使用克木语,44.4%略懂克木语,27.8%不会。哈尼族的情况与汉族大体相似,熟练和略懂克木语比例为 17.6%和 23.5%,略低于汉族,而不会克木语的比例为 58.9%,高于汉族。苗族 2 人中,1 人略懂克木语,1 人不会克木语。傣族只有 1 人,克木语水平为熟练。由此可见,外族人兼用克木语的比例不高,其原因有三方面:

第一,王四龙村是克木人聚居的寨子,汉族、哈尼族、苗族、傣族等都是入赘或嫁到本寨的外来人口,他们的第一语言都不是克木语,学习克木语有一定难度,需要较长的时间来熟悉和运用克木语。

第二,村中克木人大多能够兼用汉语,汉语可以满足他们与家人或村里克木人的交际需要。在一些场合,家人或村里的克木人会主动选择汉语进行交际,这样就减少了他们学习克木语的积极性。

第三,克木语语音系统的复杂性是外族人学习克木语的一大障碍。克木语的语音系统复杂,包含 50 多个声母和 200 多个韵母,其中声母分清浊、韵尾丰富、元音分长短等特征对于母语中没有此类特征的外族人来说是很难掌握的。汉语、哈尼语和傣语的语音系统都没有克木语那么繁杂，所以他们学习克木语的难度很大。

能够熟练掌握克木语的外族人有两类，一类是出生在王四龙村，从小在克木语的语言环境中长大，并把克木语作为母语或第二语言习得的，如陈群康、陈群狸。另一类是在寨子里居住10年以上的，如万保明、岩罕腊等。略懂克木语的是在寨子里居住3到10年的，如：唐洪伍、沈志金等。不会克木语的大多是刚刚来到寨子，居住期不到3年的，如杨玉梅、杨秀英等。

四、王四龙村克木人语言使用特点

（一）母语保存完好，但存在代际差

如上所述，根据调查结果，克木人的母语水平全部为“熟练”，每个克木人都能熟练运用克木语进行交际。为了更加深入、准确地了解克木人的母语保存情况，我们以10岁为一个年龄段，抽取不同年龄段的克木人进行克木语400词测试。测试结果表明克木语母语保存情况存在代际差，表现为年龄越大克木语保存越完整，年龄越小问题越多。具体情况见表3-22。

表3-22　王四龙村母语水平测试情况表

姓名	年龄（岁）	性别	文化程度	A		B		C		D		等级
				数量	百分比（%）	数量	百分比（%）	数量	百分比（%）	数量	百分比（%）	
依腊	19	女	高二	358	89.5	7	1.8	34	8.5	1	0.2	优秀
岩糯香	27	男	初一	393	98.3	6	1.5	1	0.2	0	0	优秀
依尖扁	34	女	小学	389	97.2	3	0.8	8	2	0	0	优秀
岩光	46	男	小学	394	98.5	0	0	6	1.5	0	0	优秀
波温勒	57	男	小学	400	100	0	0	0	0	0	0	优秀
岩细	78	男	小学	400	100	0	0	0	0	0	0	优秀

表3-22数据显示，50岁以上年龄段的测试结果为全部是A，说明这一年龄段母语保存完好。而40岁至50岁之间的母语就出现一些问题，核心词汇中有些不常用的词语需要提示才想得出来，如“水獭”naːk、“衣袖”tuˀ tiˀ tɛːp等。到了20—40岁年龄段，不仅C类词汇增加，而且开始出现B类词汇。测试人依尖偏的B类词汇是：“蜜蜂”ˀom ŋ bɔːt、“蝙蝠”ŋ tɯa和“干巴”ah hɛːu，C类词汇是“虹”daːŋ doːr、“锈”ˀjiak siat、“肥”məːi、“沉”tɕom等。20岁以下，A类词汇数量锐减，C类词汇大量增加，出现D类词汇。主要表现在对一些不常用的亲属称谓记忆不深，如“女婿”pur ha、“孙子”dʑeˀ等，一些生产工具和劳动用语需要提示才能说出，如“斧头”soˀ、“锄头”tɕok、“耙”krau等。

（二）词汇受傣语、汉语影响较大

在进行克木语400词测试过程中，我们发现克木语的基础词汇中有大量的傣语词汇，最显著的是克木语的数词。整个寨子里，只有几位长者能用克木语从1数到10。此外，大多数中年人只能用克木语数到3，从4开始就只会用傣语借词了。年轻的被测试人数词1到10，完全

使用傣语借词。许多动物词汇如“水獭”naːk、“松鼠”phə rɔːk、“兔子”kə daːi、“青蛙”kop、“蚂蟥”pliːŋ、“蚂蚁”m̥uic 等都用傣语借词，还有一些劳动工具，如“伞”tɕɔːŋ、“锯子”lek lɯːa、“镰刀”kiau 等也是傣语词汇。

克木语基础词汇中的汉语借词主要是一些新词语、新事物、新观念等。如：laːt“铜”、jaŋ ji“土豆”、kan“敢”、tɕe“借（钱）”等。

（三）兼用语的类型和熟练程度因年龄而异

王四龙村克木人的兼语类型为全民使用兼语型，即每个克木人至少兼用一种语言，有的能够兼用两种以上语言，兼用语类型以汉语和傣语为主。从上述数据中可以看出，克木人兼用语类型及熟练程度因年龄而异，即能够兼用傣语的人年龄偏大，而且是年龄越大，掌握傣语的熟练程度越高。兼用汉语的人年龄偏小，且年龄越小，汉语水平越高。造成这种兼用语的原因是多方面的，即有历史方面因素，也有现代因素。以前，克木人主要聚居在山区，靠农耕、渔猎为生，很少与外界联系。与克木人交往最多的就是傣族，克木人用猎到的猎物或手编的竹筐换取傣人的服装、粮食等。新中国成立后，克木人逐渐从山区搬到坝区居住，开始接触其他民族，如汉族、哈尼族、苗族等，其语言、文化受到这些民族的影响，其中以汉族的影响为最大。改革开放以后，克木人的儿童开始进入学校读书，学习汉语。所以年长者的傣语水平较年轻人好，年轻一代的汉语水平较年长的高。而且，从调查数据的结果来看，克木人兼用汉语的比例远远大于兼用傣语的比例，并且有替代傣语兼用语的趋势。

附　　录

一、尚勇镇尚岗村王四龙村语言使用情况表

表 3－23　王四龙村语言使用情况总表

序号	家庭关系	姓名	族群	年龄（岁）	文化程度	第一语言及水平	第二语言及水平	其他语言及水平
1	户主	岩光	克木人	46	小学	克木语，熟练	傣语，熟练	汉语，熟练
	妻子	依腊拉	克木人	44	小学	克木语，熟练	傣语，熟练	汉语，熟练
	父亲	波依亮	克木人	80	小学	克木语，熟练	傣语，熟练	汉语，略懂
	母亲	咪依亮	克木人	79	文盲	克木语，熟练	傣语，熟练	
	长子	岩坎	克木人	23	初一	克木语，熟练	汉语，熟练	傣语，略懂
	长媳	依拉	克木人	22	初一	克木语，熟练	汉语，熟练	傣语，略懂
	长孙	岩叫	克木人	4				
	次子	岩糯	克木人	21	高二	克木语，熟练	汉语，熟练	傣语，熟练
	长女	依腊文	克木人	19	高二	克木语，熟练	汉语，熟练	傣语，略懂

2	户主	岩坎	克木人	34	小学	克木语,熟练	汉语,熟练	傣语,略懂
	妻子	依香	克木人	29	文盲	克木语,熟练	傣语,熟练	老挝语,略懂
	长女	依应叫	克木人	8	小二	克木语,熟练	汉语,熟练	
3	户主	波叫温	克木人	48	小学	克木语,熟练	傣语,熟练	汉语,熟练
	妻子	咪叫温	克木人	47	小学	克木语,熟练	傣语,熟练	汉语,略懂
	长子	岩坎	克木人	24	小学	克木语,熟练	汉语,熟练	傣语,略懂
	长媳	依尖	克木人	21	小学	克木语,熟练	汉语,熟练	傣语,略懂
	长孙	岩坎约	克木人	4				
4	户主	依波罕	克木人	44	小学	克木语,熟练	傣语,熟练	汉语,熟练
	长女	依腊庄	克木人	19	小学	克木语,熟练	汉语,熟练	
5	户主	陈家能	汉族	38	小学	汉语,熟练	克木语,略懂	
	长子	陈群狸	汉族	12	小六	克木语,熟练	汉族,熟练	
6	户主	陈家明	汉族	36	小学	汉语,熟练	克木语,略懂	
	妻子	依但	克木人	28	文盲	克木语,熟练	汉语,熟练	傣语,略懂
	长子	陈群康	汉族	6	学前班	克木语,熟练	汉语,熟练	
	长女	陈群云	汉族	1				
7	户主	波依扁	克木人	59	初中	克木语,熟练	傣语,熟练	汉语,熟练
	妻子	咪依扁	克木人	59	小学	克木语,熟练	傣语,熟练	汉语,略懂
	长女	依坎	克木人	32	小学	克木语,熟练	汉语,熟练	傣语,熟练
	长婿	罗朝华	汉族	34	小学	汉语,熟练	克木语,熟练	傣语,略懂
	长外孙女	依尖达	克木人	13	初一在读	克木语,熟练	汉语,熟练	
	次外孙女	依腊	克木人	9	小四在读	克木语,熟练	汉语,熟练	
8	户主	波依达	克木人	51	小学	克木语,熟练	傣语,熟练	汉语,熟练
	妻子	依南	克木人	33	文盲	克木语,熟练	傣语,熟练	
	长子	岩腊	克木人	26	初一	克木语,熟练	汉语,熟练	傣语,略懂
	长媳	依囡	克木人	20	文盲	克木语,熟练	傣语,略懂	
	长孙	依坎	克木人	2				
	长女	依旺	克木人	7		克木语,熟练		
	次子	岩应	克木人	3				
9	户主	波岩丙	克木人	60	小学	克木语,熟练	傣语,熟练	汉语,略懂
	妻子	咪丙	克木人	59	小学	克木语,熟练	傣语,熟练	汉语,熟练
	长媳	依叫	克木人	30	小学	克木语,熟练	汉语,熟练	傣语,略懂
	长孙	岩香	克木人	6	学前班	克木语,熟练	汉语,熟练	
	次孙	岩腊	克木人	2				
	长女	依腊	克木人	22	小学	克木语,熟练	汉语,熟练	傣语,略懂

10	户主	董加才	哈尼族	42	小学	哈尼语,熟练	汉语,熟练	克木语,略懂
	妻子	马琼书	哈尼族	36	小学	哈尼语,熟练	汉语,熟练	
	长女	董成平	哈尼族	13	初一	哈尼语,熟练	汉语,熟练	
	次女	董成梅	哈尼族	10	小四	哈尼语,熟练	汉语,熟练	
11	户主	波温勒囡	克木人	45	小学	克木语,熟练	傣语,熟练	汉语,熟练
	妻子	咪温勒囡	克木人	44	小学	克木语,熟练	傣语,熟练	汉语,略懂
	母亲	咪依南	克木人	64	文盲	克木语,熟练	傣语,熟练	汉语,熟练
	长子	岩温	克木人	25	小学	克木语,熟练	汉语,熟练	傣语,略懂
	长媳	依香约	克木人	22	小学	克木语,熟练	汉语,熟练	傣语,略懂
	长孙女	依尖叫	克木人	5				
	次子	岩拉	克木人	22	初二	克木语,熟练	汉语,熟练	傣语,略懂
12	户主	波香旺	克木人	44	小学	克木语,熟练	傣语,熟练	汉语,熟练
	妻子	咪香旺	克木人	44	小学	克木语,熟练	傣语,熟练	汉语,熟练
	长女	依香旺	克木人	20	小学	克木语,熟练	傣语,熟练	汉语,熟练
	长子	岩坎丙	克木人	18	小学	克木语,熟练	汉语,熟练	傣语,略懂
13	户主	依腊甩	克木人	31	小学	克木语,熟练	汉语,熟练	傣语,略懂
	丈夫	唐洪伍	汉族	33	文盲	汉语,熟练	克木语,略懂	
	长子	岩坎	克木人	14	初一	克木语,熟练	汉语,熟练	
	次子	岩丙	克木人	12	小六	克木语,熟练	汉语,熟练	
14	户主	波玉叫	克木人	48	小学	克木语,熟练	傣语,熟练	汉语,熟练
	妻子	咪玉叫	克木人	49	小学	克木语,熟练	傣语,熟练	汉语,熟练
	长女	依叫	克木人	29	小学	克木语,熟练	汉语,熟练	傣语,略懂
	长子	岩糯香	克木人	26	初一	克木语,熟练	汉语,熟练	傣语,略懂
15	户主	波岩宰	克木人	78	文盲	克木语,熟练	傣语,熟练	汉语,略懂
	长子	波旺波	克木人	51	小学	克木语,熟练	傣语,熟练	汉语,熟练
	长媳	依西	克木人	49	文盲	克木语,熟练	傣语,熟练	
	长孙	岩坎	克木人	28	小学	克木语,熟练	汉语,熟练	傣语,略懂
	长孙女	依丙	克木人	19	小学	克木语,熟练	汉语,熟练	傣语,略懂
	次孙	岩西	克木人	15	文盲	克木语,熟练		
16	户主	波尖丙	克木人	64	文盲	克木语,熟练	傣语,熟练	汉语,略懂
	妻子	咪尖丙	克木人	60	文盲	克木语,熟练	傣语,熟练	
	长子	岩香	克木人	39	小学	克木语,熟练	汉语,熟练	傣语,熟练
	长媳	依光	克木人	40	文盲	克木语,熟练	汉语,熟练	傣语,熟练
	长孙女	依叫香	克木人	20	小学	克木语,熟练	汉语,熟练	傣语,略懂
	次孙女	依温	克木人	18	小学	克木语,熟练	汉语,熟练	傣语,略懂
	长孙	岩腊	克木人	16	初二	克木语,熟练	汉语,熟练	傣语,略懂

17	户主	依丙	克木人	32	小学	克木语,熟练	汉语,熟练	傣语,略懂
	丈夫	杨乔忠	哈尼族	35	初中	哈尼语,熟练	汉语,熟练	克木语,熟练
	母亲	咪玉稍	克木人	80	文盲	克木语,熟练	傣语,熟练	汉语,略懂
	长女	依尖坎	克木人	14	初二	克木语,熟练	汉语,熟练	
	长子	岩庄坎	克木人	12	初一	克木语,熟练	汉语,熟练	
18	户主	岩坎	克木人	42	文盲	克木语,熟练	汉语,熟练	傣语,略懂
19	户主	依腊约	克木人	30	初三	克木语,熟练	汉语,熟练	傣语,略懂
	丈夫	龚卫星	汉族	39	小学	汉语,熟练		
	长子	岩叫	克木人	13	初一	克木语,熟练	汉语,熟练	
20	户主	岩捧	克木人	45	小学	克木语,熟练	汉语,熟练	傣语,熟练
	妻子	刘万仙	哈尼族	41	小学	哈尼语,熟练	汉语,熟练	克木语,略懂
	长女	依南	克木人	16	初二在读	克木语,熟练	汉语,熟练	
	次女	依腊香	克木人	13	初一	克木语,熟练	汉语,熟练	
21	户主	岩腊	克木人	41	文盲	克木语,熟练	汉语,熟练	傣语,略懂
	妻子	玉应	克木人	37	小学	克木语,熟练	汉语,熟练	傣语,熟练
	长女	依旺香	克木人	18	小学	克木语,熟练	汉语,熟练	
	长婿	岩旺	克木人	20	小学	克木语,熟练	汉语,熟练	
22	户主	波依为	克木人	75	小学	克木语,熟练	傣语,熟练	汉语,略懂
	妻子	咪依为	克木人	69	文盲	克木语,熟练	傣语,熟练	
	长子	岩腊龙	克木人	46	初中	克木语,熟练	汉语,熟练	傣语,熟练
	长媳	玉扁	克木人	37	小学	克木语,熟练	傣语,熟练	汉语,熟练
	长孙女	依波	克木人	17	小学	克木语,熟练	汉语,熟练	傣语,略懂
	次孙女	依尖扁	克木人	14	高一	克木语,熟练	汉语,熟练	傣语,略懂
	长孙	岩忠坎	克木人	12	初一	克木语,熟练	汉语,熟练	
23	户主	波依光	克木人	77	文盲	克木语,熟练	傣语,熟练	汉语,略懂
24	户主	依涛	克木人	42	小学	克木语,熟练	汉语,熟练	傣语,熟练
	长女	依暖	克木人	20	初中	克木语,熟练	汉语,熟练	傣语,略懂
	长子	岩温香	克木人	14	小六	克木语,熟练	汉语,熟练	
	次子	岩坎香	克木人	3				
25	户主	依叫温	克木人	37	小学	克木语,熟练	汉语,熟练	傣语,熟练
	丈夫	岩罕腊	傣族	38	小学	傣语,熟练	汉语,熟练	克木语,熟练
	长女	依章	克木人	12	小五	克木语,熟练	汉语,熟练	
	次女	依腊捧	克木人	11	小四	克木语,熟练	汉语,熟练	

26	户主	岩腊	克木人	40	小学	克木语,熟练	汉语,熟练	傣语,略懂
	妻子	依香	克木人	33	小学	克木语,熟练	汉语,熟练	傣语,熟练
	父亲	波尖坎	克木人	80	文盲	克木语,熟练	傣语,熟练	
	母亲	咪尖坎	克木人	69	文盲	克木语,熟练	傣语,熟练	
	长女	依晶	克木人	13	小六	克木语,熟练	汉语,熟练	
	次女	依旺叫	克木人	9	小二	克木语,熟练	汉语,熟练	
27	户主	王云方	汉族	44	小学	汉语,熟练		
	妻子	杨秀英	汉族	44	小学	汉语,熟练		
28	户主	依旺香	克木人	38	小学	克木语,熟练	汉语,熟练	傣语,略懂
	丈夫	沈志金	汉族	28	小学	汉语,熟练	克木语,略懂	
	母亲	咪旺香	克木人	57	文盲	克木语,熟练	傣语,熟练	汉语,略懂
29	户主	咪依坎	克木人	42	文盲	克木语,熟练	傣语,熟练	
	长女	依坎	克木人	30	小学	克木语,熟练	汉语,熟练	傣语,略懂
	长婿	岩扁	克木人	36	小学	克木语,熟练	汉语,熟练	傣语,略懂
	长外孙	岩坎晥	克木人	9	小五	克木语,熟练	汉语,熟练	
	次外孙	岩光	克木人	6	小三	克木语,熟练	汉语,熟练	
	长子	岩腊	克木人	26	文盲	克木语,熟练	汉语,熟练	傣语,略懂
30	户主	岩坎	克木人	24	小学	克木语,熟练	汉语,熟练	傣语,略懂
	妻子	依涛香	克木人	22	小学	克木语,熟练	汉语,熟练	傣语,略懂
	长女	依光坎	克木人	4				
31	户主	波玉燕	克木人	57	小学	克木语,熟练	傣语,熟练	汉语,熟练
	妻子	咪依燕	克木人	56	小学	克木语,熟练	傣语,熟练	汉语,略懂
	母亲	咪叫囡	克木人	87	文盲	克木语,熟练	傣语,熟练	
	长子	岩糯	克木人	28	小学	克木语,熟练	汉语,熟练	傣语,略懂
	长媳	依尖	克木人	32	文盲	克木语,熟练	傣语,熟练	
	长孙女	依光	克木人	3				
32	户主	波依溜	克木人	49	初中	克木语,熟练	汉语,熟练	傣语,熟练
	妻子	咪依溜	克木人	45	小学	克木语,熟练	傣语,熟练	汉语,熟练
	长女	依溜	克木人	26	小学	克木语,熟练	汉语,熟练	傣语,略懂
	长子	岩坎	克木人	23	小学	克木语,熟练	汉语,熟练	傣语,略懂
	长媳	马国香	苗族	20	小学	苗语,熟练	汉语,熟练	
	长孙	岩拉	克木人	2				
33	户主	胥光新	汉族	42	初中	汉语,熟练	克木语,略懂	
34	户主	波依锋	克木人	42	小学	克木语,熟练	汉语,熟练	傣语,熟练
	妻子	咪依锋	克木人	42	文盲	克木语,熟练	汉语,熟练	傣语,略懂
	母亲	咪糯章	克木人	82	文盲	克木语,熟练	傣语,熟练	汉语,略懂
	长女	依锋	克木人	20	大专	克木语,熟练	汉语,熟练	老挝语,略懂
	长子	岩坎丙	克木人	18	初二	克木语,熟练	汉语,熟练	

35	户主	波公坎	克木人	55	初中	克木语,熟练	汉语,熟练	傣语,熟练
	妻子	咪公坎	克木人	53	小学	克木语,熟练	傣语,熟练	汉语,熟练
	长子	岩公	克木人	31	初中	克木语,熟练	汉语,熟练	傣语,略懂
	长媳	玉香	克木人	29	小学	克木语,熟练	汉语,熟练	傣语,略懂
	长孙女	依光	克木人	10	小四	克木语,熟练	汉语,熟练	
	长孙	岩尖	克木人	9	小三	克木语,熟练	汉语,熟练	
36	户主	岩约	克木人	31	小学	克木语,熟练	汉语,熟练	傣语,略懂
	妻子	依腊	克木人	30	小学	克木语,熟练	汉语,熟练	傣语,略懂
	长女	依香吨	克木人	8	小三	克木语,熟练	汉语,熟练	
37	户主	岺加林	哈尼族	46	小学	哈尼语,熟练	汉语,熟练	克木语,熟练
	妻子	依哈	克木人	44	小学	克木语,熟练	汉语,熟练	
	长子	岺成建	克木人	19	小学	克木语,熟练	汉语,熟练	
38	户主	岩叫	克木人	31	初中	克木语,熟练	汉语,熟练	傣语,略懂
	妻子	依香	克木人	30	小学	克木语,熟练	汉语,熟练	傣语,略懂
	长子	岩庄	克木人	9	小三	克木语,熟练	汉语,熟练	
	长女	依腊	克木人	6	学前班	克木语,熟练	汉语,略懂	
39	户主	陈加金	汉族	58	初中	汉语,熟练	傣语,略懂	克木语,略懂
	妻子	马友田	汉族	58	小学	汉语,熟练	克木语,略懂	
	长子	陈永林	汉族	35	小学	汉语,熟练	克木语,略懂	
	长媳	李成春	苗族	29	小学	苗语,熟练	汉语,熟练	克木语,略懂
	长孙女	陈群草	汉族	8	小二	汉语,熟练	克木语,熟练	
	长孙	陈群麦	汉族	3				
40	户主	波岩约	克木人	50	小学	克木语,熟练	傣语,熟练	汉语,熟练
	妻子	咪岩约	克木人	48	小学	克木语,熟练	傣语,熟练	汉语,熟练
	长子	岩约	克木人	30	小学	克木语,熟练	汉语,熟练	傣语,略懂
	长女	依腊	克木人	27	小学	克木语,熟练	汉语,熟练	傣语,略懂
	长孙	岩糯香	克木人	10	小三	克木语,熟练	汉语,熟练	
	长孙女	依应香	克木人	7	小二	克木语,熟练	汉语,熟练	
41	户主	岩叫	克木人	43	小学	克木语,熟练	汉语,熟练	傣语,熟练
	妻子	依腊	克木人	41	文盲	克木语,熟练	汉语,熟练	傣语,略懂
	长子	岩坎	克木人	24	小学	克木语,熟练	汉语,熟练	傣语,略懂
	次子	岩糯叫	克木人	18	小学	克木语,熟练	汉语,熟练	
	侄女	依庄香	克木人	30	小学	克木语,熟练	汉语,熟练	傣语,略懂
42	户主	波温叫	克木人	53	初中	克木语,熟练	汉语,熟练	傣语,熟练
	妻子	咪温叫	克木人	51	小学	克木语,熟练	傣语,熟练	汉语,略懂
	长子	岩温叫	克木人	30	小学	克木语,熟练	汉语,熟练	傣语,略懂
	长媳	依芳	克木人	28	文盲	克木语,熟练		
	长孙	岩公坎	克木人	3				
	长女	依腊	克木人	27	小学	克木语,熟练	汉语,熟练	傣语,熟练

43	户主	波旺波	克木人	57	小学	克木语,熟练	傣语,熟练	汉语,略懂
	妻子	咪旺波	克木人	60	小学	克木语,熟练	傣语,熟练	汉语,略懂
	长女	依旺波	克木人	36	小学	克木语,熟练	汉语,熟练	傣语,略懂
	次子	岩庄	克木人	30	初中	克木语,熟练	汉语,熟练	傣语,略懂
	次媳	依旺	克木人	28		克木语,熟练	傣语,熟练	汉语,略懂
	次女	依腊	克木人	29	小学	克木语,熟练	汉语,熟练	傣语,略懂
	外孙	李牛金	克木人	1				
44	户主	万保明	汉族	47	小学	汉语,熟练	克木语,熟练	
	妻子	依光	克木人	50	小学	克木语,熟练	傣语,熟练	汉语,略懂
	长子	万加强	克木人	29	小学	克木语,熟练	汉语,熟练	傣语,略懂
	长媳	依为	克木人	27	文盲	克木语,熟练	傣语,略懂	
	长孙	万振熙	克木人	4				
	长女	依旺尖	克木人	26	小学	克木语,熟练	汉语,熟练	
	次女	万振轩	克木人	6	学前班	克木语,熟练		
45	户主	白万一	哈尼族	26	初中	汉语,熟练	克木语,略懂	
	妻子	杨玉梅	哈尼族	27	初中	哈尼语,熟练	汉语,熟练	
	弟弟	白万成	哈尼族	24	初中	汉语,熟练	克木语,略懂	
	长子	白世杰	哈尼族	2				
46	户主	白文莲	哈尼族	48	小学	哈尼语,熟练	汉语,熟练	
	妻子	杨七婼	哈尼族	44	小学	哈尼语,熟练	汉语,熟练	
	长子	白主万	哈尼族	24	初中	汉语,熟练		
	次子	白主顺	哈尼族	20	初中	汉语,熟练		
47	户主	罗发昌	哈尼族	47	初中	哈尼语,熟练	汉语,熟练	
48	户主	波岩坎	克木人	50	小学	克木语,熟练	汉语,略懂	傣语,略懂
	妻子	咪岩坎	克木人	49	小学	克木语,熟练	汉语,略懂	傣语,略懂
	长子	岩坎	克木人	23	小学	克木语,熟练	汉语,熟练	傣语,略懂
	长媳	依波	克木人	19	文盲	克木语,熟练	傣语,熟练	
	长孙	岩宰康	克木人	1				
49	户主	玉光	克木人	45	小学	克木语,熟练	汉语,熟练	傣语,略懂
	丈夫	祈明周	汉族	46	小学	汉语,熟练	克木语,略懂	
	长子	岩温	克木人	21	小学	克木语,熟练	汉语,熟练	
	长女	依叫卫	克木人	20	小学	克木语,熟练	汉语,熟练	
50	户主	波岩山	克木人	47	初中	克木语,熟练	汉语,熟练	傣语,熟练
	妻子	咪岩山	克木人	47	初中	克木语,熟练	汉语,熟练	傣语,熟练
	长子	岩山	克木人	23	初二	克木语,熟练	汉语,熟练	傣语,略懂
	长媳	玉香中	克木人	21	初中	克木语,熟练	汉语,熟练	
	长女	依拉扁	克木人	22	小学	克木语,熟练	汉语,略懂	傣语,略懂

51	户主	岩兴	克木人	48	小学	克木语,熟练	汉语,略懂	傣语,熟练
	弟弟	岩香	克木人	41	文盲	克木语,熟练	汉语,略懂	
52	户主	波岩坎	克木人	44	小学	克木语,熟练	汉语,熟练	傣语,熟练
	妻子	咪岩坎	克木人	40	小学	克木语,熟练	汉语,熟练	傣语,熟练
	父亲	波糯班	克木人	67	小学	克木语,熟练	傣语,熟练	汉语,熟练
	长子	岩坎	克木人	23	小学	克木语,熟练	汉语,熟练	傣语,略懂
	长媳	依香叫	克木人	20	文盲	克木语,熟练	傣语,略懂	
	孙子	依波坎	克木人	1				
	长女	依涛	克木人	22	小学	克木语,熟练	汉语,熟练	
	外孙女	依逢	克木人	7		克木语,熟练	汉语,略懂	
53	户主	波公香	克木人	57	小学	克木语,熟练	傣语,熟练	汉语,熟练
	妻子	咪公香	克木人	59	小学	克木语,熟练	傣语,熟练	汉语,略懂
	长子	岩公香	克木人	38	初一	克木语,熟练	汉语,熟练	傣语,略懂
	长媳	玉扁	克木人	30	小学	克木语,熟练	汉语,熟练	傣语,略懂
	长孙	岩香	克木人	14	小学	克木语,熟练	汉语,熟练	
	长孙女	依洪	克木人	12	小六	克木语,熟练	汉语,熟练	
54	户主	波香甩	克木人	41	文盲	克木语,熟练	汉语,熟练	傣语,略懂
	妻子	咪香甩	克木人	44	小学	克木语,熟练	汉语,熟练	傣语,熟练
	岳母	咪叫龙	克木人	80	文盲	克木语,熟练	傣语,熟练	汉语,略懂
	长子	岩香	克木人	21	小学	克木语,熟练	汉语,熟练	傣语,略懂
	长孙	岩庄香	克木人	3				
	长女	依拉的	克木人	19	小学	克木语,熟练	汉语,熟练	傣语,略懂
55	户主	波旺囡	克木人	83	文盲	克木语,熟练	傣语,熟练	汉语,略懂
	妻子	咪旺囡	克木人	77	文盲	克木语,熟练	傣语,熟练	
	次子	岩腊囡	克木人	41	小学	克木语,熟练	汉语,熟练	傣语,略懂
	次媳	咪玉尖	克木人	40	文盲	克木语,熟练	汉语,略懂	傣语,略懂
	次孙	岩糯	克木人	20	小学	克木语,熟练	汉语,熟练	
56	户主	波温勒	克木人	57	小学	克木语,熟练	汉语,熟练	傣语,熟练
	妻子	咪温勒	克木人	57	小学	克木语,熟练	傣语,熟练	汉语,略懂
	长子	岩温勒	克木人	35	小学	克木语,熟练	汉语,熟练	
	长媳	依扁	克木人	36	文盲	克木语,熟练	汉语,略懂	
	长孙女	依光	克木人	14	初三	克木语,熟练	汉语,熟练	
	长孙	岩腊	克木人	12	小六	克木语,熟练	汉语,熟练	

57	户主	依庄扁	克木人	33	初中	克木语,熟练	汉语,熟练	傣语,略懂
	丈夫	张开福	哈尼族	38	初中	哈尼语,熟练	汉语,熟练	
	长女	依香	克木人	13	初一	克木语,熟练	汉语,熟练	
	长子	岩糯勒	克木人	11	小五	克木语,熟练	汉语,熟练	
58	户主	岩康	克木人	42	小学	克木语,熟练	汉语,熟练	傣语,熟练
	妻子	咪依赛	克木人	39	文盲	克木语,熟练	傣语,熟练	
	长子	岩腊	克木人	20	小学	克木语,熟练	汉语,熟练	
	次子	岩坎伞	克木人	10	文盲	克木语,熟练	傣语,熟练	
	长女	依腊囡	克木人	5				
59	户主	依光燕	克木人	64	文盲	克木语,熟练	傣语,熟练	
	养子	岩帮	克木人	17	初中	克木语,熟练	汉语,熟练	
60	户主	依光	克木人	47	小学	克木语,熟练	汉语,熟练	傣语,略懂
	丈夫	康正	汉族	54	小学	汉语,熟练		
	长子	岩坎旺	克木人	20	初中	克木语,熟练	汉语,熟练	
	长女	依拉波	克木人	19	初中	克木语,熟练	汉语,熟练	
61	户主	咪温香	克木人	51	小学	克木语,熟练	汉语,熟练	傣语,熟练
	长子	岩温香	克木人	34	小学	克木语,熟练	汉语,熟练	傣语,略懂
62	户主	波依叫	克木人	47	小学	克木语,熟练	汉语,熟练	傣语,略懂
	妻子	咪依叫	克木人	46	小学	克木语,熟练	汉语,略懂	傣语,略懂
	长子	岩腊	克木人	22	初二	克木语,熟练	汉语,熟练	
	次子	岩宰	克木人	20	小学	克木语,熟练	汉语,熟练	
63	户主	康树友	哈尼族	45	小学	汉语,熟练	克木语,熟练	
	妻子	依扁	克木人	44	小学	克木语,熟练	汉语,熟练	
	长子	康世林	克木人	17	初中	克木语,熟练	汉语,熟练	
	长女	康世银	克木人	14	初一	克木语,熟练	汉语,熟练	

二、王四龙村组长岩腊访谈录

访谈对象:岩腊,1969 年生,克木人,王四龙村人,小学文化,村组长

访谈时间:2011 年 1 月 12 日上午

访谈地点:岩腊家

访 谈 人:陈国庆、王跟国、黄平

整 理 人:王跟国

岩腊是土生土长的王四龙寨人,1969 年出生,父母都是克木人,用他自己的话说,自己是老牌克木人。1991 年起在寨子里当会计,当了 12 年,2003 年当组长,一直到现在。因为事先

安排,岩腊组长已经在家里等候我们了,尚勇镇依副书记把我们一一介绍给岩腊组长。我们向岩腊组长说明了来意后,岩腊组长对我们的调研表示感谢。说:“非常感谢你们来关心我们克木人!”我们先参观了岩腊组长200多平方米的傣式纯木结构楼房,看到内部的装修颇显现代化气息,都不由得赞叹。在随意聊天的融洽氛围中开始了我们的访谈。

问:请你介绍一下你们寨子里的基本情况。

答:我们这个寨子共有63户285人,我们前边的这条河叫南木河。原来我们这个寨子在南木河东边的山脚下,距这儿1公里。去勐腊、磨憨的公路在南木河的西边,村民们出行就得过到河的这边来,很不方便。那时,河上有一座吊桥,桥面是用竹子编的,上面不能走机动车辆。娃娃们上学、村民出行,都很不方便,这种状况制约经济的发展。后来,寨子搬出来了。

现在,很方便了,家门前就是公路,人们出去的时候骑上摩托车直接就上了公路。但旁边的高速公路没有在我们村留下出口,据说当时可能是由于道路排水问题不好处理,所以没有留下出口。现在我们自己修了一条接通高速公路的便道。便道通过南木河时架了一座桥,因为桥面较窄,而且受承重的限制,货车不能走,只能是行人和摩托车、小汽车通过,进入高速时挺危险的。

问:寨子的搬迁是政府行为吗?

答:是政府行为。在政府的倡导、动议下,我们的寨子才迁到了这里。盖房子的时候,人们选好地点,政府派人用推土机把地基推平,人们自己盖房子。2001年开始搬迁的时候,只有7户人家搬过来,有的村民还不理解,寨子里的一些老人不愿意离开自己多年守候的故土。几年过去,随着条件的变化,村里有了水泥路,人们愿意接受,觉得还是这里好,于是就自愿地往这里搬迁,到2007年就全部搬迁过来了。寨子里的用电,以前都是通过跟茶叶精制厂、附近的企业协商拉一条电线,2006年国家实行农网改造,寨子里有了自己的专用线路,方便多了。

问:你们为什么把新址选到这个地方而不是别的地方呢?

答:其实,我们这个寨子原来就在这个地方。听老人们讲,以前这个寨子里出过几次事情,人们觉得这个地方风水不好,不吉祥,于是就从这里搬迁出去了,搬到了河对岸的山脚下,就是我们2001年前所在的寨子。有几户是搬到西边那座小山的山脚下,过了四五年又和大家住到一起了。那是50多年前的事了。关于我们这个寨子的名字也有个传说:这个地方曾经有个大水汪,山上的老虎经常来这里喝水,因此我们这里就叫做“王四龙”,以前写成“王寺龙”。“王(只表音)”在是大水汪的意思,“寺(表音)”在傣语里是老虎的意思,“龙(表音)”在傣语里是大的意思。比如我的名字叫岩腊,村子里有几个岩腊,我的年龄最大,所以傣族人叫我岩腊龙。后来为了方便写成了“王四龙”。

问:这几年寨子里的人口总数有什么变化?寨子里的克木人口总数呈现怎样的变化?

答:近几年的人口总数变化不大,主要是前几年人口增加了。20年前老寨子只有147人,现在全寨子有户口的是285人。其中克木人244人,汉族20人,哈尼族18人,苗族2人,傣族

1人。有几个来这里租种地的墨江人，也在这里落户了。寨子里上门的有10个人，上门后8个人落户了，他们的孩子成为克木人了，多数有汉名和克木名字，只有两家只有汉名。除了克木人，有6个上门汉族，娶了一个汉族、一个苗族。寨内通婚的较多。娶进来的曼蚌索克木人有两个，到曼蚌索上门的有一个。嫁出去的姑娘较多嫁到勐捧回结村。

问：你们寨子的农作物和经济作物主要有什么？经济情况怎样？

答：主要的农作物是稻谷、茶叶。稻谷吃不完，也卖一些。这里主要是雷响田（旱地），下雨时才有水。每人1.5亩左右。荒地用来种橡胶树，除了一家五保户、一家只有两个老人外，其余人家都种橡胶树，已经种了四五年了，还没到开割时候，但寨子里的人已经开始学割橡胶的技术了。周围的香蕉是外地老板来租地种的，一亩地给老百姓一千二三百元。茶叶收入年均七八千元。户收入从五六千元到一万四五千元不等。

寨子里出去打工的不多，有五六个，都是姑娘们，她们会唱歌跳舞，到外地的度假村等地方组织的演出队演出。小伙子不出去打工，他们文化水平低，基本上是在村里从事农业生产，种植管理茶叶、橡胶树。

家家户户都有电视机，有两三台是国家补贴的，能收看40多个台，还能收看泰国台，有时老挝的一些文艺娱乐节目也能收到。大部分都有摩托车，只有四家没有。有一户人家女方是这个寨子的，她老公是磨憨的汉族，她不习惯在磨憨住，就和老公一起搬回我们寨子。她家原来在磨憨有地，因国家修路占用了土地，他们得到了补偿款，买下了汽车。我们寨子整体还不算富裕，人家曼迈寨几乎是家家户户有小汽车。

问：你们寨子里的教育情况如何？

答：村委会所在地尚岗有完小，集中办学。离我们寨子有两公里半。孩子们有些住校，多数是父母骑摩托接送，早上送去，下午接回来。初中就在镇上去上。现在国家对小学、初中是两免一补，上高中就没有了。小娃们都要上小学，总共有30多个。小学一毕业全部上初中。有几个上高中的，但能坚持到毕业的不多。两年前，一个已毕业的，没考上国内的大学，自费到泰国上大学去了，学泰语。还有一个高中毕业后当兵去了。现在在勐腊县一中上学的还有两三个。寨子里没有在县城的行政事业单位工作的，只有一个女的在尚勇镇文化站工作。

这里的娃娃们，往往因为语言不通，读书困难。不懂汉语的意思，写文章不通。

问：你们寨子里有哪些传统习俗活动？都有一些什么样的仪式？

答：我们寨子有祭寨活动，每年傣历12月12号（公历10月12号）举办。先用破开的竹子编一个四四方方的竹笆，里面放一个胶泥土塑的大王像，旁边有两个大将，一个叫大铜（tatoŋ），一个叫大力（talik），还要放一些竹子做的枪、刀、弩、剑、柴火等。到12月12号那天，由几个男人把这个竹篱笆抬到村边的岔路口处，然后村民们都要从自己家里带一些好吃的东西，放进去祭大王和将军。下午4点，由村里长老念诵祭文，祈祷保佑全村人平安、健康、好事多多。这个活动，全村男女老少都参加，但女人们不能站在前边。仪式完毕，大家要举行跳舞、拔河比赛，玩一些老虎抓小猪、老鹰抓小鸡的游戏。

每年傣历四月初十（公历二月）该种庄稼的时候，要祭拉不腊（rab ra）。拉不腊管理一切吃庄稼的害虫。寨子里要杀一头猪或一头黄牛，仪式与祭寨子差不多，意思是祈祷风调雨顺，不能让害虫进到寨子里来，保证人们辛辛苦苦种下的庄稼能丰收。全部是男人参加。祭拜完后，大家在田边吃牛肉、喝酒。

8 月 10 号是魂秧节，六七月份栽秧后，到八月份秧苗旺盛，大家要杀一头黄牛拜田，祈祷别让老鼠、蚂蚁来吃庄稼。

寨子里的上新房活动也是很隆重的。全寨子的人都来庆贺，主人杀猪、杀牛、杀鸡，摆三天宴席。周边的克木人知道了也来参加。上新房的那天，新房里边坐两桌老人，一桌是男的，一桌是女的，表示对老年人的尊重。

我们刚刚过完克木人的"玛格乐"节。你们要是早来几天的话，还能参加呢。明年要在东洋举办，希望你们到时候能来。

问：你们寨子里的婚嫁大事有一些什么样的习俗？

答：以前克木人找对象的时候只找克木人。改革开放之后，人们的观念变了，不同民族之间开始通婚，但多数还是克木人找克木人。自己寨子里的结婚的较多，娶进来的克木人有曼蚌索的两个，到曼蚌索上门的一个。嫁出去的姑娘较多嫁到勐捧回结村。傣族也是这样。过去的仪式我们不知道了，现在，人们还是流行上门习俗。小伙子看对了哪个姑娘，要去姑娘家去提亲，姑娘的父母同意了，就选择日期定亲，定亲的时候要请人吃糖、吃饭，规模不大，俗称吃小糖。然后就选定结婚的日期。结婚时，要在女方家宴请亲朋好友，规模较大，由男方出钱来办，俗称吃大糖。吃完大糖后，男子就住在女方家，成为女子家的一名劳动力，俗称上门。过去上门的时间一般要 3 年，现在，上门的时间看男女双方的家庭情况，如果男方家的劳动力多、女方家的劳动力少，上门的时间就长些，相反就短些，一般是 1 年，有的就是几个月。上门期间可以生孩子，但坐月子不能在女方家中，得另找地方。克木人规定，每年的结婚时间只能在公历十一月、十二月、三月、五月，也就是说克木人只能在一年中的这 4 个月选择结婚的日子，其他的月份是不能结婚的。这跟你们汉族不一样。你们汉族是一结婚男方就把女方娶回家来，而且一年 12 个月中的哪一个月都能结婚。

问：寨子里的丧葬事情有什么习俗吗？

答：这里的丧葬情况不太复杂，一般是人死后，当天就埋葬。如果当天来不及，就等到第二天。寨子外有公共坟地，不分家族，选择空地埋了就行。但是上吊等非正常死亡的要和自然老死的分开。坟地里一边是埋葬正常死亡的，另一边是埋葬非正常死亡的。寨子里有人死了，全寨子里的人都会知道的。死者家里的人要杀一只鸡，在自家楼下把鸡毛烧了，烧鸡毛的味道散发出去，人们就知道有人死了。再就是，死者的姑娘要大声哭，亲戚们也跟着哭，寨子里的人都会听到的，大家都来祭奠一下。

问：你们这儿的人经常去老挝吗？

答：有些人在老挝有亲戚，他们经常去亲戚家。寨子里从老挝嫁过来的女孩有9个，都是克木人。开个玩笑，"进口"的媳妇都是身体强壮，很少生病，几乎是连个感冒也少有。她们会讲克木话、傣话，有些会讲卡密话。她们的户口现在还上不了。

问：你们在寨子说什么话？

答：一般说克木话，遇上嫁来的汉族就说汉话。嫁过来的老挝人时间长了，会听汉话，简单的会说一两句，喝酒啊、去玩啊。上门的男的，有的时间长了，也会听一些克木话；来的时间短的，既不会说，也听不了。不会说的有三个媳妇。还有两个湖南上门的因为经常出外面打工，不会讲也不会听克木话，和老婆只说汉话。寨子里大部分年轻人汉语没有问题。老年人的汉语不太熟练，但他们都会傣语。

问：你作为村民小组组长，今后有什么打算？

答：要把国家的各项扶持项目做好，带动村民种橡胶、种茶叶，种高产水稻，让他们早点儿富起来。目前，我们正在组织村民作养猪技术、割胶技术的培训指导。我们逐步提高村民的文化素质，建设一个文明的村寨。

三、尚勇镇副镇长岩糯对谈基层工作

乡镇干部是针眼，所有的线都要往这里穿，各项政策包括城建、环保、卫生、教育、扶贫等都要在这里落实。所以我们必须不断充电，吃透国家文件政策，研究工作对策，把惠民政策真正落实到实处。

社会稳定问题是基层工作的重中之重，是所有工作的前提。社会不稳定，所有的工作都谈不上。我们这里紧挨磨憨口岸，流动人员较多，还有一些外来人口已经在这里落户。如果不稳定，那简直就像着了火一样可怕，所以我们必须了解不稳定因素，时时注意他们的动向，经常和他们交流、沟通，将问题消灭在萌芽状态。在上级的关心、老百姓的支持下，我们取得了今天的成绩，今年力争成为优秀乡镇。

在基层，喝酒是一种有效的工作方式，跟老百姓坐在一起面对面喝酒，讲解国家政策，老百姓容易接受，比开个会强。跟老百姓喝酒，老百姓觉得没架子，容易接近，他们有什么抱怨可以说，有干部吃拿卡要的现象也可以反映，我们可以及时在党委会上反映、解决。我们乡镇18000人，我们要做到对每一户、每一个人负责，老百姓的困难就是我们的困难。

发扬传统文化、创建基层文明，使老百姓有个精神家园。村民们有时因为你占了我一巴掌的地或是我占了你一巴掌的地而发生纠纷，甚至兄弟姐妹之间也是这样。但是如果多举办一些大家都能参与的集体活动，增进他们的交流，问题就能轻而易举地解决。比如，傣族过泼水节，克木人过"玛格乐"节。尤其是近几年克木人过"玛格乐"节，几乎是所有的克木人集中到一起，穿上民族服装，男女老少在那里吃饭、喝酒、唱歌、跳舞，无拘无束，怎么高兴就怎么跳，大大增进了老百姓之间的感情。克木人上新房时，主人家要杀牛、杀猪，全村子的各家各户都要出人来帮忙，然后全村人都来吃饭。谁家里有了什么事，像盖房子、结婚、丧事等，都是你叫我、我叫你，大家互相帮忙。这样，政府与村民交流，村民与村民交流，邻里关系好了，彼此和睦相处，那一巴掌地的矛盾也就解决了。

尚勇镇的森林覆盖率达87%，我们要保住这块生态绿洲。这几年集中进行了街道绿化建设，提高了绿化率，现在镇政府周围的香蕉、芭蕉随便吃。建设了广场、篮球场、安装了健身器材等，让群众有了健身活动场地。今年已经申报了环境优美城镇。但我们的街道建设还有差距。这几年街上有私搭乱建的现象，卫生状况也较差，有乱排污水的现象，我们已经联合规划办、环保办进行了街道规划，马上就要着手街道整修和建设。

第四章　勐腊县克木人的语言生活小结

第一节　母语使用现状及成因

本节根据第三章所列的数据及材料，对克木人母语使用现状进行综合分析，并在此基础上进一步分析形成这种现状的原因。

一、克木人母语使用特点的宏观把握

克木人是一个人口很少的群体，其母语的保存情况究竟如何，这是需要进行综合分析并作宏观把握的。我们认为，克木人使用母语的现状主要是：

（一）全民稳定使用母语

通过入户调查、访谈及母语水平测试等方式，我们对勐腊县两个村的 331 名克木人（6 岁以上）的克木语使用情况进行统计分析。这两个村都是克木人为主的村寨，其语言使用情况见表 4－1。

表 4－1　曼迈村、王四龙村克木人母语使用情况统计表

调查点	调查人数	熟　练		略　懂		不　懂	
		人数	百分比(%)	人数	百分比(%)	人数	百分比(%)
勐腊县勐腊镇曼迈村	103	103	100	0	0	0	0
勐腊县尚永镇王四龙村	228	228	100	0	0	0	0
合计	331	331	100	0	0	0	0

表 4－1 调查数据显示，331 名克木人 100%能够熟练掌握自己的母语。这是一个重要的数字，但要作为判断克木人母语保存状况还需要加上具体观察的证据。

我们调查小组在深入村寨调查过程中，都一直看到村寨不同身份、不同年龄的克木人在不同场合使用克木语进行交际，只有在遇到外族人时才会使用汉语等其他中介语进行交流。如果对方能听懂克木语，在交流中首选的交际语也是克木语。如曼迈村小学教师依金的丈夫高丽明是彝族，能听懂克木语，能讲一点儿克木话，在与寨子里的克木人交往时，因为发音不准，不好意思开口，但对方都对他说克木语，而他则用汉语对答。

据此不难断定，勐腊县克木人母语使用的类型为全民稳定使用母语型。这有力地说明克木语是该区域最主要的交际工具，在这一地区具有强大的语言活力，是无可争辩的强势语言。

（二）母语使用存在代际差异

母语使用存在代际差异，主要体现在母语词汇量的掌握和语言使用场合两方面。

1. 为了进一步了解克木人母语使用的具体情况，我们在两个村挑选不同年龄段的28位克木人进行了母语400词测试。按克木语词汇掌握数量，把语言等级划分为："优秀"、"良好"、"一般"和"差"4个等级。测试总结果见表4-2。

表4-2 曼迈村、王四龙村克木人母语水平随机测试统计表

年龄段（岁）	调查人数	优秀		良好		一般		差	
		人数	百分比（%）	人数	百分比（%）	人数	百分比（%）	人数	百分比（%）
6—19	4	2	50	0	0	1	25	1	25
20—39	12	12	100	0	0	0	0	0	0
40—59	9	9	100	0	0	0	0	0	0
60以上	3	3	100	0	0	0	0	0	0
合计	28	26	92.9	0	0	1	3.55	1	3.55

表4-2显示，分布在四个年龄段的28名被测试对象的测试结果是：26人为优秀，占92.9%；1人为一般，占3.55%；1人为差，占3.55%。"一般"和"差"的两个人都出现在6—19岁这一年龄段，占该年龄段测试人数的50%。下面再对这28名测试对象的年龄与C、D词汇掌握情况进行统计分析。统计结果见表4-3。

表4-3 曼迈村、王四龙村克木人母语水平随机测试C、D词汇统计表

年龄段（岁）	调查人数	词汇总量（个）	C、D级词汇数量	C、D级词数占总词汇量的百分比（%）
6—19	4	1600	434	27.13
20—39	12	4800	144	3
40—59	9	3600	23	0.64
60以上	3	1200	0	0

如表4-3所示，虽然被调查的克木人都能熟练使用自己的母语，但不同年龄段的母语词汇掌握水平不同，母语词汇掌握程度与年龄段的增长成反比。其词汇量掌握情况的特点是：青少年明显少于青壮年，青壮年较明显少于中青年，中青年略少于老年。这些差异，可以判断克木人母语掌握情况存在代际差异。

在几个年龄段中，青少年人群母语词汇量的掌握相对较低。我们用400词对四名青少年的词汇量进行测试，其结果见表4-4。

表4-4　曼迈村、王四龙村青少年母语水平随机测试情况表

姓名	年龄（岁）	性别	文化程度	A		B		C		D		等级
				数量	百分比（%）	数量	百分比（%）	数量	百分比（%）	数量	百分比（%）	
依庄香	7	女	小三	194	48.5	10	2.5	2	0.5	194	48.5	差
岩香	8	男	小四	200	50	27	6.75	30	7.5	123	30.75	差
岩光	11	男	小六	340	85	10	2.5	35	8.75	15	3.75	优秀
依腊	19	女	高二	358	89.5	7	1.8	34	8.5	1	0.2	优秀

在表4-4中，测试等级“差”的两个人是7岁的依庄香和8岁的岩香，他俩都是曼迈小学的在读学生。曼迈小学是农村寄宿制小学，学生在校时间多，在家里时间少。学校以汉语教学为主，在寄宿制学校就读的学生多使用当地汉语方言或普通话交流，回到家里，也习惯跟父母说汉语方言或普通话。这在一定程度上影响了其400词测试成绩。

2. 除了母语词汇量掌握存在代际差异，语言使用场合也存在代际差异。语言使用场合主要有家庭内部和家庭外部两种，其中家庭内部又分为族内婚姻家庭和族际婚姻家庭。

族内婚姻家庭，母语保留一般都比较好。我们看到一些三代人的家庭，祖辈、父母辈、子女辈三代人都用自己的母语。二三十岁的父母辈跟自己的父母交谈时，必须说克木语，否则会被认为是不尊敬父母。但是跟自己的子女交谈时，则既使用克木语也使用汉语。小孩放学回家跟父母会常常说汉语。

在族际婚姻家庭中，语言使用则具有一定的差异。族际婚姻家庭中的夫妻双方为了迁就另一方，会主动放弃自己的母语。哪种语言成为家庭使用的主导语言，一般由夫妻双方在家庭中的地位，或者其配偶语言状况决定。这直接影响族际婚姻家庭中儿童语言习得的选择顺序，使有的儿童第一语言仍是克木语，也有的儿童第二语言才是自己的母语克木语。

与族内婚姻家庭不同的是，族际婚姻家庭内部一般都是汉语和克木语并重。曼迈村民玉凤，丈夫是汉族，他们的两个孩子从小由奶奶带大，孩子们汉语都很流利。虽然孩子也能流利使用克木语，但还是更倾向于用汉语回答母亲的克木语，说克木语的时候比较少。

据调查，在曼迈和王四龙两个小组，中青年、老年人在村寨内几乎所有场合都是用克木语交流。在曼迈，虽然很多老人会一些汉语，但当我们用汉语问候他们的时候，他们则笑着用克木语回答。青少年在一起时会时而说克木语，时而间杂汉语方言。

透过语言使用场合呈现出的代际差异，我们能管窥到该语言生命力的强度及语言的演变趋势。

二、克木人母语使用现状的成因分析

中国境内的克木人以村落为单位聚居，村落周边都分布着其他民族。如：曼迈村周边居住

着傣、汉、哈尼、彝、瑶等民族；王四龙村周围也是傣族、汉族、哈尼族等杂居。这些民族均以自己的母语或汉语为交际工具。傣族文化对这两个村寨影响较深，但是对克木人语言的使用却没有质的影响，克木人都是以自己的母语为主要交际用语。是什么力量能让克木语保持如此旺盛的语言活力？下面我们作些分析：

（一）高度聚居是克木语得以完整保留的客观因素

中国境内勐腊县克木人口仅1658人，集中聚居在10个村寨。这高度聚居的局面使克木语在村落内占据了强有力的强势语言地位，也是母语得以完整保留的客观因素。

新中国成立前，克木人尚处于原始社会末期向奴隶社会过渡阶段，散居在西双版纳州景洪市郊区和勐腊县中老边境线上中方一侧的热带雨林之中。新中国建立后，在政府的帮助下，克木人从山区搬到坝区定居，主要聚居在边境沿线，后来逐步形成今天克木人聚居的局面。在克木人看来，曼迈村是勐腊县10个克木村寨中族内婚姻家庭最多的村寨。我们入户调查了曼迈村33户人家，共有135人，其中克木人114人，占被调查总人数的84.4%。王四龙村的克木人实际人口比例高达92.1%。该数据表明：目前，克木人的村寨是高度聚居的。而高度聚居的特点是克木语得以完整保留的客观因素。

当前，在国家民族政策的保护下，克木人村寨发生了翻天覆地的变化，经济生活状况得到极大改善。克木人外出谋生的越来越少，而外族人愿意入赘或嫁到克木村寨的越来越多。这种局面，是保留克木语的有利条件。

（二）笃厚的民族认同感是全民稳定使用母语的内在动因

克木人口虽然很少，但他们都富有民族认同感。他们认为：无论是来自哪里的克木人，只要到了一起，一说克木语就感觉异常亲切。在问到如何对待不讲本民族语的态度时，两个村寨的村民几乎都认为：不会自己的民族语就不算是一个民族了，很不好，也会很害羞的。这笃厚的民族认同感是克木人全民稳定使用母语的内在动因。

（三）国家民族政策增强了克木人的自豪感

国家的特殊扶持，极大地改善了克木人的生存状态，经济状况有了跨越式的飞跃。在高考升学、国家公务员招生考试中，克木语都是作为招生民族考生的重要条件之一。种种政策的倾斜，使克木人进一步增强了民族意识，更加重视自己的语言。我们的访谈对象曼迈村民玉凤说，过去她认为汉语重要，现在觉得民族语也更重要，过去的认识错了。如果再有机会的话，她一定先教孩子学会说克木语，但是多会一点儿其他语言也好。国家政策的倾斜在一定程度上增强了克木人的自豪感，对母语保留无疑有一定的积极作用。

（四）相对闭塞的村落环境和较为落后的文化水平阻止了外界对克木语的冲击

历史上，克木村寨多分布于交通封闭、经济落后地区，使克木村寨长期处于相对闭塞的生存环境里。受传统观念影响，克木人一般都不愿外出打工。所以人口流动小，与外界接触的机会也较少。这些都阻碍了村寨与外界的联系和交往。克木村寨得到较大发展是近10年的事情。经济尚处于起步阶段，文化教育事业也比较落后，村民不重视教育，“读书无用论”严重制约着克木人的教育发展。由于教育水平较低，在勐腊县城政府机关和企事业单位工作的克木人寥寥无几。这种相对闭塞的村落环境和较为落后的文化水平，无疑为克木语作为村寨强势语言筑起了一层壁垒，阻止了对克木语的外来冲击。虽然这种因素是消极的，但却成为克木语得以完整保存的一个客观因素。随着对外开放意识的增强，今后的克木人母语保持会受到削弱。这是积极的，可以采取别的措施来保留母语。

(五) 境内外克木人的密切往来是克木语保持语言活力的重要因素

作为跨境民族，境外克木人与境内克木人有着不可分割的、千丝万缕的关系。虽然在中国克木人只有3000多人，但是在国外，克木族还是较大的族群，克木语有广阔的使用空间。中国境内的克木人与境外的克木人始终保持着密切往来，有些中国的克木人是从老挝迁移而来，有些老挝的克木人是从中国迁过去的。两地的克木人凭身份证就能来回走动，对他们来说，国境线并不是那么难以跨越。无论是老挝的、泰国的，还是越南的、缅甸的，只要是克木人，见面一讲起克木话，就都亲如一家。这种密切的联系，使得中国境内的克木语不会成为“孤岛语言”。随着改革开放的深入发展，我国克木人与境外克木人的交往日益频繁。这种前景有助于我国克木人语言的保留。

(六) 克木人传统的婚姻制度有利于母语保留

克木人过去遵奉族内氏族外婚制。族内婚姻制保证了克木人家庭成分的单一性，遏制了家庭成员的多元化、家庭语言的多元化。这种婚姻观念，对于克木语的传承是有利的。但从20世纪90年代以后，这种传统的婚姻制度有所松动，族际婚姻家庭逐渐增多，不同民族之间通婚已被认可。但也带来了新问题。族际婚姻家庭中的子女，有的出现母语水平下降。目前克木语在克木村寨中仍占优势，并未受到族际婚姻的强大冲击。随着族际婚姻家庭比例的逐步扩大，有可能对母语保存出现冲击。族际婚姻属于社会发展的进步范畴，是现代化进程的必然趋势，也是任何力量所不能阻挡的。因而，随着族际婚姻的增多，如何保存母语已成为一个亟待解决的理论问题和实际问题。

第二节　兼用汉语及其他语言的现状及成因

第三章两个个案的研究结果表明，勐腊县克木人的语言生活状况是母语保存完好，全民使用兼用语。但是兼用语类型出现了代际差异：老一代克木人的兼用语是傣语，中年一代的兼用语是傣语和汉语，青少年的兼用语是汉语，出现了兼用语类型转移。研究克木人的兼用语的特点及其演变规律，对于我们深入认识语言兼用的成因、提升双语教学的理论、保护小语种的传承等，都将有有益的启示。

一、勐腊县克木人语言兼用现状

语言兼用是中国少数民族地区语言生活的一个带有普遍性的特征，一部分人往往会说两种甚至多种语言。在这种多种语言并用的地区，我们可以根据使用语种的数量，把语言使用者分为单语人、双语人和多语人。只能使用一种语言进行交际的称为“单语人”，能使用两种语言的称为“双语人”，能够使用三种或三种以上语言的人称为“多语人”。在双语人或多语人所使用的不同语言中，本族语称为“母语”，非本族语称为“兼用语”。掌握使用兼用语的种类、数量以及兼用语种类、数量的变化，是了解一个民族语言生活的重要指标。勐腊县克木人的语言兼用现状可以概括出以下几个特点：

(一) 兼用汉语和傣语

勐腊县克木人的兼用语主要是傣语、汉语两种，个别兼用老挝语的是近几年从老挝嫁过来的媳妇及其带来的孩子。兼用汉语和傣语，是由克木人的分布状况、生活环境决定的。历史上，克木人和傣族长期相处，相互融合，出于交际的需要，他们都兼用傣语，成为双语人。新中国成立后，全国人民齐心协力，共同发展社会主义经济文化，汉语作为通用语成了克木人的一种新的兼用语。

(二) 全民使用兼用语

根据我们的入户调查结果：曼迈村调查到的 6 岁以上的 103 名克木人，没有单语人，全民使用兼用语。其中，双语人有 57 人，而且全部熟练地使用母语和汉语；多语人有 46 人，除了一位老挝媳妇是母语兼用老挝语和汉语外，其余全是母语兼用汉语和傣语。王四龙村 6 岁以上的 228 名克木人，除 4 名单语人外，双语人有 148 名，多语人有 76 名。4 名单语人的信息情况如表 4-5 所示。

表 4-5　曼迈村、王四龙村单语人语言使用情况表

姓名	族群	年龄(岁)	文化程度	第一语言及水平	第二语言及水平	备注
依旺	克木人	7		克木语，熟练		未上学
岩西	克木人	15	文盲	克木语，熟练		老挝人
依芳	克木人	28	文盲	克木语，熟练		老挝人
万振轩	克木人	6	学前班	克木语，熟练		未上学

这 4 名单语人中有两名是还未上学的儿童，有 1 名老挝嫁过来的媳妇，还有 1 名是另一位老挝

嫁过来的媳妇带来的孩子。

(三)母语和兼用语互补

克木人的母语和兼用语分别在不同的场合使用,彼此和谐,表现为使用功能和表述功能上的互补。

1. 语言使用功能上的互补

不同的民族或群体长期杂居,而使用各自的母语又不能相互沟通,势必要产生语言兼用现象。在母语的基础上选择兼用一种功能较强的语言以适应不同环境下的交际,这就是语言使用功能的互补。

老一辈克木人兼用傣语,新一代克木人则是以兼用汉语为主,中壮年克木人多是既兼用傣语又兼用汉语。在家庭内部,不管老小,大多数是说克木语。兼用傣语的人遇到傣族人要说傣语;兼用汉语的人除在家里或遇上其他的克木人外,都是说汉语;而兼用傣语和汉语的人则是遇傣则傣、遇汉则汉。和傣族、汉族以外的哈尼、拉祜、彝等少数民族则以汉语来交流。母语和兼用语没有造成此消彼长的矛盾,而是适应不同的交际对象彼此互补。

2. 语言表达功能的互补

语言是随着社会的发展进步而不断丰富发展的。语言的丰富发展有两种途径:一是通过本族语的再生、调整,提高本族语表达能力;二是通过语言接触吸取外族的语言成分来丰富自己。

在长期的语言接触中,克木语主要受到傣语、汉语的影响。傣语和汉语借词遍及克木语词汇的各个领域,包括天文地理、动物、植物、人体器官、衣着、数量、亲属称谓等方面,扩充和丰富了克木语的词汇系统。语法方面也受到汉语的影响,包括副词、介词的借用等。

(四)兼用语很少成为第一语言

克木人虽然普遍使用兼用语,但很少见到兼用语代替母语的现象。原因何在?一是克木人有较强的族群认同意识,他们很看重自己的语言,多数人认为自己是克木人就应该会说克木语,二是目前中国的克木人相对聚居特征明显。当我们问曼迈村妇女组长波依康希望孩子说什么话时,她不假思索地脱口而出:"当然希望他学会汉语,因为克木语不需要学自然就会的,汉语不学就不会说。"这里的母语氛围是非常浓厚的,母语成为第一语言是顺理成章的事情。我们在王四龙村调查的时候,身边的两三岁的小孩对我们的调查很好奇,围着我们转来转去,他们的父母和爷爷、奶奶都用克木语和他们说话。

在调查中也有少数第一语言是非母语的情况。考察的结果是这些人有的本来就不是克木人,是后来被克木人领养的。曼迈村口摆凉粉摊的那个年轻媳妇告诉我们,她的妈妈也是这种情况。还有几个小孩是从小在姥姥家长大,到七八岁才回到寨子里的。

（五）兼用汉语的时间比过去提前

中国境内的克木人仅有3000多人，分布相对集中，和汉族的交往相对较少，他们学说汉语的主要途径是靠学校教育，因而以往克木人都是七八岁入学后才开始学汉语。现在的情况有所不同，在幼儿园就学习汉语，比过去提前了。由于国家大力发展义务教育，年轻的家长们的教育意识有了觉醒，纷纷认识到接受教育的重要性。在曼迈村，条件好的家庭把孩子送到勐腊县城的幼儿园学习汉语；在王四龙村，他们把孩子送到尚勇镇幼儿园。都是早上校车接走，下午送回来。和过去相比，学习汉语的年龄提前了3到4年。

二、勐腊县克木人语言兼用的特点

根据双语人、多语人的语言兼用情况，勐腊县克木人的语言兼用情况可分为三种类型："克木语＋汉语"、"克木语＋傣语"、"克木语＋汉语＋傣语"。但随着社会经济的发展，克木人的语言兼用情况也发生了变化，出现了明显的代际差异。主要表现在以下几个方面：

（一）语言兼用类型出现了代际差异

克木人兼用傣语和汉语，但是综观兼用傣语和兼用汉语的人员分布情况，克木人对兼用语的选择有其历史性和差异性。我们把这种不同时代的语言主体选择兼用语种类的差异叫做语言兼用的代际差异。

语言兼用类型的差异成为勐腊县克木人语言兼用情况的一个鲜明特征。我们先看一下曼迈村的情况。

我们调查了103个克木人中，有57名是双语人，占调查总人口的55%；46名多语人，占调查总人口的45%。57名双语人的情况是"克木语＋汉语"，而且全部是熟练使用。这57名双语人除了61岁的波依康、41岁的咪依香外，其余人都在40岁以下。他们的语言兼用情况及信息如表4－6所示。

表4－6　曼迈村双语人语言使用情况表

姓名	族群	年龄（岁）	文化程度	第一语言及水平	第二语言及水平
玉凤	克木	36	小学	克木语，熟练	汉语，熟练
岩康	克木	15	高中	汉语，熟练	克木语，熟练
金时发	克木	12	初中	汉语，熟练	克木语，熟练
依腊	克木	14	初中	克木语，熟练	汉语，熟练
岩康	克木	17	初中	汉语，熟练	克木语，熟练
岩叫	克木	11	小学	克木语，熟练	汉语，熟练
岩坎光	克木	8	小学	克木语，熟练	汉语，熟练

依康	克木	17	中专	克木语,熟练	汉语,熟练
岩劳	克木	14	小学	克木语,熟练	汉语,熟练
岩编	克木	24	小学	克木语,熟练	汉语,熟练
依香	克木	21	小学	克木语,熟练	汉语,熟练
岩庄	克木	27	初中	克木语,熟练	汉语,熟练
依旺叫	克木	25	初中	克木语,熟练	汉语,熟练
依庄	克木	40	小学	克木语,熟练	汉语,熟练
岩帮	克木	19	初中	克木语,熟练	汉语,熟练
依温	克木	17	初中	克木语,熟练	汉语,熟练
岩遍	克木	24	高中	克木语,熟练	汉语,熟练
依康	克木	26	高中	克木语,熟练	汉语,熟练
依香	克木	22	初中	克木语,熟练	汉语,熟练
岩温	克木	21	初中	克木语,熟练	汉语,熟练
依叫	克木	17	小学	克木语,熟练	汉语,熟练
岩叫	克木	25	初二	克木语,熟练	汉语,熟练
岩康	克木	27	小学	克木语,熟练	汉语,熟练
岩腊香	克木	23	初中	克木语,熟练	汉语,熟练
依南	克木	25	初二	克木语,熟练	汉语,熟练
依光	克木	39	小学	克木语,熟练	汉语,熟练
岩坎	克木	18	小学	克木语,熟练	汉语,熟练
岩务	克木	27	小学	克木语,熟练	汉语,熟练
依凤	克木	30	小学	克木语,熟练	汉语,熟练
岩香	克木	8	小三	克木语,熟练	汉语,熟练
依庄香	克木	7	小三	克木语,熟练	汉语,熟练
岩再	克木	28	小学	克木语,熟练	汉语,熟练
岩扁	克木	27	小学	克木语,熟练	汉语,熟练
依腊光	克木	24	小学	克木语,熟练	汉语,熟练
岩康拉	克木	25	初中	克木语,熟练	汉语,熟练
依腊温	克木	24	小学	克木语,熟练	汉语,熟练
依康	克木	17	中专在读	克木语,熟练	汉语,熟练
岩劳	克木	14	小学	克木语,熟练	汉语,熟练
依务	克木	23	小学	克木语,熟练	汉语,熟练
依庄香	克木	8	小三	克木语,熟练	汉语,熟练
岩再	克木	6	小一	克木语,熟练	汉语,熟练
岩木需	克木	6	小一	汉语,熟练	克木语,熟练
依腊	克木	33	小学	克木语,熟练	汉语,熟练

岩坎	克木	14	小学	克木语,熟练	汉语,熟练
岩再	克木	11	小三	克木语,熟练	汉语,熟练
岩温	克木	31	小三	克木语,熟练	汉语,熟练
岩光	克木	12	小六	克木语,熟练	汉语,熟练
依应	克木	6	学前班	克木语,熟练	汉语,熟练
依旺香	克木	29	小学	克木语,熟练	汉语,熟练
岩扁	克木	33	初中	克木语,熟练	汉语,熟练
依光	克木	28	初一	克木语,熟练	汉语,熟练
郑相清	克木	13	初二	克木语,熟练	汉语,熟练
咪依香	克木	41	文盲	克木语,熟练	汉语,熟练
波依康	克木	61	文盲	克木语,熟练	汉语,熟练
岩香	克木	35	小学	克木语,熟练	汉语,熟练
依旺	克木	15	初二	汉语,熟练	克木语,熟练
依腊	克木	14	初一	汉语,熟练	克木语,熟练

46 名多语人的语言兼用情况是,除了一人是“克木语＋老挝语＋汉语”型外,其余 45 名都是“克木语＋汉语＋傣语”型。45 名多语人的年龄分布如表 4－7 所示。

表 4－7　曼迈村多语人年龄分布统计表

年龄段(岁)	6—19	20—39	40—59	60 以上
人数	3	13	23	6
百分比(%)	6.6	28.9	51.1	13.3

表 4－7 可以看出,多语人中,40—59 岁这个年龄段的人数所占比例最大,20—39 岁这个年龄段的人数比例处于第二位,而 60 岁以上、19 岁以下的人数所占比例很小。

王四龙村 6 岁以上的克木人有 228 人。76 名双语人中,兼用汉语的有 58 人,占双语人总数的 76.3%,58 人中年龄最大的是 36 岁;兼用傣语的有 18 人,占双语人总数的 23.7%,这 18 人的语言使用情况及信息如表 4－8 所示。

表 4－8　王四龙村兼用傣语的双语人语言使用情况表

姓名	族群	年龄(岁)	文化程度	第一语言及水平	第二语言及水平
咪依亮	克木人	79	文盲	克木语,熟练	傣语,熟练
依南	克木人	33	文盲	克木语,熟练	傣语,熟练
依囡	克木人	20	文盲	克木语,熟练	傣语,略懂
依西	克木人	49	文盲	克木语,熟练	傣语,熟练
咪尖丙	克木人	60	文盲	克木语,熟练	傣语,熟练
咪依为	克木人	69	文盲	克木语,熟练	傣语,熟练

波尖坎	克木人	80	文盲	克木语,熟练	傣语,熟练
咪尖坎	克木人	69	文盲	克木语,熟练	傣语,熟练
咪依坎	克木人	42	文盲	克木语,熟练	傣语,熟练
咪叫囡	克木人	87	文盲	克木语,熟练	傣语,熟练
依尖	克木人	32	文盲	克木语,熟练	傣语,熟练
依为	克木人	27	文盲	克木语,熟练	傣语,略懂
依波	克木人	19	文盲	克木语,熟练	傣语,熟练
依香叫	克木人	20	文盲	克木语,熟练	傣语,略懂
咪旺囡	克木人	77	文盲	克木语,熟练	傣语,熟练
咪依赛	克木人	39	文盲	克木语,熟练	傣语,熟练
岩坎伞	克木人	10	文盲	克木语,熟练	傣语,熟练
依光燕	克木人	64	文盲	克木语,熟练	傣语,熟练

表 4-8 中可以看出,以傣语为兼用语的人多是没有上过学的文盲,年龄分布上也是 40 岁以上的较多。可见兼用汉语的人数明显高于兼用傣语的人数,而且兼用汉语的是青少年,兼用傣语的多是中老年。数量统计明显显示出兼用语转型的特征。

王四龙村的多语人有 148 人,这 148 人中除了 1 人是"克木语+傣语+老挝语"型,其余的 147 个多语人都是"克木语+汉语+傣语"型。这 147 人的年龄分布情况如表 4-9 所示。

表 4-9 王四龙村多语人年龄分布统计表

年龄段(岁)	6—19	20—39	40—59	60 以上
人数	8	65	61	13
百分比(%)	5.4	44.2	41.5	8.8

表 4-9 反映出,20—39 岁年龄段和 40—59 岁年龄段的人数比例分布相当,两段相加,占总人数的 85.7%,而 60 岁以上的占总人数的 8.8%,19 岁以下的仅占总人数的 5.4%。这就是说,多语人主要集中在中年人这个年龄段上。

其中汉语熟练的人数是 119,傣语熟练的人数是 71。傣语熟练的是 40 岁以上的多于 40 岁以下的,汉语熟练的是 40 岁以下的多于 40 岁以上的。

综合以上情况,我们可以明显看出,克木人的语言兼用情况反映出这样一种演变模式:克木语+傣语→克木语+傣语+汉语→克木语+汉语。老一代克木人是"克木语+傣语"型,中老年克木人是"克木语+傣语+汉语"型,青少年是"克木语+汉语"型。随着时代的发展,傣语的兼用语地位将逐渐退出历史舞台。

(二)兼用类型演变的不平衡性

王四龙和曼迈两个村的克木语演变模式是完全相同的,但又表现出演变速度的不平衡性。

曼迈村的"克木语＋傣语"类型已经完全消失，只剩下"克木语＋汉语"型和"克木语＋傣语＋汉语"型，也就是说，曼迈村"克木语＋傣语"型的克木人都已经接触了汉语，完成了"克木语＋傣语"型向"克木语＋傣语＋汉语"型的过渡。这两个克木村寨的双语人和多语人所占比例见表 4－10。

表 4－10　曼迈村、王四龙村双语型、多语型人数比例

兼用类型 / 调查点	克木语＋汉语型的百分比(%)	克木语＋汉语＋傣语型的百分比(%)
曼迈村	55.34	44.66
王四龙村	25.44	64.91

从表 4－10 可以看出，在曼迈村，不仅是"克木语＋傣语"型已经过渡到"克木语＋傣语＋汉语"型，而且"克木语＋汉语"型的比例还超过了"克木语＋汉语＋傣语"型。但王四龙村的情况不同，"克木语＋汉语＋傣语"型的比例还远大于"克木语＋汉语型"的比例。这说明，在曼迈村直接兼用汉语的人数已经增多，"克木语＋汉语"型的比例上升较快。相反，在王四龙村，"克木语＋汉语"型的比例较小，受傣语影响的人数还较多，说明他们大量接触汉语的时间相对要晚一些。因此，我们认为这两个寨子的汉语转型存在不同步的现象，具有不平衡性。这与它们的地理位置和经济发展速度密切相关。

三、勐腊县克木人语言兼用现状的成因分析

语言的兼用是受多种因素的影响，在人们的生产生活中逐渐形成的。语言兼用是一个民族开放、进步的表现，对于民族的经济、文化、生活的交流和发展具有强有力的推动作用。语言是文化的载体又是文化的有机组成部分，每一种语言中都有其独特的民族意识和民族文化。正确对待兼用语、了解兼用语的形成，对于推进各民族的语言兼用、提高各族人民掌握多种语言的能力，扩大生活视野，增进经济、文化的交流是大有裨益的。

（一）民族分布和主流文化决定兼用语的选择

满足不同语言群体之间的交际需要是兼用语习得的根本动因，没有这个根本动因，也就无所谓语言的兼用。究竟以哪种语言为兼用语，要受民族分布和主流文化的制约。

在勐腊县，傣族人数居多，分布较广，是当地世居民族，也是主体民族。新中国成立前，这里地处偏僻、交通闭塞，和外界来往很少。与当地其他少数民族相比，傣族的生产生活条件相对先进，代表当地的主流文化，并对其他的少数民族产生了深刻的影响，从生活方式到文化习俗乃至于具有典型民族特征的语言。散落在傣族村寨之间的克木人就是受影响的族群之一。我们调查的曼迈村和王四龙村，他们的房屋都是傣式二层木楼，喜欢穿民族服装的中老年妇女都穿傣式筒裙，他们和傣族一起过泼水节等。由于和傣族之间这种天然的千丝万缕的联系，老

一代克木人兼用傣语便成为顺理成章的事情。

但在全国，汉族是主体民族，人口众多，有着几千年的文明史，汉语成为创造并记录中华民族先进文化的有力载体。汉语也是历史上少数民族和汉族、少数民族之间交际使用的通用语。新中国成立以后，国家要大力发展经济建设、交通运输事业，普及医疗卫生、文化教育等，在这个 56 个民族的大家庭里必须有一种通用语来满足各族人民之间的交流。受历史、经济、文化、人口等各方面因素的制约，汉语的国家通用语地位得以确立并被写入宪法。学习通用语，这是任何一个统一的多民族国家的人民必须面对的。这也正是多语人为什么集中到 49 岁到 60 岁这个年龄段的原因。

改革开放以后，伴随着从封闭的单一的经济模式向开放的多元的市场经济模式的转变，全国各族人民之间的交际更加广泛、更加频繁、更加深入，通用语的作用也随之更加明显突出，少数民族学习汉语的积极性更高、自觉性更强。像曼迈村完全不会汉语的人已经没有，王四龙村不会汉语的人数仅有 18 人，占该小组有完全语言能力的克木人总数的 7.9%。另外，新事物、新现象、新观念、新思想不断地进入老百姓的生活中，像摩托车、汽车、拖拉机、油门、电视、电冰箱等直接使用汉语词汇来指称这些事物更方便、更经济，人们在享受新生活的过程中也提高了汉语的使用水平，增加了对汉语的感情。

（二）民族和谐、生活交融是语言兼用的前提条件

兼用语的习得有不同的途径，常见的有：(1)通过学校教育系统习得，包括口语和书面语的系统习得。(2)在日常生活的你来我往中自然习得或者说是无意识习得。(3)为了达到某种交际目的而有意识地学习一些简单的交际用语。这几种习得模式都是适应不同的环境而产生的。勐腊县的克木人兼用汉语多是通过第一种途径获得，60 岁以上的能兼用汉语的老年人是通过第三种模式习得的，而兼用傣语基本上是通过第二种途径获得的。这几种习得途径的一个共性要求就是操不同语言的人能够和谐共处、平等相待。尤其是第二种习得模式只有在操不同语言的族群长期生活在一起，朝夕相处，相互交融的条件下才能形成。所以不论在曼迈村还是在王四龙村，当我们问及他们是如何学会傣语的，他们会立即回答道："小时候跟傣族的人在一起玩，大家相互来往，自然就学会了。"离开了民族和谐，大家不能朝夕相处，这种自然习得恐怕就不可能了。

（三）多语环境增强了他们的语言兼用能力

多语环境中形成的对不同语言的包容心理，增强了他们的语言兼用能力。克木人的先辈们的语言生活情况如何，我们不得而知，就目前中国境内的我们所调查到的有完全语言能力的克木人来看，没有单语人，要么是克木语兼用汉语，要么是克木语兼用傣语，或者是克木语兼用汉语和傣语。我们多次问过克木家庭的家长"孩子们学习两种不同的语言，你们会不会认为给孩子加重了负担"？多数人都不认为有什么负担。在他们看来，说不同的语言是很平常的事

情。长期以来,在这种多语环境下生活的克木人形成了对不同语言的包容心理,使他们增强了接纳不同语言的能力。另一方面,克木语本身的音位非常丰富,语音系统较为复杂,能够覆盖多种语言的音位,这也能在某种程度上减轻他们学习其他语言的难度。

(四)重视学校教育是克木人兼用汉语的重要推动力

经济要发展,教育要先行。随着国家义务教育的大力普及,中国农村地区的孩子们已经能够保证读完初中。克木寨子也是一样,小学升初中的入学率能够达到90%以上,大部分孩子能够读到初中毕业。不同民族的学生在一起学习、生活,使用全国通用的汉语教材,老师用汉语授课,孩子们在一起用汉语交流,这样九年的上学生涯,大大提高了学生们的汉语交际和书写能力。如今随着经济水平的提高,人们越来越重视教育,孩子两三岁的时候就送到城里或镇上的幼儿园,提前接受汉语教育,必然有助于汉语能力的提高。

克木人兼用汉语有其历史条件和社会、经济、文化的天然因素,使得他们全民兼用汉语成为历史的必然。这是克木人语言生活的最佳模式,它将对克木人的社会发展、文明进步以及母语的稳定使用起着重要的作用。

第五章　克木语的语音系统

中国境内的各地克木语差别不大，都能通话。本音系以云南省西双版纳州勐腊县勐满镇曼蚌索村的克木语为依据。曼蚌索村的克木语是克木人克木乌支系（kəm ʔm̥uʔʔu）使用的语言。

本音系的发音人是依论刚（ʔi lun kaːŋ）女士。她现在勐腊县教师进修学校工作，中师文化程度。1962 年 2 月出生在勐腊县勐满镇曼蚌索村，从小说克木语，8 岁进入小学后又学会汉语、傣语。2008 年以前一直在克木村寨任教。1999 年以后又学会了老挝语和泰语。其父母均为克木人，都以克木语为第一语言。

第一节　声母

曼蚌索村克木语的声母有以下几个特点：1. 塞音、塞擦音分清、浊两套，清音又分送气、不送气。2. 鼻音、边音、颤音分清化、非清化两套。3. 有复合辅音声母，其形式有塞音加-l 或-r 两套；带喉塞音ʔ-的复合辅音声母只与鼻音 m、n、ȵ 和半元音 j 结合。4. 有舌面音声母 tɕ、tɕh、dʑ，但无舌尖音声母 ts、tsh、dz，有 s。

一、单辅音声母

共有 31 个。见表 5－1。

表 5－1　单辅音声母表

p	ph	b	m	m̥				
f	v							
t	th	d	n	n̥	l	l̥	r	r̥
s								
tɕ	tɕh	dʑ	ȵ	ȵ̊	ɕ	j		
k	kh	g	ŋ	ŋ̊				
h	ʔ							

例词：

表 5－2 单辅音声母例词表

声母	例词(一)	汉义	例词(二)	汉义
p	pa	整个大自然	pɛk	银元
ph	pha	劈(柴)	phɛk	嚓嚓(走路摩擦声)
b	ba	女人	bɛh	扔(飞镖)
m	mar	蛇	mat	眼睛
m̥	m̥ar	不育	m̥at	鼓(气)
f	fa	猴子	fak	挂(在墙上)
v	va	撵走	vak	(山)陡
t	tom	熬、炖(粥)	ta$^{?}$	爷爷
th	thom	盖(土)	tho$^{?}$	那
d	dom	翻盖(被子、席子)	da$^{?}$	不能
n	nɔ$^{?}$	他们	nam	很久以前
n̥	n̥ɔ$^{?}$	(竹子)嫩芽	n̥am	大
l	leh	飞快	liaŋ	养
l̥	l̥eh	敞开(衣襟)	l̥iaŋ	出去
r	rɛːŋ	力气	rɛ	用力
r̥	r̥ɛːŋ	肠子	r̥ɛ	准备
s	sɔ$^{?}$	狗	sih	睡觉
tɕ	tɕuk	橘子	tɕa$^{?}$	样式
tɕh	tɕhuk	竹子	tɕhɛŋ	钹
dʑ	dʑuk	冬棕树	dʑa$^{?}$	远
ȵ	ȵɛ$^{?}$	小	ȵam	时候
ȵ̥	ȵ̥ɛ$^{?}$	小孩哭声	ȵ̥am	心
ɕ	ɕaːŋ	母的	ɕiaːŋ	黑
j	joŋ	父亲	jɔh	去
k	kɔŋ	瓶子	kat	咬
kh	khɔŋ	粉红色	khat	紧
g	gɔŋ	煮	gɔt	短
ŋ	ŋa$^{?}$	(芋头)麻	ŋap	挪开(谷子)
ŋ̥	ŋ̥a	闲聊状	ŋ̥aːp	打哈欠
h	ha$^{?}$	热	hɯal	呕吐
ʔ	ʔɯak	喝	ʔan	给

二、复辅音声母

共有 23 个。见表 5 - 3。

表 5 - 3 复辅音声母表

pl	phl	bl		
tl	thl	dl		
kl	khl	gl		
pr	phr	br		
tr	thr	dr		
kr	khr	gr		
ˀm	ˀn	ˀŋ	ˀl	ˀj

例词：

表 5 - 4 复辅音声母例词表

声母	例词(一)	汉义	例词(二)	汉义
pl	plaˀ	啪(轻物落地声)	pluŋ	脓
phl	phla:n	推销不出去	phliaŋ	鞭炮声
bl	blaˀ	肩膀	blaŋ	挤
tl	tlɔ:m	肝	tləh	拔
thl	thla	特腊(人名)	thləp	埋头走路样
dl	dla	德拉(人名)	dlɛŋ	德亮(人名)
kl	klam	挑	klɔk	敲(头)
khl	khlam	卷心菜	khlɔk	(小)盒子
gl	gleˀ	丈夫	glɔk	(叶子)烟
pr	prial	冰雹	prəh	叫醒
phr	phre	兄弟	phriaŋ	粗暴
br	bre	能产的	briaŋ	大家
tr	tra:k	水牛	trɔˀ	帅
thr	thriˀ	刮(痧)	sə thru	敌人
dr	ndrəi	空气	ndroh	沸(水)
kr	kroˀ	黑头翁	kraŋ	硬
khr	khrɔ	讨(饭)	khraˀ	笑
gr	grau	围(篱笆)	glɔh	干净
ˀm	ˀmun	运气	ˀmɔn	地方
ˀn	ˀnɔ:ŋ	岳父	ˀna	整理

ˀŋ	ˀŋa	风骚	ˀŋɔ	害怕
ˀl	ˀlaˀ	还没有		
ˀj	ˀjiak bɛˀ	羊粪	ˀjai	掰开

三、声母说明

1. 清化的鼻音、边音、颤音，发音时前面带有 h 的流音，如：n̥am[hn̥am]"大"、ɲ̥ɛp[hɲ̥ɛp]"咸"、tɕər l̥aˀ[tɕər hl̥aˀ]"刺"、r̥iaŋ[hr̥iaŋ]"肠子"。

2. 带-l、-r 的复辅音声母，慢读时前一辅音似带 ə 元音，组成一个弱化音节（或称半音节），与后面的音节组成一个半音节，如：briˀ"气候"似 bə riˀ。

3. 鼻音 m、n、ɲ、ŋ 可以自成音节，是同一音位的不同变体，它随后一音节声母的发音部位而选择变体，如：m pur"皮肤"、n taˀ"尾巴"、ɲ dʑaːl"轻"、ŋ krah"散开"。

第二节　韵母

克木语韵母的特点主要有以下几个：1. 韵母丰富，数量多，共有 282 个。2. 韵母分为三类：单元音韵母、带辅音尾的韵母和复合元音韵母。

一、单元音韵母

共有 9 个。举例见表 5－5 所示。

表 5－5　单元音韵母例词表

元音	例词(一)	汉义	例词(二)	汉义
i	pi	年、岁	si	四
e	pe	讨瘾	se	假如
ɛ	pɛ	房梁	sɛ	马鞭
a	pa	整个大自然	sa	(小)菜篮子
ɔ	pɔ	打(谷子)	sɔ	紫色
o	po	喊、叫	so	撵鸡声
u	pu	空的	su	和睦
ə	pə	不	sə	集体
ɯ	mɯ	日	sɯ	怪物

二、带辅音尾的韵母

共有 249 个。举例见表 5－6。

表 5－6 带辅音尾的韵母例词表

韵母	例词(一)	汉义	例词(二)	汉义
im	jim	红	sim	鸟
iːm	ʥiːm	尝	siːm	种子
in	sin dɛ	玩	lin	打(牌)
iːn	siːn	熟	liːn	玉米瓤
iȵ	piȵ	打(枪)	tiȵ	教育
iːȵ	piːȵ	(睡觉)翻身	ʔmiːȵ	厚脸皮
iŋ	təm briŋ	虱子	kiŋ	满的
iːŋ	briːŋ	象脚鼓	pliːŋ	(大)蚂蟥
em	l̥em	(一)根(棍子)	nem	稳重
eːm	leːm	推平	geːm	烈;很
en	sen	(一)根(草)	den	坐
eːn	seːn	选	leːn	压(脚)
eȵ	meȵ	羡慕	keȵ	打(针)
eːȵ	seːȵ	尴尬	keːȵ	(抿嘴)笑
eŋ	seŋ	表扬	leŋ	放任
eːŋ	deːŋ	大伯父	ʔiʔ keːŋ	依金(人名)
ɛm	thɛm	增加	kɛm	(鬼)缠身
ɛːm	bɛːm	背篓	gɛːm	路边
ɛn	dɛn	饭盒	ʥɛn	(两)层(楼)
ɛːn	pɛːn	木板	mɛːn	正确
ɛȵ	tə vɛȵ	搓绳		
ɛŋ	ʥɛŋ	泥墙	sɛŋ	(一)节(竹子)
ɛːŋ	lɛːŋ	偷懒	rɛːŋ	力气
am	tam	枣	n̥am	大
aːm	kə taːm	螃蟹	ȵaːm	时候;时间
an	kan	摔跤	han	捆(柴)
aːn	kaːn	条纹	haːn	死的
aȵ	ʔaȵ	生的(肉)	maȵ	问
aːȵ	baːȵ	醉	taːȵ	编(篮子)
aŋ	vaŋ	幻想	paŋ	塌(下来)
aːŋ	vaːŋ	长	paːŋ	开(门)
ɔm	pɔm	面颊	ʔɔm	儿媳
ɔːm	sɔːm	补(秧)	rə nɔːm	篾子
ɔn	kɔn	孩子	ʔmɔn	地方

ɔːn	gɔːn	真(假)	ˀmɔːn	(一)块(地)
ɔɲ	ˀɔɲ	劝告、哄(小孩)		
ɔːɲ	kɔːɲ	画(图)		
ɔŋ	nɔŋ	亲家	rɔŋ	肝
ɔːŋ	nɔːŋ	池塘	rɔːŋ	垫
om	thom	(用泥巴)盖	tɕom	沉
oːm	thoːm	(用衣服)兜着	ˀmoːm	棺材
on	tɕon	批发	gon	人
oːn	tɕoːn	贼(傣)	goːn	大柴火
oŋ	moŋ	月亮	joŋ	父亲
oːŋ	toːŋ	打招呼	koːŋ	瘪谷
um	pum	(放)屁	lum	空气
uːm	buːm	嚼(槟榔)	guːm	簸(米)
un	ˀmun	运气	fun	(一)分
uːn	muːn	留	puːn	石灰
uɲ	guɲ	见	kuɲ	姑父
uːɲ	jɛːŋ guːɲ	看见	tuːɲ	点(火)
uŋ	pluŋ	脓	kuŋ	村寨
uːŋ	puːŋ	吹(笛子)	sə luːŋ	深水塘
əm	təm	倍	pləm	小蚂蟥
əːm	səːm	再次	ləːm	铲平
ən	kən	结束	lən	大头鱼
əːn	sə dəːn	妇女	ləːn	蓝色
əŋ	bəŋ	害羞	grəŋ	(一)半(路)
əːŋ	bəːŋ	依靠	kəːŋ	适合
ɯm	dɯm	住	nɯm	年
ɯːm	pɯːm	书	dɯːm	相信
ɯn	kɯn	小姑子	lɯn	调皮、难管理
ɯːn	sɯːn	喜庆	lɯːn	玩耍
ɯɲ	sən kɯɲ	丑		
ɯːɲ	dɯːɲ	(一)朵(花)		
ɯŋ	nɯm sɯŋ	属猪	nɯŋ	(一)月(农历)
ɯːŋ	bɯːŋ	朋友	mɯːŋ	(菜)馊
ip	moːi kip	(一辆)吉普	sip	十
iːp	kiːp	蹄	riːp	急忙、很急
it	bit	堵塞	ˀmit	开(车)

iːt	biːt	草；(火)熄灭	giːt	磨(牙)
ik	pik	布	bik	布料
iːk	piːk	浑浊	ɲiːk	(布)密
ic	lic	(雨)淋湿(人)	tlic	虱
iːc	tər liːc	脱臼	pliːc	(雨)淋湿(物)
il	ɲ̥il	抡来抡去	ril	闪动
iːl	diːl	眼花	sə riːl	金子
ir	ɲ̥ir	(害怕)发抖	tɕir	傻瓜
iːr	ɲ̥iːr	(路)滑	dʑiːr	鸡冠
iˀ	phiˀ	辣(辣椒)	tiˀ	手
iːˀ	thiːˀ	小气		
ih	tih	蘑菇	klih	错
iːh	piːh	浆	viːh	推开
ep	kep	捡	klep	鳞
eːp	keːp	太阳穴	peːp	弯腰(过去)
et	ˀmet	鱼钩	met	闷水
eːt	teːt	闷在家里	geːt	倒(水)
ek	tek	凑(火)	blek	鳝鱼
eːk	heːk	(刀)划	veːk	斜的
ec	tec	卖	vec	回去
eːc	kleːc	光秃秃	pleːc	挤(出)
el	hel	小舌	təŋ mel	滚(下去)
eːl	ŋeːl	割	kleːl	尖叫
er	ter	跳(远)	ser	内急
eːr	teːr	拐弯	veːr	周围
eˀ	r̥eˀ	山地	pleˀ	果子
eːˀ	pə teːˀ	地	peːˀ	塞进嘴里
eh	seh	头虱	pər ˀeh	毒(液)
eːh	kə seːh	落下	teːh	清凉
ɛp	tɛp	瘪	ŋ̊ɛp	咸
ɛːp	tɛːp	衣服	kɛːp	剪
ɛt	tɕɛt	酸	hɛt	叫回
ɛːt	vɛːt	买	sɛːt	魔芋
ɛk	vɛk	刀	mɛk	雀斑
ɛːk	ta dɛːk	尺子	sɛːk	剪断
ɛc	pən tɯr tɛc	弄断(线)	dɛc	投掷

ɛːc	tɛːc	黏的		
ɛl	vɛl	翻身	sɛl	强求
ɛːl	bɛːl	弥补	pɛːl	照(镜子)
ɛr	vɛr	脏兮兮	dɛr	撒(网)
ɛːr	pɛːr	削平	ʔɛːr	烘干
ɛʔ	bɛʔ	羊	n̥cʔ	小
ɛːʔ	bɛːʔ	竹筏	sɛːʔ	(因发怒)踩踏
ɛh	pɛh	掰开	rɛh	抽(出)
ɛːh	lɛːh	快	rɛːh	拾(柴)
ap	lap	叠(被)	jap	闭(眼)
aːp	taːp	补(衣服)	jaːp	胡子
at	pat	鸭子	lat	挡住
aːt	paːt	切、割	laːt	铜
ak	lak	破开	fak	挂(墙上)
aːk	laːk	骗	faːk	缺
ac	kər hac	撮箕	n drac	(衣服)破
aːc	laːc	剥(花生)	haːc	(甘蔗)渣滓
al	pal	疤痕	khal	篾笆
aːl	piaːl	腥	kaːl	前
ar	sar	野猫	mar	不育
aːr	saːr	瀑布声	m̥aːr	盐
aʔ	faʔ	猴	kaʔ	鱼
aːʔ	taːʔ	(粗)青苔	kaːʔ	秧苗
ah	kah	解开	mah	饭
aːh	plaːh	摆放	maːh	摊开
ɔp	nɔp	拜	n̥ɔp	消(肿)
ɔːp	nɔːp	交给	tɔːp	还(工)
ɔt	tɔt	竹口琴	(moːi)ʔjɔt	(一)滴(油)
ɔːt	ʔɔːt	擦(桌子)	rɔːt	到达
ɔk	kɔk	弯的	gɔk	竹筒
ɔːk	kɔːk	小虫	gɔːk	圈;挎包
ɔc	ʔɔc	成全	kɔc	写(字)
ɔːc	ŋɔːc	花(的)	klɔːc	平安
ɔl	bɔl	一种鸟名	kɔl	伐(木)
ɔːl	bɔːl	白生生的	tɕə mɔːl	点(谷子)
ɔr	bɔr	唠叨	gɔr	挠(痒)

ɔ:r	bɔ:r	(一)垄	gɔ:r	路
ɔ^{ʔ}	sɔ^{ʔ}	狗	ŋɔ^{ʔ}	害怕
ɔ:^{ʔ}	sɔ:^{ʔ}	找	ŋɔ:^{ʔ}	发(芽)
ɔh	tɔh	戳(洞)	lɔh	缝
ɔ:h	mɔ:h	白生菌	lɔ:h	身体
op	thop	(用脚)踢	kop	捏
o:p	lo:p	占便宜	mo:p	压扁
ot	lot	车	thot	罪
o:t	lo:t	一直走	so:t	超满
ok	rok	(人)穷	tɕok	锄头
o:k	ro:k	乞丐	tɕo:k	秃尾巴鸡
oc	r̥oc	螺蛳	tu:t kəl doc	红毛树
o:c	to:c	夹(菜)	ta:ŋ lo:c	全部(物)
ol	jol	芭蕉花	dʑol	大猩猩
o:l	go:l	(新生儿)舌苔	ho:l	凸
or	sor	孔雀冠	ror	新芽
o:r	^{ʔ}o:r	吼	go:r	挠
o^{ʔ}	lo^{ʔ}	花苞	so^{ʔ}	斧头
oh	oh	锋利	doh	污垢
o:h	^{ʔ}o:h	伤口	lo:h	堵(鱼)
up	tɕhup	穿(鞋)	thup	(用草)盖
u:p	su:p	打(气)	tu:p	凉棚
ut	lut	不小心掉下	gut	断(指)
u:t	su:t	喷	gu:t	进
uk	tuk	钓(鱼)	thuk	搓
u:k	ku:k	(唤鸡)声	thu:k	便宜
uc	kuc	点(鞭炮)	puc	脱(衣服)
u:c	bu:c	酒	hu:c	凉快
ul	khul	羽毛	gul	胖
u:l	pu:l	灰色	khu:l	汗毛
ur	kur	落(下)	hur	吹
u:r	pu:r	皮肤	hu:r	(生)疮
u^{ʔ}	hiu^{ʔ}	草	gu^{ʔ}	爱
u:^{ʔ}	lu:^{ʔ}	流产	phu:^{ʔ}	弹跳
uh	muh	鼻子	luh	舂(米)
u:h	pu:h	洗	khru:h	攒(成堆)

əp	ʔəp	（天）阴	həp	看（亲戚）
əːp	kəːp	腮；鱼鳃		
ət	gət	思考	kəm blət	吞
əːt	kəːt	会（做）	kəl dəːt	（母鸡）叫
ək	tɕə lək	打嗝	sək	仗
əːk	gləːk	竹杯	kəːk	打结
əc	ləc	偷	rə vəc m poŋ	包头
əːc	məːc	（小孩）爬	təːc	揭（盖子）
əl	n̥əl	疾走样		
əːl	dəːl	浅	kəːl	垫
ər	tər məʔ	夕阳	pər ʔoːm	诅咒
əːr	dəːr	（一）张（纸）	rəːr	古怪
əʔ	bəʔ	吃	məʔ	谁
əh	məh	（不）是	kəh	倒（水）
əːh	ʔəh	干（活）	səːh	挑（刺）
ɯp	tɯp	盛（饭）	klɯp	斗笠
ɯːp	（moːi）gɯːp	（一）拃	kɯːp	太阳穴
ɯt	kɯt	深（山）	ʔmɯt	及时
ɯːt	tɛːp jɯːt	上衣	lɯːt	习惯
ɯk	plɯk	沙哑	lɯk	瞎子
ɯːk	pə thɯːk	笨拙	təm lɯːk	翻（过来）
ɯc	ʔɯc	呆子		
ɯl	hɯl	牙龈	（moːi）tɯl（nɯl）	（一）窝（蛋）
ɯːl	m pɯːl	尿布	vɯːl	（手）刨入
ɯr	n dɯr	打鼾	tɯr	撒（种）
ɯːr	tɯːr	（小鸟）飞	gɯːr moʔ	弩弓
ɯʔ	gɯʔ	非常多	kən sɯʔ	残羹冷炙
ɯh	ʔɯh	响	tər jɯh	发抖
iam	siam	尖	kə thiam	蒜
iaːm	liaːm	边框		
ian	l̥ian	出（太阳）	pian hiaŋ	黑板
iaːn	piaːn	交换		
iaɲ	kiaɲ	（人）啃		
iaŋ	miaŋ	嚼碎	m̥iaŋ	茶
iaːŋ	kiaːŋ	肘	mar giaːŋ	眼镜蛇
uan	muan	青春痘	suan	（茶）园

uaːn	gruaːn	(绳)套住	pleˀ sə ruaːn	哆依果
uaɲ	druaɲ	(火棍)戳		
uaŋ	guaŋ	腰	ləŋ kluaŋ	里边
uaːŋ	kuaːŋ	孔雀	puaːŋ	陪聊
uən	kəm m̥uˀ guən	克木衮		
ɯam	plɯam	(小)蚂蟥	pə sɯam	夜
ɯan	phɯan	桌子	khɯan	上(坡)
ɯaːn	khɯaːn	(上)坡		
ɯaŋ	sɯaŋ	猪	khɯaŋ	挖
ɯaːŋ	ʥɯaːŋ	脚		
iap	tiap	包(东西)	ɲ̊iap	咸
iat	liat	短	r̥iat	系(腰带)
iak	viak	事情	ɲiak	(打得)准
ial	prial	冰雹	kial ˀom	西瓜
iaːl	kiaːl	黄瓜		
iar	m piar	簸箕		
iah	bliah	矛		
uih	tuih	泡沫		
uat	tə huat	皱	sə ruat	早
uak	m̥uak	帽子(傣)	khruak	蝌蚪
uac	puac	脱(衣服)	sə kɔˀ luc duac	湿湿的
ual	hual	狗熊	tual	(针)尖儿
uaːl	guaːl	舂碓	duaːl	献祭
uar	kəm buar	穿山甲	kən tuar	脖子
uaːr	buaːr	下午		
uah	puah	麂子	muah	拱开
ɯat	pɯat	按摩	m̥ɯat	炖
ɯaːt	phrɯaːt	惊吓		
ɯak	ˀɯak	喝	lɯak	选举
ɯac	bɯac	踩;压榨		
ɯal	bɯal	垫(垫子)	hɯal	呕吐
ɯaːl	trɯaːl	白鹇鸟		
ɯar	ˀɯar	癣	n tɯar	蝙蝠
ɯaːr	m̥ɯaːr	裤子	bɯaːr	活的
ɯah	tɕən drɯah	梳子	kər nɯah	枕头
ɯaːh	tɯaːh	扯开	vɯaːh	掀起来

三、复合元音韵母

有二合元音韵母 20 个，三合元音韵母 4 个。举例见表 5－7。

表 5－7　复合元音韵母例词表

韵母	例词(一)	汉义	例词(二)	汉义
ia	ˀjia	(吸的)烟		
iːa	ʥaːk hə ˀjiːa	甜笋		
iau	graŋ n̥iau	硬邦邦	kep kiau	收割
iːu	moːi liːu	一指宽	phai siːu	排球
ɛi	lɛi	门闩	glɛi	(细)青苔
ɛːu	mɛːu	猫	kɛːu	镜子
ai	thai	祭(祖先、鬼)	sai	会
aːi	phaːi	棉花	saːi	线
au	thau	老的	krau	耙
aːu	baːu	急急忙忙	laːu	老挝族
ɔi	rɔi	撒尿的声音		
ɔːi	rɔːi	苍蝇	kə tɔːi	槟榔叶
oi	koi	(桌子)上	kə maˀ soi	潲雨
oːi	tloːi	香蕉	moːi	一
ui	lui puːm	胃		
uːi	luːi	肚子	m puːi	窝
ua	paːk sə kua	铁锅铲	sə ŋua	铝
uai	ˀmuai	瓢	(moːi) n̥uai	(一)个(碗)
uaːi	kuaːi	山药；土豆	khuaːi	迟
əːɪ	məːɪ	汕	vəːɪ	舀水
ɯi	lɯi	哄	m̥ɯi	麻木
ɯai	pɯai	烀熟	m̥ɯai	辛苦
ɯa	phrɯa	火	ʨə lɯa	牛蝇
ɯːa	lɯːa	多余		

四、韵母说明

1. 元音-u、-ɔ、-o 的实际读音都略低于标准元音。如：thup“盖”，khon“包头”，plɔh“空”。

2. 元音的长短对立主要出现在带韵尾的韵母上。单元音韵母没有长短对立。有的单元音韵母受前后长元音韵母的影响，习惯于读得长一些。如：roːi sɯ(sɯː)“妖精”。

3. 韵尾-ɲ、-c 出现在元音后时中间带有过渡音-i-，如：laːc“丢失”，vec“回去”。

4. 韵母以-a为韵腹的，如：iap、iau、iam等舌位高于a，似æ。如：rian“学”，tiap“包（东西）”。

第三节 习惯音高

曼蚌索村的克木语尚未产生声调，但每个音节都有固定的音高。其具体读法有两条规则：第一条是促声韵母的音节（-p、-t、-k、-ʔ）读55调，舒声韵母的音节（-m、-n、-ȵ、-ŋ）和不带韵尾的韵母读53调。例如：

读55调的：

bluʔ^{55} 腿　　　　tɕok^{55} 锄头

读53调的：

dʑɯaŋ^{53} 将　　　　r̥oŋ^{53} 直箫

带-l、-r韵尾的音节读53调，带-h尾的音节读55调。例如：

khul^{53} 汗毛　　　　bɔh^{55} 尘土

第二条规则是双音节词的前一音节一般读33调（包括带弱化音节的前缀）。例如：

sə^{33} riːl^{53} 金子　　　　tər^{33} lɔːŋ^{53} han^{53} 尸体

第四节 音节结构类型

曼蚌索村的克木语的音节结构类型有以下九种：

1. 辅音＋元音，例词及汉义：

sɯ 怪物　　　　pɛ 房梁

2. 辅音＋元音＋元音，例词及汉义：

ʔia （吸的）烟　　　　luːi 肚子

3. 辅音＋元音＋元音＋元音，例词及汉义：

kuaːi 山药　　　　ʔmuai 葫芦瓢

4. 辅音＋元音＋辅音，例词及汉义：

r̥oŋ 小溪　　　　ŋɔːr 路

5. 辅音＋元音＋元音＋辅音，例词及汉义：

tuih 泡沫　　　　sɯaŋ 猪

6. 辅音＋辅音＋元音，例词及汉义：

bla　剁(肉)　　　　klə ȵaˀ　树浆(扣雀用)

7. 辅音＋辅音＋元音＋元音,例词及汉义:

phrɯa　火　　　　gra:i　搬(家)

8. 辅音＋辅音＋元音＋辅音,例词及汉义:

gla:ŋ　石头　　　　khron　抽(筋)

9. 辅音,例词及汉义:

ȵ ȵɛŋ　听　　　　m̥ˀna:i　前天

第六章　克木语的词类

依据词的意义、构词特点和语法功能，克木语的词类可以分为实词和虚词两大类。实词包括名词、动词、形容词、代词、数词、量词、副词七类，虚词包括介词、连词、助词、叹词四类。

第一节　名词

克木语的名词表示人或事物的名称，是词汇系统中数量最多、内容最丰富的一类。其主要特点是：1.名词多为多音节词，词的第一个音节有的是自成音节的鼻音，有的是辅音声母后带弱化元音的音节。2.时间名词、方位名词、称谓名词有自己的构词特点。3.名词具有性和数的范畴以及指大、指小等语法特征。4.有少数名词可以兼作动词用。5.名词接受其他成分修饰时，修饰成分在名词中心语之后。

一、名词的分类

名词是表示人或事物的名称的词。克木语的名词可根据意义和语法特点的差别分为一般名词、专有名词、时间名词和方位名词四小类。

(一) 一般名词

例如：

mat briʔ	太阳	kəmaʔ	雨	phrɯa	火
mok	山	glaːŋ	石头	tiʔ	手
jɔʔ bɯːŋ	朋友	joŋ thau	爷爷	kə neʔ	老鼠
pleʔ	水果	sa li	玉米	tɛːp	衣服
tər gət	想法	roːk	乞丐	r̥oːi	鬼

(二) 专有名词

例如：

mɯaŋ la	勐腊	sip sɔːŋ pan na	西双版纳	mɯaŋ laːu	老挝
mɯaŋ hɔ	中国	kəm m̥uʔʔu	克木乌	hɔ	汉族

(三) 时间名词

例如：

nɯm	年	moŋ	月	mɯ	日
n̥ʔna:i	前天	n tɕəʔ	昨天	sə gi	今天
nɯm gi	今年	nɯm baŋ	明年	nɯm moi	后年

(四) 方位名词

例如：

loŋ bəh	上面	loŋ tal	下面	loŋ veʔ	左边
loŋ ham	右边	loŋ ka:l	前面	loŋ kəh ni	后面
loŋ klɯaŋ	里	loŋ nok	外	koi	(桌子)上
bɯn	(桌子)下	kən də ru:m	(房子)下		

二、名词的弱化音节特点

克木语名词多为多音节词，词的第一个音节可分为两类：一类是自成音节的鼻音，另一类是辅音声母后带弱化元音的音节。

(一) 自成音节的鼻音

主要有 m、n、ȵ、ŋ 等，这些是同一个鼻音音位的不同变体，它们大多没有词汇意义和语法意义，其功能主要是构成多音节单纯词。若去掉这些鼻音音节，其余的音节或不表意，如：n drəi“风”、m braŋ“马”、n tuʔ“洞”、ŋ ka:m“糠”等；或所表示的意义跟词义无关，如：m pu:t“云”，其中 pu:t 为“拔”义，与“云”没有关系。

这些自成音节的鼻音，入句也不能省略。如：

n drəi thu lɛ:u. 刮风了。

风　　刮　了

(二) 辅音声母后带弱化元音的音节

主要有 pə、pər、bə、sə、tə、tər、təŋ、lə、rə、rəŋ、tɕə、kə、kəm、kən、kəl、gə 等，这些弱化音节大多没有词汇意义和语法意义，其功能主要是构成多音节单纯词，与其他音节结合紧，不能拆分。拆分后或不表意，或词义改变。拆分后不表意的如：

pə nɯr	翅膀	tər lə:i	泥鳅	kə da:i	兔子
səŋ dɛh	碗	kəl ʔɛk	腋下	kəm m̥a:k	痰

拆分后意义与拆分前不相关的如：pər loŋ“门”，拆掉前面弱化音节 pər，后一音节 loŋ 为“松”义，与“门”无关。

但也有少数弱化音节是前缀，加在词根前或改变词根意义，或入句后能省略。如：

tәŋ khɯan 坡（视角向上） tәŋ ʥuːr 坡（视角向下）

前缀 上 前缀 下

gә bi ˀah（kә）muːl gah？ 他没有钱吗？

他 没有 钱 （语助）

三、名词的类前缀

克木语名词的构词特点是“中心语＋修饰语”语序。当中心语表示类名时，其语义出现泛化，是一种半实半虚的类前缀，表示名词的语义范畴。下面分析几个常用的类前缀。

（一）pleˀ55，原意是“水果”

加在水果类名词或圆形物体的名词前。加在水果类名词前的如：

pleˀ m phuŋ	桃子	pleˀ m man	李子
pleˀ ȵ tɕuk	橘子	pleˀ ˀmak buˀ	柚子
pleˀ ˀmak kә ˀnat	菠萝	pleˀ khaˀ	板栗

入句时，pleˀ55 大多能省略。如“桃子”单说是 pleˀ m phuŋ，入句后省略 pleˀ。如：

raːŋ（pleˀ）m phuŋ hɛi m phrah lɛːu. 桃花已经开了。

花 桃 已经 开 了

raːŋ（pleˀ）m phuŋ jim lɛːu. 桃花红了。

花 桃 红 了

用于圆状蔬菜名称前的如：

pleˀ ʥә rum	黄豆	pleˀ nɔːi kla	洋丝瓜
pleˀ khә maːn	西红柿	pleˀ m piːr jim	南瓜

用于球类名称前的如：

pleˀ riŋ	陀螺	pleˀ plɔk plɛk	乒乓球
pleˀ ˀmak lum	篮球		

（二）sә 用于时间名词前

例如：

sә gi	今天	sә baŋ	明天
sә moːi	后天	sә maːi	大后天

(三) kɔːn 用于称谓名词前

例如：

kɔːn n̥ɯm	青年	kɔːn tɕəm brɔˀ	儿子
kɔːn tɕəm kɯn	女儿	kɔːn n̥ɯm tɕəm kɯn	小姑娘

(四) lɔŋ 用于方位名词前

例如：

lɔŋ mat briˀ l̥ian	东边	lɔŋ mat briˀ guːt	西边
lɔŋ tal	南边	lɔŋ bəh	北边
lɔŋ gɛːm	旁边(近指)	lɔŋ jer	旁边(远指)
lɔŋ veˀ	左边	lɔŋ ham	右边
lɔŋ kaːl	前边	lɔŋ kən n̥i	后边

四、人名、地名的命名方式

人名、地名多使用傣语的命名方式。

(一) 人名

女性人名第一个音节习惯用 i。如：

ˀi sɛŋ	依香	ˀi la	依腊	ˀi khaŋ	依康
ˀi suai	依甩	ˀi la ˀuən	依腊温	ˀi tɕuaŋ	依庄香

男性人名第一个音节习惯用 ai。如：

ˀai kham	岩香甩	ˀai ɕiaŋ	岩香	ˀai pian	岩扁
ˀai tɕai	岩再	ˀai tɕiau	岩叫	ˀai mu ɕi	岩木需

(二) 地名

从来源上看，地名有的是本语词，也有的是傣语借词。早期地名多为傣语借词。傣语借词第一音节多用 mɯaŋ，本语词第一音节多用 kuŋ。如：

mɯaŋ thɛi	泰国	mɯaŋ hɔ	中国	mɯaŋ maːn	缅甸
mɯaŋ kɛːu	越南	mɯaŋ la	勐腊	kuŋ puŋ sɔ	曼蚌索
kuŋ gaːŋ	寨子	kuŋ phrim	老寨	kuŋ m meˀ	新寨

五、名词的"性"

名词本身没有表示性的形态变化。要区别不同的性，主要靠其他词或使用不同的词表示。

其方法分述如下：

（一）人的性别有三种表示方法

1. 中心词后加 brɔˀ“男”或 kɯn“女”。如：

kɔːn tɕəm brɔˀ	男孩	kɔːn tɕəm kɯn	女孩
孩子 男		孩子 女	
taːi tɕəm brɔˀ	哥哥	taːi tɕəm kɯn	姐姐
哥姐 男		哥姐 女	
taːi hɛːm tɕəm brɔˀ	兄弟	taːi hɛːm tɕəm kɯn	姐妹
哥姐弟妹 男		哥姐 弟妹 女	
hɛːm tɕəm brɔˀ	弟弟	hɛːm tɕəm kɯn	妹妹
弟妹 男		弟妹 女	
kɔːn n̥ɯm tɕəm brɔˀ	小伙子	kɔːn n̥ɯm tɕəm kɯn	小姑娘
人 年轻 男		人 年轻 女	
sɔ sen kɔːn tɕəm brɔˀ	男学生	sɔ sen kɔːn tɕəm kɯn	女学生
学生 人 男		学生 人 女	

2. 中心词前加 joŋ“父”或 maˀ“母”表明性别。如：

joŋ thau mɔːn	曾祖父	maˀ thau mɔːn	曾祖母
joŋ deŋ	伯父	maˀ deŋ	伯母
joŋ ˀeːm	舅父	maˀ ˀeːm	舅母
joŋ ˀaːu	叔叔	maˀ ˀaːu	婶母
joŋ kuŋ	姑父	maˀ kɯn	姑母
joŋ ˀnɔŋ	岳父	maˀˀnɔŋ	岳母
joŋ sɯːp	继父	maˀ sɯːp	继母
joŋ bɔh	鳏夫	maˀ bɔh	寡妇

3. 有的称谓名词，男性称谓是无标记的，是统称，女性则为“统称＋tɕəm kɯn(女子)”，或女性在男性词后加表示女性的词。如：

dʑeˀ	孙子	dʑeˀ tɕəm kɯn	孙女
		孙子 女子	
joŋ	父亲	joŋ maˀ	母亲
		父 女性	

4. 有的称谓名词因称呼方的性别而异。如：

嫂子	nɯːŋ(女称)	pɯi(男称)

（二）动物的雄性和雌性，多在中心词后加 tloh“公”或 hiaːŋ“母”表示

例如：

traːk tloh　　公水牛　　traːk hiaːŋ　　母水牛
水牛 公　　　　　　　　水牛 母
sə tɕaːŋ tloh　　公象　　sə tɕaːŋ hiaːŋ　　母象
象　　公　　　　　　　　象　　母

有的动物，雄性加 tloh“公”，雌性加 hiaːŋ“母”或 maʔ“母”。如：

səʔ tloh　　公狗　　səʔ hiaːŋ ～ maʔ səʔ　　母狗
狗　公　　　　　　狗　母　　母 狗
hə ʔjiar tloh　　公鸡　　hə ʔjiar hiaːŋ～maʔ hə ʔjiar　母鸡
鸡　　公　　　　　　　鸡　　　母　　母 鸡

六、尊称、爱称、别称和排行称谓

（一）尊称用“taːi＋人名”表示

例如： taːi ɕaŋ“香哥哥”、taːi gən“恭哥哥”等。

（二）爱称用“名词＋ȵɛʔ（小）”表示

例如：

hɛːm ȵɛʔ　　小妹妹　　kɔːn n̥ɯm ȵɛʔ　小姑娘
妹妹 小　　　　　　　姑娘　　小
taːi tɕəm kɯn ȵɛʔ　小姐姐　　i thav ȵɛʔ　　小依涛
姐姐　　　小　　　　　依涛　小

（三）别称用“joŋ（父）＋人名”表示男子有了孩子以后的另外称谓

例如：

joŋ tə sɛːŋ　　德香爸爸　joŋ tə ʔun　　德温爸爸
父　德香　　　　　　父　德温

（四）排行称谓不分男女，用“kɔːn（人）＋数词”表示

例如：

kɔːn sən dran　老大　　kɔːn gɔːm　　老二
人　一　　　　　　人　二

kɔːn tər diˀ　老三　kɔːn la　老幺
人　三　人　小

七、名词的"数"

名词本身没有表示数的形态变化，区别不同的数要靠别的词表示。

（一）用数词或数量短语表示名词的数量

凡是能论个计算数量的个体名词，绝大多数都能带数词计算数量。如：

sə kam moːi l̥em　一根针　hə ˀjiar kə peˀ to　三只鸡
针　一　根　鸡　三　只

表示关系亲近的两个人，即表示"俩"也用这一结构。如：

kɔːn maˀ kə baːr gon　母子俩　taːi hɛːm kə baːr gon　姐妹俩
子　母　二　个　姐　妹　二　个
gleˀ kəm braˀ kə baːr gon　夫妻俩　jɔˀ bɯːŋ kə baːr gon　朋友俩
夫妻　二　个　朋友　二　个

时间名词可以直接用数词组合。如：

moːi moŋ san sip mɯ.　一月三十天
一　月　三　十　天
moːi nɯm sip sɔːŋ moŋ.　一年十二个月
一　年　十　二　月

（二）"bɯŋ＋名词"表示某一类人

例如：

bɯŋ maˀ tɕɯm kɯn　女人们　bɯŋ kɔːn n̥ɯm　姑娘们
们　女士　们　姑娘
bɯŋ naːi ˀmɔk to　老师们　bɯŋ gon rian to学生们
们　老师　们　学生

（三）表示名词不定量的多数

在名词后面加上 tər gi "这些"、tər naːi "那些"、ŋi ˀne "一些"表示。如：

gon tər gi　这些人　tloˀ tər gi　这些菜
人　这些　菜　这些

pleˀ m pɔːr tər naːi 那些酸角 pleˀ lə ŋi ˀne 一些芒果
酸角 那些 芒果 一些

八、名词的指大与指小

(一) 指大多用“名词＋ n̥am (大)”表示

例如：

ŋɔːr n̥am 大路 sə ˀɔːŋ n̥am 大树 sən dɛh n̥am 大碗
路 大 树 大 碗 大

但有少数也用“maˀ(母)＋名词”表示。maˀ 本义是“母”，引申为“大”义。这种结构使用频率不高。如：maˀ(母) tiˀ(指头)“大拇指”。

(二) 指小有两种表示法

1. 不含“生命”义的可数名词用“名词＋ȵɛˀ(小)”表示。如：

ŋɔːr ȵɛˀ 小路 sə ˀɔːŋ ȵɛˀ 小树 sən dɛh ȵɛˀ 小碗
路 小 树 小 碗 小

2. 动物名词可用“名词＋ȵɛˀ(小)”或“kɔːn(小)＋名词”两种结构表示。其中的 kɔːn“小”原意是“儿子”。如：

mar ȵɛˀ～kɔːn mar 小蛇 kaˀ ȵɛˀ～kɔːn kaˀ 小鱼
蛇 小 小 蛇 鱼 小 小 鱼

九、有少数词名动同形

如：kə maˀ“雨、下雨”，tɕuˀ“病、生病”，mah“饭、吃”等。

(一) 有的名词兼属动词

例如：

(1a) n tɕəˀ kə maˀ tɕaːt n̥am. 昨天雨很大。
昨天 雨 很 大

(1b) n tɕəˀ kə maˀ lɛːu. 昨天下雨了。
昨天 下雨 了

(2a) ˀoˀ ˀah tɕuˀ lɛˀ. 我有病了。
我 有 病 了

(2b) ʔoʔ tɕuʔ lɛʔ. 我生病了。
我 生病 了

(3) maʔ jɔʔ gə guʔ mah ʔləŋ mah ləʔ. 他的妈妈只喜欢吃糯米饭。
母 的 他 喜欢 吃 只 饭 糯

(二) 有的动词加上前缀构成名词

例如：

前缀	+ 动词	→ 名词	
təŋ	khɯaːn 上	təŋ khɯaːn	坡(视角为从下往上)
təŋ	dʑuːr 下	təŋ dʑuːr	坡(视角为从上往下)
tɕən	dʑrɯah 梳	tɕən drɯah	梳子

十、名词与其他词的组合关系

名词不能与句尾词结合，也不能受副词限制。名词可以受代词、名词、动词、形容词、数量短语和各种短语的修饰，修饰语在名词中心语之后。

(一) 受代词修饰，修饰语与中心词之间有的不加 deʔ"的"，有的加 deʔ"的"

例如：

maʔ ʔoʔ 我妈妈 taːi gə 他哥哥
母 我 哥 他

sən dɛh deʔ gə 他的碗 gaːŋ deʔ nɔ 他们的家
碗 的 他 房子 的 你

(二) 受名词修饰，修饰语与中心词之间可不加 deʔ

例如：

gaːŋ gɔːŋ 木板房 krua dʑɛʔ 傣族服装
房子 木板 服装 傣族

kluaŋ gaːŋ khua 厨房里 koi toʔ plah 桌子上面
里面 厨房 上面 桌子

(三) 受动词修饰，修饰语与中心词之间要加上结构助词 deʔ"的"

例如：

buːc deʔ ʔɯak 喝的酒 vɛk deʔ tə lɛŋ 磨的刀
酒 的 喝 刀 的 磨

(四) 受形容词修饰,修饰语与中心词之间不加 deˀ"的"

例如:

gon n̥am　　大人　　tɛ:p jim　　红衣服
人　大　　　　　　　衣　红

(五) 受数量短语修饰,修饰语与中心词之间也可不加 deˀ"的"

例如:

kə mu:l meˀ ˀiɛn　几块钱　va　moi gu　一双袜子
钱　　几　块　　　　　　袜子 一 双

(六) 受动词短语修饰,修饰语与中心词之间要加上结构助词 jɔˀ"的"

例如:

mah jɔˀ tɕa:u si:n　煮熟的饭　　sə roˀ hər lɔˀ jɔˀ klih　说错的话
饭　的　煮　熟　　　　　　　　说　　话　　的　错
ŋɔ:r jɔˀ səm ˀmai jɔh　好走的路　　səŋ mah jɔˀ tɕɛŋ beŋ　非常苦的菜
路　的　好　　走　　　　　　　　菜　　　的　苦　非常

十一、名词的句法功能

在句中可以做主语、宾语、定语。

(一) 做主语

例如:

tɛ:p phai hə ˀɯm.　棉衣暖和。
衣　棉　暖和
maˀ jɔh pɯ sɯm rə na lɛ:u.　妈妈种田去了。
母　去 种　　　田　了

(二) 做宾语

例如:

ˀoˀ guˀ bəˀ baŋ tɕɛt.　我爱吃酸笋。
我　爱　吃　笋　酸
ba tɛ:ŋ səŋ mah, ˀoˀ kər kraŋ sən dɛh.　你做菜,我洗碗。
你 做　　菜　　我 洗　　　碗

(三) 做定语

例如：

ŋɔːr jɔˀ lɔŋ veˀ vah，ŋɔːr jɔˀ lɔŋ ham tɕɔːm.　左边的路宽，右边的路窄。
路　的　左边　　宽　路　的　　右边　　窄

第二节　动词

克木语动词主要有以下8个特点：1. 从音节数量看，动词以单音节为主，还有少量的双音节词。2. 在类别上，可根据语义和功能分为一般动词、判断动词、存在动词和能愿动词等类别。3. 形态变化少。形态变化主要有：通过屈折变化或添加附加成分表示自动态、使动态、互动态。4. 重叠式除用于少量动词的构词外，一般不通过重叠表示不同的语法意义。5. 在句法功能上，能受形容词、副词修饰。6. 有体范畴，主要有：将行体、进行体、完成体、持续体、尝试体等。7. 加助词 jɔˀ“的”实现动词名物化。8. 可以充当谓语、主语、宾语、定语和补语等。

一、动词的分类

动词是表示动作行为、思想活动、发展变化、存在等意义的词。可分为一般动词、判断动词、存在动词和能愿动词等。例如：

gaːt	绑	mah	吃
məh	是	m̥ɯan	像、似
ˀah	有	jɛt	在
gɔˀ bɯan	可以	tɕhaːi	愿意、会
hak tɕih	敢	tɕuˀ(jəh)	想(去)

二、动词的态

克木语的动词有自动态、使动态和互动态的区别。

(一) 使动态

语法形式有屈折式和分析式两种，屈折式使用频率高。

1. 屈折式

多数动词自动词无标记，使动词有标记。使动标记是加前缀 pən。例如：

自动		使动	
bak	骑	pən bak	使骑
l̥ian du?	出去	pən l̥ian du?	使出去
pa:k	裂	pən pa:k	弄裂
rəh	醒	pən rəh	弄醒
mah	吃	pən mah	喂（奶）
n drɯ	乱（了）	pən n drɯ	使乱
n̥ tɕak	（衣服）破（了）	pən n̥ tɕak	撕破
tər lic	脱臼	pən tər lic	使脱臼

例句：

kɔ:n ja:m lɛ:u.　　孩子哭了。
孩子 哭 了

gə mɔ:t kɔ:n pən ja:m lɛ:u.　　他把孩子弄哭了。
他 把 孩子 弄 哭 了

sa:i tər tec lɛ:u.　　线断了。
线 断 了

ˀoˀ mɔ:t pən tər tec sa:i lɛ:u.　　我把线弄断了。
我 把 弄断 线 了

hə ˀjiar han lɛ:u.　　鸡死了。
鸡 死 了

gə mɔ:t pən ha:n hə ˀjiar lɛ:u.　　他把鸡弄死了。
他 把 弄 死 鸡 了

sən dɛh dəˀ lɛ:u.　　碗破了。
碗 破 了

pən dəˀ sən dɛh lɛ:u.　　碗打破了。
打破 碗 了

如果动词带补语，pən 夹在述语和补语之间。例如：

述补短语		使动态	
ver ti:ŋ	翻倒	ver pən ti:ŋ	弄翻倒
tɛk n̥ɛk	猜中	tɛk pən n̥ɛk	使猜中
pin̥ n̥ɛk	射中	pin̥ pən n̥ɛk	使射中
lau n̥ɛk	说中	lau pən n̥ɛk	使说中

例句：

mɔːt jɔˀ sə kɔˀ n taːr pən n taŋ. 把湿的晒干。

拿 的 湿 晒 使 干

nɔ mɔːt gum ȵuːt pən tiŋ lɛːu. 他们把墙推倒了。

他们拿 墙 推 使 倒 了

除了自动无标记、使动有标记外，还有少数例外，自动有标记，使动无标记。即自动词的前一音节是鼻音，使动词是不带鼻音的单音节词。例如：

自动		使动	
m buːt	蜕皮	buːt	使蜕皮
ŋ grah	（鞋带）散开	grah	解开（鞋带）
m bɯr	摇晃	bɯr	使摇晃
m paːŋ	开	paːŋ	使开

例句：

saːi khɛːp (deˀ) ˀoˀ giˀ n grah lɛːu. 我的鞋带散开了。

鞋带 的 我 这 散开 了

ˀoˀ grah saːi khɛːp. 我解开鞋带。

我 解开 鞋带

pəˀ teˀ m bɯr hoːc, tar vai! 地震了，快跑！

地 震 了 跑 快

ba daˀ bɯr ˀoˀ! 你别摇我。

你 别 摇 我

pər loŋ m paːŋ deh. 门开着。

门 开 着

paːŋ pər loŋ! 开门！

开 门

2. 分析式

在致使对象前加动词ˀan“给”表示致使义。ˀan 表致使意义时有一定程度的虚化。例如：

ˀoˀ ˀan ba ȵ ȵɛŋ. 我让你听。

我 让 你 听

sə baŋ ˀan gə jɔh sə ruat sə ruat. 明天让他早早去。

明天 让 他 走 早 早

mɔt jɔˀ sə kɔˀ n taːr (ˀan) n taŋ. 把湿的晒干。

把 的 湿 晒 （使） 干

ba n kɔˀ tɛːp ˀɛh! 你穿上衣服！

你 穿 衣服

ba ˀan kɔːn n koˀ tɛːp ˀɛh! 你给孩子穿上衣服!

你 给 孩子 穿 衣服

ba təŋ guˀ klɯp rɔ! 你戴上帽子吧!

你 戴 帽子 吧

ba ˀan gə təŋ guˀ klɯp ˀnɛ rɔ! 你给他戴上帽子吧!

你 给 他 戴 帽子 上 吧

(二) 互动态

克木语动词后加助词 jɔˀ 表示行为动作的相互关系,一般表示某个动作行为涉及双方,由双方共同完成,这类动词较多。例如:

动词		互动态		动词		互动态	
ˀmak	打	ˀmak jɔˀ	打架	klih	吵	klih jɔˀ	吵闹
guˀ	爱	guˀ jɔˀ	相爱	gən	分	gən jɔˀ	分手
ˀuːp	讲	ˀuːp jɔˀ	商量	deˀ(jaˀ)	娶	deˀ jɔˀ	结婚
ˀup	谈	ˀup jɔˀ	聊天	brɔːŋ	约	brɔːŋ jɔˀ	约定
ʥɔːi	帮	ʥɔːi jɔˀ	帮助	ˀiŋ	靠	ˀiŋ jɔˀ	(相互)靠着

例句:

ˀiŋ na taŋ. 靠着墙。

靠 墙

ˀiˀ ˀiŋ jɔˀ. 我们相互靠着。

我们 靠 着(相互)

kaːl sip pi gə deˀ kəm braˀ ˀah kɔːn. 他十年前娶妻生子。

前 十年 他 娶 妻 生 子

sə na deˀ jɔˀ sip pi lɛːu. 他俩结婚十年了。

他俩 结婚 十 年 了

jim ɲɛˀ jəˀ, maˀ guˀ ˀmak ˀoˀ. 小时候,我总挨妈妈打。

时 小 候 妈妈 总 打 我

jim nɛi jɔˀ nɔ ˀmak jɔˀ n̥ɔːŋ məh sɔ sən. 刚才打架的几个孩子还是学生。

刚才 的 几个 打架 还 是 学生

三、动词的否定式

克木语的动词能受否定副词的修饰。否定副词有 pə“不”、biˀ“不”、ɛˀ“不”、daˀ“别、不要”、laˀ“没”、khat“没”等。例如:

pə jɔh 不去　　pə tɛːŋ 不做　　daʔ daːr 别跑　　daʔ tɛːŋ 别做
不 去　　不 做　　别 跑　　别 做
biʔ jɔh 不去　　biʔ duʔ 不走(被别人赶)　　laʔ siːn 没熟　　khat jɔh 没去
不 去　　不 走　　没 熟　　没 去

例句：

ʔoʔ ʔɛʔ jɔh.　　我不去。
我 不 去
doːr thi pə ʥoŋ.　　旗杆不高。
旗杆 不 长

四、动词可受表性状程度的形容词修饰

形容词重叠或带性状后缀后，表意程度加深，能修饰动词。例如：

sə baŋ ʔan gə jɔh sə ruat sə ruat.　　明天让他早早去。
明天 让 他 走 早 早
gə gɔʔ su su jəm jəm jɔh rian to lɛːu.　　他高高兴兴地上学去了。
他 地 高高兴兴 去 学 上 了
dɯn ʔan sə gaːr thɛʔ thɛʔ.　　直直地站着。
站着 地 直 (状缀)

五、动词能受副词修饰

动词除了受否定副词修饰外，还能受表程度、范围、时间、频率等副词的修饰。

(一)受时间副词修饰时

副词在动词前面，例如：

n̥ɔːŋ jɛt tər gət.　　正在想。
正 在 想
gə hɛi jɔh lɛːu.　　他已经走了。
他 已经 走 了
jiːm nɛi me jɔh dah məʔ lɛʔ?　　你刚才去哪里了?
刚 才 你 去 哪 里 了

(二)受频率副词修饰

例如：

gə sər maˀ hɯa. 他常常生病。
他 生病 常常
me gɛi gaːi lɛːu. 你又来了。
你 又 来 了

（三）受范围副词修饰

修饰副词在动词后面，例如：

kɔːn n̥ɯm tɕəm kɯn tɕəm brɔˀ guˀ təːm loːc dʑɯm gon. 青年男女个个都爱唱歌。
青年 女 男 爱 唱歌 都 每个
ˀoˀ mah ləŋ təm briˀ, pə mah pleˀ. 我只吃蔬菜，不吃水果。
我 吃 只 蔬菜 不 吃 水果

（四）受程度副词修饰

修饰副词在动词后面，在动词短语前面。例如：

me tɕəh sər məˀ? 你真去吗？
你 去 真
me tɕi jɔh sər məˀ? 你真要去吗？
你 要 去 真
gon gə gi klaːi sə roˀ pə sen. 这个人太不讲理。
人 这个 太 讲 不 讲理

六、动词体范畴

克木语动词有将行体、进行体、完成体、持续体、尝试体等体范畴，使用助动词或副词表示。

（一）将行体

将行体是在动词前加 leh tɕi“将要、快要”、tɕi“要、将要”等助词，表示动作即将进行。例如：

leh tɕi mah lɛːu. 快要吃饭了。
快 要 吃 了
sə ˀɔːŋ moːi l̥em gi leh tɕi tiŋ lɛˀ. 这棵树将要倒了。
树 一 棵 这 将 要 倒 了
ˀoˀ tɕi jɔh guːt kaːt vɛt tɕok moːi thian. 我要上街买一把锄头。
我 要 去 上 街 买 锄头 一 把

sə baŋ ˀoˀ tɕi jɔh guːt mɯaŋ. 明天我要进城去。

明天 我 要 去 进 城

ˀoˀ tɕi jɛːŋ pɔp n̥uai gəˀ gi. 我要看这本书。

我 要 看 书 本(个) 这

(二) 进行体

进行体是在动词前加n̥ɔŋ jɛt“在”、jɛt“正在”等时间副词，表示动作正在进行。例如：

ˀoˀ n̥ɔːŋ jɛt bəˀ mah. 我正在吃饭。

我 还在 在 吃 饭

me jɛt tɛːŋ to m̥əh? 你在做什么？

你 在 做 什 么

ˀoˀ n̥ɔːŋ jɛt jɛːŋ pɔp n̥uai gəˀ gi. 我正在看这本书。

我 还在 在 看 书 本(个) 这

(三) 完成体

完成体是用助词 lɛːu“了”、hoːc“过、了”、loːc“完”或副词 hɛi“已经”等表示。其中，lɛːu“了”表示已经完成；hoːc“了”表示可能完成，也可能没完成。助词位于动词的前面或后面，时间副词位于动词的前面。例如：

mah hoːc 吃了 paŋ hoːc 塌了

吃 了 塌 了

jɔh hoːc 去过 jɛːŋ hoːc 看过

去 过 看 过

ˀoˀ hɛi jɛːŋ hoːc pɔp n̥uai gəˀ gi. 我已经看过这本书。

我 已经 看 过 书 本(个) 这

ˀoˀ khɔ jɛːŋ loːc pɔp n̥uai gəˀ gi. 我刚看完这本书。

我 刚 看 完 书 本(个) 这

pər loŋ m paːŋ lɛːu. 门开了。

门 开 了

(四) 持续体

持续体可以是在动词后加助词 jɛt“着”、deh“着”表示动作行为或状态的持续，也可以靠语序标记动作的持续。助词一般位于动词的后面。例如：

kɔːc to daˀ hə pan. 黑板上写着字。

黑 板 写 字

pər loŋ m paːŋ deh. 门开着。

门 开 着

ˀmən ˀoh l̥ian pluŋ. 伤口化着脓。

地方 伤 化 脓

kɔːk moːi to pɔːt jɛt da ləh. 身上爬着一条虫子。

虫子一 条 爬 着 身上

(五)尝试体

动词后加虚化的助动词 jɛːŋ“看”,表示动作行为的尝试义。例如:

本义		尝试义	
tər gət	想	tər gət jɛːŋ	想想(看)
lau	说	lau jɛːŋ	说说(看)
maːɲ̊	问	maːɲ̊ jɛːŋ	问问(看)

例句:

ˀoˀ sər ˀeːŋ baˀ. 我想你。

我 想 你

baˀ tər gət jɛːŋ! 你想想吧!

你 想 (看)

ˀoˀ maːɲ̊ baˀ. 我问你。

我 问 你

baˀ jəh maːɲ̊ jɛːŋ! 你去问问!

你 去 问(看)

七、动词的名物化

动词可以加上助词 jɔˀ“的”实现名物化。名物化的动词能做主语、宾语、定语等句法成分。助词 jɔˀ 在动词或动词结构之前。例如:

jɔˀ ban m poŋ klɔk məh kəm poŋ. 包白头巾的是头儿。

的 包 头巾 白 是 头儿

八、动词的句法功能

动词或动词短语在句中主要做谓语。其次还能做主语、宾语、定语和补语。

（一）做谓语

例如：

iʔ təm ʥɔːi bɔ. 我们帮助你们。

我们 帮助 你们

ba hɛi pəʔ hoːc lɛh? 你吃好了吗？

你 已经 吃 了 吗

ba pəʔ mah hoːc lɛh? 你吃饭了吗？

你 吃 饭 了 吗

（二）做主语

例如：

rian sɛi ʨɛi məh səŋ ləʔ moːi ʨaʔ. 努力学习是一个优点。

学习努 力 是 优点 一 个

tər sɛh tər sɛh ʔah səŋ ləʔ. 活动活动有好处。

活动 活动 有 好处

（三）做宾语

例如：

gə guʔ hak rian. 他喜欢自学。

他 喜欢 学习

ʔoʔ ʨhai kəl jɔːŋ. 我会游泳。

我 会 游泳

（四）做定语

做定语时，语序是：中心语＋助词 jɔʔ＋动词。例如：

mah jɔʔ hɛi siːn 煮熟的饭

饭 的 已经 熟

tloʔ jɔʔ vɛt n̥ɔːŋ ʔah. 买的菜还有。

菜 的 买 还 有

gon jɔʔ rɔːt ɳ̥ ʥəʔ gə nai məh nai hec. 昨天来的那个人是当官的。

人 的 来 昨天 那 是 官 的

kɔːn n̥ɯn jɔʔ tɛʔ na nai məh taːi gə.　　跳舞的那个姑娘是他姐姐。

姑娘　　的 跳舞 那个　是　姐姐 他

gon jɔʔ khɔ rɔːt gə nai lau r̥ə lɔʔ tɕat ləʔ ɳ ɳɛŋ. 新来的那个人说话很好听。

人　的 新 来　那个　说　话　　很 好　听

gon jɔʔ lau r̥ə lɔʔ gə gi məh kan kɔ ʔiʔ.　　讲话的这个人是我们的会计。

人　的 讲　话　个 这 是 会计 我们

（五）做补语

补语位于谓语动词后，例如：

nɔ　mɔːt gum ɳuːt pən tiŋ lɛːu.　他们把墙推倒了。

他们 拿　墙　　推 使　倒 了

mɔt jɔʔ sə kɔʔ n taːr pən n taŋ.　把湿的晒干。

拿　的　湿　晒　使　干

（六）能愿动词可做状语

这种结构是由能愿动词修饰动词或动词词组。例如：

ʔiʔ　tɕuʔ jɔh.　　　我们愿意去。

我们 愿意 去

ʔoʔ guʔ mah baŋ tɕɛt.　　我爱吃酸笋。

我 爱　吃　笋　酸

第三节　形容词

克木语形容词的特点主要是：1. 能重叠，重叠表示状态程度的加深。2. 能受副词的修饰。3. 能带性状后缀，表示性状的层级。4. 能构成自动态和使动态。分述如下：

一、形容词的语音特点

形容词多是单音节词，双音节词较少。双音节词有许多是一个半音节，但这半个音节与后一音节结合较紧，不能分离。例如：

siːn	熟	tɕɛt	酸	ɳ̥iap	咸	m̥ɯai	辛苦
sə kɔʔ	湿	m̥aŋ	旧	tə rɔʔ	合适	gə raŋ	硬

少量形容词前加鼻音音节 m、n、ɳ、ŋ，构成双音节形容词。例如：

n drɯ　乱　　n lɔŋ　松　　ȵ dʑim　软　　m bɯl　厚

n taŋ　干　　ȵ dʑɔʔ　瘦　　ȵ dʑaːl　轻　　n deʔ　矮

二、形容词的重叠

有的形容词能重叠,重叠后表示程度加深。重叠式主要有 AA 式(词根+词根)、ABB 式(词根+ thɛʔ thɛʔ)、AABB 和 ABAB 式等。

(一) AA 式

例如:

vai vai　快快　　ləʔ ləʔ　好好　　sə ruat sə ruat　早早

例句:

me tɕi rian to ləʔ ləʔ.　　你要好好地读书。

你　要　读书　好　好

sə baŋ ʔan gə jɔh sə ruat sə ruat.　明天让他早早去。

明天　让　他　走　早　早

tlaːm paːm tɯːr ʔvɛt ʔvɛt.　　蝴蝶翩翩地飞。

蝴蝶　飞　翩翩

ʔom kɔːr fah fah.　　水哗哗地流。

水　流　哗哗

(二) ABB 式

有两种形式:一种是双音节形容词重叠后一音节,表示程度加深。例如:

sər məʔ məʔ　老老实实(真真切切)

老实(重叠)

例句:

ʔiʔ　tɕi ʔəh viak sər məʔ məʔ.　我们要老老实实地干活。

我们　要　干活　老实(重叠)

另一种是单音节形容词后加表示性状的状态后缀 thɛʔ thɛʔ,表示程度加深,这类形容词较多。例如:

dʑɔ　thɛʔ thɛʔ　勤勤快快　　klɔːc　thɛʔ thɛʔ　平平安安

勤快(状缀)　　平安(状缀)

m̥ɯai thɛʔ thɛʔ　辛辛苦苦　　hiaŋ thɛʔ thɛʔ　黑黑的

辛苦(状缀)　　黑　(状缀)

（三）AABB 式

例如：

kɔk kɔk veːk veːk　弯弯曲曲　su su jəm jəm　高高兴兴

弯　弯　曲　曲　　　　　　高　高　兴　兴

例句：

ŋɔːr tɕə nɔːr gi kɔk kɔk vek vek pə ləˀ jɔh.　这条路弯弯曲曲的不好走。

路　条　　这　弯　弯　曲　曲　不　好　走

gə su su jəm jəm jɔh rian to lɛːu.　他高高兴兴地上学去了。

他　高　高　兴　兴　去　上学　了

（四）ABAB 式

有的双音节动词重叠后，构成表性状的形容词。例如：

pər li pər li　拖拖拉拉　maŋ jaŋ maŋ jaŋ　摇摇摆摆

拖　拉　拖　拉　　　　　摇　摆　摇　摆

例句：

tɛːŋ viak daˀ　pər li pər li（gah）.　做事不要拖拖拉拉的。

做　事　不要　拖　拉　拖　拉

gə maŋ jaŋ maŋ jaŋ jɔh lɛˀ.　他摇摇摆摆地走了。

他　摇　摆　摇　摆　走　了

dɯn ˀan sə mə sə mə.　直直地站着。

站着　地　直　直

三、形容词的否定形式

形容词能受否定副词 pə“不”、ɛˀ“不”、biˀ“不”、laˀ“没”修饰。例如：

pə ləˀ　不好　pə maːk　不多　laˀ siːn　没熟

不　好　不　多　没　熟

例句：

laˀ thau.　没老。　ˀoˀ pə dʑoŋ.　我不高。

没　老　　　我　不　高

biˀ 主要用于形容词性状的不可重复性。例如：

ˀoˀ biˀ n̥um lɛːu.　我不年轻了。（强调因年龄等不可逆转因素而不再年轻）

我　不　年轻　了

四、形容词受程度副词修饰

形容词能受程度副词修饰，表示程度加深或程度等级。用在形容词前的副词有 tɕat“很、太、非常”、klaːi “非常”等；用在形容词后的副词有 beːŋ “很”、lɯa “更”等。例如：

tɕat vaːŋ　很长　　tɕat tɕaʔ　很远
很　长　　　　　　很　远
klaːi ŋaːr　非常冷　　ŋaːr lɯa　更冷
非常 冷　　　　　　冷　更
sə ruat beːŋ　早早地　　kiȵ beːŋ　满满地
早　　很　　　　　　满　很

例句：

sə ʔɔːŋ ʔja gəʔ nai tɕat tɕiaŋ.　　那药很苦。
药　　那　　很 苦
sən dɛh mah gi klaːi kiȵ lɛʔ.　　这碗饭太满了。
碗　饭　　这 太　满 了

同一个形容词前后可以加 tɕat、beːŋ 两个不同的程度副词，以表示最高级的程度加深。例如：

tɕat blia beːŋ　最漂亮　　tɕat jim beːŋ　最红
很 漂亮 很　　　　　　很　红　很
pan phai jɔʔ dʑɔiʔ m meʔ gə nai tɕat n̥am beːŋ.　新修的那个水库大得很。
水库　　的 修　　新　那个　　很　大　很

五、形容词后能加表示性状的状态后缀

后缀 ȵɛʔ 或 thɛʔ thɛʔ 表示程度加深，thɛʔ thɛʔ 表示的程度略深于 ȵɛʔ。例如：

jɔh ʔan sə ruat ŋɛc ȵɛʔ　　早早地去
去　地 早　　（模糊状）（状缀）
jɔh ʔan sə ruat thɛʔ thɛʔ　早早地去
去　地 早　　（状缀）
dɯn ʔan sə mə ȵɛʔ.　　直直地站着。
站着 地 直　（状缀）
dɯn ʔan sə mə thɛʔ thɛʔ.　直直地站着。
站着 地 直　　（状缀）

六、形容词名物化

名物化是动词、形容词带了一种成分之后具有名词的某些特征，可做主语、宾语、定语等句

法成分。克木语一般在形容词前加结构助词 jɔˀ“的”来构成名物化。例如：

jɔˀ kək 弯的　　jɔˀ sim 尖的　　jɔˀ n taŋ 干的　　jɔˀ sə kɔˀ 湿的
的 弯　　的 尖　　的 干　　的 湿

pleˀ tɕaˀ gi, jɔˀ n̥am ləˀ mah, jɔˀ ɲɛˀ tɕɛt.　　这种果子，大的好吃，小的酸。
果子 种 这 的 大 好 吃 的 小 酸

jɔˀ ˀaːŋ pə ləˀ mah, səŋ siːn mah bɯan.　　生的不能吃，熟的可以吃。
的 生 不 能 吃 的 熟 吃 可以

jɔˀ jim məh raːŋ, jɔˀ kheːu məh l̥aˀ.　　红的是花，绿的是叶子。
的 红 是 花 的 绿 是 叶

七、形容词有使动态

形容词可构成使动态，表示事物性质的变化。语法手段主要是屈折式，其形式之一是变弱化音节为带鼻音韵尾的音节，这类形容词较少。形容词前也可加 pən 表使动义。例如：

自动态		使动态	
sə kɔˀ	湿	səm kɔˀ/pən sə kɔˀ	弄(使)湿
sə gaːr	直	səm gaːr/pən sə gaːr	弄(使)直

例句：

tɛːp sə kɔˀ.　　湿衣服。
衣服 湿

ˀoˀ moːt səm kɔˀ tɛːp lɛːu.　　我(不小心)把衣服弄湿了。
我 把 弄湿 衣服 了

ˀoˀ moːt pən sə kɔˀ tɛːp lɛːu.　　我把衣服弄湿了。
我 把 使 湿 衣服 了

dɯn ˀan sə gaːr ɲɛˀ.　　直直地站着。
站着 地 直 （状缀）

səm gaːr piɲ.　　瞄准射击。
瞄准 射击

tɛːŋ gləˀ pən sə gaːr.　　把头发弄直。
把 头发 弄 直

形式之二是在形容词前加 hak 表示自动，含有“本来”的意思；加 pən 表示使动。例如：

形容词		自动态		使动态	
jim	红	hak jim	(本来)红	pən jim	使红
hɛŋ	清	hak hɛŋ	(本来)清	pən hɛŋ	使清

hə ˀɔːl 热　　hak hə ˀɔːl （本来）热　　pən hə ˀɔːl 使热

例句：

tɛːp dʑəˀ lɛːu.　　衣服脏了。

衣服 脏 了

kɔːn mɔːt tɛːp pən dʑəˀ lɛːu.　　孩子把衣服弄脏了。

孩子 把 衣服 弄 脏 了

ˀom mɛ tɕat piːk.　　河水很浑浊。

河 水 很 浑

ˀom mɛ məh gəh hak piːk.　　河水本来是浑的。

河 水 是 的 本来 浑

pat mɔːt pən piːk ˀom mɛ lɛːu.　　鸭子把河水弄浑了。

鸭子 把 弄 浑 河 水 了

tɕhuk l̥ɛm gi tɕat kɔk.　　这根竹子很弯。

竹子 根 这 很 弯

tɕhuk l̥ɛm gi məh gəh hak kɔk.　　这根竹子本来是弯的。

竹子 根 这 是 的 本来 弯

mɔːt tɕhuk pən kɔk lɛːu.　　把竹子弄弯了。

把 竹子 弄 弯 了

tɛːp məh jɔˀ tɕaˀ tɕə ŋaːl.　　衣服是黄色的。

衣服 是 的 色 黄

l̥aˀ tɕə ŋaːl lɛːu.　　叶子黄了。

叶子 黄 了

l̥aˀ n taːr pən rə ˀaŋ lɛːu.　　叶子晒黄了。

叶子 晒（使） 黄 了

gləˀ deˀ ˀoˀ tɕat rə ˀaːŋ.　　我的头发很黄。

头发 的 我 很 黄

ˀoˀ ɲ̥ɔm gləˀ pən rə ˀaːŋ lɛːu.　　我染黄了头发。

我 染 头发 使 黄 了

此外，pən 还有使形容词动词化的功能。例如：n̥am 大→pən n̥am 骄傲。

八、形容词肯定形式加否定形式表示选择疑问

例如：

sə ruat pə sə ruat　早不早　　r̥əŋ pə r̥əŋ　空不空
早　不　早　　空不空
kiŋ̥ pə kiŋ̥　满不满　　ˀoh　pə ˀoh　锋利不锋利
满 不 满　　锋利 不 锋利
ʥaˀ pə ʥaˀ　远不远　　plɔˀ pə plɔˀ　扁不扁
远　不 远　　扁 不 扁
sə mə pə sə mə　齐不齐　　n daˀ pə n daˀ　薄不薄
齐　不　齐　　薄　不　薄

例句：

pɔp m̥uai gə nai ləˀ jɛːŋ pə ləˀ jɛːŋ?　那本书好看不好看？
书　本 那　好 看 不 好 看
kəm loˀ glaːŋ gi kə tam pə kə tam?　这块石头重不重？
块　石头　这　重　不　重

九、形容词的句法功能

形容词在句中主要做定语，但也能做谓语、状语、补语、主语、宾语等。

(一) 形容词做定语

1. 形容词做定语一般位于中心语后。例如：

gon ləˀ 好人　　ˀom haˀ 热水
人　好　　水　热
gləˀ　jɔˀ　hiaŋ rəŋ luɯaŋ　黑黑的头发　　ˀom puŋ　jɔˀ　hɛŋ ʨəŋ leŋ　清清的泉水
头发 的　黑　(状缀)　　泉　水 的　清　(状缀)

2. 当形容词组成的修饰成分较复杂时，形容词与结构助词 jɔˀ“的”构成“的”字结构，位于中心语之后做定语。形容词既可在结构助词 jɔˀ“的”之前，也可在 jɔˀ之后。前者更常见。例句：

kəm loˀ kəm glaːŋ jɔˀ mon gəˀ nai ləˀ jɛːŋ.　那块圆的石头好看。
块　石　头 的圆　那　好 看
kəm loˀ kəm glaːŋ mon jɔˀ gəˀ nai ləˀ jɛːŋ.　那块圆的石头好看。
块　石　头 圆的　那　好 看
kɔːn n̥um jɔˀ blia　gəˀ nai　məh məˀ?　那个漂亮的姑娘是谁？
姑　娘 的 漂亮 那个(女) 是　谁
kɔːn n̥um blia　jɔˀ gəˀ nai　məh məˀ?　那个漂亮的姑娘是谁？
姑　娘 漂亮 的 那个(女) 是　谁

(二) 形容词做谓语

ŋɔːr jɔˀ lɔŋveˀ vah, ŋɔːr jɔˀ lɔŋham tɕɔːm.　　左边的路宽,右边的路窄。

路 的 左边 宽 路 的 右边 窄

than tɕɔk gi dʑoŋ ˀnɛˀ m̥am ˀnɛˀ.　　这座塔又高又大。

塔 座 这 高 又 大 又

(三) 形容词做状语

形容词位于中心语之后。例如:

jɔh ˀan sə ruat thɛˀ thɛˀ　　早早地去

去 地 早 (状缀)

dɯn ˀan sə gar ɲ̥ɛˀ.　　直直地站着。

站着 地 直(状缀)

(四) 形容词做补语

形容词直接在动词后做补语。例如:

gon səm ˀɛˀ kiɲ̥ klɔŋ gaːŋ lɛːu.　　人挤满了屋子。

人 挤 满 屋 子 了

tɕup pik pən jim lɛːu.　　布染红了。

染 布(使) 红 了

(五) 形容词做主语或宾语

单个形容词或形容词的名物化可以做主语或宾语。例如:

guːl pə ləˀ, ɲ̥ dʑɔˀ gɔˀ pə ləˀ.　　胖不好,瘦也不好。

胖 不好 瘦 也 不好

gon guːl ŋɔˀ hə ˀɔːl, gon ɲ̥ dʑɔˀ ŋɔˀ ŋaːr.　　胖人怕热,瘦人怕冷。

人 胖 怕 热 人 瘦 怕 冷

jɔˀ n̥am hə ˀjia, jɔˀ ɲ̥ɛˀ pə hə ˀjia.　　大的甜,小的不甜。

的 大 甜 的 小 不 甜

ˀoˀ guˀ jɔˀ tɕaˀ jim pə guˀ jɔˀ tɕaˀ klɔːk.　　我喜欢红的,不喜欢白的。

我 喜欢 的 红色 不 喜欢 的 白色

第四节 代词

代词是具有称代功能的词。按意义和功能，克木语的代词可以分为人称代词、指示代词和疑问代词三类。

一、人称代词

克木语人称代词有单数、双数和复数的区别，第二、第三人称代词的单数有性的区别。没有尊称。此外，克木语还有反身代词和泛称代词。见表 6-1。

表 6-1 克木语人称代词表

人称数	第一人称		第二人称	第三人称
单数	ˀoˀ 我		你 me(男)，ba(女)	他 gə(男)，na(女)
双数	ˀa 我俩(包括式) ˀa baːr gon 咱俩(排除式)		sə ba baːr gon 你俩	sə na baːr gon 他俩
复数	概称	ˀiˀ我们、咱们	bɔ 你们	nɔ 他们
反身代词	de 自己			
泛称代词	bə riaŋ 别人，taŋ pɯk 大家、全部			

(一) 人称代词的“数”范畴和“性”范畴

1. “数”范畴

“数”范畴分单数、双数、复数。第一人称的单数、双数和复数以元音屈折变化来区分。如：ˀoˀ“我”、ˀa “我俩”、ˀiˀ“我们、咱们”。

第一人称双数分为包括式和排除式；第二、第三人称不分。“咱俩”是由ˀa“我俩”加上 baːr（二）gon(个)“两个”构成。“你俩”是由 ba“你”加上前缀 sə 和 baːr（二）gon(个)“两个”构成。“他俩”是由 na“她”加上前缀 sə 和 baːr（二）gon(个)“两个”构成。如：

ˀa baːr gon 咱俩　　sə ba baːr gon 你俩　　sə na baːr gon 他俩
我俩 二 个　　（缀）你 二 个　　（缀）她 二 个

第二、第三人称的单数形式通过元音变化构成复数形式。即元音由 a 变为 ɔ。如：

ba 你（女） → bɔ 你们　　na 她 → nɔ 他们

2. “性”范畴

“性”范畴区分阴性和阳性。但只出现在第二、第三人称单数上，第一人称和第二、第三的双数和复数没有“性”的区别。

阳性		阴性		阳性		阴性	
me	你(男)	ba	你(女)	gə	他	na	她

(二)人称代词的领属表示法

人称代词的领属有加 deˀ“的”和不加 deˀ“的”两种表示法,以加 deˀ“的”为多。克木语的领属关系的结构形式是“名词中心语＋ deˀ(的)＋人称代词修饰语”,deˀ“的”在中心语之后。如:

ʥɯaːŋ deˀ ˀoˀ	我的脚	gaːŋ deˀ me	你的家
脚 的 我		家 的 你	
məˀ kəm deˀ braˀ	你的妻子	gleˀ deˀ ba	你的丈夫
妻子 的 你		丈夫 的 你	
hər lɔˀ deˀ gə	他的话	khuːl kaːp deˀ gə	他的胡须
话 的 他		胡须 的 他	
kə naːŋ buˀ deˀ na	她的乳房	rə na deˀ ˀiˀ	我们的水田
乳房 的 她		水田 的 我们	
kə taːm deˀ bɔ	你们的螃蟹	tər gət deˀ nɔ	他们的想法
螃蟹 的 你们		想法 的 他们	
gaːŋ deˀ de	自己的房子	kə mul deˀ taŋ pɯk	大家的钱
房子 的 自己		钱 的 大家	
viak luaŋ deˀ bə riaŋ	别人的事	ˀa ȵuˀ deˀ ˀa	我俩的年龄
事情 的 别人		年龄 的 我俩	

表示人的领有时,deˀ“的”不能省略;表示人与人之间的关系时,有的可以省略,有的不能省略。不能省略的如:

kəm braˀ deˀ ˀoˀ	我的妻子	kɔː n tɕəm kɯn deˀ ˀa baːr gon	我俩的女儿
妻子 的 我		女儿 的 我俩	
joŋ deˀ ba	你的父亲	maˀ deˀ nɔ	他们的妈妈
父亲 的 你		妈妈 的 他们	

可以省略的如:

taːi ˀoˀ	我姐姐	hɛːm ˀoˀ	我妹妹
姐姐 我		妹妹 我	

(三)人称代词构成的同位短语

1. 人称代词与名词性成分构成同位短语,有“人称代词＋名词性成分”和“名词性成分＋人称代词”两种语序,前一种更常用。如:

bɔ ˀi thau te ɕaŋ te wən jɔh paːt jaːŋ. 依涛、岩香、岩温你们去割橡胶。

你们 依涛 岩香 岩温 去 割 橡胶

若是双数人称代词，名词性成分则位于多音节代词中间。如 sə na baːr gon“他俩”与名词性成分构成同位短语的结构是“sə na＋名词性成分＋baːr gon”，例如：

sə na gleˀ kəm braˀ baːr gon n̥ɯam tɕaːt ləˀ. 他们夫妻俩心很好。

他俩 丈夫 妻子 二 人 心 很 好

2. “人称代词＋数量短语”可以构成同位短语。如：

ˀiˀ kə peˀ gon jɔh mɯaŋ la. 我们三个去勐腊。

我们 三 个 去 勐腊

bɔ bɯŋ gi jɛt da gaːŋ tɕaːu mah. 你们几个在家煮饭。

你们 几个 在（方助）家 煮 饭

（四）人称代词的句法功能

1. 做主语。如：

ˀoˀ məh kɔːn kəm m̥uˀ. 我是克木人。

我 是 人 克木

gə khə rah me. 他笑你。

他 笑 你

bɔ l̥ian jɔh tec sa li. 你们去卖玉米。

你们 出 去 卖 玉米

2. 做宾语。如：

ˀiˀ tɕum guˀ me. 依庄喜欢你。

依庄 喜欢 你

jɔˀ bɯːŋ deˀ taːi roːt jɛːŋ ˀoˀ. 姐姐的朋友来看我。

朋友 的 姐姐 来 看 我

3. 做宾语。如：

joŋ maˀ deˀ ba jɛt da gaːŋ? 你父母在家吗？

父 母 的 你 在（方助） 房子

kən drɯaŋ deˀ nɔ hɛi ɲaːi jɔh lɛːu. 他们的东西已经搬走了。

东西 的 他们 已经 搬 走 了

tər gət deˀ ba khraːu niˀ. 你的想法不错。

想法 的 你 不错

(五) 反身代词

反身代词只有 de“自己”一个,有独用和非独用的区别。

1. de“自己”独用时,可以做宾语、定语。

做宾语的如:

ta:i tɕəm brɔˀ rak ləŋ de.　　哥哥只关心自己。
哥哥　关心 只 自己

ba daˀ haˀ lu:i de!　　你别饿着自己!
你 别 饿 自己

充当定语的如:

tɕa:i kə mul deˀ de.　　花自己的钱。
花 钱 的 自己

viak deˀ de tɕa:t ma:k.　　自己的事情很多。
事情 的 自己 很 多

2. de“自己”非独用时,与人称代词、名词、名词短语构成同位短语,共同做主语。如:

ba de lau ga!　　你自己说吧!
你 自己 说(语助)

joŋ thau de tɕhai puh tɛ:p.　　爷爷自己能洗衣服。
爷爷 自己 能 洗 衣

ba de tɕuˀ joh.　　你自己去想嘛。
你 自己 想 去

(六) 泛指代词

泛指代词用来指代不定的、泛称的人或事物。主要有 bə riaŋ “别人、人家”、taŋ grɔk “大家”和 taŋ pɯk “人或动、植物”。

1. bə riaŋ“别人”,泛指自己以外的其他人。如:

hər lɔˀ kər lɔh gi daˀ pən tun bə riaŋ deˀ!　这句话不要告诉别人!
话 句 这 不要 告诉 别人 的

gə guˀ lau bə riaŋ jɔˀ hər lɔˀ dʑəˀ.　　他喜欢说人家的坏话。
他 喜欢 说 人家 的 话 坏

2. taŋ grɔk “大家”和 taŋ pɯk “大家”(指代“人或动、植物”)用法比较。

相同点:指代的对象是“人”时,二者都表示“大家”,语法功能相同,都可以做定语、主语,都可以与其前面的成分构成同位短语,在句中中做主语。做定语的如:

viak luaŋ gi məh deˀtaŋ pɯk/ taŋ grɔk.　　这是大家的事。

事情　　这 是　的　　大家

jɔˀ gi məh kə muːl taŋ pɯk/ taŋ grɔk.　　这是所有人的钱。

的 这 是　钱　　　　所有人

构成同位短语做主语的如：

phi nɔːŋ　taŋ pɯk rɔːt loːc lɛːu.　　全部亲戚都来了。

亲戚　　全部　来　都　了

kɔːn ȵɛˀ　taŋ grɔk jɔh rian to lɛːu.　　孩子全部上学了。

孩子　　全部　去　学习　了

做宾语的如：

me pə nəːŋ taŋ pɯk/ taŋ grɔk.　　大家不认识你。

你 不 认识　　　大家

不同点：taŋ grɔk 只能泛指“人”，而 taŋ pɯk 除了可以泛指“人”以外，还可以泛指“动物”或“植物”。如以下例句只能用 taŋ pɯk，不能用 taŋ grɔk：

ˀoˀ mɔːt swaŋ taŋ pɯk tec loːc lɛːu.　　我所有的猪都卖了。

我 把　猪　全部　卖 都　了

ˀoˀ mɔːt swaŋ taŋ grɔk tec loːc lɛːu

我 把　猪　全部　卖 都　了

ˀoˀ mɔːt sa li taŋ pɯk tec loːc lɛːu.　　我所有的玉米都卖了。

我 把　玉米　全部　卖 都　了

ˀoˀ mɔːt sa li taŋ grɔk tec loːc lɛːu

我 把　玉米　全部　卖 都　了

二、指示代词

指示代词起指示和代替的作用。克木语的指示代词可以根据指代对象和指代作用的不同，分为四类，详见表 6－2。

表 6－2　克木语指示代词表

方所指示代词	方位	近指：gi 这	远指：naːi 那　hɔˀ 那　thɔˀ 那
	处所	da khi 这里	da naːi 那里　da hɔˀ 那里　da thɔˀ 那里
性状指示代词		tɕaˀ gi 这样	tɕaˀ niˀ 那样
数量指示代词	单数	gə gi 这个	gə naːi 那个 gə hɔˀ 那个
	复数	tər gi 这些	tər naːi 那些 tər hɔˀ 那些
时间指示代词		kraːu gi 这时	jam niˀ 那时

(一) 方所指示代词

方所指示代词可分为方位指示代词和处所指示代词。二者的相同点是，都指代人或物体所在的空间方位，具有明显的指示功能。不同点是方所指示代词不能独立充当主语或宾语，只能作为与数量短语共现的修饰成分。处所指示代词可以独立充当主语或宾语，不能与数量短语同现。

1. 方位指示代词

方位指示代词可分为近指、远指和非呈现指，距离远、近以说话人的空间位置为参照点。近指只有 gi“这”一个，指代距离说话人较近的方位。远指有 naːi、hɔˀ、thɔˀ 三个。其中 naːi 和 hɔˀ 是可视指，指示说话人看得见的人或物体。thɔˀ 是非可视指，指示说话人看不见的物体。可视指又分为较远指和最远指，naːi 指示距离说话人较远的方位，hɔˀ 指示距离说话人很远的方位。以“碗”这一物体为例，若“碗”在说话人身边，用 gi“这”（见例①）；若离说话人较远用 naːi“那”（见例②）；若距离说话人很远但仍看得见则用 hɔˀ“那”（见例③）；若“碗”在说话这个时点不在说话人视线范围内，则用 thɔˀ“那”（见例④）。

① sən dɛh n̥uai gi məh deˀ ˀoˀ. 这个碗是我的。

碗 个 这 是 的 我

② səŋ dɛh n̥uai naːi məh deˀ ˀoˀ. 那个碗是我的。

碗 个 那 是 的 我

③ səŋ dɛh n̥uai hɔˀ məh deˀ ˀoˀ. 那个碗是我的。

碗 个 那 是 的 我

④ səŋ dɛh n̥uai thɔˀ məh deˀ ˀoˀ. 那个碗是我的。

碗 个 那 是 的 我

指示代词的语法功能有两种：

(1) 构成“数词＋量词＋方位指示词”短语修饰名词，数词是“一”时可省略。如：

kəm m̥uˀ(moːi) gon gi 这一个人 kaˀ kə baːr to naːi 那两条鱼

人 (一) 个 这 鱼 二 条 那

kə neˀ kə peˀ to naːi 那三只老鼠 kə muːl moːi rɔːi naːi 那一百元钱

老鼠 三 只 那 钱 一 百 那

(2) 直接修饰名词，结构为“名词＋指示代词”。如：

ˀmən gi 这地方 ˀmən naːi 那地方

地方 这 地方 那

gon gi 这人 toˀ naːi 那桌子

人 那 桌子 那

mok naːi　　　　那山　　　　sən dɛh thɔˀ　那碗
山　那　　　　　　　　　　　碗　　那

2. 处所指示代词

常用的处所指示代词主要有以下四个：da gi“这里”、da naːi“那里”、da hɔˀ“那里”、da thɔˀ“那里”等。它们的语法功能与名词相同，在句子中做主语、宾语和定语。如：

da gi pə sɯm ŋɔˀ, da naːi pə sɯm tlɔːi, da hɔˀ pə sɯm sa li, da thɔˀ pə sɯm kuɔːi dʑraːŋ.
这里 插　水稻　那里　种　香蕉　那里　种　包谷　那里　种　木薯
这里种水稻，那里种香蕉，那里种包谷，那里种木薯。

lak tɛˀ me jɛt da gi.　　你果然在这里。
果然　你 在 这里

ˀom deˀ da hɔˀ tɕat hɛŋ.　　那里的水很清。
水　的 那里 很　清

（二）性状指示代词

只有 tɕaˀ gi“这样”tɕaˀ niˀ“那样”两个，由表示方式义或状态义的 tɕaˀ、gi“这”和 niˀ“那”构成，最远指的 hɔˀ 和非可视指的 thɔˀ 都不能构成性状指示代词。性状指示代词用于动词之后，做状语，修饰动作的状态。如：

me tɕi den tɕaˀ gi, daˀ den tɕaˀ naːi.　　你要这样坐，别那样坐。
你 要 坐　这样　别　坐　那样

（三）数量指示代词

数量指示代词由“量词 gə（个）tər（些）＋指示代词 gi（这）/naːi（那）/hɔˀ（那）”构成。非可视指 da thɔˀ“那”不能构成数量指示代词。依据所指代物体数量的不同，可分为单数指示代词和复数指示代词两类。

单数：gə gi　这个　　gə naːi　那个　　gə hɔˀ　那个
复数：tər gi　这些　　tər naːi　那些　　tər hɔˀ　那些

单、复数指示代词只有指代数量的差异，没有句法功能的差异，二者的功能都是修饰名词，置于名词之后。如：

gon tər gi　　这些人　　　　kən drɯŋ tər naːi　那些东西
人　些 这　　　　　　　　　东西　　些　那

m pɔːr tər gi　这些酸角　　tər gət tər naːi　　那些想法
酸角　些 这　　　　　　　　想法　　些　那

（四）时间指示代词

时间指示代词只有 graːu gi“这时”和 jam niˀ“那时”两个，最远指 hɔˀ“那”和非可视指 da

thɔʔ“那”都不能构成时间指示代词。graːu gi “这时”指示说话当时，jam niʔ“那时”指示说话之前的某一时点或时段。如：

graːu gi pə gɔn haʔ. 这时，还不太热。
这时 不 太 热

jam niʔ, ʔoʔ khɔ saːu pi. 那时，我才二十岁。
那时 我 才 二十 岁

三、疑问代词

疑问代词可分为单纯式和合成式两类，单纯式只有 məʔ“谁”一个，合成式由 məʔ“谁”加上其他成分构成。详见表 6－3。

表 6－3 克木语疑问代词表

问人物	məʔ 谁，哪个；deʔ məʔ谁的	问事物	to m̥əh 什么
问时间	ɲaːm məʔ 何时	问方所	lɔŋ məʔ哪里
问数量	puɯŋ məʔ 多少	问方式	jar məʔ 怎么，怎么样
问原因	tɛːŋ(做)(to) m̥əh(什么) 为什么，怎么。to 可以省略		

（一）疑问代词的一般用法

1. məʔ“谁”，用来问人，在句中可以充当主语、宾语，不能充当定语。如：

məʔ jɛt təːm? 谁在唱歌？
谁 在 唱歌

ba pən tuːn məʔ lɛːu? 你告诉谁了？
你 告诉 谁 了

məʔ“谁、哪个”可以组成“名词＋量词＋ mɛi(助) ＋məʔ(谁)”结构，用于询问具体的某人、某物。如：

kəm m̥uʔ gon mɛi məʔ tɕat dʑoŋ? 哪个人最高？
人 个（助）哪 最 高

pleʔ ʔmak buʔ n̥uai mɛi məʔ tɕat hə ʔjia? 哪个柚子最甜？
柚子 个（助）哪 最 甜

2. to m̥əh“什么”，用来问事物，在句中可做主语、宾语、定语。如：

to m̥əh kə seh dʑuːr lɛːu? 什么掉下去了？
什么 掉 下 了

ba jɛt tɛːŋ to m̥əh? 你在做什么？
你 在 做 什么

gi məh sə ˀɔːŋ to m̥əh? 这是什么树？

这 是 树 什么

3. ɲaːm məˀ“何时”，询问未知的时间，用于动词之后。如：

ba mah kɛk ɲaːm məˀ? 你什么时候结婚？

你 结婚 何时

nɔ vec ɲaːm məˀ lɛːu? 他们什么时候回去了？

他们 回去 何时 了

如果问具体的哪一天、哪一年，用短语“mɯ/mɯm（天/年）＋ moːi（一）＋ məˀ（哪）”来提问。如：

ba jɔh mɯ moːi məˀ? 你哪一天走？

你 走 天 一 哪

ba ˀah nɯm moːi məˀ? 你哪一年出生？

你 出生 年 一 哪

4. lɔŋ məˀ“哪里”，用来问处所，lɔŋ 表示“处所”或“方位”，məˀ 表示未知的方位“哪”。lɔŋ məˀ“哪里”在句中做宾语或主语，做宾语的频率比做主语高。如：

nɔ jɔh dah lɔŋ məˀ lɛːu? 他们到哪里去了？

他们 去 到 哪 里 了

lɔŋ məˀ ˀah kə neˀ? 哪里有老鼠？

哪里 有 老鼠

5. pɯŋ məˀ“多少”，用于询问人、物体和时间的量。如：

gaːŋ gə ˀah pɯŋ məˀ gon kəm m̥uˀ? 他家有几个人？

家 他 有 多少 个 人

ba liaŋ hə ˀjar pɯŋ məˀ to? 你养多少只鸡？

你 养 鸡 多少 只

tlɔːi moi kin pɯŋ məˀ kə muːl? 香蕉多少钱一斤？

香蕉 一 斤 多少 钱

vi la n̥ɔːŋ tɕiˀ r̥əŋ pɯŋ məˀ? 还要多长时间？

时间 还 要 长 多少

gaːŋ gə ˀah tuːt jaːŋ pɯŋ məˀ l̥am? 他家有多少棵橡胶树？

家 他 有 橡胶树 多少 棵

6. jar məˀ“怎么、怎样”，用于询问原因、状况、方式、性质等。在句中做谓语、状语、定语。做状语或定语，位于在动词之后。如：

me jar mə lɛːu?　　你怎么了？
你 怎么 了

ˀiˀ tɕi lau jar məˀ?　　我们要怎么说？
我们 要 说 怎么

jəh ˀmɔˀ ten tɕəh jar məˀ?　　去磨丁怎么走？
去 磨丁 走 怎么

gə məh jɔˀ gon jar məˀ?　　他是怎样的人？
他 是 的人 怎样

7. tɛːŋ (to) m̥əh"为什么"，用于询问原因，可用于谓语之后或之前，位于谓语之前为优势语序。在句中做状语。如：

gə jaːm tɛːŋ (to) m̥əh lɛːu? ～gə tɛːŋ (to) m̥əh jaːm lɛːu?　　他为什么哭了？
他 哭 为什么 了 他 为什么 哭 了

ba pə lau hər lɔˀ tɛːŋ (to) m̥əh? ～ba tɛːŋ (to) m̥əh pə lau hər lɔˀ?　　你为什么不说话？
你 不 说 话 做 什么 你 做 什么 不 说 话

又如"你说要去勐腊，怎么去磨丁了？"，tɛːŋ (to) m̥əh "为什么"可用在动宾之前，也可用在动宾之后：

ba lau tɕi jəh muɯaŋ la，tɛːŋ to m̥əh jəh ˀmɔˀ ten lɛːu?
你 说 要 去 勐腊 怎么 去 磨丁 了

ba lau tɕi jəh muɯaŋ la，jəh ˀmɔˀ ten tɛːŋ to m̥əh lɛːu?
你 说 要 去 勐腊 去 磨丁 怎么 了

(二) 疑问代词的非疑问用法

主要有遍指和虚指两种。

1. 遍指，指明范围内没有例外。如：

gə to m̥əh gɔˀ pə tɕuˀ bəˀ.　　他什么都不想吃。
他 什么 都 不 想 吃

ˀoˀ tɕaˀməˀ gɔˀ gət pə tlɔːt.　　我怎么都想不通。
我 怎么 都 想 不 通

gə lɔŋ məˀ gɔˀ pə tɕuˀ jəh.　　他哪里都不想去。
他 哪里 都 不 想 去

məˀ gɔˀ pə poˀ gə.　　谁都不理他。
谁 都 不 理 他

2. 虚指

指代不能确定的人、物、方所、时间或数量等。如：

taːn̥ jɔˀ mɯ moːi məˀ ˀoˀ gɔˀ pə pər nəŋ lɛːu. 哪天编的我不记得了。

编 的 天 一 哪 我 都 不 记得 了

jim nɛi kən drɯaŋ to m̥əh ˀɯh moːi tə ni. 什么东西刚才响了一下。

刚才 东西 什么 响 一 下

gə buh gaːi pɯŋ məˀ buh hə ˀeˀ. 他背来几背柴。

他 背 来 多少 背 柴

第五节 数词

数词是表示数目的词，可分为基数词和序数词两大类。分数、倍数和概数由数词短语组成。分述如下：

一、基数词

基数词可分为单纯基数词和合成基数词两种。

(一) 单纯基数词

克木语的数词受傣语的影响很大，除了自己固有的基数词外，还借用了傣语的基数词。

1. 固有基数词，例如：

vɔ	零	kən moːi	一
kə baːr	二	kə peˀ	三
nam ˀet	四	nam ˀel	五
tɕil del	六	nam vɔt	七
m pɔːt	八	sə vɔt	九
si ver	十		

克木语的固有数词有零“vɔ”至十“si ver”共 11 个数字，但是不常用，一般只用一“kən moːi”至三“kə peˀ”3 个数字。名词和数量词搭配时，一般借用傣语。

2. 单纯基数词除了“零”是借自汉语以外，其余的都借自傣语。例如：

lin	零（汉借）	nəŋ	一
sɔŋ	二	saːm	三
si	四	ha	五

r̥ok	六	tɕet	七
pɛːt	八	kau	九
sip	十	rɔːi	百
ban	千	m̥ən	万

基数词“一”与名量词结合时，只能用固有词 moːi，不能用借词 nəŋ。但“二”以上的数词既可以用固有基数词，也可以用傣语借词。例如：

pɛːn moːi phɛːn 木板 一 块	一块木板	sən dɛn moːi m̥uai 凳子 一 个	一个凳子
paːk vəːi mah moːi n̥uai 饭勺 一 个	一个饭勺	srə kɛm moːi l̥ɛːm 火钳 一 把	一把火钳
sə kam moːi l̥em 针 一 根	一根针	bliah moːi ˀmək 矛 一 根	一根矛

（二）合成基数词

本语单纯基数词和借用单纯基数词可以组成合成基数词，组合的方式有：

1. 由本语单纯基数词组成，表示概数。例如：

moːi kə baːr	一二	moːi kə peˀ	一三
kə baːr kə peˀ	二三		

2. 由借自傣语的单纯基数词组成。例如：

sip ˀet	十一	sip səŋ	十二
sip kau	十九	saːu	二十
saːu ˀet	二十一	saːu kau	二十九
kau sip kau	九十九		

3. 由固有基数词和借自傣语的基数词组成。例如：

moːi rɔːi	一百	moːi ban	一千
moːi m̥ən	一万	sip m̥ən	十万
rɔːi m̥ən	百万	ban m̥ən	千万

若数词短语包含“千”、“万”等位数词，则位于最高位数的数词“一”和最后的位数词能省略，最低位数词不能省略。例如：

moːi m̥ɯn sɔːŋ ban	一万二千	可省略为	m̥ɯn sɔːŋ	一万二
moːi ban ha rɔːi	一千五百	可省略为	ban ha	一千五
sam m̥ɯn si ban	三万四千	可省略为	sam m̥ɯn si	三万四

二、序数词

序数词表示次序的先后。包括一般次序、长幼排行、时间序列等类别。

(一) 一般次序

克木语的表次序是在基数词前加 dʑɛn 、tha“第”,但不常用。一般用傣语借词 thi “第”加傣语基数词来表示。例如:

thi kən moːi　　第一　　thi kə baːt　　第二
第　一　　　　　　　　第　二

thi kə peʔ　　第三　　thi ha　　第五
第　三　　　　　　　　第 五

thi sip　　第十　　thi sip et　　第十一
第　十　　　　　　　　第　十一

学校年级的顺序,用傣语借词组成的短语表示。例如:

siːu sɔ pi moːi khan　　小学一年级　　siːu sɔ pi kə baːt khan　　小学二年级
小学　一　级　　　　　　小学　二　级

siːu sɔ pi ha khan　　小学五年级　　siːu sɔ pi r̥ɔk khan　　小学六年级
小学　五　级　　　　　　小学　六　级

tɕoŋ sɔ pi moːi khan　　中学一年级　　tɕoŋ sɔ pi kə baːr khan　　中学二年级
中学　一　级　　　　　　中学　二　级

tɕoŋ sɔ pi kə peʔ khan　　中学三年级　　kau tɕoŋ pi moːi khan　　高中一年级
中学　三　级　　　　　　高中　一　级

kau tɕoŋ pi kə baːr khan　　高中二年级　　kau tɕoŋ kə peʔ khan　　高中三年级
高中　二　级　　　　　　高中　三　级

表示名次,也用傣语借词组成的短语。例如:

thi moːi siaŋ (dʑɯ)　　第一名　　thi kə baːr siaŋ (dʑɯ)　　第二名
第　一　名　(名声)　　　　第　二　名

thi kə peʔ siaŋ (dʑɯ)　　第三名　　thi si siaŋ (dʑɯ)　　第四名
第　三　名　　　　　　　　第 四 名

(二) 长幼排行次序

长幼排行有男性和女性的分别。例如:

男性:

kɔːn tuːt　　老大　　kɔːn tre doːi　　老二

kɔːn tre diˀ	老三	kɔːn tual	老四
kɔːn sɯt	老五	kɔːn la	老幺

女性：

kɔːn gau	老大	kɔːn gɔːp	老二
kɔːn tre diˀ	老三	kɔːn tual	老四
kɔːn jɔːm	老五	kɔːn la	老幺

克木语的老大、老二、老五，男性和女性的叫法不一样，排行老三、老四的不分男女叫法一样，最小的孩子也不分男女，都叫做 kɔːn la。

（三）时间次序

1. 一周内各天的次序

克木语经常用“mɯ(天)＋thi“第”＋基数词”表示“星期二”至“星期天”的 6 天时间。用“mɯ(天)＋sən draːn”表示“星期一”，义为“开头第一天”。例如：

mɯ sən draːn	星期一	mɯ thi sɔːŋ	星期二
mɯ thi saːm	星期三	mɯ thi si	星期四
mɯ thi ha	星期五	mɯ thi r̥ok	星期六
mɯ thi tɕɛt	星期天		

克木人还有另外一套表示周的日历，以 10 天为 1 周，1 个月有 3 周。常译作汉语的天干。例如：

mɯ sə ka	甲（本月的第一天）	mɯ sə kap	乙（本月的第二天）
mɯ sə nap	丙（本月的第三天）	mɯ sə vaːi	丁（本月的第四天）
mɯ sə mɯaŋ	戊（本月的第五天）	mɯ sə plək	己（本月的第六天）
mɯ sə kɛːt	庚（本月的第七天）	mɯ sə koːt	辛（本月的第八天）
mɯ sə ruaŋ	壬（本月的第九天）	mɯ sə tau	癸（本月的第十天）

2. 月份次序

克木语固有的月份次序已经不用了。现在常用本语的月“moŋ”＋傣语借词表示。例如：

moŋ nɯŋ(moːi ˀnɯan)	一月	moŋ sɔːŋ(ˀnɯan sɔːŋ)	二月
moŋ saːm(ˀnɯan saːm)	三月	moŋ si(ˀnɯan si)	四月
moŋ ha(ˀnɯan ha)	五月	moŋ r̥ok(ˀnɯan r̥ok)	六月
moŋ tɕɛt(ˀnɯan tɕɛt)	七月	moŋ pɛt(ˀnɯan pɛt)	八月
moŋ kau(ˀnɯan kau)	九月	moŋ sip(ˀnɯan sip)	十月
moŋ sip ˀɛt(ˀnɯan sip ˀɛt)	十一月	moŋ sip sɔːŋ(ˀnɯan sip sɔːŋ)	十二月

三、分数

克木语用“数词＋pan(分)＋数词＋pun(份)”形式表示分数。分母居后，分子居前。例如：

mo:i pan kə ba:r pun　　二分之一　　mo:i pan kə peˀ pun　　三分之一

一　分　二　份　　　　　　　　　　一　分　三　份

mo:i pan tɕɛt pun　　七分之一　　kə peˀ pan sip pun　　十分之三

一　分　七　份　　　　　　　　　　三　分　十　份

mo:i ro:i pan ha pun　　百分之五　　mo:i ro:i pan sa:u pun　　百分之二十

一　百　分　五　份　　　　　　　　一　百　分　二　十

四、倍数

克木语用“基数词＋təm bɔˀ(倍)”形式表示倍数。例如：

kə ba:r təm bɔˀ　　两倍　　sip təm bɔˀ　　十倍

两　倍　　　　　　　　　　十　倍

kə peˀ təm bɔˀ　　三倍　　r̥ok sip təm bɔˀ　　六十倍

三　倍　　　　　　　　　　六十　倍

sam sip təm bɔˀ　　三十倍

三　十　倍

例句：

ˀoˀ n̥am lɯa gə sip təm bɔˀ.　　我比他大十倍。

我　大　比　他　十　倍

də gə məh də me kə ba:r təm bɔˀ.　　他的是你的两倍。

的　他　是　的　你　两　倍

五、概数

概数主要有两种表达方式。

(一) 用数词与其他词的组合来表达

表示“大约、大概”义的，用 kəŋ tɕi、pə rɔt、dɔm tɕi、trɔˀ tɕi 加在数词前来表示，可以互用。例如：

kə　ba:r kə peˀ ro:i jɛŋ　　大约二三百块钱

大约　二　三　百　块　钱

kəŋ tɕi ˀah sip to　　大约十头牛

大约　有　十　头(牛)

kəŋ tɕi ʔah sip plai gon　　大约十几个人
大约　有 十 几(个)人

dəm tɕi vec sə jəh　　大概明天走
大概　明天　走

trəʔ tɕi ʔah saːu kun kin　　大概有二十公斤
大概　有 二十 公斤

表示"左右"义的，用 graːu 来表示。例如：

graːu r̥ok rɔːi jɛn　　六百元左右
左右 六　百 元

graːu tɕet pɛt gon　　七八个人左右
左右 七　八 人

kə baːr kə peʔ gon　　两三个左右
两　　三　　个

ʔa ȵu graːu sam sip　　年纪三十左右
年纪　左右 三十

表达"……多"时，用"基数/数量词组/名数量词组＋plaːi(过，超过)"/plaːi dʑɛʔ"多一点儿"表示。例如：

saːu plaːi jɛn　　二十多元钱
二十 多 元(钱)

lau sɯ moːi rɔːi plaːi gon　　一百多位老师
老师　一　百 多　位

sɯaŋ sam sip plaːi to　　三十多头猪
猪　三　十　多 头

sip plaːi gon　　十多个
十　多　个

sam sip plaːi 三　十　多	三十多	si sip plaːi dʑɛʔ 四 十 多　点儿	四十多点儿
ha sip plaːi 五 十 多	五十多	ha sip plaːi dʑɛʔ 五十　多 点儿	五十多点儿
rɔːi plaːi 百　多	一百多	rɔːi plaːi dʑɛʔ 百　多 点儿	一百多点儿

(二) 用两个相邻或不相邻的数字表示

通常用"一"至"九"中相邻的两个基数与"十"、"百"、"千"、"万"结合表示。例如：

si ha sip 四五十 r̥ok tɕet sip 六七十
四 五 十 六 七 十

pɛːt kau si 八九十 kə baːr kə peˀ rɔːi 两三百
八 九 十 两 三 百

sam si rɔːi 三四百 si ha rɔːi 四五百
三 四 百 四 五 百

sɔŋ sam ban 两三千 kə baːr kə peˀ ban 两三千(傣借)
两 三 千 两 三 千

ha r̥ok ban 五六千 tɕet pɛːt m̥ɯn 七八万
五 六 千 七 八 万

sam si mɯ 三四天
三 四 天

也可以用两个不相邻的数词短语,中间加 rɔːt"到"表示,但不常用。例如:

sam rɔːi rɔːt ha rɔːi 三五百 si ban rɔːt r̥ok ban 四六千
三 百 到 五 百 四 千 到 六 千

r̥ok m̥ɯn rɔːt pɛt m̥ɯn 六八万
六 万 至 八 万

(三) 概数可以和量词一起组成数量短语

例如:

moːi kə baːr tɕaˀ 一两种(东西) pɛt kau bat 八九次
一 两 种 八 九 次

表概数的数量短语还能置于名词中心词之前做名词的定语。例如:

kə baːr kə pe gon 两三个人 tɕet pɛːt to traːk 七八头牛
两 三 个 人 七 八 头 牛

pleˀ moːi kə baːr n̥uai 一两个果子
果子 一 两 个

六、数词的句法功能

(一) 数词主要是修饰事物的数量,与量词一起构成数量短语,数词不能单独修饰名词

例如:

ŋ̊ɔˀ koːŋ moːi met　　一颗瘪谷
谷 瘪　一　颗

viak moːi nɛːu　　一件事
事　一　件

tɔːm tɛːp moːi n̥uai　　一颗扣子
扣子　一　颗

kər nɯah moːi n̥uai　　一个枕头
枕头　一　个

sə ˀɔːŋ ˀja moːi n̥uai　　一颗药
药　一　颗

glaːŋ tər nɛh moːi n̥uai　　一颗火石
火石　一　颗

gləˀ moːi sen　　一根头发
头发 一　根

phaːi moːi joŋ　　一棵棉花
棉花　一　棵

数词与量词连用置于名词之后做名词的定语。例如：

gon kəm m̥uˀ moːi gon.　　一个克木人。
人　克木　一　个

m braŋ moːi to taːŋ sa li moːi rɔːi kuŋ kin.　　一匹马驮一百公斤玉米。
马　一　匹　驮　玉米　一　百　公斤

ˀoˀ vɛːt pɔp moːi m̥uai ˀan joŋ dɛˀ.　　我买了一本书送给爸爸。
我　买书　一　本　给爸爸送

(二) 数词可以单独做句子的主语或宾语

例如：

me pan ˀan gon məˀ kə baːr ˀəm!　　你分给每人两个吧！
你　分　给人　每　两　吧

kau lɛˀ lɯa si.　　九比四好。
九　好比四

ˀoˀ guˀ r̥ok pə guˀ tɕet.　　我喜欢六，不喜欢七。
我　喜欢 六，不　喜欢　七

第六节　量词

克木语的量词很丰富，名词、动词称量时都要加量词。量词可分为名量词和动量词两大类。名量词多，动量词少，二者的特点不同。量词与数词、名词结合的语序是“名词＋数词＋量词”，与动词、数词结合的语序是“动词＋数词＋量词”。

一、名量词

名量词是表示事物数量单位的词。可分为个体量词、集体量词、度量衡量词、时间量词等不同类别。

(一)个体量词

个体量词数目较多,可分为反响型量词、性状量词、类别量词、兼用量词四大类。

1. 反响型量词

反响型量词是指量词与被限定名词的语音形式完全相同或部分相同。克木语反响型量词数量较少,大部分借自傣语。例如:

gon moːi gon	一个人	gaːŋ moːi gaːŋ	一幢房子
人 一 人		家 一 家	
sən dɛh moːi sən dɛh	一个碗	tər ləh moːi tər ləh	一个锅
碗 一 碗		锅 一 锅	
ˀom moːi ˀom	一条河	tɯl nɯl moːi tɯl nɯl	一个鸡窝
河 一 河		鸡窝 一 鸡窝	
tuːp moːi tuːp	一个凉棚(田)	tɕə ˀoˀ moːi tɕə ˀoˀ	一个凉棚(地)
凉棚 一 凉棚		凉棚 一 凉棚	
n tuˀ moːi n tuˀ	一个洞	mok moːi mok	一座山
洞 一 洞		山 一 山	

部分相同的反响型量词多由名词词根构成。例如:

gɔːk bɛˀ moːi gɔːk	一个羊圈	gɔːk traːk moːi gɔːk	一个牛圈
羊圈 一 圈		牛圈 一 圈	
gɔːk swaŋ moːi gɔːk	一个猪圈	l̥ok hə ˀjar moːi l̥ok	一个鸡圈
猪圈 一 圈		鸡圈 一 圈	

2. 性状量词

表示性状的量词有n̥uai"个"、l̥em/lok"根"、sen/mən"条"、phɯn"件"、dəːr"张/片"、bləŋ"节"kan"艘"等。例如:

mat briˀ moːi n̥uai	一个太阳	moŋ moːi n̥uai	一个月亮
太阳 一 个		月亮 一 个	
glaːŋ moːi n̥uai	一个石头	klɔːŋ mat moːi n̥uai	一颗眼珠
石头 一 个		眼珠 一 颗	
kəl mɛːl moːi l̥em	一根棍子	tər nɛh moːi lok	一根火柴
棍子 一 根		火柴 一 根	
kə muːl moːi dəːr	一张钱	rum tɕau moːi dəːr	一张照片
钱 一 张		照片 一 张	

l̥aˀ tləːi moːi dəːr	一片芭蕉叶	tɕhuk moːi blɔŋ	一节竹子
芭蕉叶　一　片		竹子　一　节	
kat moːi ˀmɔn	一条街	tɕə lɔːŋ moːi kan	一艘小船
街　一　条		小船　一　艘	
ŋɔːr moːi sen	一条路	sə kam moːi l̥em	一根针
路　一　条		针　一　根	
kuŋ moːi kuŋ	一个村	tɛːp jɯːt moːi phɯn	一件上衣
村　一　个		上衣　一　件	

3. 类别量词

类别量词用于同一类事物的称量。这类量词数量有限，但出现频率很高。例如：

gon"个"表示人的类别：

kəm m̥uˀ moːi gon	一个人	m̥uˀ riɲ moːi gon	一个成年人
人　一　个		成年人　一　个	
jɔˀduːl moːi gon	一个朋友	mɔ ˀja moːi gon	一个医生
朋友　一　个		医生　一　个	

l̥em/sen/met/klɔŋ"棵"表示植物的类别：

tut phɛk moːi l̥em	一棵松树	tɕən pɯaŋ moːi sen	一棵稻草
松树　一　棵		稻草　一　棵	
klɔːŋ mat briˀ moːi met	一棵向日葵	sa li moːi klɔŋ	一棵玉米
向日葵　一　棵		玉米　一　棵	

to 表示动物的类别：

sɔˀ moːi to	一只狗	traːk moːi to	一头牛
狗　一只		牛　一　头	
m braŋ moːi to	一匹马	sim kə baːr to	两只鸟
马　一　匹		鸟　两　只	
mar moːi to	一条蛇	kɔːk moːi to	一只虫
蛇　一　条		虫　一　只	

blah"边、扇"用于限定成双成对事物之中的一个。例如：

kɔŋ m piːr moːi blah	一道眉毛（两道眉毛中的一道）
眉毛　一　边	
n tuˀ muh moːi blah	一道鼻孔（两个鼻孔中的一个）
鼻孔　一　边	
tuˀ tiˀ tɛːp moːi blah	一只衣袖（一对衣袖中的一只）
衣袖　一　边	

va　mo:i blah　　一只袜子(两条裹腿中的一条)
袜子 一　边

pə nɯr mo:i blah　　一只翅膀(一双翅膀中的一个)
翅膀　一　边

pər loŋ mo:i blah　　一扇大门(两扇门中的一扇)
大门　一　边

4. 兼用量词

有些容器性名词在使用中产生了量词的功能,成为名、量兼类词。例如:

bu:c mo:i kɔ:ŋ	一瓶酒	səŋ mah mo:i sən dɛh	一碗菜
酒　一　瓶		菜　一　碗	
ˀom mo:i thuŋ hek	一桶水	tloˀ tɕet mo:i kə dɔŋ	一罐酸菜
水　一　桶		酸菜　一　罐	
səŋ mah swaŋ mo:i ˀmuai	一瓢猪食	kia:l mo:i bɛ:m buh	一背篓黄瓜
猪食　一　瓢		黄瓜 一　背篓	

(二) 集体量词

集体量词可分为定量集体量词和不定量集体量词两类。定量集体量词只有一个 gu“双、对”,用来称量固定成双的人或事物。例如:

thu mo:i gu	一双筷子	səˀɔ:ŋ rə mə:i mo:i gu	一对耳环
筷子 一　双		耳环　一 对	
gleˀ kəm braˀmo:i gu	一对夫妻	khɛp mo:i gu	一双鞋
夫妻　一　对		鞋　一　双	
pə nɯr mo:i gu	一对翅膀	mat mo:i gu	一双眼睛
翅膀　一　对		眼睛 一　双	

常用的不定量集体量词有:dʑɛc“点”、tə riˀ“些(东西)”、tɕum/mu“群”、kɔ:ŋ“堆”、rəŋ gɔ:l“蓬”、tɕəŋ ˀnɔk“捧”、tɕət ru̥t“串”、gu“套”、klak“丛”、kə dom“团”、trə nɯ:“窝”等。例如:

mḁ:r mo:i dʑɛc	一点盐	kən drwaŋ mo:i tə riˀ	一些东西
盐　一　点		东西　一　些	
kəm mu̥ˀ mo:i tɕum	一群人	bɛˀ mo:i mu	一群羊
人　一　群		羊　一　群	
sa li mo:i kɔ:ŋ	一堆玉米	gla:ŋ mo:i kɔ:ŋ	一堆石头
玉米 一　堆		石头 一　堆	
ˀjiak m braŋ mo:i kɔ:ŋ	一堆马粪	tlɔ:i sə bɔŋ mo:i rəŋ gɔ:l	一蓬野芭蕉
马粪　一　堆		野芭蕉　一　蓬	

tlɔːi moːi tɕən r̥ut 香蕉 一 串	一串香蕉	pleˀ kɯl puːn briˀ moːi tɕət r̥ut 葡萄 一 串	一串葡萄
tɛːp moːi gu 衣服 一 套	一套衣服	səŋ ˀɯr sə lɛp moːi klak 韭菜 一 丛	一丛韭菜
tɕhuk moːi klak 竹子 一 丛	一丛竹子	rəŋ koˀ moːi tɕəŋ ˀnɔk 米 一 捧	一捧米
m puːt moːi kə dom 云 一 团	一团云	moːi pa briˀ 一 片 森林	一片森林
kə doŋ moːi trə nɯl 蛋 一 窝	一窝蛋	hə ˀeˀ moːi bɛːm buh 柴 一 背篓	一背篓柴

(三) 度量衡量词

度量衡量词分标准度量衡和非标准度量衡量词两大类。克木语本语的度量衡量词较少。非标准度量衡量词如：

moːi va 一 庹	一庹	moːi gɯːp 一 拃	一拃
moːi liːu 一 指	一指宽	moːi sɔːk 一 肘	一肘长
n̥am moːi klə pom 大 一 拳头	一拳头大	vah moːi kə daːk 宽 一 巴掌	一巴掌宽

克木语的标准度量衡量词，既有汉语借词，也有傣语借词，其中多数是傣语借词。例如：

moːi kin 一 斤	一斤（汉借）	moːi kuŋ kin 一 公斤	一公斤（汉借）
moːi l̥ak 一 公里	一公里（傣借）	moːi mɛt 一 米	一米（傣借）
moːi tɯ 一 吨	一吨（傣借）	moːi jɛn 一 元	一元（汉借）
moːi tɕɔ 一 角	一角（汉借）		

(四) 时间量词

用于计算时间单位的量词，常用的有：ta（傣语）“点钟”、fun（汉）“分钟”、（thɯ³¹）jɛt ȵɛˀ“（一）会儿”、sə graːu“（一）下儿”、mɯ“天”、pə sɯam“夜”、moŋ“月”、nɯm “年”、taŋ dʑua“辈”

等。例如：

mo:i pə suam	一夜	mo:i grəŋ mɯ	半天
一　夜		(一) 半　天	
mo:i moŋ	一个月	mo:i grəŋ moŋ	半个月
一　月		(一)　半 月	
mo:i nɯm	一年	mo:i taŋ ʥua	一辈子
一　年		一　辈子	
mo:i fun ʨuŋ	一分钟	mo:i　ta	一点钟（傣借）
一　分　钟		一　点钟	
kə peˀ ta	两点钟	mo:i bah pə sɯm	一昼夜
两 点 钟		一　昼 夜	
mo:i ˀmɯt	一会儿	mo:i sə gra:u	一下(等)
一　会儿		一　　下	

(五) 名量词的语法特点

1. 名量词与其他词的组合

当名词称量时，不能直接与数词结合，必须使用量词。名量词和数词、名词结合时，语序为“名＋数＋量”。当数词为“一”时，“一”可以省略。例如：

vɛ:t pat (mo:i) to	买(一)只鸭	dɯaŋ ra:ŋ (mo:i) dɯɲ	摘(一)朵花
买　鸭 (一)　只		摘　　花　(一)　朵	
jəh pih ləm boˀ (mo:i) to	去牵头黄牛	ʨəm kɯn ˀah (mo:i) gon	女人有一个
去　牵 黄牛　　(一)　头		女人　　　有 (一)　个	

2. 名量词的遍指

通常用“jɯm(前缀、表示“每”的意思)＋(数)量词”表示遍指，有的“jɯm＋量词”形式可以重叠。例如：

ˀah gon lo:c jɯm ga:ŋ jɯm ga:ŋ.	家家都有人。
有　人 都　每　家　每　家	
l̥ɔk lo:c jɯm gon jɯm gon.	个个都乖。
乖　都　每　个　每　个	
tɛ:p məh m mɛˀ lo:c jɯm mo:i phɯn.	每一件衣服都是新的。
衣服 是　新　　都　每　一　件	
sim blia lo:c jɯm mo:i　to.	每一只鸟都漂亮。
鸟 漂亮 都　每　　一　只	

sən dɛh grɔh loːc jɯm moːi n̥uai.　　　每一个碗都干净。

碗　　干净 都　每　一　个

pleˀ məh ləˀ loːc jɯm moːi n̥uai.　　　每一个果子都是好的。

果子　　好 都 （每） 一　个

3. 名量词的句法功能

名量词须与数词结合成数量短语才能充当句子成分。数量短语在句中主要充当定语，还可以充当主语、宾语等成分。例如：

(1) 充当定语

na vɛːt ˀah moːi kin.　　　她买一斤肉。

她 买 肉 一 斤

ˀoˀ ˀah ləŋ taːi tɕəm kɯn moːi gon.　　　我只有一个姐姐。

我 有 只　姐姐　一 个

(2) 充当主语

kə baːr gaːŋ graːi jɔh lɛːu.　　　两家搬走了。

两 家　搬 走 了

moːi kin bɔ bəˀ lɛːu.　　　一斤够吃了。

一 斤 够 吃 了

moːi kuŋ kin ˀah kə baːr kin.　　　一公斤有两斤。

一　公斤 有　两 斤

(3) 充当宾语

kɔːn n̥ɛˀ ˀah sip gon.　　　孩子有十个。

孩子　有 十个

ˀoˀ vɛːt hoːc sam mɔːn.　　　我买了三块。

我 买 了 三 块

二、动量词

克木语的动量词比较少。动量词可以分为专用和借用两类，其位置都在动词之前、数词之后。

(一) 专用动量词

常用的专用动量词是 bat，表示“下、次、遍、趟……”等意义，适用范围很广。还有 moːi graːp“一顿”、moːi siaŋ“一声”、moːi tə niˀ“一下”、moːi kər lɔh“一口”。例如：

jɔh moːi bat　　去一次　　mah moːi graːp　　吃一顿

去 一 次　　　　吃　一　顿

hɛːt moːi siaŋ　　喊一声
喊　一　声

thap moːi tə niˀ　　拍打一下
拍打　一　下

thop moːi tə niˀ　　踢一脚
踢　一　脚

pok moːi kər lɔh　　咬一口
咬　一　口

此外，还有一些适用范围较窄的动量词。例如：

kə maˀ moːi graːu lɛːu.　　下了一场雨。
下雨　一　场　了

jɔh moːi rɯn ʥaːn lɛːu.　　走了一步。
走　一　步　了

（二）借用动量词

临时借用别的词类做动量词。例如：

nɔ　n̥ɔːŋ jɔh saːm mɯ.　　他们走了三天（还在走）。
他们　已经 走 三　天

nɔ　jɔh hoːc saːm mɯ.　　他们走了三天（还在走）。
他们 走　了　三　天

dɯm moːi pə sɯam kaːl gɔːi jɔh ˀəm！　　住一夜再走吧！
住　一　夜　先 再 走 吧

第七节　副词

副词是修饰、限制动词或形容词的词。表示动作行为和性质状态所涉及的程度、范围、时间、频率、情态以及否定等状态。

克木语副词的主要特点是：1. 副词有居中心语之前和之后两种情况。2. 表程度的“更”和“最”都用 lɯa。lɯa 具有多功能性，既可用作表示性质状态的程度级差的副词，又可用作充当比较标记的介词。

依据克木语副词的表意功能，可把副词分为程度副词、范围副词、时间副词、否定副词、语气副词和情状方式副词六类。

一、程度副词

程度副词是表示性质状态程度的词。根据程度量化方式的不同，可分为绝对程度副词和相对程度副词两类。绝对程度不以具体的同质事物为比较基准，而以经验性的主观理解为比较基准，其比较基准是抽象的、隐性的。相对程度是以具体的同质事物为比较基准而体现的程度差别。在含有具体比较项的比较句中，相对程度副词可以用，绝对程度副词不能用。克木语的相对程度副词只有 lɯa，绝对程度副词主要有：

klaːi	太	tɕaːt	很	beːŋ	极
pə gɔːn	不太	tɕuʔ... ɲɛʔ	有点、稍微	ʔmoːi met	一点
pɯŋ məʔ	多少	jɛŋ... jɛŋ	越……越		

下面依程度副词修饰中心语居前、居后为序，进行描写分析。

（一）语序居前的程度副词

1. klaːi“太、最、非常”，可修饰形容词、心理动词和方位名词。如：

mah sə dɛh gi klaːi lɛːn lɛʔ.　　　　这碗饭太稀了。
饭 碗 这 太 稀 了

sə gi gon thau klaːi glɛn.　　　　老人今天非常累。
今天 老人 非常 累

klaːi lɔŋ veʔ gə naːi məh taːi ʔoʔ.　　　　最左边那个人是我姐姐。
最 左边 个 人 是 姐姐 我

2. tɕaːt“很、最”，可修饰形容词、心理动词等。如：

da gi tɕaːt n drɯ.　　　　这里很乱。
这里 很 乱

sə gi tɕaːt haʔ.　　　　今天很热。
今天 很 热

rəŋ kɔːŋ gi tɕaːt dʑoŋ.　　　　这座山很高。
座 山 这 很 高

ʔoʔ tɕat sər ʔeːŋ me.　　　　我很想你。
我 很 想念 你

gon gə gi tɕaːt sə roʔ pə sən.　　　　这个人很不讲理。
人 这个 很 讲 不 理

3. səŋ gɔʔ“这么”，多用于感叹句中。如：

səŋ gɔʔ dʑoŋ ʔei!　　　　这么高啊！
这么 高 啊

səŋ gɔʔ dʑaʔ ʔei!　　　　这么远啊！
这么 远 啊

tlo səŋ gɔʔ maːk ʔei!　　　　这么多菜啊！
菜 这么 多 啊

4. pə gɔːn“不太”，只能用于否定句，表示否定程度的减弱，含有委婉语气。如：

sə gi pə gɔːn haˀ.　　今天不太热。

今天 不 太　热

gə pə gɔːn trɔ.　　他不太帅。

他 不太　帅

ˀoˀ pə gɔːn tɕuˀ ˀɯak buːc.　　我不太想喝酒。

我 不 太　想　喝　酒

gə teːŋ viak pə gɔːn vɛi.　　他做事不太快。

他 做　事　不太　快

5. pɯŋ məˀ"多少"。如：

ba pɯŋ məˀ gɔˀ tɕi bɯan mah ȵɛˀ.　　你多少都应该吃一点。

你 多少　　都 应该　　吃　点

ba pɯŋ məˀ tɕi ˀan kə muːl ȵɛˀ.　　你多少要给些钱。

你 多少　　要　给 钱　　点

6. jɛŋ...jɛŋ"越……越……"是既表示程度增加又具有关联作用的副词组合。如：

bri　jɛŋ jɔh jɛŋ haˀ.　　天气越来越热。

天气 越 去 越　热

n̥ɯam deˀ gə jɛŋ jɔh jɛŋ rəːl.　　他的脾气越来越大。

脾气　的 他 越 去 越　大

kɔːn siːm jɛŋ tɯːr jɛŋ ʥoŋ.　　小鸟越飞越高。

小鸟　　越 飞　越 高

（二）语序居后的程度副词

1. beːŋ"极"。如：

lɔːŋ nɔk ŋar beːŋ.　　外面冷极了。

外面　　冷　极

sə gi haˀ beːŋ.　　今天热极了。

今天 热　极

ˀom haˀ beːŋ.　　水热极了。

水　热　极

beːŋ"极"可以与程度副词 tɕaːt"很"、klaːi"太"套用，对 beːŋ"极"已经量化的程度进一步量化，表示程度的极限。如：

pan phai jɔˀ ʥɔiˀ m meˀ gə naːi tɕaːt dək beːŋ.　　新修的那个水库大极了。

水库　　的 修　　新　个 那　很　大　极

phuɯn tɛːp gi klaːl hiaːŋ beːŋ. 这件衣服脏极了。

件 衣这太 黑 极

sə gi klaːl nəːm beːŋ. 今天太高兴了。

今天 太 高兴 极

2. ˀmoːi met"一点儿",只能用于否定句,表示性质程度的最低量。如:

ˀoˀ gəˀ pə ˀuat ˀmoːi met. 我一点儿都不累。

我 都 不 累 一点儿

ŋ pəːr gəˀ pə ləˀ mah ˀmoːi met. 酸角一点儿都不好吃。

酸角 都 不 好 吃 一点儿

3. lɯa"更、最",用于差比句中,兼有程度副词和介词的功能。若 lɯa 后面没有名词,则是程度副词表示比较对象性质状态的程度量差(如例①);若有,则是介词,用于介引比较基准(如例②)。

① ˀiˀ ha gon gi, na l̥ɔh lɯa. 我们五个人中,她最聪明。

我们 五 个 这 她 聪明 最

② hɛːm l̥ɔk lɯa taːi. 弟弟比姐姐更聪明。

弟弟 聪明 比 姐姐

lɯa 可表示"最"和"更",若比较主体和比较基准的数量等同,则表示"更"义(如例③④)。若比较主体是比较基准中的成员,则表示"最"义(如例⑤)。如:

③ kaˀ gi m̥aːm lɯa. 这条鱼更大。

鱼 这 大 更

④ kəl meˀ jɔˀ nɯm baŋ phɛːŋ lɯa. 明年的甘蔗更贵。

甘蔗 的 明年 贵 更

⑤ khui min sip sɔːŋ pan na mɯaŋ la, mɯaŋ la ləˀ jɛt lɯa.

昆明 西双 版纳 勐腊 勐腊 好 在 最

昆明、版纳和勐腊相比,勐腊最好居住。

(三)居于中心语前、后的程度副词

tɕuˀ... ȵɛˀ"有点儿、稍微",被修饰的成分插于其中。如:

ŋɔːr jɔˀ lɔŋ kaːl tɕuˀ tɕɔm ȵɛˀ. 前边的路有点儿窄。

路 的 前边 有 窄 点儿

ˀom m̥iaŋ tɕuˀ huːc ȵɛˀ lɛˀ. 茶水有点儿凉了。

水 茶 有 凉 点儿 了

mah m̥ɯan tɕuˀ pə ˀuːɲ̥ ɳ̥εˀ lεˀ.　　饭好像有点儿糊了。

饭　好像　有 糊　点儿 了

二、范围副词

表示事物或性质状态的范围。常用的有：

loːc 都　　gɔˀ 都　　ləŋ 只

（一）loːc “都”

用于动词、形容词或动宾短语之后，总括所提及或隐含的人或事物的全部。如：

kɔːn tɕəm kɯn ɳ̥εˀ gə nai to m̥əh əh bɯan loːc.　　那个小女孩什么都能干。

小　女　孩 小 那个 什么　干 能　都

kɔːn sɯaŋ gi guːl loːc dʑɯm to.　　这窝小猪只只都肥。

小　猪 这 肥　都　只只

kɔːn m̥ɯm tɕəm kɯn tɕəm brɔˀ məˀgɔˀ guˀ təːm loːc.　　青年男女个个都爱唱歌。

青年　　女　　男　　每个　爱 唱歌 都

（二）gɔˀ “都”

用于动词、形容词之前，总括所提及或隐含的人或事物的全部。如：

ˀiˀ　gɔˀ jɔh jəːm.　　我们都去做客。

我们 都 去　做客

tεːp　gɔˀ　pə guːɲ̥ lεːuˀ.　　衣服都不见了。

衣服 都　不　见　了

kəm m̥uˀ jɔˀ da gi gɔˀ ŋ deˀ.　　这里的人都矮。

人　　的 这里 都　矮

（三）ləŋ “只”

用于动词和名词宾语之间，表示其所修饰的名词的唯一性。如：

maˀ deˀ gə guˀ mah ləŋ mah ləˀ.　　他的妈妈只喜欢吃糯米饭。

母　的 他 喜欢 吃　只　饭　糯

kɔːn n̥um tɕəm brɔˀ gə naːi ˀguˀ　ləŋ na.　　那个小伙子只爱她。

小伙子　　那个　爱　只　她

ˀoˀ mah ləŋ　mah ləˀ，pə mah khau an.　　我们只吃糯米，不吃黏米。

我　吃　只　糯米　　不 吃　黏米

(四) gɔˀ "也"

用于谓词性成分之前,表示对类同情况的确认。如:

ˀoˀ gɔˀ tɕi jɔh rian to. 我也要去读书。
我 也 要 去 读 书

n̥ ˀniˀ ˀoˀ gɔˀ haˀ luːi lɛˀ. 我现在也饿了。
现在 我 也 饿 了

hɛːm tɕəm brɔˀ gɔˀ tɕaːt n deˀ. 弟弟也很矮。
弟弟 也 很 矮

三、时间副词

时间副词表示动作或状态的时间。常见的有:

khɔ 才　hɛi 已经　kaːl 先　n̥ɔːŋ 还
hɯa 经常　gɛi 又　gɔːi 再　bɛːi 不再
kaːl 先　thɛːm 再

副词修饰谓语有在谓语之前、之后和插在两个动词之间三种语序,多用于谓语之前。

(一) 用于谓语之前的时间副词

1. khɔ"才"

me jiar məˀ khɔ gaːi? 你怎么才来?
你 怎么 才 来

ˀoˀ khɔ lau sɔŋ kər lɔh. 我才说两句。
我 才 说 二 句

2. hɛi"已经"

raːŋ m phuŋ hɛi m phrah lɛːu. 桃花已经开了。
花 桃 已经 开 了

səŋ mah kluaŋ tər lɔh hɛi siːn lɛːu. 锅里的菜已经熟了。
菜 里面 锅 已经 熟 了

3. n̥ɔːŋ "还"

da niˀ ba n̥ɔːŋ jɔh pə jɔh? 那里你还去不去?
那里 你 还 去 不 去

ˀoˀ n̥ ˀniˀ n̥ɔːŋ laˀ bəˀ mah jim sə ruat ˀnɛˀ. 我现在还没吃早饭呢。
我 现在 还 没 吃饭 早上 (语助)

4. hɯa“经常”,用在动词或动词短语之后。如:

gə sər maˀ <u>hɯa</u>.　　　他常常生病。

他 生病　常常

hɛːm gaːi jɛːŋ ˀoˀ <u>hɯa</u>.　　　妹妹常常来看我。

妹妹 来　看 我 常常

5. gɛi“又”

ˀoˀ <u>gɛi</u> lau klih moːi kər lɔh lɛːu.　　　我又说错了一句话。

我 又 说　错　一　句 话　了

ba jiar məˀ <u>gɛi</u> jaːm lɛːu?　　　你怎么又哭了?

你 怎么　　又 哭　了

6. gɔːi“再”,只用于[+位移]义的动词之前。如:

ˀoˀ jɔh hoːc,ȵaːm hiˀ <u>gɔːi</u> gaːi.　　　我走了,以后再来。

我　走　了　以后　　再　来

sə baŋ ˀoˀ <u>gɔːi</u> gaːi.　　　我以后再来。

明天　我 再　来

7. bɛːi“不再”

ˀoˀ gɔˀ <u>bɛːi</u> gaːi lɛːu.　　　我不再来了。

我 也 不再 来 了

ˀoˀ <u>bɛːi</u> poˀ me lɛːu.　　　我不再理你了。

我 不再 理　你　了

gə <u>bɛːi</u> rian to lɛːu.　　　他不再读书了。

他 不再 读 书 了

(二)用于谓语之后的时间副词

1. kaːl“先”,用于动词或动宾短语之后。如:

an　nɔ　mah <u>kaːl</u> ˀih.　　　让他们先吃吧。

让 他们　吃　先(语助)

ba ˀɯak m̥iaŋ <u>kaːl</u>.　　　你先喝茶。

你　喝　茶　先

2. thɛːm“再”,用于[一位移]义的动词或动宾短语之后,动词和补语之间。如:

ba ˀɯak buːc <u>thɛːm</u> moːi tɕok ˀih.　　　你再喝杯酒吧!

你　喝　酒　再　一　杯(语助)

ˀoˀ tər gət <u>thɛːm</u>.　　　我再想想。

我　想想　再

me lau to m̥əh ˀoˀ pə nəːŋ, me lau thɛːm moːi bat ˀih. 你说什么我不懂，再说一次吧。

你 说 什么 我 不 懂 你 说 再 一 次(语助)

3. hɯa"常常、经常"，用于动词或动宾短语之后。如：

ˀiˀ jəh mɯaŋ sip sɔːŋ phan na hɯa. 我们常常去西双版纳。

我们 去 西双版纳 常常

gə jəh kep glaːŋ hɯa. 他经常去捡石头。

他 去 捡 石头 经常

四、否定副词

克木语的否定副词有：pə"不、没"、laˀ"没"、pə laˀ"尚未"、biˀ"没"、daˀ"别、不要"、ˀɛˀ"不"、khat de taˀ"从来没有"等。

(一) pə"不、没"

pə"不"用于动词或形容词之前，表示不发生某种动作或状态、不存在某一现象、不领有某物等多种意义，是使用频率最高的否定副词。pə"不、没"不能单独回答问题。如：

ˀoˀ pə nəːŋ ba. 我不认识你。

我 不 认识 你

ˀoˀ sə gi pə jəh rian to. 我今天没去读书。

我 今天 不 去 读 书

rəŋ kɔːŋ pəˀ sə ˀɔːŋ pəˀ bit. 山上没有树没有草。

山上 没 树 没 草

gə dʑoŋ pə sə mə ˀoˀ. 他不如我高。

他 高 不 如 我

ˀoˀ pə nəːŋ gə nɛˀ. 我不认识他呀。

我 不 认识 他(语助)

pə既表"不"义，否定未然事实；也表示"没"义，否定已然事实，具体意义因语境而定。如：

hər lɔˀ kəm m̥uˀ ˀoˀ lau lih pə ləˀ. 我克木语说得不好。

话 克木 我 说 得 不 好

n̥ ˀnaːi ˀoˀ pə jəh mɯaŋ la hə. 前天我没去勐腊啊。

前天 我 没 去 勐腊 (语助)

pə"不、没"可与部分时间副词或程度副词构成"pə+范围副词/时间副词/程度副词+动词/形容词"结构，否定"范围副词/时间副词/程度副词+动词/形容词"短语等。如：

pə jɔh loːc 不都去 pə tɕhai loːc 不都会

不去 都 不 会 都

pə gɔːn ləˀ 不太好 pə gɔːn haˀ 不太热

不 太 好 不 太 热

pə mah hɯa 不常吃 pə jɛːŋ hɯa 不常看

不 吃 常 不 看 常

pə "不、没"与动补短语组合有"pə＋动补短语"和"动词＋ pə＋补语"两种语序。前一语序 pə "不、没"否定动补短语，后一语序只否定补语。如：

pə lau riˀ 不说清楚 lau pə riˀ 说不清楚

不 说 清楚 说 不 清楚

pə tɕuˀ jɔh 不想去 tɕuˀ pə jɔh 想不去

不 想 去 想 不 去

pə "不、没"可以重叠构成"pə (不)＋动词$_1$＋ pə (不)＋动词$_2$"形式，表示"双重否定"。若动词$_2$是双音节或多音节词，常常省略为单音节词。如：

gə pə gaːi pə bɯan. 他不能不来。

他 不 来 不 能

ba pə mah pə bɯan. 你不吃不行。

你 不 吃 不 行

ˀoˀ pə məh pə nəŋ. 我不是不知道。

我 不 是 不 知道

pə məh ˀoˀ pə tɕuˀ jɔh. 我不是不肯去。

不是 我 不 肯 去

me gɔˀ pə məh səŋ pə tɕhai sə ro. 你又不是不会说话。

你 又 不 是 (助) 不 会 说

pə "不、没"与疑问语气词 hə、gah 同现时，表示反问意义。如：

me pə ˀɯak ˀom hə? 你不喝水吗？

你 不 喝 水 吗

me pə məh ai sɛːŋ hə? 你不是岩香吗？

你 不是 岩香 吗

ba pə bəˀ mah gah? 你不吃饭吗？

你 不 吃 饭 (语助)

ˀoˀ jɔh pə bɯan gah? 我不可以去吗？

我 去 不 可以(语助)

(二) laˀ“没”

表示从说话前到说话时这个时段，动作都尚未发生或尚未完成。只用于疑问句中。若用于谓语之前，句末要加表示疑问的语气助词。若用于动词重叠之间，或句中已出现疑问代词，则不加。不能单用。不加疑问语气词的如：

tum tɛːŋ laˀ tɛːŋ hoːc?　　草棚盖起没盖起？

草棚 盖 没 盖(体助)

sa me taːn̥ laˀ taːn̥ hoːc?　　你篮子编没编？

篮子 你 编 没 编(体助)

ˀom n droh laˀ n droh hoːc?　　水开没开？

水 开 没 开 (体助)

加疑问语气词的如：

ba laˀ mah mah hə?　　你还没吃饭吗？

你 没 吃 饭 吗

sa li laˀ siːn hə?　　玉米还没熟吗？

玉米 没 熟 吗

(三) pə laˀ“尚未”

由 pə“不”和 laˀ“没”两个否定副词组合而成。表示从说话前到说话时或到说话前的这一时段，动作尚未发生或尚未完成。如：

tə məi n̥oːn pə laˀ gaːi.　　客人还没有来。

客人 不 没 来

n̥oːŋ pə laˀ bəˀ mah tɕim goˀ.　　还没有吃晚饭。

还 不 没 吃 饭 晚

gə grəŋ num kaːl pə laˀ tɕhaːi ˀmit lot ˀnaːm.　　他半年前还不会开汽车。

他 半 年 前 不 没 会 开 汽车

(四) biˀ“永不、再不”

用于动词和形容词之前，表示动作或状态的不可重复性。如：

ˀoˀ biˀ n̥um lɛːu.　　我不年轻了。

我 不 年轻 了

dʑɯ səŋ ˀiˀ moːt gaːi hoːc, gəˀ biˀ ˀar jɔh lɛˀ.　　我们既然拿来了，就不带回去了。

既然 我们 拿 来 了 就 不 带 去 了

dʑɯ səŋ gə gaːi hoːc, ʔoʔ gɔʔ biʔ jɔh lɛʔ. 既然他来了，我就不去了。

既然 他 来了 我就 不 去 了

biʔ“没”与动宾短语结合，放在动宾短语之前；与动补短语结合，放在动词和补语之间。如：

sɔːk biʔ bɯp 没找到　　biʔ ʔɯak buːc 没喝酒

找 没 到　　没 喝 酒

(五) daʔ“别、不要”

用在祈使句中，表禁止义。daʔ 只修饰动词，不能修饰形容词。用于动词之前。如：

ba daʔ jɔh hə! 你别去啊！

你 别 去（语助）

daʔ bɯr! 别动！

别 动

kɔːn ȵɛʔ daʔ sok ʔjia! 小孩子不要吸烟！

小孩子 不要 吸 烟

jɔh ləm jaːŋ, daʔ baːu. 慢慢地走，不要着急。

走 慢慢 不 急

(六) ʔɛʔ“不”

ʔɛʔ“不”的功能与 pə“不”相同，可以与 pə“不”换用。但是ʔɛʔ 使用频率不及 pə 高，中老年人不用，少年儿童用。如：

ʔoʔ pə mah. 我不吃。 → ʔoʔ ʔɛʔ mah. 我不吃。

我 不 吃　　我 不 吃

ʔoʔ pə dʑoŋ. 我不高。 → ʔoʔ ʔɛʔ dʑoŋ. 我不高。

我 不 高　　我 不 高

(七) khat de taʔ“从来没有”

ʔoʔ khat de taʔ mah ʔmoːi pleʔ mak man. 我从来没有吃过核桃。

我 从来没有 吃 过 核桃

me khat de taʔ guːȵ ʔmoːi ba. 你从来没有见过他。

你 从来 没有 见 过 他

综上所述，克木语有 7 个常用的否定副词，不同的否定副词否定的侧重点不同，为了弄清楚它们的差别，用下面的 6 个例句加以比较：

ʔoʔ pə/ʔɛʔ mah. 我不吃。　　ʔoʔ laʔ mah. 我没吃。

我 不 吃　　我 没 吃

ˀoˀ pə laˀ mah loːc. 我还没吃完。
我 还没有 吃 完

ˀoˀ biˀ mah. 我再也不吃了。
我 永不 吃

me daˀ mah. 你别吃。
你 别 吃

ˀoˀ khat de taˀ mah. 我从来没有吃过。
我 从来 没有 吃

五、语气副词

语气副词表示不同的语气和情感，常用的有：sər məˀ“一定”、səŋ“到底”、taŋ hɛi“果然”和 tɕi bɯan“只好”。

(一) sər məˀ“一定”

用于动词短语之后。如：

ˀoˀ pə lau sər məˀ. 我一定不说。
我 不 说 一定

nɯːŋ tɕi gaːi sər məˀ. 嫂子一定会来的。
嫂子 会 来 一定

ˀiˀ sə gi jɔh sər məˀ gah? 我们今天一定去吗？
我们 今天 去 一定（语助）

jɔˀ ba tɕuˀ tɕi ləˀ sər məˀ hec. 你的病一定会好的。
的 你 病 会 好 一定 的

(二) səŋ“到底”

用于动词之前。如：

ba səŋ lau pə lau? 你到底说不说？
你 到底 说 不 说

nɔ səŋ mah gon to m̥əh? 他们到底是什么人？
他们 到底 是 人 什么

tɛːp deˀ ˀoˀ səŋ pah da məˀ lɛˀ? 我的衣服到底放在哪里了？
衣服 的 我 到底 放 在 哪里 了

(三) taŋ hɛi“果然”

用于动词之前。如：

sə gi taŋ hɛi kə maˀ lɛːuˀ. 今天果然下雨了。
今天 果然 下雨 了

me taŋ hɛi məh gon ləˀ. 你果然是爽快人。
你 果然 是 人 好

gə taŋ hɛi gaːi lɛːu. 他果然来了。
他 果然 来 了

(四) tɕi bɯan "只好"

例如：

ˀiˀ tɕi bɯan kɔˀ dəŋ ni thɛːm. 我们只好再等一等。
我们 只好 等 一 等 再

ˀiˀ tɕi bɯan vec da gaːŋ. 我们只好回家了。
我们 只好 回 了 家

ˀiˀ tɕi bɯan taŋ jɔh ŋɔːr gi lɛːu. 我们只好从这条路走了。
我们 只好 从 走 路 这 了

六、情状方式副词

情状方式副词表示动作的情状和方式，克木语的情状副词不多，常用的有 po jɔˀ"一起"、hak"亲自"和 hak dok"独自"。

(一) po jɔˀ "一起"

用于动词之后。如：

ba poˀ taːi gaːi po jɔˀ. 你跟哥哥一起来。
你 跟 哥哥 来 一起

ˀoˀ poˀ gə bəˀ mah po jɔˀ. 我跟他一起吃饭。
我 跟 他 吃 饭 一起

bɔ n̥ɔːŋ məh təːm po jɔˀ ih. 你们还是一起唱吧。
你们 还 是 唱 一起（语助）

məˀ tɕi jɔh poˀ jcˀ ˀoˀ? 谁跟我一起去？
谁 跟 去 一起 我

(二) hak "亲自"

用于动词之前。如：

ˀoˀ hak jɔh. 我亲自去。
我 亲自 去

ba? hak jɔh moːi pɔk gah. 你亲自去一趟呀。
你 亲自 去 一 趟（语助）

məh na hak pən tuːn ?o? de?. 是她亲自告诉我的。
是 她 亲自 告诉 我 的

ba n̥ɔːŋ məh hak lau po? gə ?ih. 你还是亲自跟他说吧。
你 还 是 亲自 说 跟 他（语助）

（三）dok“独自”

例如：

gə den dok deh. 他独自坐着。
他 坐 单独 着

gə den dok deh moːi gon. 他独自一人坐着。
他 坐 单独 着 一 个

gə l̥ian jɔh dok moːi gon. 他独自一人出去了。
他 出 去 单独 一 个

第八节　介词

介词是把表示处所、时间、方向、原因、目的、施事、受事等意义的名词介引给动词或形容词的词。克木语介词的特点是：1. 数量不多。2. 介词大多由动词虚化而来，有的介词仍然保留动词用法，是介词和动词的兼类。3. 所构成的介宾短语修饰动词时有在动词之前或之后两种语序。

一、介引方向处所的介词

（一）rəh“从”

介引动作位移的起点位置，所构成的介宾短语用于动词之前。如：

?o? rəh jɔ? ?mən tɕaːt dʑa? gaːi. 我从很远的地方来。
我 从 的 地方 很 远 来

rəh gaːŋ ba rɔːt mɯaŋ la ?ah dʑa? graːu mə?? 从你家到勐腊有多远？
从 家 你 到 勐腊 有 远 多少

（二）jɛt“在”

介引动作发生的位置，所构成的介宾短语用于动词之前。如：

gə jɛt rəŋ kɔŋ pliat hə ʔeʔ. 他在山上砍柴。
他 在 山 上 砍 柴
səʔ ŋɔːm jɛt liŋ ŋɔːrʔ. 狗躺在路中间。
狗 躺 在 中间 路

二、介引动作行为的对象

(一) poʔ“跟”

由它构成的介宾短语用于动词之后。如：

hɛːm jɔh puaŋ poʔ ʔoʔ. 妹妹跟我去做客。
妹妹 去 做客 跟 我
ʔoʔ rian hər ləʔ kə muʔ poʔ ba. 我跟你学克木话。
我 学 话 克木 跟 你

(二) joʔ“对、向”

由它构成的介宾短语用于动词之后。如：

maʔ gə lau joʔ gə, an gə tɛːŋ viak ləʔ ləʔ. 他母亲对他说，要他好好干活。
母 他 说 对 他 要 他 做 活儿 好 好
ba tɛːŋ to m̥əh joʔ gə? 你对他干了什么？
你 做 什么 对 他

三、介引比较的对象

lɯa“比”，介引比较基准，所构成的介词短语用在形容词之后。如：

n ʔniʔ moːi nɯm ləʔ lɯa moːi nɯm. 现在一年比一年好。
现在 一 年 好 比 一 年
gə hak məh reh sə ruat lɯa ʔoʔ. 他起床总是比我早。
他 总 是 起床 早 比 我
sə gi haʔ lɯa n tɕəʔ. 今天比昨天更热。
今天 热 比 昨天

四、介引时间

(一) taŋ“从”

介引动作发生的起始时点，所构成的介宾短语语序灵活，可用于句首，也可用于主谓之间。如：

taŋ ȵɛʔ, gə gɔʔ ŋɔʔ rian to.　　从小，他就怕读书。
从小　他就怕　读书

gə taŋ ȵɛʔ gɔʔ ŋɔʔ rian to.　　他从小就怕读书。
他从小就怕　读书

taŋ n̥ ʔniʔ, ʔoʔ pə poʔ gə lɛːu.　　从现在起，我不理他了。
从　现在　我不理他　了

(二) rɔːt "到"

介引动作的终止时点，可单独构成介宾短语，也可与 taŋ "从"构成框式短语，介引动作持续的时段。所构成的短语可用于句首或主、谓之间。如：

rɔːt sə baŋ, ʔiʔ　gɔʔ jɔh jəːm mah grəh.　　到明天，我们就去过玛格乐节。
到　明天　我们就　去　过　玛格乐节

ʔiʔ　rɔːt sə baŋ gɔʔ jɔh jəːm mah grəh.　　我们到明天就去过玛格乐节。
我们到　明天　就　去　过　玛格乐节

na taŋ sə ruat rɔːt pə sɯam gɔʔ jɛt da r̥ei　ʔeh viak.　　她从早到晚都在地里劳动。
她　从　早上　到　晚上　都在地里　劳动

taŋ sə ruat rɔːt pə sɯam, na gɔʔ jɛt da r̥ei　ʔeh viak.　　从早到晚，她都在地里劳动。
从　早上　到　晚上　她都在地里　劳动

五、介引工具、材料

deʔ "用"介引动作所凭借的工具或材料，所构成的介宾短语用于动词之前。如：

ʔiʔ　deʔ bɛːm buh buh hə ʔeʔ.　　我们用背篓背柴。
我们用　背篓　背　柴

na deʔ ʔom huːt raːŋ.　　她用水浇花。
她用　水　浇　花

六、介引处置的对象

只有介词 mɔːt "把"一个，由动词 mɔːt "拿"语法化而来。mɔːt 仍可用作动词。如：

ʔoʔ mɔːt pleʔ m phuŋ moːi n̥uai lɛʔ.　　我拿了一个桃子。
我　拿　桃子　一　个　了

若句中在 mɔːt 之后出现另一个动词，则句子的表意重心位移到第二个动词上，mɔːt "拿"语法化为介词"把"，表示处置义。如：

ˀiˀ <u>mɔːt</u> sən dɛh deˀ bə riaŋ pən dəˀ lɛːu. 我们把别人的碗打破了。
我们 把 碗 的 别人 打 破 了

hɛːm tɕəm brɔˀ <u>mɔːt</u> kə muːl tɕaːi loːc lɛːu. 弟弟把钱用完了。
弟弟 把 钱 用 完 了

七、介引动作施事的介词

只有介词ˀan“被”一个，由动词ˀan“给”语法化而来。ˀan 有三个义项、三种用法：1.“给予”义，表示施事把物体位移至受事处（如例①）；2.“使令”义，表示施事致使受事发出某一动作（如例②）；3.“遭受”义，表示受事遭受施事所造成的消极结果。（如例③）。这三个义项的共同语义特征是都具有[＋被动]的语义特征，这个语义特征是ˀan “给”语法化为被动标记的语义基础。

ˀan“给”的三个义项所对应的三种句式，体现了ˀan“给”语法化的路径。例①，ˀan“给”用作实义动词，所带的宾语表示客观物体。ˀan“给”是句子的语义重心和语法重心。例②，ˀan“给”仍用作动词，但语义比例①虚化，所带的宾语是动作的使令者，ˀan“给”的表意作用和句法作用次于其后的动词。例③，ˀan“给”的语义进一步虚化，用作介词，介引施事，句子的语义重心和语法重心完全移至ˀan“给”后的动词。

① maˀ，<u>ˀan</u> ˀoˀ deˀ kə muːl ȵɛˀ də. 妈妈，给我点儿钱吧。
妈妈 给 我 钱 点儿（语助）

② ba ˀəh to m̥əh pə <u>ˀan</u> ˀoˀ ɯak buːc? 你为什么不给我酒喝？
你 为 什么 不 给 我 酒 喝

③ gə <u>ˀan</u> bə riaŋ ˀmak lɛːu. 他被人家打了。
他 被 人家 打 了

再看两个ˀan 用作介词“被”的例句：

④ dʑɯaːŋ <u>ˀan</u> glaːŋ duh ˀoh lɛːu. 脚被石头砸伤了。
脚 被 石头 砸 伤 了

⑤ sa li <u>ˀan</u> kə neˀ pok lɛːu. 玉米被老鼠咬了。
玉米 被 老鼠 咬 了

八、介引所凭借的人或事物

jɔːr səŋ“凭借”，介引施事实现某事所凭借的对象。如：

<u>jɔːr səŋ</u> taːi tɕəm kɯn na bɯan deˀ viak. 她凭借姐姐得到工作。
凭借 姐姐 她 得到 工作

<u>jɔːr səŋ</u> jɔŋ ˀaːu gə ˀah rə maːŋ. 他凭借叔叔发财。
凭借 叔叔 他 发财

第九节 连词

连词是起连接作用的词,可以连接词、词组或者句子,表示所连接的成分存在着某种语法关系。

一、连词的语法特征

连词是虚词。连词的语法特征主要有:1.具有连接功能;2.不表示实在的词汇意义,只表示语法意义和语法关系,不能充当句子成分;3.不能单独用来回答问题;4.大多不能重叠使用。

克木语连词表示的语法关系有并列、承接、选择、递进、因果、假设、条件、让步、转折等。

二、连词用法举例

(一) poʔ"和"

用来连接两个并列的成分,包括词与词、词组与词组。用在被连接的成分之间。不能用来连接句子。例如:

joŋ poʔ maʔ gɔʔ gaːi lɛːv. 父亲和母亲都来了。
父 和 母 都 来 了

vɛːt pleʔ m phuŋ poʔ pleʔ lə ŋi. 买了桃子和芒果。
买了 桃子 和 芒果

kiːav n̥ gɔʔ poʔ ten n̥ gɔʔ ʔoʔ tɕhai loːtɕ. 割谷和打谷我都会。
割 谷 和 打 谷 我 会 都

sə gi poʔ sə baŋ ʔoʔ gɔʔ pə jɛt gaːŋ. 今天和明天我都不在家。
今天 和 明天 我 都 不 在 家

jɔʔ ʔjmm poʔ jɔʔ an taŋpɯk pə deʔ. 借的和给的全部不要。
的 借 和 的 给 全部 不 要

(二) hoːc gɔːi"……之后",可以省略为 hoːc"……后"

用于连接两个动词,表示两个动作先后发生,用于两个动词之间。例如:

me rəh dɯn hoːtɕ gɔːi lau gah! 你站起来之后说吧!
你 站 起来 之后 说(语助)

vec hoːc gɔːi gɛi gaːi lɛːu. 回去之后又来了。
回去 之后 又 来 了

me vec da gaːŋ hər luˀ moːi graːu hoːc gɔːi gaːi thɛːm!　你回家休息一下然后再来!
你 回 家 休息 一 下 然后 再 来
ˀi mah bi hoːc mah pleˀ thɛːm!　我们吃饱饭后再吃水果!
我们 吃 饱 后 吃 水果 再

(三) ˀnɛ...ˀnɛ“又……又……、一边……一边……”

用于连接形容词或动词,表示并列关系。例如:

gə ŋ deˀ ˀnɛ guːl ˀnɛ.　他又矮又胖。
他 矮 又 胖 又
muɯaŋ la hoːl ˀnɛ sə kɔˀ dʑɯm ˀnɛ.　勐腊又热又潮湿。
勐腊 热 又 潮湿 又
kɔːn ñɛ gi dʑɯ mɯ jaːm ˀnɛ khə rah ˀnɛ.　这个小孩每天又哭又笑。
孩子 小 这 每 天 哭 又 笑 又
ˀoˀ sə roˀ ˀnɛ kɔːc ˀnɛ.　我一边说一边写。
我 说 一边 写 一边

(四) nok səŋ...gɔˀ...“不仅……也……”、nok səŋ...gɛi...“不仅……而且……”

表示递进关系。例如:

gə nok səŋ tɕai lau, tɛːŋ gɔˀ tɕhai tɛːŋ.　他不仅会说,也会做。
他 不仅 会 说 做 也 会 做
pleˀ m phuŋ gi nok səŋ n̥aːm, gɛi ləˀ mah.　这桃子不仅大而且好吃。
桃子 这 不仅 大 而且 好吃

(五) lɛh məh“还是,或是”

连接并列的词,表示选择关系。如:

ba məh lau sɯ, lɛh məh kɔːn rian?　你是老师还是学生?
你 是 老师 还 是 学生
bak lot joh lɛh məh tiau dʑɯaŋ jɔh?　坐车去还是走路去?
坐 车 去 还 是 走 路 去
na məh taːi ba, lɛh məh hɛːm ba?　她是你姐姐,还是你妹妹?
她 是 姐姐 还是 妹妹 你

(六) rɯh“或者”、rɯh...rɯh“或者……或者……”

用来连接并列的词,表示选择关系。如:

vɛt ah swaŋ rɯh ah tə raːk gɔˀ bɯan.　　买猪肉或者牛肉都可以。

买 肉 猪 或者 肉牛 都 可以

mɔːt tlɔːi rɯh pleˀ kɔːŋ kɛːŋ ar gaːi!　　把芭蕉或者石榴拿来!

把 芭蕉 或者 石榴 拿 来

jɔh sə gi rɯh, jɔh sə baŋ rɯh. ba gɔːi lɯk.　　或者今天去,或者明天去。你来选。

去 今天 或者 去 明天 或者 你 来 选

(七) an tɕi(an) "的话,就……"

位于句首,用于假设复句和条件复句中。如:

an tɕi jɔh, gɔˀ jɔh oh!　　去的话,就走吧!

的话 去 就 去(语助)

an tɕi kə maˀ, gɔˀ pə jɔh lɛˀ.　　下雨的话就不去了。

的话 下雨 就 不 去 了

an ba jɛːŋ guːn̄ gə, gɔˀ pən tuːn ˀoˀ oh!　　你看见他的话,就告诉我吧!

的话 你 看见 他 就 告诉 我(语助)

(八) pə ni "不然(的话)"

表示转折。如:

jɔh vai ȵɛˀ, pə ni tɕi khuai lɛˀ.　　快点儿走吧,不然要迟到了。

走 快 点儿 不然 要 迟到 了

me bɯan ŋ ȵiaŋ hər lɔˀ, pə ni gɔˀ pə ˀan kə muːl ba.　　你要听话,不然的话就不给你钱。

你 要 听 话 不然 就 不 给 钱 你

lom ləˀ n drok lom, pə ni tɕi sər maˀ lɛˀ.　　盖好被子,不然会生病的。

盖 好 被子 不然 会 生病 的

mah m̥aːk ȵɛˀ, pə ni ta ŋɔːr tɕi haˀ luːi lɛˀ.　　吃多点儿,不然路上会饿的。

吃 多 点 不然 上 路 会 饿 的

(九) naːŋ gɛi "即使、哪怕"

naːŋ gɛi briˀ pə ləˀ dok məˀ, ˀoˀ gɔˀ tɕi gaːi.　　即使天气再不好,我也要来。

即使 天气 不好 再 我 也 要 来

naːŋ gɛi pə lotˀ, gə gɔˀ tɕi vec.　　即使没车,他也要回去。

即使 没 车 他 也 要 回去

(十) sen de...ˀnɛi(gɔˀ)...“虽然……但是……”

也可以省略 sen de“虽然”,只用ˀnɛi(gɔˀ)“但是”。如:

joŋ thau sen de thau lɛːu,ˀnɛi(gɔˀ) ah lɔh tɕat ləˀ. 爷爷虽然老了,但身体很好。
爷爷 虽然 老 了 但 身体 很好

səŋ n̥am məh n̥am,ˀnɛi(gɔˀ) pə ləˀ mah. 大倒是大,但不好吃。
倒 大 是 大 但 不好吃

səŋ mah məh mah,ˀnɛi(gɔˀ) mah pə biˀ. 吃倒是吃了,但没吃饱。
倒 吃 是 吃 但 不 吃 饱

(十一) jɔːr səŋ...(taŋ tɕiˀ)“因为……(所以)……”

taŋ tɕiˀ“所以”可以省略。用来连接因果复句,位于两个分句之间。如:

jɔːr səŋ kə maˀ lɛːu,taŋ tɕi lic sə kɔˀ lɛːu. 因为下雨了,所以淋湿了。
因为 下雨了 所以 淋 湿 了

gə jɔːr səŋ sər maˀ,taŋ tɕi pə gaːi. 他因为生病,所以没来。
他 因为 生病 所以 不来

jɔːr səŋ kə maˀ,taŋ tɕi ˀah ŋar ɳɛˀ. 因为下雨,所以有点儿冷。
因为 下雨 所以 有冷 点儿

jɔːr səŋ mah pleˀ maːk lɛːu,taŋ tɕi ˀtɕuˀ luːi. 由于果子吃多了,所以肚子痛。
由于 吃果子 多 了 所以 痛肚子

第十节 助词

助词是附于实词、短语之后或用于句尾,表示语法意义或语法关系的词。助词大多念轻声。

克木语助词的主要特点有:1.结构助词丰富,有 jɔˀ“的”、deˀ“的”、deh“地”、lih“得”等,用以表示不同的结构关系和语义关系。2.jɔˀ“的”具有多功能性,可做定语助词、关系化助词和名物化助词。3.有表示方位的助词 da。4.体助词丰富。

克木语的助词可分为结构助词、方位助词、体貌助词、表数助词和语气助词等类别,分述如下。

一、结构助词

克木语的结构助词从语法作用上分为定语助词、状语助词、补语助词和名物化助词四类。

分述如下：

(一) 定语助词

主要有 jɔˀ“的”和 deˀ“的”。

1. jɔˀ“的”，克木语使用频率最高的结构助词，可以用于表示限制关系、修饰关系、关系小句等多种语义关系，语序为“中心语＋jɔˀ(的)＋(删除名词性)修饰语”。

(1) 用于表示限制关系，可以充当修饰语的有名词、指示代词、指量短语等成分。名词、指示代词做修饰语的如：

gon jɔˀ n̥ ˀniˀ klaːi l̥ɔk lɛˀ.　　现在的人太聪明了。
人 的 现在 太 聪明 了

ŋɔːr jɔˀ lɔŋ veˀ vah，ŋɔːr jɔˀ lɔŋ ham tɕɔm.　　左边的路宽，右边的路窄。
路 的 左边 宽 路 的 右边 窄

gon jɔˀ da gi tɕat l̥ɔk.　　这里的人很聪明。
人 的 这里 很 聪明

指量短语做修饰语的如：

kɔːn n̥ɯn jɔˀ tɛˀ gə naːi məh taːi gə.　　跳舞的那个姑娘是他姐姐。
姑娘 的 跳舞 那 是 姐姐 他

ˀmɔːn suan sa li jɔˀ gi tɕaːt ˀɔːn ləˀ.　　这块地的包谷长得真好。
块 地 包谷 的 这 长 真 好

(2) 用于表示修饰关系。充当修饰语的是形容词或形容词短语。如：

hɛːm tɕəm kɯn guˀ raːŋ jɔˀ jim.　　妹妹爱红的花。
妹妹 爱 花 的 红

kɔːn n̥ɯm jɔˀ blia gə naːi məh məˀ.　　那个漂亮的姑娘是谁？
姑 娘 的 漂亮 那 个 是 谁

ŋɔːr moːi sen gi jɔˀ kək kək vek vek pə ləˀ jɔh.　　这条路弯弯曲曲的不好走。
路 一 条 这 的 弯弯曲曲 不 好 走

səŋ mah jɔˀ tɕɛŋ beːŋ ˀoˀ pə bəˀ.　　太苦的菜我不吃。
菜 的 苦 太 我 不 吃

(3) jɔˀ 用于关系小句，用作关系化标记。如：

tloˀ jɔˀ vɛt n̥ɔːŋ ˀah.　　买的菜还有。
菜 的 买 还 有

mah jɔˀ tɕaːu siːn jɛt tər hɔˀ.　　煮熟的饭在那里。
饭 的 煮 熟 在 那里

kɔ:n ɳ̥ɛˀ jɔˀ gə hom gə na:i məh roŋ kɔ:n ɳ̥ɛˀ deˀ ˀi.　他抱的那个娃娃是我们托儿所的。

娃娃　的他抱　那个　是　托儿所　的我们

pan phai jɔˀ dʑɔiˀ m mɛˀ gə na:i tɕa:t dək be:ŋ.　新修的那个水库大得很。

水库　的修新　那个　很大得

gon jɔˀ lau hər ləˀ gə gi məh kan kɔ ˀiˀ.　讲话的这个人是我们的会计。

人　的讲话　个这是　会计　我们

2. deˀ"的",表示领有关系的结构助词。领有者必须是"人",语义结构是"被领有者＋deˀ(的)＋领有者",句法结构是"名词中心语＋deˀ(的)＋表示人的词或短语",中心语可出现,可省略。

(1) 中心语出现。如:

gə na:i məh thu deˀ me.　那是你的筷子。

那　是筷子的你

hə ˀeˀ deˀ tə ˀun jɛt daˀ gi.　岩温的柴在这里。

柴　的岩温　在里这

gləˀ deˀ ˀoˀ tɕat rə ŋa:r.　我的头发很黄。

头发　的我很　黄

(2) 中心语省略。如:

toˀ dʑɯaŋ gi məh deˀ gə.　这张桌子是他的。

桌子　张　这　是的他

pəp phɯn gi məh deˀ ih thau.　这本书是依涛的。

书　本　这是　的依涛

(二) 状语助词

克木语的状语助词只有 deh 一个,主要用于以下几种结构。

1. 构成"bɯn(要)＋deh(地)＋动词短语",必须与 bɯn"要"结合使用,去掉 bɯn"要",句义不完整。如:

me bɯn deh rian to ləˀ ləˀ.　你要好好地读书。

你　要　地　读　书好好

me bɯn deh jɔh ləm ja:ŋ.　你要慢慢地走。

你　要　地　走　慢慢

*me deh rian to ləˀ ləˀ.　你好好地读书。

你　地　读书　好好

2. 构成"动词＋deh(地)＋拟声词或拟态词"。如:

ˀom kɔ:r deh fah fah.　水哗哗地流。

水　流　地　哗哗

tlaːm paːm tɯːr deh ˀvɛt ˀvɛt.　　蝴蝶翩翩地飞。

蝴蝶　飞　地　翩翩

ba jɔh deh　tə　gaŋ.　　他急急忙忙地走。

他 走　地　急急忙忙

tlaːm paːm tɯːr deh ˀvɛt ˀvɛt.　　蝴蝶轻快地飞。

蝴蝶　飞　地　翩翩

3. 用于"动词中心语＋形容词＋ deh(地)"结构。如：

gə gaŋ dar gaːi deh lɛːu.　　他匆匆忙忙地跑来了。

他 忙 跑 来 地 了

gə maŋ jaŋ maŋ jaŋ jɔh deh lɛːu.　　他摇摇摆摆地走了。

他 摇摆状　走　地　了

ləm jaːŋ jɔh deh，daˀ baːu.　　慢慢地走，不要着急。

慢慢　走　地　不 急

当后面用 daˀ"不"时，语序又可为"deh(地)＋形容词＋动词中心语"，但语义有改变：

(bɯn)deh ləm jaːŋ jɔh，daˀ baːu.　　要慢慢地走，不要着急。

(要)　地　慢慢　走 不　急

(三) 补语助词

只有 lih"得"一个。如：

hər lɔˀ kəm m̥uˀ　ˀoˀ lau lih pə ləˀ.　　我克木语说得不好。

话　克木　我 说 得 不 好

hər lɔˀ kəm m̥uˀ　ˀoˀ lau lih ləˀ.　　我克木语说得好。

话　克木　我 说　得 好

ˀo dar lih lɛh.　　我跑得快。

我 跑 得 快

(四) 名物化助词

jɔˀ"的"具有多功能性，除了做定语助词以外，还可以做名物化助词，加在动词及动词短语、形容词及形容词短语之前。

1. 加在动词及动词短语之前。如：

jɔˀ ban m poŋ klɔk məh kəm poŋ.　　包白头巾的是头儿。

的 戴　包头　白　是　头儿

jɔʔ/seŋ bəʔ ʔah, jɔʔ/seŋ ŋ koʔ ʔah, to m̥əh pə jɔːm dʑuːt.

的　吃　有的　穿　有　什么　不缺　都

吃的有，穿的有，什么都不缺。

seŋ 常与 gɔʔ "也"搭配使用。如：

jɔʔ/seŋ bəʔ gɔʔ ʔah, jɔʔ/seŋ ŋ koʔ gɔʔ ʔah, to m̥əh pə jɔːm dʑuːt.

的　吃　也　有的　穿　也　有　什么　不　缺　都

吃的也有，穿的也有，什么都不缺。

2. 加在形容词及形容词短语之前。如：

jɔʔ ʔaːn̥ pə ləʔ mah jɔʔ siːn taŋ ləʔ mah.　　生的不能吃，熟的好吃。

的生　不能吃　的熟　好吃

ʔoʔ guʔ　jɔʔ jim pə　guʔ　jɔʔ　klɔːk。　　我喜欢红的，不喜欢白的。

我喜欢　的红　不　喜欢　的　白

二、方位助词

方位助词只有 da"的"一个，表示"方位"义，不能独立使用，只能用于具有[＋平面]或[＋容纳]语义特征的名词前，构成方位短语。da"的"不表示具体的方位意义，它所表示的具体方位依据它与名词的语义关系而获得，它与不同的名词结合表示不同的方位义。如：

da　tiʔ gə tak buŋ.　　他手上粘着泥。

(方助) 手　他　沾　泥

da　rəm boh gə l̥ian rot.　　他脸上长麻子。

(方助) 脸　他　长　麻子

da　gaːŋ gə ah aːh hɯa.　　他家里经常有肉。

(方助) 家　他　有　肉　经常

kɔːn siːm tɯːr jɛt da lə vaːŋ.　　天上飞着小鸟。

小　鸟　飞　在(方助) 天

sɔʔ moːi to　jəh　jɛt　da　sə ʔɔːŋ.　　树下走着一条狗。

狗　一条　走　在(方助)　树

rum moːi dər fak jɛt da　kluaŋ gaːŋ.　　一幅画挂在家里。

画　一　幅　挂　在(方助) 家

da　l̥ɯam tər gət kɔːn.　　心里惦记着孩子。

(方助) 心　想　孩子

三、体貌助词

克木语没有"体"的形态标记，借助助词、副词、动词等词类表示"体"。借助助词标记"体"

较多。克木语还有表示动作行为状态的助词。分述如下：

（一）体助词

克木语的体助词丰富，且存在年龄变体。年轻人的用法与汉语趋同。克木语的体助词分为完成体和未完成体两类。

1. 完成体

表示动作或性质状况的变化已经完成。完成体标记常用的有 lɛːu/lɛʔ“了”和 gɔʔ guʔ“过”等。

（1）完成体助词 lɛːu/lɛʔ“了”，用于谓语后。lɛʔ 是本语词，lɛːu 是傣语借词，如“我走了”的“了”，当地傣语用 lɛːu。lɛːu 和 lɛʔ 可以换用，但存在年龄变体。老人习惯用 lɛʔ，年轻人习惯于用 lɛːu。如：

dʑɯ səŋ ʔiʔ moːt gaːi hoːc，gɔʔ biʔ ʔar jɔh lɛʔ. 我们既然拿来了，就不带回去了。
既然 我们 拿 来 了 就 不 带去 了

ʔoʔ bəʔ mah lɛːu/lɛʔ. 我吃饭了。
我 吃 饭 了

tɛːp n drac lɛːu/lɛʔ. 衣服破了。
衣服 破 了

raːŋ m phuŋ jim lɛːu/lɛʔ. 桃花红了。
花 桃 红 了

（2）经历体助词 gɔʔ guʔ“过”，这是一个单纯词，用于谓语之前，表示动作在说话前曾经发生过。如：

maʔ thau gɔʔ guʔ jɔh pə tɕin. 奶奶去过北京。
奶奶 过 去 北京

gə gɔʔ guʔ moːk to. 他教过书。
他 过 教 书

ʔoʔ gɔʔ guʔ guːɲ ba. 我见过你。
我 过 见 你

ba gɔʔ guʔ roːt gaːŋ ʔoʔ. 你到过我家。
你 过 到 家 我

ʔoʔ gɔʔ guʔ mah pleʔ mak man. 我吃过核桃。
我 过 吃 核桃

（3）经历体助词ʔmoːi“过”，用于谓语之后，表示动作在说话前曾经发生过，多用于否定句中。如：

ʔoʔ khat de taʔ mah ʔmoːi pleʔ mak man. 我从来没有吃过核桃。
我 从来没有 吃 过 核桃

me khat de ta' guːn ˀmoːi ba. 你从来没有见过他。

你 从来没有 见 过 他

2. 未完成体

表示动作或状态尚未完成或尚未发生。常用的有以下5个：

(1) 进行体 jɛt"在"，表示在说话时或说话人指出的某一特定时段，动作正在进行。体助词 jɛt"在"是方位介词的兼类。如：

gə jɛt ra tloˀ. 他在洗菜。

他 在 洗 菜

ˀiˀ jɛt lau̯ hər lɔˀ. 我们在说话。

我们 在 说 话

ˀoˀ jɛt sih. 我在睡觉。

我 在 睡觉

n tɕəˀ ɲaːm ba gaːi sɔːk ˀoˀ, ˀoˀ jɛt sih. 昨天你来找我的时候，我在睡觉。

昨天 时候 你 来 找 我 我 在 睡觉

(2) 持续体助词n̥ɔŋ"还在"，表示动作在说话前已经发生，到说话时仍正在持续。年轻人习惯于加上 jɛt"在"，构成n̥ɔŋ jɛt"还在"。如"他还在洗菜"老年人习惯于用例①，年轻人习惯于用例②。

① gə n̥ɔŋ ra tloˀ. ② gə n̥ɔŋ jɛt ra tloˀ.

他 还在 洗 菜 他 还在 洗 菜

又如：

ba n̥ɔːŋ jɛt ˀɯak buːc gah. 你还在喝酒呀。

你 还 在 喝 酒(语助)

gə n̥ɔːŋ jɛt da suan paːt jaːŋ. 他还在地里割胶。

他 还 在(方助)地 割 胶

(3) 即行体助词 taŋ jɛt"正要"，表示说话时动作就要发生。如：

gə taŋ jɛt ra tloˀ. 他正要洗菜。

他 正要 洗 菜

ˀoˀ taŋ jɛt sih. 我在睡觉。

我 正要 睡觉

ˀoˀ taŋ jɛt jɛŋ pɔp. 我正要看书。

我 正要 看 书

(4) 将行体助词ˀan"地"，用于"动词+ˀan+形容词"结构，表示施事的动作行为将以某种状态出现。如：

joŋ jɔh ˀan sə ruat ɲ̥ɛˀ. 父亲要早早地去。

父亲 去 地 早 (状缀)

bɔ plah ˀan gɔːi deˀ. 你们要轻轻地放下。

你们 放下 地 轻

me rian to ˀan ləˀ ləˀ. 你要好好地读书。

你 读书 地 好好

(5) 尝试体 jɛːŋ“看看”,用在动词后表示试探性地进行某种动作行为。如:

me ˀan jɛːŋ moːi bat kaːi. 你先读一遍看看。

你 读看 一 遍先

ˀoˀ təːm jɛːŋ moːi ˀmot kaːi . 我先唱一首看看。

我 唱 看 一 首 先

(二) 貌助词

1. jɔˀ,表示相互貌的助词。用在动词后,表示动作行为所涉及的双方同时发出同一动作。如:

ˀmak 打→ˀmak jɔˀ 打架　　ˀup 谈→ˀup jɔˀ 聊天

guˀ 爱→guˀjɔˀ 相爱　　ˀuːp 讲→ˀuːp jɔˀ 商量

例句:

gə ˀmak ˀoˀ lɛːu. 他们打架了。　　nɔ ˀmak jɔˀ lɛːu. 他们打架了。

他 打 我 了　　他们 打架 了

2. laˀ nap,不能单独使用,只能用在动词前,表示动作毫无理据地胡乱进行。如:

gə ˀ laˀ nap ˀmak ˀoˀ. 他乱打我。(无理由做某事)

他 乱 打 我

ˀiˀ thau laˀ nap lau hər lɔˀ. 依涛乱说话。(无理由做某事)

依涛 乱 说 话

四、表数助词

(一) 表人的多数

常用 bɯŋ“们”,例如:

bɯŋ gon thau 老人们　　bɯŋ taːi hɛːm 姐妹们

们 人 老　　们 姐妹

bɯŋ kɔːn ɲ̥ɛˀ 孩子们　　bɯŋ tɕəm kɯn 女人们

们 孩子　　们 女人

(二) 表整段时间和整个空间

常用 tɯŋ "整整"，例如：

tɯŋ moːi mɯ　　整整一天
整整 一 天

tɯŋ sɔŋ nɯm　　整整两年
整整 二 年

tɯŋ sam l̥aŋ gaːŋ　　整整三间房
整整 三 间 房子

tɯŋ moːi ˀmɔn mok　　整整一座山
整整 一 座 山

五、语气助词

语气助词表示陈述、疑问、祈使、感叹等语气。分述如下：

(一) 表示陈述语气的助词

1. lɛːu，用在名词谓语句、动词谓语句，以及具有［＋变化］义的形容词谓语句，表陈述语气，相当于汉语的"了"。如：

sə gi mɯ sən draːn lɛːu.　　今天星期一了。
今天 星期一 了

koːn ȵɛˀ jaːm lɛːu.　　小孩子哭了。
小孩 哭 了

n drəi thu lɛːu.　　刮风了。
风 刮 了

me glɛn lɛːu.　　你累了。
你 累 了

2. lɛˀ"的"，起加强判断语气作用，肯定某事物具有某一状态。如：

thu məh deˀ tɕhuk tɛːŋ lɛˀ.　　筷子是用竹子做的。
筷子 是 用 竹子 做 的

lom ləˀ n drok lom，pə ni tɕi sər maˀ lɛˀ.　　盖好被子，不然会生病的。
盖 好 被子 不然 会生病 的

mah m̥aːk ȵɛˀ，pə ni ta ŋɔːr tɕi haˀ luːi lɛˀ.　　吃多点儿，不然路上会饿的。
吃 多点儿 不然 上路 会 饿 的

3. hec"的"，多用于肯定句，表示判断语气。如：

jɔˀ ba tɕuˀ tɕi ləˀ sər mə hec.　　你的病一定会好的。
的 你 病 会 好 一定 的

na li gi məh sən jaŋ ˀəh l̥ian hec. 这块手表是沈阳出产的。

手表 这 是 沈阳 出产 的

kə muːl məh gə mɔːt duˀ hec. 钱是他拿走的。

钱 是 他 拿走 的

4. gaːh“嘛”,多用于肯定句,有时也用于否定句,与现代汉语的“嘛”对等。如:

tɕaˀ gi gɔˀ bɯan gaːh! 这样就行了嘛!

这样 就 行了 嘛

gə n̥aːŋ məh gon kɔːn ɲ̥ɛˀgaːh! 他还是个孩子嘛!

他 还 是 个 孩子 嘛

gi pə məh dɛˀ gə gaːh! 这不是他的嘛!

这 不 是 的 他 嘛

5. niˀ“的”,用于形容词谓语句的末尾,起加强判断语气作用,肯定某事物具有某一状态。如:

gə jɔˀ ləh dʑoŋ loŋ goŋ niˀ. 他的身材高高的。

他 的 身材 高 高 的

pik gə naːi n̥iaŋ tɕəm rɯam niˀ. 那匹布黑黑的。

匹布 那 黑 黑 的

6. nɛ,表示申明语气。如:

ˀoˀ pə jɔh nɛ. 我不去嘛!

我 不 去 嘛

məh me nɛ. 是你嘛。

是 你 嘛

(二)表示疑问语气的助词

1. lɛh,表疑惑,用于否定命题的疑问句,相当于汉语的“吗”。如:

ba hɛi pə mah lɛh? 你吃饭了没有呀?

你 还 有 吃饭 呀

ba pə jɔh lɛh? 你不去吗?

你 不 去 吗

ba pə mah hoːc lɛh? 你吃饭了吗?

你 吃饭 了 吗

hər lɔˀ kɔːn kəm m̥uˀ ləˀ rian lɛh? 克木话好学吗?

话 克木 好 学 吗

ba mah mah lɛh? 你吃饭吗？

你 吃 饭 吗

me ɯak ˀom lɛh? 你喝水吗？

你 喝 水 吗

me məh tə sɛːŋ hə lɛh? 你是岩香吗？

你 是 岩 香 吗

2. hə，相当于汉语的"吗"，多与否定副词连用，表示反问语气。如：

ba laˀ mah mah hə? 你没吃饭吗？

你 没 吃 饭 吗

me pə ɯak ˀom hə? 你不喝水吗？

你 不 喝 水 吗

me pə məh tə sɛːŋ hə? 你不是岩香吗？

你 不 是 岩 香 吗

3. nɛh，用在句末，表示追究，相当于汉语的"呢"，多用于特指疑问句中。如：

me jəh ləŋ məˀ nɛh? 你去哪里呢？

你 去 哪里 呢

səŋ məh gə to m̥əh nɛh? 他姓什么呢？

姓 是 他 什么 呢

məˀ nɛh? 谁呀？

谁 呀

ba nəŋ pə nəŋ nɛh? 你知道不知道呀？

你 知 不 知 呀

ba jəh lɛ məh gə jəh nɛh? 你去还是他去呀？

你 去 还是 他 去 呀

4. gah，用在句末，表示"猜测"，相当于汉语的"吧"。如：

ba məh kɔːn kəm m̥uˀ gah? 你是克木人吧？

你 是 克木人 吧

nɯŋ m̥am lɯa ba gah? 嫂子比你大吧？

嫂子 大 比 你 吧

5. ˀəh，用于疑问句末尾，或名词性成分之后。如：

me jəh lɛ məh gə jəh ˀəh? 你去呢还是他去呢？

你 去 还 是 他 去 呢

sən̩ məh deʔ ba ʔəh?　　你的名字呢？

名字　的 你 呢

ba jɔh mah mah ʔəh?　　你去吃饭吗？

你 去 吃 饭 吗

6. duh，用在名词性成分之后，这类句子在功能上与特指疑问句等同。如：

rə jaʔ pop deʔ ʔoʔ duh?　　我的书包呢？

书包　的 我 呢

taːi deʔ ba duh?　　你的姐姐呢？

姐姐 的 你 呢

7. m̥uʔ，主要用于是非疑问句，表示反意疑问语气。如：

gə gɔʔ məh kɔːn kəm m̥uʔ hɯʔ?　　他也是克木人？

他 也 是 克木人 吗

gə gɔʔ jɔh m̥uʔ hɯʔ?　　他也去吗？

他 也 去 吗

8. deh，主要用于反问句，表示反意疑问语气。如：

me təŋ məʔ ʔam ja gɔʔ pə sok deh?　　你怎么连烟也不吸呢？

你 怎么 烟 也 不 吸 呢

me təŋ məʔ pə hɛt ʔoʔ deh?　　你怎么不叫我呢？

你 怎么 不 叫 我 呢

（三）表示祈使语气的助词

1. gah，表示叮嘱、劝解语气。如：

tɛːŋ viak daʔ pər li pər li gah!　　做事别拖拖拉拉嘛！

做 事 别 拖拉拖拉 嘛

jɔh ləm jaŋ gah!　　慢慢走呀！

走 慢慢 呀

kɛp mah səŋ mah gah!　　夹菜吃呀！

夹 吃 菜 呀

2. ʔoh、ʔih，表示提醒、建议等语气。如：

ʔiʔ pəʔ mah ʔoh!　　我们吃饭吧！

我们 吃 饭 吧

ʔan gə gaːi ʔoh!　　让他来吧！

让 他 来 吧

ba maːn̥ ˀoˀ ˀoh! 你问我啊！

你 问 我 啊

bɔ ˀɯak buːc n̥ɛˀ kaːl ˀih! 你们先喝点儿酒吧！

我们 喝 酒 点儿 先 吧

ˀɯak ˀom ˀih! 喝水呀！

喝 水 呀

bɔ den ˀih! 你们坐啊！

你们 坐 啊

3. ˀo，表示请求、提醒语气。如：

gaːi guːt ˀo! 进来啊！

来 进 啊

bəˀ mah ˀo! 吃饭啊！

吃 饭 啊

ba jɔh glaˀ mat ˀo! 你去洗脸啊！

你 去 洗脸 啊

4. ˀəm，表示请求、劝解语气。如：

ba daˀ jɔh ˀ əm! 你别去啊！

你 别 去 啊

ba rian jɔˀ ˀoˀ ˀəm! 你跟我学啊！

你 学 跟 我 啊

（四）表示感叹语气的助词

1. ˀei，表示感叹语气，相当于汉语的语气词“啊”。如：

tloˀ səŋ gɔˀ maːk ˀei! 这么多菜呀！

菜 这么 多 呀

səŋ gɔˀ ləˀ jɛːŋ ˀei! 真好看呀！

真 好 看 呀

tloˀ klaːi kɛ ˀei! 菜太老了呀！

菜 太 老 呀

2. ˀih，表示惊讶、感叹语气，相当于汉语的语气词“啊”。如：

səŋ gɔˀ tɕaˀ ˀih! 这么远啊！

这么 远 啊

səŋ gɔˀ dʑoŋ ˀih! 这么高啊！

这么 高 啊

第十一节 叹词

叹词是表示感叹、呼唤或应答声音的词，是词汇中比较特殊的一类词。语义上，叹词不表示概念意义，只表示情感意义或呼唤应答。功能上，叹词的独立性很强，或单独成句，或居于句首充当独立成分，不与别的词产生结构上的关系。语音上，叹词可以根据语用目的需要自由变读。

克木语的感叹词丰富，本节只收取常见的叹词，实际数量不止这些。下面从表意功能的角度，对叹词进行分类叙述。

一、表示惊喜和赞叹

例如：

ˀu！ gaːŋ gi səŋ gɔˀ ʥoŋ！ 啊！这房子真高！
啊！房子 这 真 高

ˀəh ˀəh，gə tɛːŋ səŋ gɔˀ klaːi ləˀ lɛːu！ 哈哈，他干得太好了！
哈哈 他 干 得 太 好 了

ˀu！ tɕa n̥am！ 啊！大黑蝉！
啊 蝉 大

ˀə！ nɔ jiar məˀ guːt rɔːt lɛːu！ 哦！他们怎么进来了！
哦 他们 怎么 进来 了

ˀəi！ kə maˀ lɛːu！ 呀！下雨了！
呀 下雨 了

ˀu，səŋ gɔˀ ɲ̥ɛˀ ˀi！ 啊，这么小啊！
啊 这么 小 啊

ˀɯ，laːk tɛˀ məh gə de！ 噢，原来是他呀！
噢 原来 是 他 呀

二、表示哀叹或痛楚

例如：

ˀɯːh，gə klaːi jak lɛˀ！ 唉，他太难了！
唉 他 太 难 了

ˀəi ˀəh，r̥aŋ deˀ ˀoˀ tɕuˀ tɕi han lɛːu！ 哎哟，我的牙疼死了！
哎哟 牙 的 我 疼 要 死 了

ˀəi ˀəh，ˀoˀ glɛn tɕi han lɛːu！　　哎哟！累死我了！

哎哟　我 累 要 死　了

三、表示遗憾、后悔

例如：

ˀɯːh，sən dɛh tən lah lɛːu！　　唉，碗碎了！

唉　碗　　碎　　了

ˀɯːh，kə muːl gə gɔˀ gaːn loːc lɛːu！　　唉，钱他都输光了！

唉　钱　　他 都　输　都　了

ˀəi ˀəh　ˀoˀ　l̥oŋ lɛːu！　　哎呀，我忘记了！

哎呀　我　忘记 了

ˀəi ˀəh　ˀoˀ　tau lɛːu！　　哎呀，我老了！

哎呀　我　老　了

四、表示鄙视

例如：

ˀɯ，gə gɔˀ ləˀ jəh pə rɔːt ˀar ˀməˀ！　　哼，他也好不到哪儿去！

哼　他 也 好 去 不　到　哪儿

phi，tɕat məh gon pə thɯk！　　呸，真是个笨蛋！

呸　　真　是　个　　笨人

ˀɯ，ba lau tɕat ləˀ ȵ̥ ȵɛŋ！　　哼，你说得好听！

哼　你 说　很 好　听

五、表示呼唤或应答

例如：

dəˀ ˀun！　　岩温！（呼）

岩 温

həːi！　　哎！（应）

哎

ˀə，ˀoˀ jɛt ȵɛˀ gɔˀ gaːi！　　哎！我马上就来！

哎　我 马上　就　来

ˀəi！ ba gaːi lɛˀ！　　喂！你过来！

喂　你 来 过

ˀaːh, ləˀ rəh lɛːu!　　嗨，该起床了！

嗨！该 起来 了

ˀɯi, daˀ bɯr!　　哎，别动！

哎 别 动

ˀɯah, jɔh vɛi!　　嘿，快走！

嘿 快 走

aːi, ˀoˀ pə pəˀ!　　哎，我不吃！

哎，我 不 吃

第七章　克木语的构词法和借词

第一节　构词法

构词法是指语素组合成词的方式。克木语的构词法，根据构成词的语素的不同情况可分为单纯词和合成词两大类。合成词又分为复合式和附加式两类，以复合式居多。分述如下：

一、单纯词

由一个语素构成的词是单纯词。根据音节的多少，克木语的单纯词有单音节、双音节和多音节三种类型。

（一）单音节单纯词

r̥oŋ	小溪	bəh	尘土	tuih	泡沫
troŋ	喉咙	tɕoːn	贼	joŋ	父亲
thiaŋ	吵	klam	扛	məˀ	弓
siːm	鸟	mar	蛇	tɕhuk	竹子

（二）双音节单纯词

双音节单纯词有些有双声、叠韵的语音配合关系。如：

双声：kɔŋ kɔːi　野鸡　tlɛːŋ tɛŋ　蜻蜓　daːŋ doːr　虹

叠韵：tlaːm paːm　蝴蝶　kɯr sɯr　粗糙

另外，克木语中有一类特别的双音节单纯词，其第一个音节是鼻音 m、n、ŋ 自成音节或由辅音加央元音 ə 组成的弱化音节。绝大多数双音节单纯词都是这种类型，如：

m pɔːc	摸	m mɛˀ	新	m brok	狼
n taˀ	尾巴	n tɯar	蝙蝠	n ləŋ	松
ŋ kɯr	门板	ŋ kaːm	糠	ŋ koˀ	穿（衣）
kə maˀ	雨	kəl ba	波浪	kəm poŋ	头
lə ŋiŋ	黑暗	ləm boˀ	黄牛	hə ˀɯr	香
sə reh	沙子	sər giːt	磨（牙）	səŋ ˀɯr	葱

（三）多音节单纯词

多音节单纯词数量很少，且多为外来语。如：

kə ləŋ ŋel 摇（头） sip sɔːŋ pan na 西双版纳 tɛːn sɯ thai 电视台

二、合成词

合成词是由两个或两个以上语素构成的词语。合成词可分为复合式合成词和附加式合成词。其中，复合式构词法是最主要的构词方式，具有很强的能产性。

（一）复合式合成词

复合式合成词可分为并列式、修饰式、支配式三种。

1. 并列式

并列式复合词由两个词类相同、语义上有关联的构词语素组合而成，构词语素以名词和动词为主。

jɔˀ bɯːŋ	朋友	kam mɔˀ	箭
朋 友		箭 弓	
tɛːŋ jɔh	发展	jɔh phɔːm	开会
建设 继续		去 开会	
bɔr khrɔ	祷告	nuˀ khuɛn	欺负
念 求		欺负 看不起	
hɛːt lu	嚷	jɛːŋ nəːŋ	认（字）
叫 嚷		看 知道	

2. 修饰式

修饰语素可以是名词语素、动词语素、形容词语素。中心语素多为名词，动词也可以充当中心语素。修饰语与中心语的语序关系主要有两种情况：当中心语素是名词语素时，修饰语一般在名词语素之后；当中心语素是动词时，修饰语素一般在动词之前。

（1）名词中心语素＋名词修饰语素：

n tuˀ rə məːi	耳孔	pleˀ plɔːn	腿肚子
洞 耳朵		果 小腿	
nuːm rɔː i	痣	ˀom muh	鼻涕
尿 苍蝇		水 鼻子	
r̥aːŋ sər vɛːk	犬齿	tlɔːm tuh	肺
齿 狗		肝 泡沫	

tiˀ　drɔˀ	竹火把	taˀ　thau	老头儿
手指 竹		男人 老人	
joŋ　　kuŋ	村长	tər nɯl hə ˀjiar	鸡窝
父(长辈)村		窝　　鸡	
kɔːn kap	蜂蛹	kɛːu mat	眼镜
婴儿 盒子		玻璃 眼睛	
taˀ ˀniaŋ təm paˀ	秤	ˀom pi	墨水
天平　　乌龟		水　笔	

(2) 名词中心语素＋形容词修饰语素：

kəm poŋ kluc	秃头	ŋ kaːm jaˀ	粗糠
头　　　秃		糠　　粗	
lim　ȡoŋ	柜子	sən dɛh phɛ lɛ	盘子
箱子 高		碗　　　扁	

(3) 名词中心语素＋动词修饰语素：

bɛːm buh	背篓	glaːŋ tər lɛŋ	磨刀石
篓　　背(东西)		石头 磨(刀)	
kə mul ȡaːŋ	工钱	raːn tec	商店
钱　　打工		店　卖(东西)	
gon　tɛˀ	演员	gaːŋ　tɛˀ	教堂
人 唱歌、跳舞		房子 唱歌、跳舞	
tɕə lɔːŋ tɯːr	飞机	khoŋ lɯn	体育场
船　　　飞		场地 玩	
saːi haːm	刹车	kɛːu　pɛl	镜子
线 刹住		玻璃 照	

(4) 名词中心语素＋拟声词修饰语素

klaːŋ mɯŋ	雷	khɛp təp tɛp	拖鞋
老鹰 隆隆声		鞋　　踏踏声	
glək trot	水烟筒	pleˀ plək plɛk	乒乓球
烟　噜噜声		果　乒乓声	

3. 支配式

支配式合成词一般由动词语素和名词语素组合构成双音节合成词，且动词语素在前，名词语素在后。

bɯr pə teˀ	地震	guːt gək	监狱
震　地		进　(猪)圈	

除这三种单层的复合词外，还有一些结构关系复杂的多层复合式合成词。多层复合式合成词是由三个或三个以上的语素构成的，不同语素之间形成多层结构关系。在由三个语素构成的多层结构的复合词中，一般是以第一个语素为中心语素，后两个语素先结合在一起后，再共同修饰中心语素。以 naːiˀ mɔk to“老师”为例，naːiˀ(领导)是中心语素，mɔk(教)和 to(书)结合之后共同修饰 naːiˀ，即“教书的领导”。又如：

ˀom khruk taːt	瀑布	toŋ hur phrɯa	吹火筒
水　水落下陡		筒　吹　火	
tuˀ tiˀ tɛːp	衣袖	tɔːi kən tuar tɛːp	领带
袖 手 衣服		带　脖子　衣服	

(二) 附加式合成词

附加式合成词由词根语素加词缀构成，克木语的分析性强，属于词缀不丰富的语言。克木语的词缀有前缀、中缀和后缀，以前缀居多，后缀次之，中缀最少。

1. 前加式

前加式是由前缀加词根构成的。克木语的前缀在语音上是弱化音节形式，主要有名词前缀和动词前缀。

(1) 名词前缀

由弱化音节构成的名词前缀主要有 sər、səm、səŋ、tər、kər 等，它们加在动词前面，构成与该动作相关的名词。例如：

sər gɛp	火钳	sər ȵak	手镯	sər ˀɛu	裤带
夹		戴(手镯)		系(裤带)	
səm tɕɔh	口水	səm pɔˀ	扫帚	səŋ gwan	发髻
流(口水)		扫		发(髻)	
səŋ mah	食物	səŋ pɔk	蚊子	səŋ huk	刷子
吃		咬		刷	
səŋ kloːi	项链	səŋ gal	烤的	səŋ həm gləˀ	发夹
戴		烤		夹起(头发)	
səŋ laːk	假	səŋ dap	盖子	səŋ duh	扔出的东西
骗		盖		扔	
tər ˀɛh	浮肿	tər ləːi	泥鳅	tər baˀ	疤
肿		翱翔		碰伤	
kər moŋ	圆形	kər vɛh	膝以下部位	kər nɯah	枕头
滚动		叉开(腿)		靠(枕头)睡	

除了上述词缀，还有部分弱化音节如 kəm、kəl 等，虽具有一定的构词能力，但能产性较差，

目前正处于向词缀过渡阶段，这种不典型的词缀，我们称为半词缀。例如：

表 7－1　半词缀构词

名　词	动　词
kəm nuːm 膀胱	nuːm 尿(尿)
kəm buːl 中毒	buːl 海绵
kəl ˀak 乌鸦	ˀak (乌鸦)叫
kəl paːŋ 开白花的树	paːŋ 开(门)

此外，有一类词根语素，具有语法化趋势，表示名词类别，此处称为类别前缀。如，pleˀ 是"水果"的意思，作为前缀与水果名称结合，表示种属概念。另外，pleˀ 的语义进一步泛化，可以表示一切形状与水果相似的事物。例如：

pleˀ lə ŋi	芒果	pleˀ m phuŋ	桃子	pleˀ m man	李子
pleˀ ȵ tɕuk	橘子	pleˀ ˀmak buˀ	柚子	pleˀ kɯl puːn briˀ	葡萄
pleˀ riŋ	陀螺	pleˀ plɔk plɛk	乒乓球	pleˀ ˀmak lum	篮球

tuːt 本义是"根"，后来语法化为树的总称。例如：

tuːt kəl doc	红毛树	tuːt mɛi sɛːk	柚木	tuːt raːŋ trɔːl	攀枝花树
tuːt tɕə rɯm	刺桐树	tuːt kɔːk mɛːŋ	桑树	tuːt jaːŋ	橡胶树

kɔːn 本义是"儿童"，语法化为泛指"小"的意思，指人表示幼儿，指动物表示动物幼崽，还可以表示其他与"小"相关的概念。例如：

kɔːn daːm tiˀ	小指	kɔːn gɔːp	老幺	kɔːn tɕəm brɔˀ	小男孩
kɔːn ga ȵɛˀ	小商贩	kɔːn ləm boˀ	黄牛犊	kɔːn m braŋ	马驹
kɔːn sɯaŋ	猪崽	kɔːn hə ˀjar	雏鸡	kɔːn kap	蜂蛹

(2) 动词词缀

动词词缀数量不多，主要的语法功能是表示使动范畴。有两种语法形式：

一是通过鼻辅音 m、n、ȵ、ŋ 表示。加鼻辅音的是自动态，不加的是使动态。这几个鼻音是同一音位的不同变体，根据后面音节声母的不同发音部位选用，呈互补分布状态。例子见表 7－2：

表 7－2　加鼻辅音构词

使　动	自　动
pɛh 掰开	m pɛh 自己开
toh 取出	n toh 自己出来
paŋ (墙)倒	m paŋ 自己倒了
tɕaːk 撕	ȵ tɕaːk 衣服穿破
kah 解开	ŋ kah 自己开了

paːŋ 开(门)	m paːŋ (门)自己开了
puc 脱(衣)	m puc 自己掉了

二是通过弱化音节前缀表示,加弱化音节前缀 pən 的是使动范畴,不加的是自动范畴。例如:

表 7-3 加弱化音节前缀构词

自 动	使 动
drɛh (睡)醒	pən drɛh 使醒
dəˀ 烂	pən dəˀ 拆(房子)
tɯr tɛc 断	pən tɯr tɛc 弄断(线)
mah 吃饭	pən mah 喂饭
sə koˀ 湿	pən sə koˀ 弄湿
təl pak 树断	pən təl pak 弄断(树)
gəi 习惯	pən gəi 使习惯
ʨom 沉	pən ʨom 使之沉
gaːp 咬	pən gaːp 使之咬
glaˀ 洗脸	pən glaˀ 帮小孩洗脸
gah 自己开	pən gah 使解开
klɛh 润滑	pən klɛh 使润滑
den 坐	pən den 使之坐
laːc 丢失	pən laːc 使丢失
mun 碎	pən mun 弄碎
muːm 洗澡	pən muːm 给小孩洗澡
thiaŋ 吵	pən thiaŋ 挑拨,使人吵架

2. 中加式

中加式是指在单音节词的声母和韵母之间插入中缀构成新的双音节词的结构方式。大多是动词插入中缀后变成名词,也有个别情况是名词插入中缀后变成语义相关的另一个名词。克木语的中缀数量很少,常见的是 r n,此外还有 m、m n、n、n l、r 等,但能产性很弱。

中缀有双辅音和单辅音两种。单辅音中缀插入后,与韵母结合在一起,前面的声母后则增加一个央元音 ə 构成弱化音节;双辅音中缀插入后,前一辅音与声母结合,两个辅音之间添加央元音 ə 构成弱化音节,后一辅音直接与韵母结合。例如:

表 7-4 加中缀构词

动 词	中 缀	名 词
pəːi 扇	r n	pər nəːi 扇子
təh 凿(洞)	r n	tər nəh 凿子

tɕh 擦(火柴)	r n	tər nɛh 火柴
tɕɔk 开(锁)	r n	tɕər nɔk 钥匙
kɛp 用指甲刀剪	r n	kər nɛp 指甲刀
seh 倒入(沙子、谷物等)	r	sə reh 沙子
koh 剁肉	m n	kəm noh 砧板
sat 射偏	n	sə nat 枪

3. 后加式

后加式是由词根加后缀构成的。克木语的后缀很少,主要有以下几种:

(1) 形容词性状后缀,附在形容词词根之后,表示状态。如:kheu lek deːk(绿油油),kheu 表示"绿",lek deːk 表示绿的样子。形容词性状后缀的语音特点是以叠韵或韵尾相同为主,有部分音节重叠。例如:

sə gar　təŋ rəŋ	tɕɛt tɕəm rɯam	kɔk loŋ goŋ
直　直的	酸　酸的	弯　弯的
jim səŋ ˀeːŋ	jim sɛɲ riaɲ	tɕə ŋaːr　ˀeŋ treŋ
红　艳艳	红　彤彤	黄　澄澄
tɕɛŋ tɕə ˀɯk	hɛːu ˀeŋ reŋ	sə kɔˀ　luc duac
苦　苦的	干　干的	湿　湿的
ɲ dʑaːl tɯk mɔk	klɔk bɔːl bɔːl	hə ˀja　tɕə ˀə
轻　飘飘	白　茫茫	甜　甜的

(2) 表示"相互"的后缀 jɔˀ,本义是"朋友",加在词根语素的后面表示参与者至少在两人以上。例如,deˀ jɔˀ"结婚"至少需要有新郎和新娘两个人才能进行;ˀu jɔˀ"聊天"也是要两个人以上才行,一个人自言自语不能叫做聊天。例如:

dʑɔːi jɔˀ	帮助	ˀeːŋ jɔˀ	比赛	klih jɔˀ	吵闹
bak jɔˀ	打架	mɛŋ jɔˀ	发(东西)	gən jɔˀ	分手
deˀ jɔˀ	结婚	ˀiŋ jɔˀ	靠(着)	ˀu jɔˀ	聊天
ˀuːp jɔˀ	商量	brɔːŋ jɔˀ	约定	brɔːm jɔˀ	一起

第二节　借词

借词是语言接触的产物。当两个使用不同语言的民族相互接触时,他们的语言会相互影响。语言接触产生的影响会逐步渗透到语言的词汇、语音和语法各个层面。词汇系统是语言系统中开放度最高的子系统,在语言接触过程中最先发生变化。

新事物、新思想或新观念的产生首先通过词汇表现出来,外来文化的冲击势必会促使语言产生一批新词语，而直接借用其他语言的词语是解决词汇不足的一个重要手段。

在与其他民族的交往中，克木人的生产和生活的各个方面都不同程度地受到其他民族的影响，这些影响在语言中主要表现在借词上。克木语的词汇系统吸收了大量来自其他语言的借词。其特点主要包括以下五个方面：

一、克木语借词主要来源于傣语

中国克木人世代与傣族毗邻而居。在长期的接触和交往中，克木人的建筑、服装及风俗习惯等受傣族文化影响较深，语言的影响主要表现为大量傣语借词的进入。在我们记录的克木语 2000 词中，傣语借词有 223 个，占 11.15%。傣语借词的特点如下：

（一）傣语借词涉及的语义范围广

傣语借词涉及多种词类，如名词、动词、形容词、数词、量词等，其中以名词居多。在语义上，傣语借词的覆盖面很广，涉及地名、职业、亲属称谓、农业、畜牧业、食品、宗教、教育、科技用语等生产、生活的各个方面。

1. 与宗教有关的词如：

braˀ tɕau	佛教	that	佛塔
vat	寺庙	to thaːm	佛教经书
pha tɔːi	袈裟	braˀ tɕau	菩萨

2. 与生活用品有关的词如：

kheːŋ	铁三脚架	tɕɛk puh krua	洗衣机
grɔːŋ thɔŋ	电筒	mit khut	剃须刀
na li	手表、钟点	tɕɔk buːc	酒杯
pleˀ ˀmak lum	篮球	jaːŋ lot	轮胎

3. 与地名、处所有关的词如：

mɯaŋ hɔ	中国	mɯaŋ thɛi	泰国
mɯaŋ laːu	老挝	mɯaŋ maːn	缅甸
mɯaŋ la	勐腊	ˀmɔ raːn	磨憨
raːn mah	饭馆	mɔ ˀjaˀ	医院

4. 与教育有关的词如：

kɔːn rian to	学生	pɔp	书
rə jaˀ pɔp	书包	rian loːc	毕业
rian	念书（上学）	gaː rian	学费

5. 与农业、畜牧业有关的词如：

kiaːu	镰刀	sɛk kiːeu	割（草）

kep kiau	收割	liaŋ	养(鸡)
gɔːk sɯaŋ	猪圈	gɔːk m braŋ	马圈
gɔːk bɛˀ	羊圈	gɔːk traːk	牛圈

6. 与水果、蔬菜有关的词如：

pleˀ m phuŋ	桃子	pleˀ ˀmak buˀ	柚子
pleˀ m man	李子	pleˀ ˀmak kə ˀnat	菠萝
pleˀ ȵ tɕuk	橘子	pleˀ m moːŋ	芒果
phak dʑi	茴香	phak brək	萝卜

(二) 部分傣语借词进入核心词汇

一些傣语借词由于借入克木语的年代较早，如今已经融入核心词汇，成为使用频率较高的日常用语。如：

mɔːn	地	siaŋ	声音
ˀa ȵuˀ	年龄	kə daː i	兔子
pɔŋ kɛːu	窗子	kɔːŋ	瓶子
tɕɔːŋ	伞	lɯa	锯子
(moːi) gu	(一)双	(moːi) l̥ak	(一)公里
graːi；ȵai	搬(家)	ˀjɯm	借(钱)
pha	劈(柴)	bɛ	赢

(三) 部分傣语借词已具有能产性

一些借词可以作为构词成分与本语词中的词根或词缀结合构成新词。如：

lotˀ	n̥am	汽车	lotˀ	traːk	牛车
车(傣)	大(克木)		车(傣)	牛(克木)	
gɔːk	sɯaŋ	猪圈	gɔːk	m braŋ	马圈
圈(傣)	猪(克木)		圈(傣)	马(克木)	
taːŋ	pɯk	全部(物)	taːŋ	grək	所有(物)
全(傣)	完(克木)		全(傣)	家族(克木)	

(四) 数词大部转用傣语数词

克木语数词系统几乎全部转用傣语借词，本语固有数词濒临消亡。仅有为数不多的老人能用克木语数到10，大部分克木人只能用克木语数到3，有的青少年全部转用傣语数词。

nəŋ	一	sɔŋ	二	sam	三

si	四	ha	五	r̥ok	六
tɕet	七	pɛːt	八	kau	九
sip	十	rɔːi	百	ban	千
m̥ən	万				

序数词全部使用傣语借词，表示序列的本语词 dʑɛn“第”和傣语借词 thiˀ 并存，傣语借词使用较多。

thi nəŋ	第一	thi sɔŋ	第二
第 一		第 二	
thi si	第四	thi ha	第五
第 四		第 五	
thi sip	第十	thi sip et	第十一
第 十		第 十一	

二、近代新词术语主要来源于汉语

汉语对克木语的影响主要是在新中国成立之后。新中国成立之前，克木人生活在山区，与汉族接触少。新中国成立后，在党和国家的关怀下，克木人逐渐移居到坝区，开始向汉、傣等民族学习种植水稻、玉米及香蕉、橡胶等作物。随着广播电视的普及、九年义务教育的实施及汉文化的不断深入，克木语中出现了越来越多的汉语借词，主要包括一些地名、新事物名称、政治词语及科学术语等，如：

mɛːn pau	面包	vəi tɕin	味精
mei koˀ	美国	sip sɔːŋ pan na	西双版纳
səu tu	首都	maːn ku	曼谷
jiau tɕiˀ	邮局	fa jɛn	法院
kuŋ si	公司	vaːŋ pa	网吧
tɛːn jin	电影	səu tɕi	手机
sə hui tɕu ji	社会主义	kuŋ saːŋ taŋ	共产党

由于社会的变化，以及与汉族接触的增多，克木人词汇借用出现了转型，即由向傣语借词为主转为向汉语借词为主。这种转型，对克木语语言结构的特点及其演变有了重要的制约作用。

三、借用方式

借词进入克木语有两种方式，一是音借，二是半音借。

(一) 音借

音借是指保持借词的原有发音，按照克木语的语音规律对其进行相应的改造，但其主要语音特征不变。克木语对借词的语音改造包括改变声母和改变韵母两种情况。

1. 改变声母

克木语声母系统中没有 tʂ、tʂh、ʂ，汉语借词中的 ʂ 改为 tɕ、tʂ 、tʂh，ɕ 改为 s。另外，汉语中的 w 改变为 v。如：pɔp tɕɯ "报纸"，tɛːn sɯ "电视"，kuŋ saːŋ taŋ "共产党"，va "袜子"，vəi tɕin "味精"等。

克木语的声母系统虽然包含了傣语全部声母，但傣语借词进入克木语时，有些声母仍需改变。主要表现为清与浊、送气与不送气，以及鼻音清化与非清化的对应。如傣语的清声母进入克木语后变成对应的浊声母，傣语 puŋ"泥巴"进入克木语后变成浊音 buŋ。傣语中的清声母 p 对应克木语中的浊声母 br，如 paˀ"和尚"，进入克木语后变为 braˀ。傣语中的不送气音进入克木语变为送气音，如 tot"罪"进入克木语后变为 thot。傣语的鼻声母进入克木语后变为清化鼻声母，如：muak"帽子"变为 m̥uak，mɯan"像"变为 m̥ɯan，nak"重"变为 n̥ak。

2. 改变韵母

由于克木语韵母系统中包含全部傣语韵母，所以克木语中的傣语借词的韵母基本没有发生音变。汉语借词中有些双元音韵母转变为单元音韵母，ia 对应克木语中的 ɛː，ye 和 ua 都对应克木语中的 ɔ 等，如：

sɛːn	县	mɛːn	面
tɕuŋ sɔ	中学	sɔn su	算术

(二) 半音借

半音借指的是用外来语和本族语相结合的方式构造新词，即词的一部分借用外来语，另一部分使用本族语。这类词语中的借用部分和本族语部分之间的语义主要是语义叠加。当借词的整体义是借用部分和本族语部分语义相加之和，或者词义外延大于两部分语义之和，这两部分之间的语义关系即为语义叠加。

kheu lek deːk 绿油油
绿(傣) 油油(克木)

pleˀ ˀmak lum 篮球
球状(克木) 球状(傣) 气(傣)

lot ˀ n̥aːm 汽车
车(傣) 大(克木)

mɯaŋ n̥am 大城市

城市(傣)大(克木)

tɕɛk puh grua 洗衣机

机器(傣)洗(克木)东西(克木)

lot saʔ raʔ 卡车

车(傣)车(克木)

ʔom tɕaːŋ 酱油

水(克木)酱(汉)

rəŋ dɔːŋ tɛn 电梯

梯子(克木)电(汉)

四、借词与本语词并用

克木语中存在借词和本语词并用的现象,借词多为傣语借词。借词与本语词在语用上的差异主要体现在年龄上。具体是年龄较大者多使用傣语借词,年龄偏小者多使用本语词或汉语借词。因为年长者受傣族文化影响较大,傣语水平较高,所以使用傣语借词的情况多,而年轻的克木人从小接受汉族文化教育,受汉族文化影响远大于傣族,其汉语水平也远高于傣语,因此他们使用本族语或汉语借词的情况多。

表 7-5 固有词和借词的对照

汉义	固有词	傣语借词	汉义	固有词	傣语借词
水库	om dɯŋ	pan phai	蚌	blaʔ	meːŋ
凉棚	tɕə ʔoʔ	tuːp	酒杯	glək buːc	tɕək buːc
合适	tə rɔʔ	kəŋ	搬(家)	graːi	ɳai
借(钱)	khə rɔ	ʔjɯm	洗(碗)	ra	kər laːŋ
选举	rɛh	lɯak	增加	təm bɔʔ	thɛːm

借词与本语词的语义关系有两种:一种是语义完全相同,这种情况下两个词的并存只能是暂时的。根据语言经济原则,语义完全相同的词语之间存在竞争关系,竞争的结果是其中一个胜出,保留在语言中继续使用,其余的将被淘汰。另一种是借词和本语词的语义不完全相同,构成互补关系,例如:傣语借词 tɕək buːc 多指“玻璃酒杯”,而本语词 glək buːc 一般指“竹制的酒杯”,二者的使用场合不同。

五、借词对克木语的发展起到积极的促进作用

(一)借词丰富了克木语的词汇系统

大量傣语借词和汉语借词进入克木语词汇系统后,填补了许多概念上的空白。如:傣语借

词中有关佛教的词语 braˀ tɕau“佛教”、that“佛塔”、to thaːm“佛教经书”，有关畜牧业的词语 la“驴”、gɔːk traːk“牛圈”，汉语中有关科技、政治、文化的词语 tɛːn jin“电影”、phin tau“频道”、kuŋ saːŋ taŋ“共产党”，以及一些地名 mei koˀ“美国”、phaˀ tet“国家”、ˀmɔˀ ten“磨丁”。

（二）借词使克木语表达更加准确、细致

克木语中有些词语表达的概念宽泛，语义范围广，如：mɔ“医生”，泛指所有的医生，包括巫医、兽医在内。但是随着社会的发展，克木人有必要对医生这一概念进行细致划分，于是引进了 mɔ ˀjaˀ，专指医院里的医生。克木语中表示城镇的只有一个词，无论城镇的规模有多大都叫 mɯaŋ，北京市、昆明市、勐腊县都叫做 mɯaŋ。显然这一概念与现代社会行政区划分标准不一致，于是克木语引进了表示不同级别的行政单位词，如：siɛːŋ“乡”、sɛːn“县”、səu tu“首都”等。

第八章　克木语的短语

短语是词和词组成的比词大、比句子小的结构单位，又称词组。它和句子的区别在于是否有语调。构成短语的语法手段包括词的语序、虚词和形态变化。克木语是一种分析性很强的语言，主要靠语序和虚词构成短语。如：ˀɯak（喝）buik（酒）是动宾关系的“喝酒”，buik ˀɯak 是偏正关系的“喝的酒”；maˀ（母亲）deˀ（的）ˀoˀ（我）是“我的母亲”，maˀ（母亲）poˀ（和）ˀoˀ（我）是“我和母亲”。

按照不同的标准可以将短语分成不同的类别。从短语的构成来看，克木语的短语可以分为主谓短语、动宾短语、中补短语、偏正短语、联合短语五种基本结构类型，此外还有连谓短语、兼语短语、同位短语、方位短语、量词短语、介词短语、“的”字短语等。从短语的功能来看，克木语的短语可以分为名词性短语和谓词性短语两类。

第一节　短语的结构类

一、主谓短语

由主语和谓语两个成分组成，主语在前、谓语在后。主语是被陈述、说明或评价的对象，谓语是陈述、说明或评价主语的，用语序和词类来表明其间的陈述关系。主谓短语的结构类型主要有：

（一）名词或代词＋动词

joŋ thau jɔh laˀ piŋ̥　　爷爷上山打猎
爷爷　上山　打猎

kɔːn n̥ɯm tɕəm kɯn tɛˀ　　姑娘们跳舞
小姑娘　　跳舞

hə ˀjiar tloh tər ˀoˀ　　公鸡叫
公鸡　　叫

mat briˀ guːt　　太阳落
太阳　落

ˀoˀ　guˀ　　我喜欢
我　喜欢

na jaːm　　她哭
她　哭

（二）名词或代词＋是＋名词或名词性短语

səbaŋ məh nɯm ŋ meˀ　　明天是新年
明天　是　年　新

gə məh joŋ kuŋ　　他是村长
他　是　村长

lu ɕun məh gon tʃə tɕiaŋ	鲁迅是浙江人	sə na məh jɔˀ duːl	他俩是朋友
鲁迅　是　人　浙江		他俩　是　朋友	

(三) 名词或代词+形容词/形容词短语

kuŋ gaːŋ ləˀ	家乡好	bɔ gɔˀ tɕaːt nəːm	大家很高兴
家乡　好		大家　很　高兴	
ˀah ləh n̥am tɕoŋ	身材高大	ŋɔːr sə gar təŋ rəŋ	路直直的
身材　大　高		路　直直	

(四) 名词性短语+动词短语

da rəm boh gə l̥ian rot	他的脸上长着麻子	jɔˀ tec m̥aːr rɔt lɛu	卖盐的来了
上　脸　他　出　麻子		的　卖　盐　来　了	

(五) 动词或动词性短语+形容词

raːi gon pə ləˀ	骂人不好	bak lot jəh vɛi lɯa	骑车去快
骂　人　不　好		骑　车　去　快　比	

二、动宾短语

动宾短语是由动语和宾语两部分组成，动语在前、宾语在后。宾语常由名词、代词或名词性短语等充当，有时也由动词、形容词或动词性、形容词性短语充当。动宾之间的支配、关涉关系用语序来表示。

(一) 动词+名词

dɯŋ kaˀ	捕鱼	lom n drok	盖被子
捕　鱼		盖　被子	
rɔːt mɯaŋ la	到勐腊	pɯaːt ˀom buˀ	挤奶
到　勐腊		挤　奶汁	

(二) 动词+代词

pən tun me deˀ	告诉你	guˀ　na	喜欢她
告诉　你		喜欢　她	
jəh da gi	来这里	guˀ laːk de	骗自己
来　这里		欺骗　自己	

（三）动词＋名词性短语

ˀɯak kə baːr hɔŋ	喝二两	təŋ guˀ m̥uak jim	戴红帽子
喝　二　两		戴　帽子　红	
vɛt seŋ　de mah	买吃的	nuˀ khuɛn jɔˀ ȵɛˀ	欺负小的
买 东西 的 吃		欺负　　的 小	

（四）动词＋动词、形容词或动词性、形容词性短语

phək təːm	学唱歌	guˀ　tɛˀ	喜欢跳舞
学　唱歌		喜欢 跳舞	
ru pən sə gar	拉直	mah tɕaːt biˀ	吃得饱饱的
拉　　直		吃　很 饱	

三、偏正短语

偏正短语由中心语和修饰语两部分组成。修饰语是用来描写或限制中心语的，中心语包括名词中心语和谓词中心语。

（一）名词做中心语的偏正短语

名词做中心语的偏正短语是中心语在前、修饰语在后。名词中心语多表示人、物、时间、处所、范围等，修饰语是用来描写或限制中心语指称对象的属性、数量、领属、范围等，多由形容词、代词、名词等充当，动词和短语也可充当修饰语。中心语和修饰语之间有时加 deˀ“的”或 jɔˀ“的”，名词或代词修饰语加 deˀ“的”，动词或形容词修饰语加 jɔˀ“的”。

1. 名词＋形容词

gleˀ hiaːŋ	黑头发	kɔn tɕəm kɯn jɔˀ blia	漂亮的女孩
头发 黑		女孩　　　的 漂亮	
hɛːm ȵɛˀ	小妹妹	sə ˀɔːŋ n̥am	大树
妹妹 小		树　　大	

2. 名词＋代词

maˀ　ˀoˀ	我妈妈	kə muːl deˀ de	自己的钱
母亲 我		钱　　的 自己	
m̥uak deˀ gə	他的帽子	viak luaŋ deˀ bə riaŋ	别人的事情
帽子　的 他		事情　　的　别人	

3. 名词＋名词修饰语

gaːŋ sə[ʔ]ɔŋ	木头房子	krua dʑɛ[ʔ]	傣族服装
房子 木头		服装 傣族	
jɔ[ʔ] duːl (de[ʔ]) joŋ	爸爸的朋友	səŋ phəm jɔ[ʔ] ŋ tɕə[ʔ]	昨天的会议
朋友 (的)父亲		会议 的 昨天	

4. 名词＋动词修饰语

sɯa han	死猪	buːc jɔ[ʔ] ʔɯak	喝的酒
猪 死		酒 的 喝	
gɔːn siːm jɔ[ʔ] taːɲ	编的鸟笼	kɔn rian jɔ[ʔ] nɔ rian loːc	毕业的学生
鸟笼 的 编		学生 的(他们)毕业	

5. 名词＋短语

kɔːn kəm m̥u[ʔ] kə baːr gon	两个克木人	bɛ[ʔ] to gi	这只羊
克木人 两 个		羊 只 这	
rəŋ kɔːŋ jɔ[ʔ] tɕaːt dʑoŋ	很高的山	gon jɔ[ʔ] tec kən drɯaŋ	卖东西的人
山 的 很 高		人 的 卖 东西	

(二) 动词做中心语的偏正短语

动词作中心语的偏正短语是中心语在前、修饰语在后，有些是修饰语在前、中心语在后。修饰语常由副词、形容词、代词、名词、能愿动词、短语等充当，表示动作的状态、方式、程度、频率、可能，或表示否定，以及动作发生的时间、处所。

1. 副词＋动词

hɛi jɔh	已经走	khɔ rɔːt	刚到
已经 走		刚 到	
pe dɯːm	不相信	tɕat sɯr ʔeːŋ	很想念
不 相信		很 想念	

2. 动词＋副词

jaːm hɯa	经常哭	gaːi səl mə[ʔ]	果然来了
哭 经常		来 真的	
jɔh sən de	单独去	gaːi po[ʔ] jɔ[ʔ]	一起来
去 单独		来 一起	

3. 动词＋形容词

jɛːŋ ʔan ri[ʔ]	仔细看	lau ləm jaːŋ	慢慢说
看 仔细		说 慢慢	

jəh səm kɔːi　　悄悄地走　　ɲɛŋ ri　　认真听

走　悄悄　　　　　　　　　　听　认真

4. 动词＋名词

jəh sə gi　　今天去　　tɕi gaːi sə baŋ　　明天来

去　今天　　　　　　　　　　要 来 明 天

5. 动词＋代词

jəh dok məˀ　　怎么去　　tɛːŋ tɕaˀ gi　　这样做

去　怎么　　　　　　　　　　做　这样

6. 能愿动词＋动词

tɕi bɯan jəh　　应该去　　tɕhaːi sə roˀ　　会说

应该　去　　　　　　　　　　会　说

tɕuˀ jəh　　愿意来　　tɕuˀ ˀəh　　肯干

愿意 来　　　　　　　　　　愿意 干

7. 动词＋形容词的重叠形式或介词短语

daːr wɛi wɛi　　快快地跑　　mah jɛt dah gaːŋ　　在家里吃

跑　快　快　　　　　　　　　吃　在　里　家

8. 介词或动词短语＋动词

rəh mɯaŋ la rɔt　　从勐腊来　　pə lɔːc pə klah jɛt lau　　没完没了地说

从　勐腊　来　　　　　　　　没完　没了　说

（三）形容词做中心语的偏正短语

形容词做中心语的偏正短语是修饰语在前、中心语在后，有的是中心语在前、修饰语在后。修饰语多由副词、代词充当，表示性质的程度等。

1. 副词＋形容词

tɕat mak　　很多　　pə jɯam　　不贵

很　多　　　　　　　　　　不　贵

tɕat n̥am　　最大　　klaːi jim　　太红

最　大　　　　　　　　　　太　红

2. 代词＋形容词

tɕat maːk　　这么多　　səŋ gɔˀ tɕaˀ　　那么远

这么　多　　　　　　　　　那么　远

四、中补短语

中补短语由中心语和补语两部分组成，中心语在前、补语在后。中心语由动词、形容词充当，补语多由动词、形容词、副词或短语充当，表示动作的结果、趋向、完成、持续，性状的程度、出现等。

（一）动词+动词补语

mah loc	吃完	tɯːr duˀ	飞走
吃 完		飞 走	
duˀ l̥ian	走出	mɔt jəː	拿起
走 出		拿 起	

（二）动词+形容词补语

mah biˀ	吃饱	ŋ taːr hɛːu	晒干
吃 饱		晒 干	

（三）形容词+副词补语

ləˀ jɛːŋ bɛŋ	好看极了	tɕat blia bɛŋ	漂亮得很
好看 极		很 漂亮 极	

（四）形容词+动词补语

bah təŋ r̥əŋ	亮起来	gɔːi thɔːi jɔh	慢下来
亮 起 来		慢 下来	

（五）动词+短语补语

təːm sam mɯ	唱了三天	daːr tɕat wɛi leˀ	跑得很快
唱 三 天		跑 很 快	

五、联合短语

由相同词性的词或相同结构的短语并列而成的短语叫做联合短语。除单独成句外，联合短语通常是作为一个整体充当某一句法成分的。其并列单位的语法地位平等，相互间可以调换位置而不影响它们之间的语法关系和意义。并列单位之间可以用连词 poˀ“和”连接。名词、动词、形容词、代词或短语都可以组成联合短语。

（一）名词+名词

pə teˀ lə vaːŋ	天地	phrɛː mok	兄妹
地 天		妹 兄	

knat po^{ʔ} pi	纸和笔	kɔːn tɕəm brɔ^{ʔ} po^{ʔ} kɔːn tɕmkɯn	儿子和女儿
纸 和 笔		儿子 和 女儿	

（二）动词＋动词

de^{ʔ} mah（mah de^{ʔ}）	吃穿	^{ʔ}mak raːi	打骂
穿 吃		打 骂	
khrah jaːm	哭笑	jɔːh gaːi	来往
哭 笑		去 来	

（三）形容词＋形容词

ȵɛ^{ʔ} n̥am	大小	ja^{ʔ} leh（leh ja^{ʔ}）	远近
小 大		远 近	
ŋ̣ dɛ^{ʔ} tɕoŋ	高低	səŋ laːk po^{ʔ} sər mə^{ʔ}	真假
低 高		假 和 真	

（四）短语＋短语

jaːm ^{ʔ}nɛ tɕərai ^{ʔ}nɛ	又哭又闹	təːm ^{ʔ}nɛ tɛ^{ʔ} ^{ʔ}nɛ	边唱边跳
哭 又 闹 又		唱 边 跳 边	
^{ʔ}ɯak buːc sok ^{ʔ}jaː	抽烟喝酒	ȵɛ^{ʔ} ŋ de^{ʔ} n̥am guːl	矮小肥胖
喝酒 抽 烟		小 矮 大 肥胖	

六、连谓短语

两个或两个以上的谓词性成分连用，中间不用关联词语也没有语音停顿，没有上面五种基本句法关系，表示动作主体先后发生的两个或几个动作。例如：

jɔh rəŋ kɔːŋ bliat hə ^{ʔ}e^{ʔ}	上山打柴	vec da gaːŋ tɛŋ səŋ mah	回家做饭
上 山 打 柴		回 家 做菜 饭	
jɔh guːt kaːt vɛt kən drɯŋ	到街上买货	jɔh phɔːm pə tɕin	去北京开会
到 街上 买 货		去 开会 北京	
ŋ ȵɛŋ hoc tɕat nəːm	听了很高兴	jɔh sɔk jɔ^{ʔ} duːl ^{ʔ}jɯm kə muːl	去找朋友借钱
听 了 很 高兴		去 找 朋友 借 钱	

七、兼语短语

由前一动词的宾语兼做后一动词或形容词的主语，即动宾短语的宾语和主谓短语的宾语套叠，形成一个宾语兼主语的兼语，有兼语的短语叫做兼语短语。

het ˀoˀ gaːi	叫我来	ˀmok gə jɔh	派他去
叫　我 来		派　他 去	
ˀan kɔːn mah kaːl	让孩子先吃	khrɔ gə guːt gaːi	请他进来
让 孩子 吃　先		请　他 进　来	
sen ˀan gə məh jɔŋ kuŋ	选他当村长		
选　让 他　当　村长			

八、同位短语

多由两部分组成，前后两部分的词语不同但所指相同，不同的词语凸显同一事物的不同属性，它们的语法地位相同，共同充当某一句法成分。例如：

ˀiˀ　məˀ gɔˀ	我们大家	bɔ　bɯŋ tri	你们几位
我们 大家		你们 几 位	
jɔŋ kuŋ thau vaːŋ	村长老王		
村长　　老王			

九、方位短语

由方位词直接附着在名词性或动词性词语前面组成，表示处所、范围或时间。例如：

da nək pər lɔŋ	大门外	da rəm boh	脸上
外　　大门		上　　脸	
da kaːl kuŋ	寨子前面	kaːl sam mɯ	三天前
前面　寨子		前　三　天	

十、量词短语

由数词或指示代词加上量词构成。由数词加上量词组成的叫数量短语，其排序是数词在前、量词在后。由指示代词加上量词组成的短语称指量短语，其排序是量词在前、指示代词在后。数量短语和指量短语统称数量短语。例如：

（一）数词+量词

moːi phɯn	一件	moːi ˀmot	一篇
一　件		一　　篇	
moːi gu	一对	kə baːr tɕɛn	两层
一　对		两　　层	

(二) 量词+(数词)+指示代词

当数词是"一"的时候可以省略。

(moːi)gə gi　　这(一)个　　(moːi)dəːr ni　　那(一)张
(一)　个　这　　　　(一)　张　那

səŋ l̥eːm gi　　这两颗　　sam l̥em ni　　那三根
二　颗　这　　　　三　根　那

十一、介词短语

由介词附着在名词性等词语前面组成。介词短语都可做状语,修饰谓词,主要用来标明动作的工具、方式、对象等多种语义。例如:

(mat briˀ)rəh ləŋ bəh(l̥ian)　　(太阳)从东方(升起)
太阳　从方　东升起

deˀ sən dɛh n̥am(tɯp mah)　　用大碗(盛饭)
用碗　大　盛　饭

ˀan ŋ drəi (thuː duˀ lɛːu)　　被风(刮走了)
让　风　刮　走了

taŋ ˀmɔ raːn (rɔːt mɯaŋ la)　　从磨憨(到勐腊)
从　磨　憨　到　勐腊

kaːl maːk pi (gi rəmaːŋ) lɯa　　比前几年(富裕)
前　几　年　这富裕　比

十二、"的"字短语

克木语中有助词 jɔˀ"的",既可以在定中结构的偏正短语中表示修饰关系,又可以附着在形容词、动词、动词短语之前表示含有某种属性的事物、动作的对象、动作的主体等。例如:

jɔˀ trɛh vɛk　　打铁的　　jɔˀ phan sɯaŋ　　杀猪的
的打　铁　　　　的　杀　猪

jɔˀ n̥am (məh taːi),jɔˀ ȵɛˀ(məh hɛːm).　　大的(是哥哥),小的(是弟弟)。
的 大　是 哥哥　的 小 (是 弟弟)

(phai məh)jɔˀ klɔk,(g̥ɔˀ meh)jɔˀ tɕə ŋaːr.　　(棉花是)白的,(谷子是)黄的。
棉花　是 的白　谷子 是 (的　黄)

jɔˀ səŋ mah (gɔˀ ˀah),jɔˀ səŋ koˀ(gɔˀ ˀah,toˀ m̥əh gɔˀ pə tɕuːt).
的吃　也 有　的穿　也 有　什么　都 不　缺
吃的(也有),穿的(也有,什么都不缺)。

第二节 短语的功能类

所有的短语都能充当更大的短语的组成成分。短语的功能类型由它跟别的词或短语组合时能充当什么句法成分、相当于什么词类决定。常做主语、宾语，功能相当于名词的叫做名词性短语；能做谓语，功能相当于谓词的叫做谓词性短语。主谓短语常做谓语，也可受副词修饰，它的谓语又是动词、形容词，可归为谓词性短语。谓词性短语又可细分为动词性短语和形容词性短语。以下是克木语短语的功能分类。

表 8－1

名词性短语		谓词性短语	
名词性联合短语	pə teˀ lə vaːŋ 天地	谓词性联合短语	jɔːh gaːi 来往
偏正短语(定中短语)	sə ˀɔːŋ n̥am 大树	偏正短语(状中短语)	jɔh hə ˀɯa 经常去
同位短语	ˀiˀ taŋ pɯk 我们大家	动宾短语	dɯŋ kaˀ 捕鱼
量词短语(用名量)	moːi phɯn 一篇	主谓短语	joŋ thau laˀ briˀ 爷爷打猎
“的”字短语	jɔˀ klɔk 白的	连谓短语	gaː rəŋ kɔːŋ bliat hə ˀeˀ 上山打柴
		兼语短语	het ˀoˀ gaːi 叫我来

第九章　克木语的句法成分

句法成分是短语和句子结构的组成成分。克木语的句法成分包括主语、谓语、宾语、定语、状语和补语。其中，主语和谓语是句子的主要成分，宾语、定语、状语和补语是次要成分。

第一节　主语

主语是谓语陈述的对象，指出谓语说的是“什么”或“谁”。例如：

thu məh deˀ tɕhuk tɛːŋ lɛˀ.　　筷子是用竹子做的。

筷子是　用 竹子　做　的

kluaŋ gaːŋ khua ˀah kədɔŋ ˀah gloh maːk.　　厨房里有许多坛坛罐罐。

里　厨房　有 罐　有　坛　多

sə riːl kə muːl khrɔːn kiɲ mok.　　金银堆满山。

金　银　堆　满 山

dʑɯaːŋ deˀ gə tər ˀɛh lɛˀ.　　他的脚肿了。

脚　的 他 肿　了

rəŋ kɔːŋ gi tɕaːt dʑoŋ.　　这座山真高。

山　这 真　高

jɔˀ ban m poŋ klɔk məh kəm poŋ.　　包白头巾的是头儿。

的 戴　包头　白　是 头儿

jɔˀ n̥am məh taːi，jɔˀ ɲɛˀ məh hɛːm.　　大的是哥哥，小的是弟弟。

的 大　是 哥哥 的 小　是　弟弟

一、主语的语义类型

从主语和谓语的意义关系上看，主语可分为三种：

（一）施事主语

这种主语是动作、行为的发出者。例如：

traːk məh jɔˀ thɛi rə na, m braŋ məh jɔˀ ru lot.　牛是犁田的，马是拉车的。
牛　是的 犁 田　马　是　的 拉 车

gə hɛi　jɔh lɛˀ.　他已经走了。
他 已经 走 了

me bɯan dəh rian to ləˀ ləˀ.　你要好好地读书。
你　要　地 读书　好 好

gə n̥ɔŋ jɛt phɔːm.　他正在开会。
他 正　在 开会

ˀoˀ　guˀ　jɔˀ jim, pə guˀ　jɔˀ　klɔk.　我喜欢红的，不喜欢白的。
我 喜欢 的 红 不 喜欢 的 白

jiːm nɛi me jɔh dah məˀ lɛˀ?　你刚才去哪里了？
刚才　你 去 哪　了

(二) 受事主语

这种主语是动作、行为的承受者。例如：

buːc ˀah plah kiŋ̥ phɯan.　酒肉摆满了桌子。
酒　肉　摆　满 桌子

sa li ˀan kə neˀ pok lɛːu.　玉米被老鼠咬了。
玉米 给 老鼠 咬 了

ʥɯaːŋ ˀan glaːŋ duh ˀoh lɛˀ.　脚被石头砸伤了。
脚　给 石头 砸　伤 了

gə ˀan　bə riaŋ mak lɛˀ.　他被人家打了。
他 给　人家　打 了

gaːŋ　deˀ　gə ˀəh hoːc lɛˀ.　他的房子盖好了。
房子 的　他 盖　好 了

kər nɯah kɛːp tɛp lɛˀ.　枕头压扁了。
枕头　压 扁 了

(三) 当事主语

这种主语既不是施事，也不是受事，而是判断、描写、说明的对象。例如：

rɔˀ ŋ̥ɯam rian məh səŋ ləˀ moːi ʨaˀ.　努力学习是一个优点。
努力　学习 是 优点　一 个

jɔ' n̥am hə 'ja, jɔ' ɲ̥ɛ' pə hə 'ja. 大的甜，小的不甜。
的 大 甜 的 小 不 甜

rəŋ kɔːŋ gi tɕaːt dʑoŋ. 这座山真高。
山 这 真 高

sən dɛh mah gi klaːi kiɲ̥ bɛːŋ. 这碗饭太满了。
碗 饭 这 太 满 了

tər sɛh tər sɛh 'ah səŋ lə'. 活动活动有好处。
活动 活动 有 好处

moːi moŋ məh san sip mɯ. 一月三十天。
一 月 是 三 十 天

二、充当主语的成分

主语一般由名词、代词和数量词充当。此外，偏正短语、处所短语、并列短语、同位短语、名物化结构、动词短语和主谓短语等也可以充当句子的主语。

(一) 名词充当主语

克木语充当主语的有普通名词、地点名词、动植物名词、方位名词和时间名词。

1. 普通名词做主语。例如：

thu məh de' tɕhuk tɛːŋ lɛ'. 筷子是用竹子做的。
筷子 是 用 竹子 做 的

rə gak klɔk tɕuk luak hec. 雪白生生的。
雪 白 生生 的

mah məh de' bə', tɛːp məh de' ŋ ko'. 饭是吃的，衣服是穿的。
饭 是 的 吃 衣服 是 的 穿

'om kɔːr de' fah fah. 水哗哗地流。
水 流 地 哗哗

2. 地点名词做主语。例如：

mɯaŋ la 'ah kɔːn kəm m̥u' tɕaːt maːk. 勐腊有很多克木人。
勐腊 有 克木人 很 多

khun min 'ah gaːŋ dʑoŋ tɕaːt maːk. 昆明有很多高楼。
昆明 有 楼 高 很 多

3. 动植物名词做主语。例如：

tlaːm paːm tɯːr deˀ ˀwɛt ˀwɛt. 蝴蝶翩翩地飞。
蝴蝶 飞 地 翩翩

traːk məh jɔˀ thɛi rə na, m braŋ məh jɔˀ ru lot. 牛是犁田的，马是拉车的。
牛 是 的 犁 田 马 是 的 拉 车

mɛːu jɛt kluaŋ gaːŋ. 猫在屋里。
猫 在 里 屋

4. 方位名词做主语。例如：

lɔŋ kaːl təːm, lɔŋ kən n̥iˀ tɛˀ. 前面唱歌，后面跳舞。
前面 唱歌 后面 跳舞

tə n̥a gə naːi məh roːŋ saŋ. 对面那个是工厂。
对面 那个 是 工厂

5. 时间名词做主语。例如：

tɕet pɛːt moŋ rip ŋ̊ɔˀ. 七八月收谷子。
七 八 月 收 谷子

moːi moŋ məh san sip mɯ. 一月三十天。
一 月 是 三 十 天

moːi nɯm məh sip sɔŋ moŋ. 一年十二个月。
一 年 是 十 二 月

sə gi məh mɯ thiˀ tɕet. 今天星期天。
今天 是 星期天

sə baŋ məh mɯ loːc. 明天元旦。
明天 是 元旦

(二) 代词充当主语

克木语充当句子主语的代词主要是人称代词、反身代词、指示代词和疑问代词。

1. 人称代词做主语。例如：

ˀoˀ sə baŋ tɕih jɔh guːt mɯaŋ. 我明天要进城去。
我 明天 要 走 进 城

ˀiˀ mɯ thiˀ tɕet ˀəh viak luaŋ. 我们星期日搞义务劳动。
我们 星期日 搞 劳动

me bɯan dəh rian to ləˀ ləˀ. 你要好好地读书。
你 要 地 读书 好 好

bɔ l̥ian tec bu:i sa li. 你们去卖玉米。

你们 出去 卖 玉米

gə grəŋ nɯm ka:l n̥ɔ:ŋ pə tɕha:i ˀmit lot ˀna:m. 他半年前还不会开汽车。

他 半 年 前 还 不会 开 汽车

nɔ jəh dəh su su nə:m nə:m. 他们高高兴兴地走了。

他们 走 地 高高 兴兴

2. 反身代词做主语。例如：

de tɕa:u mah. 自己做饭。

自己 煮 饭

de l̥ian duˀ ˀmɔ ra:n. 自己去磨憨。

自己 去 磨憨

3. 泛指代词做主语。例如：

taŋ pɯk pə nə:ŋ me. 大家不认识你。

大家 不 认识 你

4. 指示代词做主语。例如：

gə gi məh tra:k, gə na:i məh m braŋ, gə hɔˀ məh sɯaŋ, gə thɔˀ məh bɛˀ.

这个 是 牛 那个 是 马 那个 是 猪 那个 是 羊

[illegible]是牛,那个是马,那个是猪,那个是羊。

[illegible],da na:i pə sɯm tlɔ:i, da hɔˀ pə sɯm sa li, da thɔˀ pə sɯm kuɔ:i dʑra:ŋ.

这里 栽 水稻 那里 栽 香蕉 那里 栽 包谷 那里 栽 木薯

这里种水稻,那里种香蕉,那里种包谷,那里种木薯。

gi məh gət pə rɔ:t. 这是想不到的。

这 是 想 不 到

gə gi məh tho la tɕi. 这部是拖拉机。

这 部 是 拖拉机

ta:p meŋ gə na:i məh ga:ŋ rian. 侧面那个是学校。

侧面 那 个 是 学校

da hɔˀ ta:m tɕən droh, da gi tɛ:ŋ kən drɯaŋ pɛn. 那边打铁,这边做木工。

那 边 打 铁 这边 做 木工

5. 疑问代词做主语。例如：

məˀ jɛt təm? 谁在唱歌?

谁 在 唱歌

to m̥əh kə seh dʑuːr lɛˀ?　　什么掉下去了？

什么　掉　　下 了

jim nɛi kən drɯaŋ to m̥əh ˀɯh moːi tə niˀ.　　什么东西刚才响了一下。

刚才　东西　　什么　　响　一　下

to m̥əh gɔˀ mah ɲɛˀ.　　什么都吃一点。

什么　都　吃 一点

(三) 数量词或数量短语做主语

例如：

r̥ok thɛːm sam bɯan kau.　　六加三等于九。

六　加　三　等于　九

sip mɛi məh moːi wa.　　十尺为一丈。

十　尺 是　一 丈

r̥ok n̥uai klaːi maːk lɛˀ.　　六本太多了。

六　本　太　多　了

kəm m̥uˀ moːi gon phin ko kə baːr n̥uai.　　一个人两个苹果。

人　　一　个　苹果　　两　个

to moːi to gɔˀ pə nəːŋ.　　一个字也不认识。

字 一　个 也 不 认识

(四) 方位短语做主语

例如：

kluaŋ gaːŋ khua ˀah kə dɔŋ ˀah gloh maːk.　　厨房里有许多坛坛罐罐。

里　厨房　　有 罐　　有 坛　多

koi ˀom mɛ kaːi tər nɔŋ moːi sɛn.　　河上架着一座桥。

上　河　　　架　桥 一　座

da rə na riɲ sa li.　　田里长着包谷。

里 田　　长 包谷

n̥a pian hiaŋ kɔːc to hoc.　　黑板上写着字。

上 黑板　　写 字 着

da rəm boh gə l̥ian rot.　　他的脸上长着麻子。

上　　脸　他 出 麻子

（五）并列短语做主语

例如：

sə riːl kə muːl khrɔːn kiɲ mok.　　金银堆满山。

金　银　堆　满　山

buːc ʔah plah kiɲ phɯan.　　酒肉摆满了桌子。

酒　肉　摆　满　桌子

（六）同位短语做主语

例如：

ʔiʔ　kə peʔ gon l̥ian duʔ mɯaŋ la.　　我们三个去勐腊。

我们 三　个　去　勐腊

bɔ　pɯŋ məʔ gon jɛt gaːŋ tɕaːu mah.　　你们几个在家做饭。

你们 几　个　在 家　煮　饭

sə na baːr gon gleʔ kəm braʔ tɕaːt ləʔ tlə ŋok.　　他夫妻俩心肠很好。

他 俩　丈夫　妻子　很 好 心

joŋ thau de tɕai puh tɛːp.　　爷爷自己能洗衣服。

爷爷　自己 能 洗 衣服

（七）动词做主语

1．光杆动词做主语。例如：

hat lɛn ʔah lɔh　gɔʔ ləʔ jɛt.　　锻炼身体有好处。

锻炼　有 身体 也 好处

2．动词名物化做主语。例如：

jɔʔ mah gɔʔ ʔah，jɔʔ ŋ koʔ gɔʔ ʔah，to m̥əh pə jɔːm loːc.

的 吃　也 有　的 穿　也 有 什么　不 缺　都

吃的也有，穿的也有，什么都不缺。

jɔʔ ban m poŋ klɔk məh kəm poŋ.　　包白头巾的是头儿。

的 戴　包头　白　是　头儿

jɔʔ thau lek，jɔʔ phaːn swaŋ，jɔʔ pɔːk kən sah，jɔʔ kɛːm gləʔ，kluaŋ kuŋ ʔiʔ　ʔah loːc.

的 打　铁　的 杀　猪　的 烧　炭　的　剃　头　里　社　我们 有 都

打铁的、杀猪的、烧炭的、剃头的我们社里都有。

3．动词短语做主语。例如：

rɔˀ hiɯam rian məh səŋ ləˀ moːi tɕaˀ.　　努力学习是一个优点。
努力　学习 是 优点　一个

tər sɛh tər sɛh ˀah səŋ ləˀ.　　活动活动有好处。
活动　活动　有 好处

səm luat hər lɔˀ tɕaːt sɯn.　　语言调查很快乐。
调查　语言　很　快乐

pə jɔh gɔˀ məh səŋ mɛːn.　　不去是对的。
不 去 也　是　完全 对

(八) 形容词名物化做主语

例如：

jɔˀ klɔk məh phaːi, jɔˀ tɕə ŋaːl məh ŋ̊ɔˀ.　　白的是棉花，黄的是谷子。
的 白　是　棉花　的 黄　　是 谷子

jɔˀ jim məh raːŋ, jɔˀ kheːu məh l̥aˀ.　　红的是花，绿的是叶子。
的 红　是　花　的　绿　是　叶

jɔˀ n̥am məh taːi, jɔˀ ȵɛˀ məh hɛːm.　　大的是哥哥，小的是弟弟。
的 大　是　哥哥　的 小　是　弟弟

(九) 主谓短语做主语

例如：

viak jɔˀ ˀiˀ tɕih tɛːŋ tɕaːt maːk.　　我们要做的事情很多。
事情 的 我们 要　做　很　多

gə jɔh pə kəŋ.　　他去不合适。
他 去 不 合适

gə lin ˀmia tɕaːt lin bɯan ləˀ.　　他下棋下得很好。
他 下　棋 很　下　得　好

gə dʑuːr rəŋ kɔːŋ tei mɔ ˀja.　　他下山叫医生。
他　下　山　　叫 医生

hɔːŋ gaːŋ ˀiˀ gi rəh dʑoŋ gɔˀ məh səŋ sər məˀ.　　我们的生活水平提高了完全是事实。
生活　　我们 提　　高　了　是　完全 真

在特定的语言环境中，如果主语是说话双方已知的或不必言说的，可以省略，这就是所谓的无主句。例如：

ˀah ŋɔːr vaːŋ təŋ rəŋ moːi sen. 有一条长长的路。
有 路 长 长 一 条

ba pəˀ mah dɛh lɛˀ. 你吃饭了吗？ mah hoːc. 吃了。
你 吃 饭 吗 了 吃 了

tat sok ˀja! 禁止抽烟！ ləˀ bɛːŋ! 好极了！
禁止 抽 烟 好 极

jɔh ləm jaŋ! 慢走！ mah ˀih! 吃吧！
走 慢 吃 吧

第二节 谓语

谓语是对主语加以说明的成分，它说明主语“怎么样”或“是什么”。例如：

thu məh deˀ tɕhuk tɛːŋ lɛˀ. 筷子是用竹子做的。
筷子 是 用 竹子 做 的

kluaŋ gaːŋ khua ˀah kə dɔŋ ˀah gloh maːk. 厨房里有许多坛坛罐罐。
里 厨房 有 罐 有 坛 多

sə riːl kə muːl khrɔːn kiɲ mok. 金银堆满山。
金 银 堆 满 山

dʑɯaːŋ deˀ gə tər ˀɛh lɛˀ. 他的脚肿了。
脚 的 他 肿 了

gon guːl ŋɔˀ haˀ, gon ɲ dʑɔˀ ŋɔˀ ŋar. 胖人怕热，瘦人怕冷。
人 胖 怕 热 人 瘦 怕 冷

sɔˀ hiaːŋ pok sɔˀ tɕə ŋaːl. 黑狗咬黄狗。
狗 黑 咬 狗 黄

一、谓语的语义类型

根据充当谓语的成分及其表达特点的不同，可以把谓语分为叙述性谓语、描写性谓语、判断性谓语和说明性谓语。

(一) 叙述性谓语

对主语进行陈述，大多出现在动词谓语句中。例如：

buːc ˀah plah kiɲ phɯa̤n. 酒肉摆满了桌子。
酒 肉 摆 满 桌子

ləŋ kaːl təːm, ləŋ kən n̥iˀ tɛˀ. 前面唱歌，后面跳舞。

前面 唱歌 后面 跳舞

tɕet pɛːt moŋ rip ŋ̊ɔˀ. 七八月收谷子。

七 八 月 收 谷子

haˀ luːi jim məˀ, gɔˀ mah jim niˀ. 什么时候饿了，什么时候吃。

饿 什么时候 就 吃 什么时候

ˀoˀ sə baŋ tɕih jɔh guːt mɯaŋ. 我明天要进城去。

我 明天 要 走 进 城

ˀiˀ mɯ thiˀ tɕet ˀəh viak luaŋ. 我们星期日搞义务劳动。

我们 星期日 搞 劳动

(二) 描写性谓语

描写主语的性状，通常出现在形容词性谓语句中。例如：

rəŋ kɔːŋ gi tɕaːt dʑoŋ. 这座山真高。

山 这 真 高

ŋɔːr jɔˀ ləŋ veˀ vah, ŋɔːr jɔˀ ləŋ ham tɕɔm. 左边的路宽，右边的路窄。

路 的 左边 宽 路 的 右边 窄

kɔːn sɯaŋ gɔk gi guːl loːc dʑɯm to. 这窝小猪只只都肥。

小 猪 窝 这 肥 都 每 只

sən dɛh mah gi klaːi kiɲ̊ bɛːŋ. 这碗饭太满了。

碗 饭 这 太 满 了

rə gak klɔk tɕuk luak hec. 雪白生生的。

雪 白 生生 的

lɔh deˀ gə dʑoŋ loŋ goŋ. 他的身材高高的。

身材 的 他 高 高

(三) 判断性谓语

对主语的类属、情况、性质和状态等作出判定。通常出现在名词谓语句和判断句中。例如：

thu məh deˀ tɕhuk tɛːŋ lɛˀ. 筷子是用竹子做的。

筷子 是 用 竹子 做 的

jɔˀ klɔk məh phaːi, jɔˀ tɕə ŋaːl məh ŋ̊ɔˀ. 白的是棉花，黄的是谷子。

的 白 是 棉花 的 黄 是 谷子

sə ˀɔːŋ saːn ˀmec məh sə ˀɔːŋ phɛːk. 有些树是松树。
树 有 些 是 树 松

taːp meŋ gə naːi məh gaːŋ rian. 侧面那个是学校。
侧 面 那 个 是 学校

moːi moŋ məh san sip mɯ. 一月三十天。
一 月 是 三 十 天

moːi nɯm məh sip sɔŋ moŋ. 一年十二个月。
一 年 是 十 二 月

（四）说明性谓语

对主语的存在、所属和情况等作出说明。说明性谓语多出现在存现句中。例如：

kluaŋ gaːŋ khua ˀah kə dɔŋ ˀah gloh maːk. 厨房里有许多坛坛罐罐。
里 厨房 有 罐 有 坛 多

da than ˀah kəm m̥uˀ kər nɛk moːi gon. 床上躺着一个人。
上 床 有 人 躺 着 一 个

da tər lah dar lot moːi kan. 大街上跑着一辆车。
上 大街 跑 车 一 辆

da kluaŋ tɕan rɔˀ glaːŋ. 袋子里装着石头。
里 袋子 装 石头

rəm boh rɔˀ kɛːu mat. 脸上戴着眼镜。
脸 戴 眼镜

kaːl pər loŋ tuk sɔˀ moːi to. 门前拴着一只狗。
前 门 拴 狗 一 只

二、充当谓语的成分

谓语一般由动词、形容词充当。此外，名词、数量短语、主谓短语等也都可以充当谓语。

（一）动词做谓语

例如：

thu məh deˀ tɕhuk tɛːŋ lɛˀ. 筷子是用竹子做的。
筷子 是 用 竹子 做 的

kluaŋ gaːŋ khua ˀah kə dɔŋ ˀah gloh maːk. 厨房里有许多坛坛罐罐。
里 厨房 有 罐 有 坛 多

buːc ˀah plah kiɲ̥ phɯan. 酒肉摆满了桌子。

酒 肉 摆 满 桌子

da gi pə sɯm ŋ̊ɔˀ, da naːi pə sɯm tlɔːi, da hɔˀ pə sɯm sa li, da thɔˀ pə sɯm kuɔːi dʑraːŋ.

这里 插 水稻 那里 种 香蕉 那里 种 包谷 那里 种 木薯

这里种水稻，那里种香蕉，那里种包谷，那里种木薯。

tɕet pɛːt moŋ rip ŋ̊ɔˀ. 七八月收谷子。

七 八 月 收 谷子

me bɯan dəh rian to ləˀ ləˀ. 你要好好地读书。

你 要 地 读书 好好

ba bɯan dəh jɔh ləm jaːŋ. 你要慢慢地走。

你 要 地 走 慢慢

ˀom mɛ ɳ̥ɯŋ ˀom n̥am lɛˀ. 河里涨大水了。

河 涨 水 大 了

gon guːl ŋɔˀ haˀ, gon ɳ̥ dʑɔˀ ŋɔˀ ŋar. 胖人怕热，瘦人怕冷。

人 胖 怕热 人 瘦 怕冷

sɔˀ hiaːŋ pok sɔˀ tɕə ŋaːl. 黑狗咬黄狗。

狗 黑 咬 狗 黄

tlaːm paːm tɯːr deˀ ˀwɛt ˀwɛt. 蝴蝶翩翩地飞。

蝴蝶 飞 地 翩翩

ˀom kɔːr deˀ fah fah. 水哗哗地流。

水 流 地 哗哗

（二）形容词做谓语

例如：

rəŋ kɔːŋ gi tɕaːt dʑoŋ. 这座山真高。

山 这真 高

ŋɔːr jɔˀ ləŋ veˀ vah, ŋɔːr jɔˀ ləŋ ham tɕəm. 左边的路宽，右边的路窄。

路 的 左边 宽 路 的 右边 窄

kɔːn swaŋ gək gi guːl loːc dʑɯm to. 这窝小猪只只都肥。

小 猪 窝 这肥 都 每 只

sən dɛh mah gi klaːi kiɲ̥ bɛːŋ. 这碗饭太满了。

碗 饭 这太 满 了

ˀaˀ ȵuˀ deˀ məˀ klɔːi n̥am lɯa?　　谁的年纪最大？

年纪　的　谁　最　大　比

r̥ok n̥uai klaːi maːk lɛˀ.　　六本太多了。

六　本　太　多　了

(三) 名词性短语做谓语

例如：

rə gak klɔk tɕuk luak hec.　　雪白生生的。

雪　白　生生　的

lɔh　deˀ gə dʑoŋ loŋ goŋ.　　他的身材高高的。

身材　的　他　高　高

pik gə naːi hiaːŋ tɕəm rɯam.　　那匹布黑黑的。

布　那　黑　黑

gaːŋ taŋ raːm ni gɔˀ　sɛŋ loːc.　　所有房间都干干净净的。

房间　所有　的　干净　都

(四) 数量短语做谓语

例如：

ˀoˀ　hɛi bɯan sip tɕet pi lɛˀ.　　我已经十七岁了。

我　已经　十　七　岁　了

kiaːl　sɔːŋ kin, khə maːn sam kin.　　黄瓜两斤，西红柿三斤。

黄瓜　两　斤　西红柿　三　斤

kəm m̥uˀ moːi gon phin ko kə baːr n̥uai.　　一个人两个苹果。

人　一　个　苹果　两　个

(五) 主谓短语做谓语

主谓短语做谓语构成主谓谓语句。在主谓谓语句里，句首主语和主谓短语之间有短暂的停顿，位于句首的主语一般可以充当整个句子的话题。例如：

tlɔːi moːi kin pɯŋ məˀ kə muːl?　　香蕉多少钱一斤？

香蕉　一　斤　多少　钱

gə to m̥əh gɔˀ pə tɕuˀ bəˀ.　　他什么都不想吃。

他　什么　都　不　想　吃

gə lɔŋ məˀ gɔˀ pə tɕuˀ jɔh.　　　　他哪里都不想去。
他 哪里 都 不 想 去

n tɕəˀ kə maˀ n̥am tɕaːt.　　　　昨天雨很大。
昨天 雨 大 很

luaŋ viak gi gon nəːŋ pə maːk.　　　　这件事知道的人不多。
事情 这 人 知道 不 多

luaŋ viak gi ˀoˀ pə nəːŋ.　　　　这件事我不知道。
件 事 这 我 不 知道

第三节　宾语

在句子里，宾语是对动词而言，表明与动作行为有关的事物，是动作的承受对象。例如：

thu məh deˀ tɕhuk tɛːŋ lɛˀ.　　　　筷子是用竹子做的。
筷子 是 用 竹子 做 的

kluaŋ gaːŋ khua ˀah kə dɔŋ ˀah gloh maːk.　　　　厨房里有许多坛坛罐罐。
里 厨房 有 罐 有 坛 多

ˀah ban m pɔŋ klɔk məh kəm pɔŋ.　　　　包白头巾的是头儿。
的 戴 包头 白 是 头儿

mah məh de bəˀ，tɛːp məh de ŋ koˀ.　　　　饭是吃的，衣服是穿的。
饭 是 的 吃 衣服 是 的 穿

kɔːn n̥ɯn jɔˀ tɛˀ gə naːi məh taːi tɕəm kɯn gə.　跳舞的那个姑娘是他姐姐。
姑娘 的 跳舞 那 个 是 姐姐 他

kɔːn n̥ɯm jɔˀ blia gə naːi məh məˀ?　　　　那个漂亮的姑娘是谁？
姑娘 的 漂亮 那 个 是 谁

一、宾语的语义类型

根据宾语与动作行为的关系及其在句子中的位置，可以把宾语分为受事宾语、对象宾语、结果宾语、工具宾语、处所宾语和数量宾语等。

（一）受事宾语

宾语是动作的承受对象。例如：

məh gə sən ˀmak hɛːm pən jaːm hɛc.　　是他把弟弟打哭的。
是 他 把 打 弟弟 使 哭 的

bɔ l̥ian tec buːi sa li.　　你们去卖玉米。
你们 去 卖 玉米

joŋ thau de tɕai puh tɛːp.　　爷爷自己能洗衣服。
爷爷 自己 能 洗 衣

ˀiˀ mɔːt sən dɛh deˀ bə riaŋ pən dəˀ lɛˀ.　　我们把别人的碗打破了。
我们 拿 碗 的 别人 使 破 了

hɛːm tɕəm brɔˀ sən kə muːl tɕaːi loːc lɛˀ.　　弟弟把钱用完了。
弟弟 把 钱 用 完 了

ba liaŋ hə ˀjar pɯŋ məˀ to?　　你养多少只鸡?
你 养 鸡 多少 只

(二) 对象宾语

宾语是动作关涉的对象。例如:

kluaŋ gaːŋ khua ˀah kə dɔŋ ˀah gloh maːk.　　厨房里有许多坛坛罐罐。
里 厨房 有 罐 有 坛 多

ˀiˀ mɯ thiˀ tɕet ˀəh viak luaŋ.　　我们星期日搞义务劳动。
我们 星期日 搞 劳动

ˀom mɛ ɲɯŋ ˀom n̥am lɛˀ.　　河里涨大水了。
河 涨 水 大 了

gon guːl ŋɔˀ haˀ, gon ɲ dʑɔˀ ŋɔˀ ŋar.　　胖人怕热，瘦人怕冷。
人 胖 怕 热 人 瘦 怕 冷

sɔˀ hiaːŋ pok sɔˀ tɕə ŋaːl.　　黑狗咬黄狗。
狗 黑 咬 狗 黄

ˀoˀ mah ləŋ mah ləˀ, pə mah khau ˀan.　　我只吃糯米，不吃黏米。
我 吃 只 糯米 不 吃 黏米

(三) 结果宾语

宾语是动作行为的结果。例如:

koi ˀom mɛ kaːi tər nɔŋ moːi sɛn.　　河上架着一座桥。
上 河 架 桥 一 座

n̥a pian hiaŋ kɔːc to hoc.　　黑板上写着字。

上　黑板　写　字　着

koi ran kiaːl pleˀ kiaːl maːk.　　黄瓜架上结了许多黄瓜。

上　架　黄瓜　结　黄瓜　多

na taŋ taːp kə nat.　　墙上贴着纸。

墙上　贴　纸

（四）工具宾语

宾语是动作行为凭借的工具。例如：

ˀoˀ mah sən dɛh n̥am.　　我吃大碗。

我　吃　碗　大

gə kɔːc mau pi.　　他写毛笔。

他　写　毛笔

ˀoˀ kɔːi pi ˀom.　　我写钢笔。

我　写　钢笔

（五）处所宾语

宾语是主语所在的位置、范围。例如：

ˀiˀ kə peˀ gon l̥ian duˀ mɯaŋ la.　　我们三个去勐腊。

我们　三　个　去　勐腊

mɛːu jɛt kluaŋ gaːŋ.　　猫在屋里。

猫　在　里　屋

ˀiˀ jɛt da rəŋ kɔːŋ.　　我们在山上。

我们　在　上　山

kap ˀja jɛt koːi toˀ.　　烟盒在桌子上。

盒　烟　在　上　桌

ləŋ kaːl məh gaːŋ ˀoˀ.　　前面是我家。

前面　是　家　我

gə mah dah si taŋ.　　他吃食堂。

他　吃　食堂

（六）数量宾语

宾语是数量短语。例如：

gə vɛːt kə baːr l̥em. 他买了两个。

他 买 两 个

ˀoˀ kɔːi si dəːr. 我写了四篇。

我 写 四 篇

tə mɔi rɔːt sam gon. 客人来了三位。

客人 来 三 位

二、充当宾语的成分

能做宾语的主要是名词、代词、数量短语、偏正短语、主谓短语、名物化结构和动词、形容词。

（一）名词做宾语

例如：

buːc ˀah plah kiȵ phɯan. 酒肉摆满了桌子。

酒 肉 摆 满 桌子

ˀah ban m poŋ klɔk məh kəm poŋ. 包白头巾的是头儿。

的 戴 包头 白 是 头儿

jɔˀ klɔk məh phaːi，jɔˀ tɕə ŋaːl məh ŋ̊ɔˀ. 白的是棉花，黄的是谷子。

的 白 是 棉花 的 黄 是 谷子

jɔˀ n̥am məh taːi，jɔˀ ȵɛˀ məh hɛːm. 大的是哥哥，小的是弟弟。

的 大 是 哥哥 的 小 是 弟弟

ˀiˀ kə peˀ gon l̥ian duˀ mɯaŋ la. 我们三个去勐腊。

我们 三 个 去 勐腊

ˀoˀ məh kɔːn kəm m̥uˀ. 我是克木人。

我 是 人 克木

（二）代词做宾语

例如：

ˀoˀ naŋ nɛːŋ gaːi jɛːŋ me. 我特地来看你。

我 特 来 看 你

gə hak guˀ həm pəːi de gə. 他总是爱埋怨他自己。

他 总是 爱 埋怨 自己 他

hər lɔˀ kər lɔh gi daˀ pən lar bə riaŋ! 这句话不要告诉别人！

话 句 这 不要 告诉 别人

ba jɛt tɛːŋ to m̥əh?　　你在做什么？

你 在 做　什么

kɔːn n̥ɯm jɔˀ blia　gə naːi məh məˀ?　　那个漂亮的姑娘是谁？

姑 娘　　的 漂亮　那 个　是 谁

nɔ　jɔh dah lɔŋ məˀ lɛˀ?　　他们到哪里去了？

他们 去 到　哪里　了

（三）数量短语做宾语

例如：

sip mɛi məh moːi wa.　　十尺为一丈。

十　尺　是　一　丈

gə kɔːi naːŋ sɯ moːi phɯn.　　他写了一封信。

他 写　信　　一　封

vɛːt pɔp ha n̥uai lɛˀ.　　书买了五本。

买　书 五 本 了

gə mah sɔːŋ n̥uai.　　他吃两个。

他 吃　两　个

（四）偏正短语做宾语

例如：

kɛːm ŋkoˀ tɛːp m ˆmɛ?　　妹妹穿着新衣服。

妹妹 穿　衣服　　新

da tɔ n̥a ˀah n tuˀ glaːŋ moːi n̥udi　　对面有一个大岩洞。

面　对　有 岩　洞　一　个

（五）主谓短语做宾语

例如：

ˀoˀ mec lau na wec rɔːt lɛˀ.　　我听说她回来了。

我　听　说　她　回　来　了

ˀiˀ　məːk khrɔ ba gɔˀ jɔh.　　我们希望你也去。

我们　希望　你 也 去

（六）名物化结构做宾语

例如：

thu məh deˀ tɕhuk tɛːŋ lɛˀ. 筷子是用竹子做的。
筷子 是 用 竹子 做 的

mah məh de bəˀ, tɛːp məh de ŋ koˀ. 饭是吃的，衣服是穿的。
饭 是 的 吃 衣服 是 的 穿

gon jɔˀ rɔːt n tɕəˀ gə naːi məh tɕau nai. 昨天来的那个人是当官的。
人 的 到 昨天 那 是 当 官

pi tan deˀ gə məh səŋ vɛːt m mɛˀ. 他的笔是新买的。
笔 的 他 是 的 买 新

gi məh gət pə rɔːt. 这是想不到的。
这 是 想 不 到

tɛːŋ viak pə daˀ pər li pər li gah. 做事不要拖拖拉拉的。
做 事 不要 拖拉拖拉 的

（七）动词、形容词做宾语

例如：

kɔːn n̥um tɕəm kɯn tɕəm brɔˀ məˀ gɔˀ guˀ təːm loːc. 青年男女个个都爱唱歌。
青年 女 男 每 个 爱 唱歌 都

bəˀ mah tɕəm koˀ hoi ˀiˀ jəh phɔːm. 晚饭后我们去开会。
吃 饭 晚 后 我们 去 开会

gə guˀ khə rah. 他喜欢笑。
他 喜欢 笑

ˀiˀ kə dən hoːc tɕih jəh hə ˀniau. 我们准备马上出发。
我们 准备 要 出发 马上

na guˀ səŋ sɛŋ. 她爱干净。
她 爱 干净

gon guːl ŋɔˀ haˀ, gon ɲ dʑɔˀ ŋɔˀ ŋar. 胖人怕热，瘦人怕冷。
人 胖 怕 热 人 瘦 怕 冷

第四节 定语

定语是修饰或限制名词、代词等的成分，主要表示主语、宾语的性质、状态、特点或领属、类别、时间、处所、数量和范围。例如：

dʑɯaːŋ deˀ gə tər ˀɛh lɛˀ. 他的脚肿了。
脚 的 他 肿 了

ˀmɔːn suan sa li jɔˀ gi ˀɔːn tɕaːt ləˀ. 这块包谷长得真好。
块 地 包谷 的 这 长 真 好

kɔːn n̥ɯn jɔˀ tɛˀ gə naːi məh taːi tɕəm kɯn gə. 跳舞的那个姑娘是他姐姐。
姑娘 的 跳舞 那个 是 姐姐 他

ŋɔːr jɔˀ lɔŋ veˀ vah, ŋɔːr jɔˀ lɔŋ ham tɕəm. 左边的路宽，右边的路窄。
路 的 左边 宽 路 的 右边 窄

hɛːm ˀoˀ nɯm məh gi sip r̥ok nɯm lɛˀ. 我弟弟今年十六岁了。
弟弟 我 年 是 今 十 六 岁 了

ˀah ŋɔːr vaːŋ təŋ rəŋ moːi sen. 有一条长长的路。
有 路 长长 一 条

一、定语的语义类型

根据定语与其中心语在意义方面的关系，可以把克木语的定语分为描写性定语和限制性定语。

（一）描写性定语

描写性定语对人、事物及物品的性质、状态进行描写与说明，大多由形容词性成分充当。例如：

ˀah ŋɔːr moːi sen vaːŋ təŋ rəŋ. 有一条长长的路。
有 路 一 条 长长

kəm glaːŋ mon jɔˀ gə naːi ləˀ jɛːŋ. 那块圆的石头好看。
石 头 圆 的 那 块 好 看

ˀmən jɔˀ tɕoŋ pə sɯm sa li, ˀmən jɔˀ kə taŋ pə sɯm ŋɔˀ. 高的地方种包谷，低的地方种水稻。
地方 的 高 种 包谷 地方 的 低 种 水稻

gon guːl ŋɔˀ haˀ, gon n̥ dʑɔˀ ŋɔˀ ŋar. 胖人怕热，瘦人怕冷。
人 胖 怕 热 人 瘦 怕 冷

sɔˀ hiaːŋ pok sɔˀ tɕə ŋaːl. 黑狗咬黄狗。
狗 黑 咬 狗 黄

kɔːn n̥ɯm jɔˀ blia gə naːi məh məˀ? 那个漂亮的姑娘是谁？
姑 娘 的 漂亮 那 个 是 谁

（二）限制性定语

限制性定语对人、事物以及物品进行分类或者对范围进行划定，由体词性词语和谓词性词语充当。例如：

dʑɯaːŋ deʔ gə tər ʔɛh lɛʔ. 他的脚肿了。

脚 的他 肿 了

rəŋ kɔːŋ gi tɕaːt dʑoŋ. 这座山真高。

山 这真 高

kɔːn m̥ɯn jɔʔ tɛʔ gə naːi məh taːi tɕəm kɯn gə. 跳舞的那个姑娘是他姐姐。

姑娘 的跳舞那个 是 姐姐 他

ʔaʔ ȵuʔ deʔ məʔ klɔːi n̥am lɯa? 谁的年纪最大？

年纪 的谁 最 大 比

jɔʔ lau hər lɔʔ gon gə gi məh kan kɔ ʔiʔ. 讲话的这个人是我们的会计。

的讲话 人这个是 会计 我们

pan phai jɔʔ dʑɔiʔ m mɛʔ gə naːi tɕaːt dək beːŋ. 新修的那个水库大得很。

水库 的修 新 那个 很 大 得

二、充当定语的成分

克木语充当定语的成分主要是名词、代词、形容词、动词以及数量短语等。

(一) 名词做定语

例如：

ŋɔːr jɔʔ ləŋ veʔ vah，ŋɔːr jɔʔ ləŋ ham tɕəm. 左边的路宽，右边的路窄。

路 的左边 宽 路的 右边 窄

ləŋ nɔːk lə vaːŋ səŋ gɔʔ dɔːm! 外面的天空多么美！

外面 天 多么 美

pəp tɕɯ jɔʔ sə gi jɛːŋ lɛʔ. 今天的报纸看了。

报纸 的今天看了

(二) 代词做定语

1. 人称代词做定语。例如：

kɔːn n̥ɯn jɔʔ tɛʔ gə naːi məh taːi tɕəm kɯn gə. 跳舞的那个姑娘是他姐姐。

姑娘 的跳舞那个 是 姐姐 他

dʑɯaːŋ deʔ gə tər ʔɛh lɛʔ. 他的脚肿了。

脚 的他肿 了

hɛːm ˀoˀ nɯm məh gi sip r̥ok nɯm lɛˀ.　　我弟弟今年十六岁了。
弟弟 我 年 是 今 十 六 岁 了

lɔh deˀ gə dʑoŋ loŋ goŋ.　　他的身材高高的。
身材的 他 高 高

jɔˀ lau hər lɔˀ gon gə gi məh kan kɔ ˀiˀ.　　讲话的这个人是我们的会计。
的 讲 话 人 个这 是 会计 我们

2. 指示代词做定语。例如：

rəŋ kɔːŋ gi tɕaːt dʑoŋ.　　这座山真高。
山 这 真 高

gon gə gi tɕaːt sə roˀ pə rit.　　这个人真不讲理。
人 个这 真 讲 不 道理

pi tan deˀ gə məh səŋ vɛːt m mɛˀ.　　他的笔是新买的。
笔 的 他 是 的 买 新

pik gə naːi hiaːŋ tɕəm rɯam.　　那匹布黑黑的。
布 那 黑 黑

hər lɔˀ phɯn naːi hɛi jɛːŋ lɔːc lɛˀ.　　那小说已经看完了。
小说 那 已经 看 完 了

3. 疑问代词做定语。例如：

ˀaˀ ɲ̥uˀ deˀ məˀ klɔːi n̥am lɯa?　　谁的年纪最大？
年纪 的 谁 最 大 比

（三）形容词做定语

例如：

gon guːl ŋɔˀ haˀ, gon ɲ̥ dʑɔˀ ŋɔˀ ŋar.　　胖人怕热，瘦人怕冷。
人 胖 怕 热 人 瘦 怕 冷

sɔˀ hiaːŋ pok sɔˀ tɕə ŋaːl.　　黑狗咬黄狗。
狗 黑 咬 狗 黄

kɔːn n̥um jɔˀ blia gə naːi məh məˀ?　　那个漂亮的姑娘是谁？
姑 娘 的 漂亮 那个 是 谁

hɛːm ŋ koˀ tɛːp m mɛˀ.　　妹妹穿着新衣服。
妹妹 穿 衣服 新

（四）动词做定语

例如：

luaŋ viak gi gon nəːŋ pə maːk. 这件事知道的人不多。
事情 这人 知道不 多
gam gət rian deʔ ʔiʔ tɕih kər jɛŋ ʔan maːk. 我们要多注意学习的方法。
方法 学习的我们要 注意 多

(五）数量短语做定语

例如：

jɔʔ ʔah ŋɔːr moːi sen vaːŋ təŋ rəŋ. 有一条长长的路。
的有路 一 条 长长
jat gɔʔ məh səŋ blia moːi nɛːu. 谦虚也是一种美德。
谦虚 也 是 美德 一 种
kəm m̥uʔ moːi gon phin ko kə baːr n̥uai. 一个人两个苹果。
人 一 个 苹果 两 个
gə kɔːi naːŋ sɯ moːi phɯn. 他写了一封信。
他写 信 一 封
na ʔan hɛːm deʔ pi moːi heːm. 她给弟弟一支笔。
她 给弟弟得笔一 支

三、多重定语

一个名词同时受两个以上的词语修饰，这样的修饰语叫做多重定语。不同的定语离名词中心语的距离远近不同。名词、代词、形容词(形容词短语)、数词、量词等修饰同一个名词中心语时，语序一般为“名词中心词＋名词＋形容词(形容词短语)＋动词(动词短语)＋数词＋量词＋代词”。例如：

ʔoʔ pən tuːn taŋ pɯk hər lɔʔ khaːu ləʔ moːi tɕaʔ. 我告诉大家一个好消息。
我 告诉 大家 消息 好 一 个
tɛːp sɔn saːi ŋɔːc blia moːi phɯn. 一件漂亮的花棉上衣。
衣 上 棉 花 漂亮一 件
tɛːp khuːl bɛʔ m mɛʔ khɔ vɛːt moːi phɯn deʔ gə. 他的一件刚买的新羊毛衫。
衣服羊毛 新 刚 买 一 件 的他
pan phai jɔʔ dʑɔiʔ m mɛʔ gə naːi tɕaːt dək beːŋ. 新修的那个水库大得很。
水库 的修 新 那个 很 大得
kɔːn n̥ɯm jɔʔ blia gə naːi məh məʔ? 那个漂亮的姑娘是谁？
姑娘 的 漂亮那个 是 谁

第五节 状语

状语是修饰或限制谓语的成分，主要说明动作行为的性质、状态、程度、范围、时间、处所、趋向和方式等。

一、状语的语义类型

状语可以从不同方面对动词、形容词等加以修饰或限制。根据状语的功能可以把状语分为描写性状语和限制性状语。

(一) 描写性状语

描写性状语对动作行为的状态和方式以及人物的情态进行描写与说明，主要由谓词性成分充当。例如：

me bɯan dəh rian to ləˀ ləˀ. 你要好好地读书。
你 要 地 读书 好 好

nɔ jɔh dəh su su nəːm nəːm. 他们高高兴兴地走了。
他们 走 地 高高 兴兴

ba bɯan dəh jɔh ləm jaːŋ. 你要慢慢地走。
你 要 地 走 慢慢

sə baŋ ˀan gə jɔh sə ruat sə ruat. 明天让他早早去。
明天 让 他 走 早 早

me jɔh ˀan vɛi. 你赶快走。
你 走 赶 快

(二) 限制性状语

限制性状语主要表示时间、处所、程度、否定、方式、数量和语气等。例如：

rəŋ kɔːŋ gi tɕaːt dʑoŋ. 这座山真高。
山 这 真 高

sən dɛh mah gi klaːi kiŋ bɛːŋ. 这碗饭太满了。
碗 饭 这 太 满 了

ˀoˀ naŋ nɛːŋ gaːi jɛːŋ me. 我特地来看你。
我 特 来 看 你

gə sər maˀ hɯa. 他常常生病。
他 生病 常常

me gɛi gaːi lɛˀ. 你又来了。
你 又 来 了

ˀoˀ khɔː gaːi rɔːt sə gi. 我今天才回来。
我 才 回 来 今天

二、充当状语的成分

克木语充当状语的成分主要有副词、形容词和名词等。

(一) 副词做状语

例如：

me daˀ mah dʑiˀ ˀɯak ˀjaˀ. 你不要大吃大喝。
你 不要 大吃大喝

ɕɯam na klaːi sɯ. 她心地特别善良。
心 她 特别 善良

tɕɔ je gɔˀ kɛːu hoːc. 作业都交了。
作业 都 交 了

gə gon gə gi klɔːi ləˀ ɕɯam. 他这个人最热心。
他 人 个这 最 好 心

gə hɛi məh ta sɔ səŋ lɛˀ. 他已经是大学生了。
他 已经 是 大学生 了

jam niˀ ba kɔːh məh sam pi. 你那时才三岁。
那时 你 才 是 三 岁

(二) 形容词做状语

例如：

tlaːm paːm tɯːr deˀ ˀwɛt ˀwɛt. 蝴蝶翩翩地飞。
蝴蝶 飞 地 翩翩

gam gət rian deˀ ˀiˀ tɕih kər jɛŋ ˀan maːk. 我们要多注意学习的方法。
方法 学习 的 我们 要 注意 多

me daˀ mah dʑiˀ ˀɯak ˀjaˀ. 你不要大吃大喝。
你 不要 大吃大喝

jɔh ləm jaŋ! 慢走!
走 慢

sə baŋ ˀan gə jɔh sə ruat sə ruat.　　明天让他早早去。
明天　让 他 走 早　　早

（三）名词做状语

例如：

ˀoˀ sə baŋ tɕih jɔh gu:t mɯaŋ.　　我明天要进城去。
我 明天　要 走 进　城

ˀiˀ　mɯ thiˀ tɕet ˀəh viak luaŋ.　　我们星期日搞义务劳动。
我们 星期日　搞　　劳动

gə grəŋ nɯm ka:l n̥ɔ:ŋ pə tɕha:i ˀmit lot ˀna:m.　　他半年前还不会开汽车。
他 半　年　前　还 不　会　开　汽车

bəˀ mah tɕəm koˀ hoi　ˀiˀ　jɔh phɔ:m.　　晚饭后我们去开会。
吃 饭　晚　　后 我们 去 开会

ˀoˀ khɔ ga:i rɔ:t sə gi.　　我今天才回来。
我 才 回 来 今天

三、多重状语

两个以上的状语按一定的顺序同时修饰谓语，每个状语在语义上都与中心语存在修饰关系，这样的状语叫多重状语。不同的状语离谓语中心词的距离远近不等。如果副词、形容词、名词等同现于一个句子时，其语序一般为“时间名词＋副词（频率副词＋否定副词）＋处所名词＋谓语中心词＋程度副词或形容词”。例如：

to mo:i to gɔˀ pə nə:ŋ.　　一个字也不认识。
字 一 个 也 不 认识

mɯ thiˀ tɕet gə gɛi jɛt sɔ sɛ:u rian taŋ mɯ.　　他星期天又在学校学习了一整天。
星期天　　他 又 在 学校　学习 整　天

nɔ　gɔˀ pə tɕha:i lau hər lɔˀ kəm m̥uˀ lo:c.　　他们也都不会说克木语。
他们 也 不　会　说　　语 克木　　都

rian deˀ gam gət　ˀiˀ　tɕih kər jɛŋ ˀan ma:k.　　我们要多注意学习的方法。
方法 的 学习　　我们 要　注意　　　多

四、状语的位置

克木语状语的位置因修饰或限制动词、形容词的成分不同而不同。有的出现在谓语中心词之前，有的位于谓语中心词之后。

（一）副词做动词谓语的状语

主要位于动词谓语之前。例如：

ŋɔːr moːi sen gi kɔk kɔk veːk veːk pə ləˀ jɔh. 这条路弯弯曲曲的不好走。
路 一 条 这 弯 弯 曲 曲 不 好 走

tɕɔ je gɔˀ kɛːu hoːc. 作业都交了。
作业 都 交 了

（二）副词做形容词谓语的状语

既可以位于形容词谓语之前，也可以位于形容词谓语之后。例如：

kɔːn sɯaŋ gɔk gi guːl loːc dʑɯm to. 这窝小猪只只都肥。
小 猪 窝 这 肥 都 每 只

ˀaˀ ɲuˀ deˀ məˀ klɔːi n̥am lɯa? 谁的年纪最大？
年纪 的 谁 最 大 比

that tɕɔk gi dʑoŋ ˀnɛˀ n̥am ˀnɛˀ. 这座塔又高又大。
塔 座 这 高 又 大 又

（三）形容词做状语

主要位于谓语中心语之后。例如：

me tɕhɔh sər maˀ həˀ? 你真去吗？
你 去 真 吗

me daˀ mah dʑiˀ ˀɯak ˀjaˀ. 你不要大吃大喝。
你 不要 吃 大 喝 大

（四）时间名词做状语

既可以位于谓语中心词之前，也可以位于谓语中心词之后。例如：

sə baŋ ˀoˀ tɕih jɔh guːt mɯaŋ. 明天我要进城去。
明天 我 要 走 进 城

mɯ thiˀ tɕet ˀiˀ ˀəh viak luaŋ. 星期日我们搞义务劳动。
星期日 我们 搞 劳动

ˀoˀ khɔː gaːi rɔːt sə gi. 我今天才回来。
我 才 回 来 今天

ˀiˀ　kə dən hoːc tɕih jɔh hə ˀniau.　　我们准备马上出发。

我们 准备　出发　马上

第六节　补语

补语是位于动词、形容词之后，对动词、形容词加以补充、说明的成分。

一、补语的语法意义

按意义和结构特点，克木语的补语有以下四种：

(一) 结果补语

这类补语表示动作、变化所产生的结果。例如：

tɕɔk kɛːu ˀan hɛːm pən dəˀ lɛˀ.　　杯子给弟弟打破了。

杯　给 弟弟 打 破 了

tɕaːk sɔ ˀan dʑɔːi hoːc lɛˀ.　　收音机修好了。

收音机　给 修　好 了

hər lɔˀ phuɯn naːi hɛi jɛːŋ loːc lɛˀ.　　那小说已经看完了。

小 说　那 已经 看 完 了

ka　hɛːu haːn tɕaːt maːk lɛˀ.　　干死了很多树苗。

树苗 干　死　很　多 了

tɛːp　puh sɛŋ　lɛˀ.　　衣服洗干净了。

衣服 洗　干净 了

gə haˀ kəm poŋ bɔ l̥ian ˀom hə ˀɔːl.　　他热得头上直冒汗。

他 热　头　得 出　汗

(二) 程度补语

这类补语表示性状、动作的程度。例如：

sə riːl kə muːl khrɔːn kin̥ mok.　　金银堆满山。

金　银　堆　满　山

gə tər gət ləˀ bɛːŋ lɛˀ.　　他认为好极了。

他 认为　好 极 了

ˀoˀ　jɔh ˀuat lɛˀ.　　我走累了。

我 走　累 了

gə kɔːc tɕaːt vai. 他写得很快。

他 写 很 快

na jɔh kə mur bɛːŋ lɛʔ. 她走得慢极了。

她 走 慢 极 了

ʔoʔ jɔh khuai lɛʔ. 我来迟了。

我 来 迟 了

(三) 趋向补语

这类补语表示动作、性质、状态变化的趋向。例如：

lot sə peːŋ an ləːc duʔ lɛʔ. 自行车被偷走了。

自行车 被 偷 走 了

naːŋ pə jəʔ jɔh lɛʔ. 信寄走了。

信 寄 走 了

pɔp vɛːt gaːi lɛʔ. 书买来了。

书 买 来 了

ʔoʔ l̥ian duʔ gaːŋ ʔmɔk. 我走出教室。

我 走 出 教室

ʔoʔ jɔh guːc. 我走进来。

我 走 进来

(四) 时间、处所补语

这类补语在动词后表示动作所发生的频率或表示动作持续的时间。例如：

ba jɔh moːi bat. 你去一趟。

你 去 一 趟

na hɛi təːm kə baːr bat. 她唱了两回。

她 已经 唱 两 回

ʔoʔ jɛːŋ hoːc kə baːr bat. 我看过两次。

我 看 完 两 回

ba kɔʔ ɲ̥ɛʔ kaːl. 你等一会儿。

你 等 一会儿

gə hɛi dɯm si nɯm. 他住了四年。

他 已经 住 四 年

pɔp n̥uai gi jɛːŋ sam mɯ.　　　　这本书看三天。

书　本　这　看　三　天

二、充当补语的成分

在克木语里，充当补语的主要有普通动词、趋向动词、形容词、副词、数量短语等。

(一) 普通动词做补语

例如：

tɕə məʔ sɛk tər tec lɛʔ.　　　　绳子割断了。

绳子　割　断　了

haʔ haːn kəm m̥uʔ kə baːr gon.　　　　热死了两个人。

热　死　人　两　个

lot sə peːŋ ʔan ləːc duʔ lɛʔ.　　　　自行车被偷走了。

自行车　给　偷　走　了

(二) 趋向动词做补语

例如：

pɔp vɛːt gaːi lɛʔ.　　　　书买来了。

书　买　来　了

ʔoʔ l̥ian duʔ gaːŋ ʔmɔk.　　　　我走出教室。

我　走　出　教室

ʔoʔ jɔh guːc.　　　　我走进来。

我　走　进来

(三) 形容词做补语

例如：

sə den den dəʔ lɛʔ.　　　　凳子坐坏了。

凳子　坐　坏　了

kər nɯah kɛːp plɔʔ lɛʔ.　　　　枕头压扁了。

枕头　压　扁　了

ʔoʔ jɔh ʔuat lɛʔ.　　　　我走累了。

我　走　累　了

ˀoˀ jɔh khuai lɛˀ. 我来迟了。

我 来 迟 了

(四)副词做补语

例如：

hər lɔˀ phɯn naːi hɛi jɛːŋ loːc lɛˀ. 那小说已经看完了。

小说 那 已经 看 完 了

gə tər gət ləˀ bɛːŋ lɛˀ. 他认为好极了。

他 认为 好 极 了

(五)数量短语做补语

例如：

na hɛi təːm kə baːr bat. 她唱了两回。

她 已经 唱 两 回

ˀoˀ jɛːŋ hoːc kə baːr bat. 我看过两次。

我 看 完 两 次

ba kɔˀ ɳɛˀ kaːl. 你等一会儿。

你 等 一会儿

gə hɛi dɯm si nɯm. 他住了四年。

他 已经 住 四 年

第七节 独立语

句子的组成除主语、谓语、宾语、定语、状语、补语六种基本成分外，还有一种特殊成分。这种成分不与句子里的任何成分发生结构上的关系，处于独立的地位，位置也比较灵活，既可位于句首，又可插入句子的中间，这样的句子成分叫做独立语。例如：

bɔ jɛːŋ，ləŋ nɔːk lə vaːŋ səŋ gɔˀ dɔːm! 你们看，外面的天空多么美！

你们 看 外面 天 多么 美

sɛn de lau rɔːt，gon gə gi gɔˀ n̥ɔŋ məh khraːu niˀ. 总的来说，这个人还是不错的。

总的说来 人 个 这 还 是 不错

dəŋ ni，gam gət rian deˀ ˀiˀ tɕih kər jɛŋ ˀan maːk. 总之，我们要多注意学习的方法。

总之 方法 学习 的 我们 要 注意 多

第十章　克木语的单句

第一节　单句的语气类

一、陈述句

陈述句是述说一件事情的句子，语调平实，句尾一般稍微下降。例如：

kɔːn n̥um tɕɯm kɯn ɲɛʔ na gi go nəːŋ r̥ə loʔ kəm m̥uʔ.　这个小姑娘也懂克木文。

姑娘　　小 个 这 也 懂　　克木文

lak tɛʔ meː jɛt da gi ʔɯ.　你果然在这里啊。

果然　你　在 这里 啊

陈述句根据形式，可以分为肯定式陈述句和否定式陈述句两类。

（一）肯定式陈述句

指不含否定词的陈述句。例如：

tər gi məh deʔ ʔoʔ.　这些是我的。

这些　是　的　我

rəm boh na jim de　lɛʔ.　她的脸红起来了。

脸　　她 红 起来 了

lau sɯ jɔh so sɛːu dʑɯ mɯ.　老师每天去学校。

老师　去　学校　每　天

（二）否定式陈述句

在谓语前加否定副词 pə“不、没”构成的陈述句。例如：

ʔoʔ ɲ̥ dʑəʔ pə jɔh sɔ sɛːu.　我昨天没去学校。

我 昨天　没 去 学校

ʔoʔ pə nəːŋ gə nɛh!　我不认识他呀！

我 不 认识 他 呀

否定式陈述句里还有一类特殊的双重否定式，其构成是“pə VP_1... pə VP_2”。双重否定式从形式上看是否定形式，但从语义上看表达的是肯定的意思，只是在语用效果上比肯定式更委婉。例如：

pə məh ˀoˀ pə tɕuˀ jɔh. 我不是不想去。
不是 我不想去

ˀiˀ pə buh hə ˀeˀ trə gi loːc pə hər luˀ. 我们不背完这些柴不休息。
我们不背 柴 这些 完不 休息

二、疑问句

疑问句是提出问题的句子。疑问句的句尾语调往往上扬。根据提问和答问的方式，疑问句可分为是非问句、选择问句、正反问句和特指问句四种类型。

（一）是非问句

提出一个问题，要求做出肯定或否定的回答。从构造上看，是非问句的基干与陈述句相同，只是在句末增加了表示疑问语气的语气助词，也有的不加疑问语气助词，只是采用上升语调来表示疑问。常用的语气助词主要是 hə“吗”。例如：

səŋ mah tɕaˀ gəˀ ba gɔˀ mah bɯan hə? 这种菜你也敢吃吗？
菜 这种 你也 吃 敢 吗

gə pə məh kɔːn kəm m̥uˀ hə? 他不是克木人吗？
他不是 克木人 吗

meː tɕuˀ jɔh? 你想去？
你 想 去

是非问句的基干有肯定和否定两种形式。基干为肯定形式的是非问句，主要表达疑问语气，即说话者对答案不知情、没有预测；基干为否定形式的是非问句，主要表达疑惑语气，即说话者内心已有一个倾向性的答案（或希冀），但对这一答案的准确性（或可能性）没有把握。例如：

meː gɔˀ guːɲ̥ gə hoːc hə? 你也见到他了吗？
你 也见到 他 了 吗

raːŋ m phrah hoːc hə? 花开了吗？
花 开 了 吗

ba ˀlaˀ mah mah hə? 你还没吃饭吗？
你 还没 吃 饭 吗

meː pə ˀɯak ˀom hə? 你不喝水吗？
你 不 喝 水 吗

meː pə məh təˀ sɛːŋ hə? 你不是岩香吗？
你 不 是 岩香 吗

gə məh lau sɯ hə? 他是老师吗?

他 是 老师 吗

ba hɛi bak tɕə lɔŋ tɯr ˀnɛˀ hə? 你坐过飞机吗?

你 已经 坐 飞机 过 吗

(二) 选择问句

提问时列举几个选项,要求选择其中一个作为答语。选择问句要在两个选项之间添加表示选择关系的连词 lih məh“还是”。有单句和复句两种形式。例如:

ba tɕi ˀɯak buːc lih məh tɕi ˀɯak m̥iaŋ? 你是喝酒还是喝茶?

你 要 喝 酒 还是 要 喝 茶

məh taːi tɕi jəh lih məh hɛːm tɕi jəh? 是哥哥去,还是妹妹去?

是 哥哥 要 去 还是 妹妹 要 去

ba tɕi jəh beˀ mah lih məh tɕi jəh sih? 你是去吃饭还是去睡觉?

你 要 去 吃 饭 还是 要 去 睡觉

ba tɕuˀ liaŋ hə ˀjiar nɛh, lih məh tɕuˀ liaŋ sɔˀ? 你喜欢养鸡呢,还是喜欢养狗?

你 喜欢 养 鸡 呢 还是 喜欢 养 狗

ba tɕi deˀ gə gi lih məh tɕi deˀ gə nai? 你要这个还是那个?

你 要 得到 这个 还是 要 得到 那个

(三) 正反问句

提问时提出正反两个方面,要求以二者中的一项作为答语。正反问句有两种形式:有标记的正反问句和无标记的正反问句。

1. 有标记的正反问句。要在正反两个选项之间添加表示选择关系的连词 lih məh“还是”。谓语如果是双音节的,后项可以采用前项的不完全重叠形式。例如:

kɔːn ɲɛˀ gə gi l̥ɔk lih məh pə l̥ɔk? 这个小孩聪明还是不聪明?

小孩 这个 聪明 还是 不 聪明

ba tɕi jəh guːt kaːt lih məh pə jəh guːt kaːt? 你去赶街还是不去赶街?

你 要 去 赶街 还是 不 去 赶 街

ba tɕi vec da gaːŋ lih məh pə vec? 你回家还是不回家?

你 要 回 家 还是 不 回

ba tɕhaːi kɔːc toˀ lih məh pə tɕhaːi kɔːc? 你会写字还是不会写?

你 会 写 字 还是 不会 写

ba tɕi ˀɯak m̥iaŋ lih məh pə ˀɯak? 你喝茶还是不喝茶？

你 要 喝 茶 还是 不 喝

viak gi ba gɔˀ dɯm lih məh pə dɯm? 这件事你相信还是不相信？

事 这 你 相信 还是 不 信

2. 无标记的正反问句。正反两个选项直接组合，中间不使用连词连接。如果是双音节词语，前项可以是后项的不完全重叠形式。例如：

n̥am kə maˀ gə niˀ haˀ pə haˀ? 那里雨季热不热？

雨季 那里 热 不 热

ba tɕi jɔh pə jɔh? 你去不去？

你 要 去 不 去

sa rɛː meː hɛi taːn̥ laˀ taːn̥? 你篮子编没编？

篮子 你 已经 编 没 编

gə gi ləˀ pə ləˀ jɛːŋ? 这个好看不好看？

这个 好 不 好 看

luːm hɛi tɛːŋ laˀ tɛːŋ? 草棚盖起没盖起？

草棚 已经 盖 没 盖

（四）特指问句

用疑问代词提问，要求就疑问代词所代替的部分作出回答。特指问句就其所问的内容，可以分为以下几类：

1. 问人：常用的疑问代词主要是 məˀ“谁”。例如：

gə məh məˀ? 他是谁？

他 是 谁

məˀ tɕi jɔh poˀ ˀoˀ? 谁跟我一起去？

谁 要 去 和 我

2. 问物：常用的疑问代词有 to m̥əh“什么”、tɕaˀ məˀ“哪种”。例如：

gə gi məh to m̥əh? 这是什么？

这 是 什么

ba guˀ tɕaˀ məˀ? 你喜欢哪种？

你 喜欢 种 哪

ba dʑɯ mɯ tɛːŋ to m̥əh nɛh? 你每天做什么呢？

你 每 天 做 什么 呢

ba məh ʥɯm to m̥əh? 你叫什么名字？

你 是 名字 什么

3. 问时间：常用的疑问代词有 ȵam məˀ“什么时候”、r̥əŋ khraːu məˀ“多长时间”。例如：

bo tɕi jɔh ȵam məˀ? 你们什么时候去？

你们 要 去 时候 什么

ba tɕi dɯm r̥əŋ khraːu məˀ? 你要住多长时间？

你 要 住 长时间 多少

gə gaːi hoːc r̥əŋ khraːu məˀ? 他来了多长时间了？

他 来 了 长时间 多少

4. 问地点：常用的疑问代词有 da məˀ“哪里”。例如：

khum ˀjiak jɛt da məˀ? 厕所在哪里？

厕所 在 哪里

joŋ thau gə nai jɔh da məˀ? 那个老人去哪里了？

老人 那 去 哪里

5. 问方式、情状：常用的疑问代词有 dok məˀ“怎么”、dok tɕaˀ məˀ“怎么样”。例如：

viak gə gi tɕi tɛːŋ dok məˀ? 这件事要怎么做？

事 这 要 做 怎么

to gə gi tɕi kɔːc dok məˀ? 这个字怎么写？

字 这 要 写 怎么

ba sih mə dok tɕaˀ məˀ? 你睡得怎么样？

你 睡 得 怎么样

lɔh ba məh dok tɕaˀ məˀ? 你的身体怎么样？

身体 你 是 怎么样

6. 问原因：常用的疑问代词有ˀəh to m̥əh“为什么”。例如：

ba ˀəh to m̥əh pə ˀan ˀoˀ ɯak buːc? 你为什么不给我酒喝？

你 为 什么 不 给 我 酒 喝

ba ˀəh to m̥əh pə tɛːŋ lɛːu? 你为什么不做了？

你 为 什么 不 做 了

ba ˀəh to m̥əh pə jɔh? 你为什么没去？

你 为 什么 没 去

7. 问数量：常用的疑问代词有 pɯŋ məˀ、khraːu məˀ“多少”。例如：

gaːŋ ba ˀah puɯŋ məˀ l̥em tɕhuk? 你家有多少棵竹子？

家 你有 多少 棵 竹子

ba bəˀ mah puɯŋ məˀ səŋ dɛh? 你吃了几碗饭？

你吃 饭 多少 碗

ˀa ȵuˀ ba n̥am khraːu məˀ lɛːu? 你多大了？

年龄 你 大 多少 了

sə gi puɯŋ məˀ ˀnɯam puɯŋ məˀ mɯ? 今天几月几号？

今天 多少 月 多少 日

三、祈使句

祈使句是表示命令、请求、禁止、劝阻等语气的句子。祈使句句尾一般是降调。根据语气的不同，祈使句又可分为请求/要求类祈使句、劝阻/禁止类祈使句和命令类祈使句三类。

（一）请求/要求类祈使句

例如：

maˀ, ˀan ˀoˀ deˀ kə muːl ˀnɛ rɔ! 妈妈，给我点儿钱吧！

妈妈 给 我 得 钱 点儿 吧

bɔ jɔh raː tloˀ vai rɔ! 你们快去洗菜吧！

你们 去 洗 菜 快 吧

ˀan gə hak jɔk de rɔ! 让他自己走吧！

让 他 独自 走 自己 吧

ba jɔh vɛi ȵɛˀ rɔ! 你快点儿走啊！

你 走 快 点儿 啊

（二）劝阻/禁止类祈使句

例如：

daˀ nap lau ˀoː! 别乱说啦！

别 乱 说 啦

daˀ blan tloˀ de briaŋ! 别踩人家的菜！

别 踩 菜 的 人家

buːc daˀ ˀɯak mak bɛːŋ gaː! 别喝太多酒啦！

酒 别 喝 多 太 啦

tat sok ˀja! 禁止抽烟！

禁止 抽 烟

(三)命令类祈使句

例如:

vai ŋ̥ɛˀ!　　　　快点儿!
快 点儿

mɔːt gaːi!　　　　拿来!
拿　来

jɔh da nai vɛt ˀja moːi kap!　　　　去那里买包烟!
去　那里　买 烟　一　包

四、感叹句

感叹句是抒发某种强烈感情的句子。感叹句常借助叹词、表示感叹语气的语气助词、程度副词等来加强语气,表达强烈的感情。感叹句句式简洁,多是非主谓句。例如:

ˀa taːi, gaːr tɕi han lɛˀ!　　　　哎哟,冷死了!
哎哟　冷 要 死 了

səŋ gɔˀ dʑoŋ ei!　　　　这么高啊!
这么　高 啊

tloˀ səŋ gɔˀ mak ei!　　　　这么多菜啊!
菜　这么　多　啊

ləˀ jɛːŋ beŋ lɛˀ ei!　　　　好看极了啊!
好看　极 了 啊

第二节　单句的结构类

句子的结构类别是根据句子的结构模式划分出来的句子类型。克木语的句子从结构上可以分为单句和复句,复句详见第十一章。

单句是由词或短语构成的具有独立语调的句子。和复句相比,单句只有一个核心,也就是说,单句去掉语调后就成为一个词或五种基本结构关系的一种。

根据全句是否由主谓两部分组成,单句可以分为主谓句和非主谓句。主谓句是由主语和谓语两部分组成的句子,分不出主语和谓语的单句叫做非主谓句。

一、主谓句

主谓句是最常见的句型之一,根据谓语的性质可将主谓句分为动词谓语句、形容词谓语句、主谓谓语句等。

（一）动词谓语句

例如：

təmɔːi rɔt lɛːu.　　客人来了。

客人　来　了

ˀoˀ jɔh mɯaŋ saːŋ hai moi bat.　　我去了趟上海。

我　去　市　上　海　一　趟

（二）形容词谓语句

例如：

mat bri haˀ tɕiŋ riaŋ.　　太阳热烘烘的。

太阳　热　烘烘

pleˀ m phuŋ gi tɕat hˀia.　　这桃子很甜。

桃子　这　很　甜

（三）主谓谓语句

例如：

wiak gə gi məˀgɔˀ brɔːŋ n̥ɯam loːc.　　这件事大家都赞成。

件　事　这　大家　赞成　都

san ˀmap panpɯaŋ gə gɔˀ hak rɯŋ pɯan.　　任何困难他都能克服。

困难　任何　他　都　能　克服

om moːi glɯk gə gɔˀ pə ɯak.　　他一口水都不喝。

水　一　口　他　都　不　喝

gə tɛŋ wiak tɕat ləˀ.　　他工作很好。

他　工作　很　好

kɔːn ɲ̥ɛˀ gi，ˀoˀ gɔˀ rak gə.　　这孩子，我也疼他。

孩子　这　我　也　疼　他

二、非主谓句

非主谓句是由主谓短语以外的词或短语加上句调构成，这类句子大都要在一定的语境里才能独立成句。可以分为以下几类：

（一）动词性非主谓句

例如：

tat sok ˀja! 禁止吸烟!
禁止 吸烟

dun n̥i! 站住!
站 住

l̥ian jɔh! 出来!
出来

daˀ səroˀ! 不要说话!
不要 说

(二) 形容词性非主谓句

例如:

tɕat ləˀ lɛˀ!	太好了!	məh lɛˀ!	对!
太 好 了		对	
ləˀ!	好!		
好			

(三) 名词性非主谓句

例如:

ɲam ŋar lɛːu!	冬天了!	ˀmak lum ləˀ!	好球!
冬天 了		球 好	

(四) 叹词句

例如:

ˀə!	啊!	ˀɯ!	嗯!
ˀəi!	喂!		

(五) 拟声词句

例如:

brak brak! 哗哗!

第三节 特殊句式

一、差比句

克木语有差比句。其基本特点符合VO型语言的共性，但在具体的语法形式和语法标记上也有一些自己的特点。下面从构成要素、结构模式、构成要素的省略与隐含等方面来分析克木语差比句的特点。

（一）差比句的构成要素

克木语差比句的结构要素共有以下6项：比较主体（SJ）、比较基准（ST）、比较本体（O）、比较标记（M）、比较结果（R）和比较点（P）/比较专项（I）。

1. 比较主体、比较基准、比较本体

比较主体和比较基准是差比句中进行比较的不同对象，一般由名词/名词短语、代词、动词、形容词、数词、主谓短语、数量短语等充当。例如：

ta:i ləˀ lɯa hɛ:m. 哥哥比弟弟好。
哥哥 好 比 弟弟
SJ ST

ˀoˀ dʑoŋ lɯa gə. 我比他高。
我 高 比 他
SJ ST

gə bəˀ mah kə mur lɯa ˀoˀ bəˀ mah. 他吃饭比我吃饭慢。
他 吃 饭 慢 比 我 吃 饭
SJ ST

sam l̥ak dʑaˀ lɯa səŋ l̥ak. 三公里比二公里远。
三 公里 远 比 二 公里
SJ ST

如果是对同一个对象的不同方面（如属性特征、动作发生的时间或地点等）进行比较，则这个对象就是“比较本体”。例如：

gə sə gi sih rəh sə ruət lɯa n ˀnai. 他今天比前天起得早。
他 今天 睡 起 早 比 前天
O SJ ST

2. 比较标记

比较标记是差比句的形式标记。差比句的比较标记主要有 lɯa、pən daːk“比”。pən daːk 一般用于比较结果为消极义形容词的句子，如 ɳ̥ɛʔ“小”、jɔːm“少”、kə mur“慢”、ŋ̥ dɛʔ“矮”；lɯa 多用于比较结果为非消极义形容词的句中，如 jim“红”、n̥am “大”、maːk“多”、haʔ55“热”等。此外，在差比句的否定式中，还可以使用 sə mə “平”、graːu “如”。例如：

raːŋ dɯɲ̊ gi jim lɯa raːŋ dɯɲ̊ gəʔ nai.　　这朵花比那朵花红。
花　朵　这　红　比　花　朵　那
　　　　　　　　M

taːi　pə n̥am lɯa ʔoʔ pəŋ məʔ.　　姐姐比我大不了多少。
姐姐　不　大　比　我　多少
　　　　　　M

ʔiː thau nɛʔ pən daːk tə sɛːŋ.　　依涛比岩香小。
依涛　小　比　岩香
　　　　　M

na ŋ̥ dɛʔ pən daːk ʔoʔ.　　她比我矮。
她　矮　比　我
　　　　M

pleʔ ʔmak buʔ jɔːm pən daːk pleʔ ŋ tɕuk.　　柚子比橘子少。
柚子　少　比　橘子
　　　　　M

gə bəʔ mah kə mur pən daːk ʔoʔ.　　他吃饭比我慢。
他　吃　饭　慢　比　我
　　　　　　　M

gə pə dʑoŋ sə məː ʔoʔ.　　他不如我高。
他　不　高　平　我
　　　　　M

gə pə dʑoŋ graːu ʔoʔ　　他不如我高。
他　不　高　如　我
　　　　　M

3. 比较结果

比较结果是差比句中显示性状、数量、程度等方面差别的部分，一般由形容词/形容词短语充当。能体现差异或变化的助动词，或动词短语中的补语、状语也能充当比较结果。例如：

hɛːm lɔ̥k luɯa taːi.　　弟弟比姐姐聪明。

弟弟 聪明 比 姐姐

R

sə gi haˀ luɯa n tɕəˀ.　　今天比昨天热。

今天 热 比 昨天

R

ˀiː thau guˀ təːm luɯa tə sɛːŋ.　　依涛比岩香喜欢唱歌。

依 涛 喜欢 唱歌 比 岩香

R

gə tɕhaːi lau r̥ləˀ luɯa ˀoˀ.　　他比我会说话。

他 会 说话 比 我

R

4. 比较点/比较专项

比较点是不同对象之间进行比较的具体内容。例如：

kɔːc da ˀoˀ ləˀ luɯa na.　　画画我比她好。

画画 我 好 比 好

P

这个句子中，双方进行比较的内容是"画画"，因此比较点就是 kɔːc da "画画"。

比较点还包含若干不同方面的属性，如果是就某一方面的属性进行比较，则所比较的内容可以叫比较专项。例如：

gləˀ deˀ ˀoˀ vaːŋ luɯa gə.　　我的头发比他长。

头发 的 我 长 比 他

P

这个句子的比较点是 gləˀ"头发"。但是头发有若干属性，如长短、多少、疏密、黑白等，这里只是就长短进行比较，因此，比较专项就是长度，但在句中并没有显现。

（二）差比句的结构模式

差比句的各个构成要素总是按照一定的方式进行组合，形成特定的结构模式。克木语差比句的结构模式分典型结构模式和非典型结构模式两种。典型结构模式是"比较主体＋比较结果＋比较标记＋比较基准"(SJ＋R＋M＋ST)，语法标记是 luɯa "比"。例如：

gə ŋ̥ dɛˀ luɯa ˀoˀ.　　他比我矮。(SJ＋R＋M＋ST)

他 矮 比 我

非典型的结构形式除了比较基准、比较标记、比较结果是必备要素外，其他要素可以根据交际需要增减，但比较主体和比较基准的语序不能改变，只能是比较主体在前，比较基准在后。例如：

gə bəˀ mah vɛi lɯa ˀoˀ. 他吃饭比我快。(SJ＋P＋R＋M＋ST)
他 吃 饭 快 比 我
SJ P R M ST

gə ɲ̥ ɲ̥ɛŋ r̥lɔˀ lɯa jɛt da gaːŋ. 他比在家听话。(O＋R＋M＋ST)
他 听话 比 在 家
O R M ST

差比句还有否定形式，其基本结构模式是“比较主体＋否定副词 pə“不”＋比较结果＋比较标记＋比较基准”(SJ＋pə＋R＋M＋ST)。比较标记上，否定式比肯定式丰富，有 sə məː “平”、graːu “如”和 lɯa “比”三个。用不同的词，语义上有所区别。用 sə məː “平”、graːu “如”做比较标记表示“不及”，用 lɯa、pən daːk “比”做比较标记表示“不及”或“差不多”。例如：

gə pə ʥoŋ sə məː ˀoˀ. 他不如我高。(义为“他比我矮”)
他 不 高 平 我

gə pə ʥoŋ graːu ˀoˀ. 他不如我高。(义为“他比我矮”)
他 不 高 如 我

gə pə ʥoŋ lɯa ˀoˀ. 他不比我高。(义为“他比我矮”或“他跟我差不多高”)
他 不 高 比 我

gə pə ɲ̥ɛˀ pən daːk ˀoˀ. 他不比我小。(义为“他比我大”或“他跟我差不多大”)
他 不 小 比 我

差比句的结构模式与语言类型之间的关系，早在 Greenberg(1963)及 Dryer(1992)的著作中就已揭示。Greenberg 概括的 45 条共性中的第 22 条指出：当差比句的唯一语序或语序之一是“基准—比较标记—形容词”时，该语言为后置词语言；如果唯一语序是“形容词—比较标记—基准”时，大于偶然性的绝对优势可能是该语言为前置词语言。”Dryer 对 625 种语言进行统计后发现，OV 型语言基本上都是“基准＋形容词”的语序，VO 型语言则一律采用“形容词＋基准”语序。克木语是 VO 型语言，其差比句的典型结构模式是“比较主体＋比较结果(形容词)＋比较标记＋比较基准”，符合 VO 型语言在这一参项上的共性。

(三) 结构要素的隐含和省略

差比句的比较主体、比较基准、比较点/比较专项并不总是都出现，或并不总是完整地出现，可以在一定的条件下隐含或省略。

1. 比较主体的隐含

在对同一对象的不同方面进行比较时，比较主体有时可以隐含。比较主体的隐含包括以下三种类型：

(1) 即时隐含：比较主体是表示当前时间的名词(即说话人当时所处的时间点)。如例①、例②的比较主体都已隐含，如果补出，则分别是“今天”、“现在”。例如：

① joŋ sih rəh sə ruɔt lɯa n̥ ˀaːi. 爸爸比前天起得早。

爸爸 睡 起 早 比 前天

② na blia lɯa jɯm jəˀ lɛˀ. 她比以前漂亮了。

她 漂亮 比 以前 了

(2) 即地隐含：比较主体是表示当时所处场所的名词(即说话人当时所处的地点)。如例③、例④的比较主体虽已隐含，但是可以补出。例③的比较主体应该与“国内”相对的地点，如“国外”；例④应是与“在家”相对的地点，如“在学校”。例如：

③ ˀoˀ n ʥɔˀ sip kin lɯa jɛt kluaŋ mɯaŋ lɛˀ. 我比在国内瘦了十斤。

我 瘦 十 斤 比 在 内 国 了

④ gə ɲ̥ ɲ̥ɛŋ r̥lɔˀ maːk lɯa jɛt da gaːŋ. 他比在家听话多了。

他 听话 多 比 在 家

(3) 近指隐含：比较主体是表示近指的指示代词。如例⑤的比较主体应该是“这次”。例如：

⑤ gə kɔːc bɯan ləˀ lɯa jɯm kaːl. 他比上次写得好。

他 写 能 好 比 上次

克木语的差比句为什么比较主体可以隐含？这可以从人类的认知特点来解释。从认知语言学的观点看，显著度高的概念在话语交际中容易得到交际双方的默认，成为默认值(default value)，即使缺省也能得到交际双方的理解。如在“我的书”这一认知框架里，“书”的显著度高于“我”，在一定的语境中可以省略，构成“的”字结构“我的”。一般说来，即时、即地、近指的场景都是与说话者更密切、更容易感知到的场景，在认知框架里具有很高的显著度。对差比句来说，比较的双方应具有可比性，这就要求比较主体和比较基准在语义上具有对应性。而比较基准是差比句的必有要素，当比较基准是显著度低的非即时、非即场、非近指的概念时，它能激活隐含的作为默认值的比较主体，使交际双方都能理解。由于这种表达更加经济、高效，因而在话语交际中使用的频率更高。

上述例句的比较主体如果不是即时、即地、近指的概念，则不能隐含。如下例中的比较主体 ŋ ʥəˀ “昨天”就不能隐含。例如：

n ʥəˀ ˀoˀ sih rəh sə ruɔt lɯa n ˀnai. 我昨天比前天起得早。

昨天 我 睡 起 早 比 前天

2. 比较点/比较专项的隐含

比较点/比较专项是差比句中进行比较的具体内容，应该是不可或缺的成分。但由于在差比句这个构式中，其他结构要素有时能够将比较点/比较专项的语义体现出来，所以比较点/比较专项很多时候可以隐含。比较点隐含的差比句，一般是比较对象（比较主体和比较基准）由名词/名词短语充当，比较结果由性质形容词来充当的。隐含的比较点/比较专项通常是比较对象某一方面的属性。例如：

① sɔ sən ʥoŋ lɯa lau sɯ.　　　学生比老师高。

学生　高　比　老师

② glə' de' 'o' vaːŋ lɯa gə.　　　我的头发比他长。

头发 的　我　长　比　他

上面例①的比较点是“身高”，在这个构式中，性质形容词 ʥoŋ“高”有多个义项，但是在这个句子中，比较对象 sɔ sən“学生”、lau sɯ“老师”将其语义限定在“身高”这一义项上，这样，作为比较点的“身高”也就不必出现了。例②的比较点是“长度”，但由于在这个构式中，比较主体 glə' de' 'o'“我的头发”与性质形容词 vaːŋ“长”的组合已经将 vaːŋ“长”的语义限定在“长度”这一义项上，因而，作为比较点的“长度”一词也可以不出现。

3. 比较基准的省略

比较基准是比较得以进行的参照点，在句中必须出现，属差比句的必有要素。因此，这里所说的“比较基准的省略”，严格地说是比较基准中某些成分的省略。比较基准的省略主要有以下三种情况：

（1）名词短语的中心语省略。例如：

gaːŋ 'o' liaŋ swaŋ n̥am lɯa gaːŋ ba.　　　我家养的猪比你家（养的猪）大。

家 我 养　猪　大　比　家 你

rə naː da rəŋ ʥwaŋ mok　ʥum lɯa da mok.　　山脚下的水田比山坡上的（水田）肥沃。

水田　的　脚下　　山坡　肥沃　比　的 山坡

（2）主谓短语的谓语省略。例如：

gə bə' mah vɛi lɯa 'o'.　　　他吃饭比我（吃饭）快。

他 吃　饭　快 比　我

hɛːm rian　lə' lɯa taːi.　　　妹妹学习比姐姐（学习）好。

妹妹 学习 好 比 姐姐

（3）主谓短语的主语省略。例如：

gə bə' mah maːk lɯa pə' khau pe'.　　　他吃饭比（他）吃粥多。

他 吃 饭　　多　比　吃 粥

上述例句中，比较主体和比较基准都是短语结构，其构成既有相同成分，也有相异成分。在差比句中，比较的焦点不是相同的成分，而是相异的成分。相同的成分因在比较主体中已经出现，在比较基准中就可以承前省略。省略后的表达方式不仅更简洁，而且能使比较的对象更突出，是一种优选的表达方式。

二、处置句

克木语有处置句,处置句用来表示某人或某物受到影响、得到处置等意义。但这种句式的语法化程度还不高。汉语的“把”字句就属于处置句,但克木语不是用“把”来表示“处置”义,所以本文在分析克木语的处置关系时使用“处置句”这一概念。下面从结构模式、语法标记、处置句的语法化三个方面来分析克木语的处置句。

(一)处置句的结构模式

克木语的处置句只有一种结构模式,即:施事+ mɔːt “拿”+受事+VP。例如:

sɔˀ gaːŋ ba mɔːt hə ˀjiar gaːŋ briaŋ pok han lɛːu. 你家的狗把人家的鸡咬死了。
狗 家 你 拿 鸡 家 别人 咬 死 了

gə mɔːt tɕok deˀ briaŋ mɔːt duˀ lɛːu. 他把别人的锄头拿走了。
他 拿 锄头 的 别人 拿 走 了

ˀoˀ mɔːt dʑɯaŋ briaŋ bɯac lɛːu. 我把别人的脚踩了。
我 拿 脚 别人 踩 了

gə mɔːt maˀ gə khrap l̥ian duˀ lɛːu. 他把他母亲赶出去了。
他 拿 母亲 他 赶 出去 了

təm maˀ mɔːt kəm poŋ deˀ na pok ˀɛh loːc. 跳蚤把她的头咬肿了。
跳蚤 拿 头 的 她 咬 肿 了

处置句的出现,主要是因为说话人在传递信息时需要突出强调受事。作为SVO型语言,克木语的信息结构是:已知信息+动词+新信息。居于句首的施事是已知信息,居于句末的受事是新信息。为了突出强调新信息,就要采取一定的语法手段。克木语所采取的语法手段是将新信息移位至动词前,同时在受事前添加表示处置义的标记 mɔːt “拿”。

处置句具有以下语法特征:

1. 处置句中的施事一般是具有施动能力的人或物。例如:

hɛːm mɔːt kə muːl deˀ ˀoˀ tɕai loːc lɛːu. 弟弟把我的钱花完了。
弟弟 拿 钱 的 我 花 完 了

ˀom mɔːt ga gaːŋ ˀoˀ thuˀ pic loːc. 洪水把我家的秧苗冲走了。
洪水 拿 秧苗 家 我 冲 走 了

2. 处置句中的受事是有定的、被影响或受处置的人或物。例如:

məˀ mɔːt klə meˀ deˀ ˀoˀ mah loːc lɛːu? 谁把我的甘蔗吃完了?
谁 拿 甘蔗 的 我 吃 完 了

ba mɔːt bɛːm plah ˀuːn lɔŋ məˀ lɛːu? 你把背篓放哪里去了?
你 拿 背篓 放 去 哪里 了

3. 处置句中的谓语不能是光杆动词。例如：

ˀom mɔːt ga gaːŋ ˀoˀ thuˀ pic loːc.　　洪水把我家的秧苗冲走了。
洪水 拿　秧苗 家　我 冲　走　了

* ˀom mɔːt ga gaːŋ ˀoˀ thuˀ.
洪水 拿　秧苗 家　我 冲

这是因为光杆动词只表示某个动作行为本身，不能说明对受事的处置情况或产生的影响。处置句的谓语动词后一般要带有别的成分，主要有两种情况：一种是“动词＋补语”。例如：

ˀoˀ mɔːt həˀ jeˀ ba dɯk tiŋ lɛːu.　　我把你的柴撞倒了。
我 拿　柴　你 撞 倒 了

ba mɔːt ˀom ˀoˀ thɔk pic loːc?　　你把我的水倒掉了？
你 拿　水　我 倒 掉 了

ˀoˀ mɔːt m̥uak gə təŋ guˀ ˀar vec lɛːu.　　我把他的帽子带回来了。
我 拿　帽子 他 带　回来　了

另一种是“动词＋宾语”。例如：

ˀoˀ mɔːt rəŋ koˀ ba ˀan iː thau deˀ lɛːu.　　我把你的米给依涛了。
我 拿　米　你 给 依涛 得 了

gə mɔːt rə naː de tec ˀan briaŋ loːc.　　他把自己的田卖给别人了。
他 拿　田 自己 卖 给 别人 了

ˀoˀ mɔːt jɔˀ ləˀ ˀan ba deˀ loːc.　　我把好的都给你了。
我 拿　的 好 给 你 得 了

此外，还有这两种情况结合在一起构成的“动词＋补语＋宾语”。例如：

hɛːm mɔːt tɛːp me pɔk l̥uh moːi n tuˀ.　　弟弟把你的衣服烧了一个洞。
弟弟 拿 衣服 你 烧 通 一 洞

4. 处置句的否定式一般是在 mɔːt“拿”前加否定副词 pə“不、没”，如果谓语动词后带有补语，也可以在补语前加否定副词 pə“不、没”。例如：

ˀom pə mɔːt ga gaːŋ ˀoˀ thuˀ pic.　　洪水没把我家的秧苗冲走。
洪水 没 拿 秧苗 家　我 冲　走

ˀoˀ pə mɔːt dʑɯaŋ briaŋ bɯac ˀoh.　　我没把别人的脚踩伤。
我 没 拿　脚　别人 踩　伤

或 ˀoˀ mɔːt dʑɯaŋ briaŋ bɯan pə ˀoh.　　我没把别人的脚踩伤。
我 拿 脚　别人 踩 没 伤

(二) 处置句的语法标记

处置句的语法标记是 mɔːt“拿”。mɔːt“拿”除可以用作处置句的标记外，还可以用作实义

动词,在句中充当谓语。例如:

gə mɔːt pɔp moːi n̥uai. 他拿着一本书。

他 拿 书 一 本

taːi mɔːt gaːi pi moːi l̥em. 哥哥拿来一支笔。

哥哥 拿来 笔 一 支

gə mɔːt jɔh hoːc kə muːl sip jɛn. 他拿走了十元钱。

他 拿 走 了 钱 十 元

语法化要遵循"语义相宜性"原则,即哪些词语能够发展成哪些语法标记不是随意的,必须要具有与该语法标记相适宜的语义特征。克木语的动词 mɔːt"拿"能发展成为处置句的标记,是因为在克木人的认知中,要对某人或某物进行处置,首先要"拿"来,然后再进行处置。也就是说,克木语的处置句是由前一动词为 mɔːt "拿"的连动句语法化而来的。在有些处置句里,mɔːt "拿"还有比较强的动词义,整个句子是处置句还是连动句,具有两可性。例如:

ˀoˀ mɔːt pɔp n̥uai gi ˀan ba deˀ. 我把这本书给你。

我 拿 书 本 这 给 你 得

→ ˀoˀ mɔːt pɔp n̥uai gi V① ˀoˀ ˀan ba deˀ

我 拿 书 本 这 我 给 你 得

gə mɔːt buːc gaːŋ ba ˀɯak loːc. 他把你家的酒喝完了。

他 拿 酒 家 你 喝 完

→ gə mɔːt buːc gaːŋ ba V gə ˀɯak loːc

他 拿 酒 家 你 他 喝 完

(三)克木语的处置句是一种语法化程度不高的句式

克木语处置句语法化程度不高。主要表现在:

1. 语法标记还没有完全语法化。处置句的语法标记是 mɔːt "拿",但 mɔːt "拿"还没有完全语法化,在处置句中还有比较明确的实词义。例如:

ˀiˀ mɔːt rəŋ koˀ leˀ ba tɛːŋ buːc hə ˀjia. 我们把你的糯米做甜酒了。

我们 拿 糯米 你 做 酒 甜

ˀoˀ mɔːt pɔp n̥uai gi ˀan ba deˀ. 我把这本书给你。

我 拿 书 本 这 给 你得

这两句中的 mɔːt "拿",都还有比较明确的动词义,在克木语母语人的语感中,还有一定的动作义。

① "V"表示分解形式。

2. 有些处置句和连动句的界限不清。语法标记 mɔːt“拿”没有完全语法化，带来的结果就是有些处置句和连动句的界限不清，可以看成是处置句，也可以看成是连动句。如上面两例。

3. 在实际语言使用中，当一句话既可以用处置句表达，也可以用非处置句表达时，母语人更倾向于选择使用非处置句。例如：

gə mɔːt ˀoˀ ˀɔːr gaːi rɔːt da gi lɛːu. 他把我带到这里来了。
他 拿 我 带来 到 这里 了

gə ˀɔːr ˀoˀ gaːi rɔːt da gi lɛːu. 他带我到这里来了。
他 带 我 来 到 这里 了

三、被动句

对“被动句”的概念，学术界还缺乏统一的认识，出现了几种不同的术语，主要有“被动式”、“被动结构”、“‘被’字句”、“被动句”等。这些术语有不同的内涵和外延，反映了研究者对人类语言被动句的不同认识。本文根据大多数学者认可的观点，将“被动句”定义为受事居于施事之前，且带有被动标记的特定句式。

克木语的被动句在句法结构、语义特征、语法标记上有其独特之处。下面从这三个方面进行具体分析。

(一) 被动句的句法结构形式

克木语被动句的句法结构形式根据施事出现与否可以分为两种，一种是“受事＋被动标记ˀan ＋施事＋VP”。例如：

suaŋ briˀ ˀan gon phan piɲ ɲek lɛːu. 野猪被猎人打中了。
野猪 给 猎人 打 中 了

tiˀ de gə ˀan tɕəŋ ˀuːr huːc lɛːu. 他的手被马蜂蜇了。
手 的 他 给 马蜂 蜇 了

glaːŋ ˀan sə na jok duˀ lɛːu. 石头被他俩抬走了。
石头 给 他俩 抬 走 了

pleˀ m phuŋ ˀan gə mah loːc lɛːu. 桃子被他吃光了。
桃子 给 他 吃 光 了

səŋ məh me ˀan nɔ nəːŋ lɛːu. 你的名字被他们知道了。
名字 你 给 他们 知道 了

另一种是“受事＋被动标记ˀan ＋VP”。例如：

kə muːl ˀan ləːc lɛːu. 钱被偷了。
钱 给 偷 了

lot sə pɛːŋ ˀan bak duˀ lɛːu. 自行车被骑走了。

自行车 给骑 走 了

glaːŋ ˀan jok duˀ lɛːu. 石头被抬走了。

石头 给 抬 走 了

thuːŋ ˀom ʥəˀ gə nai ˀan mɔːt ˀar ʥuːr lɛːu. 那桶脏水被拿下去了。

桶 水 脏 那 给 拿 下去 了

ˀom m̥iaŋ ˀan ˀɯak loːc lɛːu. 茶水被喝光了。

水 茶 给 喝 光 了

被动句的否定形式一般是在被动标记ˀan之前添加否定副词ˀlaˀ“没”或n̥ɔːŋ ˀlaˀ“还没”，如果动词带结果补语，否定副词放在结果补语之前。例如：

gaːŋ ˀlaˀ ˀan vaːr təm kɯt. 房子没被阳光遮住。

房子 没 给 阳光 遮 住

na taŋ ˀan paːi n̥ɔːŋ ˀlaˀ tlɔːt. 墙还没有被钻透。

墙 给钻 还 没 透

rəŋ koˀ ˀlaˀ ˀan maˀ hə ˀjiar tok mah. 米没被母鸡啄了吃。

米 没 给 母鸡 啄 吃

ˀoˀ n̥ɔːŋ ˀlaˀ ˀan ba grɯp bɯan ˀmoːi. 我还没被你抓住过。

我 还 没 给 你 抓 住 过

被动句的使用是出于信息传递的需要。SVO型语言信息结构的构成情况是，句首成分是已知信息，是话题；动词后的成分是新信息，也是全句的信息焦点。在施事居首的句式中，施事是已知信息和话题，动词后的受事是新信息和全句的焦点。但是，当说话人和听话人都已知发生了什么事情，而听话人不知道由谁实施这件事情的时候，说话人在传递信息时，需要传递的新信息就是施事者，而不是受事者。这时，说话人就会采取将受事移位至句首的方式来表达。受事前移的结果是：受事居首，成为已知信息和全句的话题。这时，动词后的焦点位置空缺。由于句法结构的制约，作为全句焦点的施事不能移位至动词后的焦点位置，只能采取别的方式来变通，这就是在施事之前添加一个语法标记ˀan，使施事成为焦点和新信息，达到有效传递信息的目的。这就是被动句句法结构形成的动因。

（二）被动句的语义特征

在语义上，克木语的被动句除主要表示“不如意、遭受”等消极义之外，还能表示“如意、愉快”等积极义，有时还能用于表示中性义。

1. 表示“不如意、遭受”等消极义。例如：

joŋ thau ˀan mar tok moːi tə niˀ. 爷爷被蛇咬了一口。

爷爷 给 蛇 咬 一 口

tɛː ˀan kə maˀ puh sə kɔˀ lɛːu. 衣服被雨淋湿了。

衣服 给 雨 淋 湿 了

kɔːn həˀjiar ˀan klaːŋ tok duˀ lɛːu. 小鸡被老鹰叼走了。

小鸡 给 老鹰 叼 走 了

bɛːm ˀoˀ ˀan briaŋ buh duˀ lɛːu. 我的背篓被别人背走了。

背篓 我 给 别人 背 走 了

2. 表示“如意、愉快”等积极义。例如：

na ˀan jok jɔˀ məh lau sɯ ləˀ thi sut. 她被评为优秀教师。

她 给 评 为 老师 优秀

thuːŋ ˀom ʥəˀ gə nai ˀan mɔːt ˀar̥ ʥuːr lɛːu. 那桶脏水被拿下去了。

桶 水 脏 那 给 拿 下 去 了

r̥ə lɔˀ tək ˀan ˀoˀ tɛːk l̥ian lɛːu. 谜语被我猜出来了。

谜语 给 我 猜 出 了

rəŋ koˀ ˀan guːm hoːc lɛːu. 米被簸好了。

米 给 簸 好 了

3. 表示中性义。例如：

phɯan ˀan gə ɲai duˀ lɛːu. 竹桌被他搬走了。

竹桌 给 他 搬 走 了

glaːŋ ˀan sə na jok duˀ lɛːu. 石头被他俩抬走了。

石头 给 他俩 抬 走 了

təm pɯr ˀan khraŋ hoːc lɛːu. 斑鸠被关起来了。

斑鸠 给 关 好 了

ŋə puːr traːk ˀan blɯah hoːc lɛːu. 牛皮被剥下来了。

牛皮 给 剥 好 了

（三）被动句标记的来源

克木语被动句的形式标记是ˀan，是由实义动词ˀan“给”语法化而来的。ˀan“给”可以做实义动词用，在句中充当谓语。例如：

ˀoˀ ˀan ba deˀ pɔp moːi n̥uai. 我给你一本书。

我 给 你 得 书 一 本

maˀ ˀan ˀoˀ deˀ kə muːl sip jɛn. 妈妈给我十元钱。

妈妈 给 我 得 钱 十 元

ˀi kɔːŋ ˀan ˀoˀ deˀ raːŋ moːi duːc. 依光给我一朵花。

依光 给 我 得 花 一 朵

sɔ sɛːu ˀiˀ nɔm ˀan thu su kuan deˀ pɔp moːi m̥un n̥uai.

学校 我们 赠 给 图书馆 得 书 一 万 本

我们学校赠送给图书馆一万本书。

根据语法化理论,哪些词语能够发展成哪些语法标记不是随意的,必须要具有与该语法标记相适宜的语义特征。这就是语法化的“语义相宜性”原则。克木语的动词ˀan“给”之所以能语法化为被动标记,与其做实义动词用时的语义特征有关。在ˀan“给”充当谓语的句子里,从施事方来说,动作是“给出”,从受事方来说,则是“得到、获得”。被动句的一个重要特点就是将受事提前至句首,这样,被动句实际就是表示受事者“得到、获得”某种结果。从这个角度来看,动词ˀan“给”与被动标记ˀan“给”之间确实存在某种语义上的关联,但这种关联是一种间接的关联。

Heine 和 Kuteva(2002)从 500 余种语言中归纳出哪些语义特点的词汇倾向于发展成哪种语法标记。他们研究发现,被动标记有 9 种来源:(1)来自动词 see(见),这类语言有法语、西班牙语、意大利语等。(2)来自动词 suffer(遭遇),这类语言有越南语、朝鲜语等。(3)来自动词 eat(吃),这类语言有朝鲜语、Kharia、Juang 等。(4)来自动词 get(得到),这类语言有朝鲜语、越南语、德语、Welsh、Rodrigues、Seychelles 等。(5)来自伴随格(comitative),这类语言有 Baka、Lamang 等。(6)来自动词 fall(落),这类语言有朝鲜语、tamil、Tonga 等。(7)来自人称代词(personal pronouns)或者第三人称复数(third plural),这类语言有 Kimbundu、Maasai、Luba、Ewe、Nuer、Hungarian 等。(8)来自反身代词(reflexives),这类语言有俄语、丹麦语、法语、德语、波兰语、保加利亚语、Teso、Czech 等。(9)来自于反使成标记(anticausative),这类语言有罗曼语、Early 等。克木语的被动标记ˀan“给”不在这 9 类之列,这是克木语的个性特征。但正如前面所论述的,ˀan“给”如果从受事的角度来看,实际就是“得到、获得”,这与第(4)种来源:“来自动词 get(得到)”正好相符。

四、连动句

连动句是指由连动短语充当谓语的句子。连动关系有广义和狭义之分,广义的连动关系是指“同一主体发出的一个以上的动作行为”①,狭义的连动关系是指“同一人物连发性、并发性的行为动作”②。广义的连动关系跟并列、修饰、补充、动宾等结构有交叉,为方便讨论,本文取狭义的概念。

---

① 戴庆厦、邱月:《OV 型藏缅语连动结构的类型学特征》,《汉语学报》2008 年第 2 期。

② 邢福义主编:《现代汉语》,北京:高等教育出版社,1991 年,第 339 页。

(一)连动句的类型

根据连动项主语的使用情况,克木语的连动句可以分为两种类型。一是单主语连动句,二是双主语连动句。

1. 单主语连动句。这种连动句的几个连动项共用一个主语。例如:

ˀoˀ gaːi rian hər lɔˀ kəm m̥uˀ. 我来学习克木语。

我 来 学习 克木语

→ ˀoˀ gaːi V ˀoˀ rian hər lɔˀ kəm m̥uˀ

我 来 我 学习 克木语

gə jɔh guːt kaːt da mɯaŋ la lɛːu. 他去勐腊赶集了。

他 去 赶集 到 勐腊 了

→ gə jɔh V gə guːt kaːt da mɯaŋ la lɛːu

他 去 他 赶集 到 勐腊 了

ˀah kəm m̥uˀ pə ləˀ moːi gon jɔh ʥɔːm. 有一个坏人跟着走。

有 人 坏 一 个 走 跟

→ ˀah kəm m̥uˀ pə ləˀ moːi gon jɔh V ˀah kəm m̥uˀ pə ləˀ moːi gon ʥɔːm

有 人 坏 一 个 走 有 人 坏 一 个 跟

gə gaːi da gi təːm ʥɔːi ˀoˀ. 他来这里帮助我。

他 来 这里 帮助 我

→ gə gaːi da gi V gə təːm ʥɔːi ˀoˀ

他 来 这里 他 帮助 我

pə sɯam sə gi ˀiˀ jɔh jɛːŋ roːŋ naŋ. 今晚上我们去看电影。

晚上 今天 我们 去 看 电影

→ pə sɯam sə gi ˀiˀ jɔh V ˀiˀ jɛːŋ roːŋ naŋ

晚上 今天 我们 去 我们 看 电影

2. 双主语连动句。这种连动句两个连动项之前分别有一个主语,但是第二个连动项前的主语只能是反身代词 de“自己”。这种句子多出现在第一个连动项的结果为“获得”义的连动句中。例如:

ˀoˀ vɛt de deˀ kə toŋ na moːi srɔŋ lɛːu. 我买了她一篮子鸡蛋。

我 买 自己 得 蛋 她 一 篮 了

gə vɛt de deˀ rə na briaŋ moːi ˀmɔːn. 他买了别人一块田。

他 买 自己 得 田 别人 一 块

ˀoˀ tɛːŋ de deˀ səŋ mah bəˀ. 我做饭吃。
我 做 自己得 饭 吃

bɔ ruːŋ de deˀ buːc ˀɯak ˀəm. 你们酿酒喝吧。
你们 酿 自己 得 酒 喝 吧

这种类型的连动句，也可以省略 de deˀ“自己得”，成为一般的动词谓语句或结构更简单的连动句。例如：

ˀoˀ vɛt kə toŋ na moːi srəŋ lɛːu. 我买了她一篮子鸡蛋。（一般的动词谓语句）
我 买 蛋 她 一 篮 了

gə vɛt rə na briaŋ moːi ˀmɔːn. 他买了别人一块田。（一般的动词谓语句）
他 买 田 别人 一 块

ˀoˀ tɛːŋ səŋ mah bəˀ. 我做饭吃。（结构更简单的连动句）
我 做 饭 吃

bɔ ruːŋ buːc ˀɯak ˀəm. 你们酿酒喝吧。（结构更简单的连动句）
你们 酿 酒 喝 吧

反身代词后的动词 deˀ“得”可以和 bɯan“获得”一起构成复合动词 bɯan deˀ“得到”，充当谓语。例如：

gə bɯan deˀ pɔp moːi n̥uai. 他得到一本书。
他 得到 书 一 本

oˀ bɯan deˀ kə muːl tɕat maːk. 我得到很多钱。
我 得到 钱 很 多

这种连动句，虽然有两个主语，但由于两个主语的所指是同一个对象，连动结构中的不同动词都可以指向第一个主语，所以，仍可以看成是连动句。例如：

ˀoˀ vɛt de deˀ kə toŋ na moːi srəŋ lɛːu. 我买了她一篮子鸡蛋。
我 买 自己 得 蛋 她 一 篮 了

→ ˀoˀ vɛt V ˀoˀ de deˀ kə toŋ na moːi srəŋ lɛːu
我 买 我 自己 得 蛋 她 一 篮 了

ˀoˀ tɛːŋ de deˀ səŋ mah bəˀ. 我做饭吃。
我 做 自己 得 饭 吃

→ ˀoˀ tɛːŋ V ˀoˀ de deˀ səŋ mah bəˀ ˀoˀ
我 做 我 自己 得 饭 吃 我

（二）连动句的特点

克木语的连动句有如下特点：

1. 所有连动项在语义上指向同一主语。例如：

① hə ˀjiar tok mah rəŋ koˀ gaːŋ ˀoˀ lɛːu. 鸡把我家的米啄吃了。

鸡 啄 吃 米 的 家 我 了

② ˀoˀ ˀah kə muːl vɛt pop. 我有钱买书。

我 有 钱 买 书

③ hə ˀjiar tloh jɛt da rə naː sɔk tok səŋ mah mah. 公鸡在田里找食吃。

公鸡 在 里 田 找 啄 食物 吃

上述例句中,例①有两个动词 tok"啄"、mah"吃",都指向主语 hə ˀjiar"鸡";例②有两个动词ˀah"有"、vɛt"买",都指向主语ˀoˀ"我";例③有三个动词 sɔk"找"、tok"啄"、mah"吃",都指向主语 hə ˀjiar tloh"公鸡"。

如果动词不是全部指向同一个主语,就不是连动句。例如:

① ˀoˀ ˀan ba deˀ pɔp moːi n̥uai. 我给你一本书。

我 给 你 得 书 一 本

② lau sɯ sroŋ ˀan ˀoˀ deˀ pɔp moːi n̥uai. 老师送给我一本书。

老师 送 给 我 得 书 一 本

上例①有两个动词,ˀan"给"和 deˀ"得",ˀan"给"的主语是ˀoˀ"我",而 deˀ"得"的主语是 ba"你";例②中的动词有三个,sroŋ"送"、ˀan"给"、deˀ"得",其中,sroŋ"送"、ˀan"给"的主语指向 lau sɯ"老师",而 deˀ"得"的主语指向ˀoˀ"我"。这两个句子的各连动项所指向的主语不是同一个主语,因而都不是连动句。

2. 连动项之间不使用关联词。如果连动项之间有词语连接,就不是连动句,而是复句。例如:

ba mah sə ˀɔːŋ ˀja hoːc lɛh jɔh sih. 你吃了药去睡觉。

你 吃 药 完 就 去 睡觉

ba ˀɯak ˀom səŋ gɔːŋ kaːl, gɔi bəˀ mah. 你先喝汤,然后吃饭。

你 喝 汤 先 然后 吃 饭

ba vec da gaːŋ hoːc, tɛːŋ səŋ mah kaːl, gɔi puh tɛːp. 你回家后,先做饭,再洗衣服。

你 回 家 完 做 饭 先 再 洗 衣服

上述例句都有两个或三个动词,动词的语义都指向同一个主语,但由于句中都使用了关联词语,这些句子一般看成是连贯关系的复句,而不是连动句。

(三)连动句中动词之间的语义关系

构成连动句的动词之间存在如下语义关系:

1. 动作先后关系。动词所表示的动作先后发生,先发生的动作在前,后发生的动作在后。例如:

hə ˀjiar tok mah rəŋ koˀ gaːŋ ˀoˀ lɛːu. 鸡把我家的米啄吃了。

鸡 啄 吃 米 的 家 我 了

gə brɔːŋ ˀiˀ jɔh dɯaŋ kaˀ. 他约我们去捕鱼。

他 约 我们 去 捕 鱼

2. "动作—目的"关系。后一个动作是前一个动作的目的。例如：

gə gaːi təːm ʥɔːi ˀoˀ da gi. 他来这里帮助我。

他 来 帮助 我 这里

ˀoˀ ʨuˀ ʨɯn mah kə doŋ sɛk n̥uai. 我想煎个蛋吃。

我 想 煎 吃 蛋 一 个

3. "动作—方式"关系。后一个动作是前一个动作的方式。例如：

ba daˀ bəˀ mah taŋ dɯn. 你别站着吃饭。

你 别 吃 饭 着 站

na jɔh ʥɔːm. 她跟着走。

她 走 跟

4. "条件—行为"关系。前一个动词表示后一个动作行为得以实施的条件。例如：

ˀoˀ ˀah kə muːl vɛt pɔp. 我有钱买书。

我 有 钱 买 书

nɔ ˀah ˀaːm naːt tɛːŋ hoːc viak luaŋ. 他们有能力完成任务。

他们 有 能力 做 完成 任务

5. 然否关系。前后两个动词从正反两个方面分别描述某个动作行为。例如：

sɔˀ nai ŋoːp pə mbɯr. 那条狗躺着不动。

狗 那 躺 不 动

gə jɛːŋ ˀiˀ pə sroˀ. 他看着我们不说话。

他 看 我们 不 说话

五、兼语句

兼语句是由兼语短语充当谓语的句子。克木语有兼语句，其特征如下：

(一) 兼语句的结构

兼语句的结构模式是 $NP_1+VP_1+NP_2+VP_2$。其中，NP_2 是"兼语"成分。兼语成分对于前面的动词来说是宾语，对于后面的动词来说是主语。所以，兼语句都可以分解为动宾和主谓两种结构。例如：

me hɛt gə gaːi bəˀ mah. 你叫他来吃饭。

你 叫 他 来 吃 饭

→ me hɛt gə ∨ gə gaːi bəˀ mah
你 叫 他　他 来 吃 饭

maˀ　ˀan gə mah sə ˀɔːŋ　ˀjia dʑɯ mɯ.　　妈妈让他每天吃药。
妈妈 让 他 吃　药　　每 天

→ maˀ ˀan gə ∨ gə mah sə ˀɔːŋ　ˀjia dʑɯ mɯ
妈妈 让他　他 吃　药　　每 天

joŋ kuŋ ˀmɔk kɔːn kuŋ dʑɔːi ŋ̥ɔːr.　　村长派村民修路。
村长　　派 村民　　修 路

→ joŋ kuŋ ˀmɔk kɔːn kuŋ ∨ kɔːn kuŋ dʑɔːi ŋ̥ɔːr
村长　　派 村民　　村民　　修 路

ˀiˀ　lɯak ˀiː bɔ məh maˀ kuŋ.　　我们选依波当村长。
我们 选　依波　当　村长

→ˀiˀ　lɯak ˀiː bɔ ∨ ˀiː bɔ məh maˀ kuŋ
我们 选　依波　依波　当　村长

(二) 兼语句中动词的语义特征

兼语句根据兼语成分之前的动词的语义特征，可以分为以下四种类型：

1. 使令类。兼语成分之前动词是使令动词，之后的成分表示目的或结果。使令式是兼语句的代表句式。例如：

gə　ˀan ˀoˀ dʑuːr.　　他让我下去。
他　让 我 下去

məˀ　ˀmɔk me gaː i?　　谁派你来的？
谁　派　你　来

bo　ˀmɔk gon rap gə hə?　　你们派人接他吗？
你们　派　人　接 他 吗

joŋ kuŋ ˀan kɔn kuŋ l̥ian jɔh　lɛːu.　　村长让村民出发了。
村长　让　村民　出发　了

joŋ ˀaːu ˀan　ˀoˀ gaː i bok sə ˀɔŋ deˀ gaːŋ ba.　　叔叔让我来砍你家的树。
叔叔　让　我　来　砍　树　的　家　你

mah grəh khə r̥ɔː dʑaːŋ təːm moːi gon gaːi təːm kəm m̥uˀ.
玛格乐　请　歌手　一 位　来　唱　克木
玛格乐节请了一位歌手来唱克木歌。

2. 有无类。兼语前的动词是ˀah“有”或 pəˀ“没有”，后面的成分述说有关情况。例如：

ˀoˀ ˀah phi nɔːŋ moːi gon məh joŋ kuŋ. 我有一个亲戚当村长。

我 有 亲戚 一 个 是 村长

ˀoˀ pəˀ jɔˀ bɯːŋ jɛt sɔ sɛːu tɛːŋ viak. 我没有朋友在学校工作。

我 没有 朋友 在 学校 工作

3．称呼类。兼语前的动词是表示称呼义的动词，兼语后的动词是判断动词 məh“是”。这种类型的兼语句，判断动词 məh“是”不能省略。例如：

ˀiˀ hɛt gə məh lau vaːŋ. 我们叫他老王。

我们 叫 他 是 老王

briaŋ gɔˀ hɛt gə məh r̥oːi sən kɯɲ̥. 别人都叫他丑八怪。

别人 都 叫 他 是 丑八怪

briaŋ gɔˀ raːi gə məh r̥oːi raː. 别人都骂他吝啬鬼。

别人 都 骂 他 是 吝啬鬼

4．爱恨类。兼语成分前用表示 guˀ“爱”、ˀoh“恨”等表示强烈感情色彩的动词，兼语后的成分表示原因。例如：

ˀoˀ gu ˀgə səŋ hɔk. 我爱他聪明。

我 爱 他 聪明

ba sər ˀoh ˀoˀ pə gaːi jɛːŋ ba? 我没来看你？

你 恨 我 没 来 看 你

na pə tɕuˀ guːɲ̥ nɔ trə gi jɔr kə muːl ɲ̥ɛˀ tɕi klih jɔˀ. 她看不起这几个人为一点儿钱吵架。

她 看不起 人 几 这 为 钱 小 要 吵架

六、存在句

存在句是表示某处存在某人或某物，或者表示某人或某物在某处的一种句型。存在句一般由处所词、表示存在的动词和存在主体三部分构成。例如：

da biːt ˀah mar moːi to. 草里有一条蛇。

里 草 有 蛇 一 条

da thaːn ˀah kəm m̥uˀ moːi gon. 床上有一个人。

上 床 有 人 一 个

n drok jɛt da thaːn. 被子在床上。

被 子 在 上 床

nɔ muːm jɛt da kluaŋ ˀom. 他们在河里洗澡。

他们 洗澡 在 里 河

(一) 克木语存在句的特点

1. 克木语的存在句由处所词、存在动词和存在主体三部分构成，其结构形式为“处所词＋表存在的动词＋存在主体”，或者“存在主体＋表存在的动词＋处所词”。

2. 克木语的存在动词具有区别于其他动词的一些特点。克木语的存在动词没有时、体和数的形态变化。克木语的存在动词不可以重叠，如果重叠，就不表示存在。除了时间副词和否定副词以外，存在动词不可以受其他副词修饰。

3. 充当克木语存在句的存在动词既可以是纯粹表存在的动词ˀah“有”和 jɛt“在”，也可以是表判断的动词 məh“是”，还可以是某些及物或者不及物动词。及物动词例如：rɔˀ“装”、kaːi“架”、kɔːc“写”、pleˀ“结”、rɔˀ“戴”、tuk“拴”、taːp“贴”、m phrah“开”、kə“夹”、fak“挂”、təm“吊”、plak“插”、pə sɯm“栽”、plah“摆”、ˀuːn“放”、gaːm“叼”等。不及物动词例如：dɯn“站”、riŋ̊“长”、sih“睡”、den “坐”、dɯm“住”、tɯːr“飞”、pɔːt“爬”、jɔh“走”、dar“跑”、kə she“掉”、r̥əi“漂”、klə jɔːŋ“游”、tak“沾”、kɛn“挎”、r̥əːi“飘”等。

4. 克木语存在句的处所成分可以位于句首，也可以位于句尾。充当克木语处所成分的主要是普通名词或“普通名词＋方位词”、指示代词或疑问代词、偏正短语等。

5. 克木语存在句的存在主体可以位于句尾，也可以位于句首。充当克木语存在主体的成分主要是普通名词和偏正短语。偏正短语又包括“名词＋数量短语”、“名词＋名词”、“名词＋副词”、“名词＋人称代词”和“名词＋形容词”等。

6. 克木语的存在句与其他 SVO 型语言(如汉语)具有某些相同的特点，主要通过语序和虚词等语法形式表示某些特殊的语法意义。

(二) 存在句的结构

1. 存在动词

表示存在的动词构成存在句的中段。克木语中，能够出现在存在句中段的有纯粹表存在的动词ˀah“有”和 jɛt“在”。例如：

da pə teˀ gɔˀ ˀah pɯŋ məˀ sɛn məŋ n̥am.　　地上有过几条大沟。
上　地　过　有　几　条　沟　大

da tɔ n̥a　ˀah n tuˀ glaːŋ moːi n̥uai.　　对面有一个大岩洞。
面　对　有　岩洞　一　个

da kluaŋ mah ˀah ˀjiak kə neˀ.　　饭里有老鼠屎。
里　饭　有　屎　老鼠

gɛːm ŋɔːr ˀah tloˀ tec hec lɛːu.　　路边有了卖菜的。
边　路　有　菜　卖　的　了

da gaːŋ gə ʔah aːh hɯaː. 他的家里经常有肉。

的家 他有 肉 经常

gaːŋ ʔoʔ jɛt tər hɔʔ, gaːŋ gə jɛt da gi. 我家在那边，他家在这边。

家 我在边那 家他在 边这

ʔiʔ jɛt da rəŋ kɔːŋ. 我们在山上。

我们 在上 山

kap ʔja jɛt koːi toʔ. 烟盒在桌子上。

盒 烟在上桌

克木语中，表判断的动词 məh“是”也可以用在存在句中表示存在。例如：

da ŋɔːr məh ləŋ pə tɛʔ loːc. 路上全是泥。

上路 是 泥 全

ləŋ kaːl məh gaːŋ ʔoʔ. 前面是我家。

面前 是 家 我

除了纯粹表示存在的动词和判断词表示存在以外，还有一些及物动词和不及物动词也可以表示存在，用在句子中构成存在句。例如：

da than ʔah kəm m̥uʔ kər nɛk moːi gon. 床上躺着一个人。

上 床 有 人 躺 着 一 个

da tər lah dar lot moːi kan. 大街上跑着一辆车。

上大街 跑 车 一 辆

da rə na rin̥ sa li. 田里长着包谷。

里田 长 包谷

da kluaŋ tɕan rɔʔ glaːŋ. 袋子里装着石头。

里 袋子 装 石头

da pə teʔ kə seh pleʔ moːi n̥uai. 地上掉了一个果子。

上地 掉 果子 一 个

koi ʔom kaːi tər nɔŋ moːi sen. 河上架着一座桥。

上 河 架 桥 一 座

n̥a pian hiaŋ kɔːc to hoc. 黑板上写着字。

上黑板 写字着

da ran kiaːl pleʔ kiaːl maːk. 黄瓜架上结了许多黄瓜。

上架 黄瓜 结 黄瓜 多

rəm boh rɔʔ kɛːu mat. 脸上戴着眼镜。

脸 戴镜 眼

kaːl pər loŋ tuk soˀ moːi to.　　门前拴着一只狗。

前　门　拴 狗　一 只

pər loŋ təm luːi phriˀ kə baːr tɕət r̥ut.　　门上吊着两串辣椒。

门　　吊 着　辣椒　两 串

na taŋ taːp kə nat.　　墙上贴着纸。

墙上　贴　纸

rəŋ rɔːŋ dɯm kəm m̥uˀ moːi gaːŋ.　　山上住着一家人。

山上　　住　人　一　家

ˀmɔːn ˀoh l̥ian pluŋ.　　伤口上化着脓。

伤口　有　出　脓

da ləh pɔːt kɔːk moːi to.　　身上爬着一条虫子。

上 身　爬 虫子 一　条

kən də ruːm sə ˀɔːŋ sih kəm m̥uˀ moːi gon.　　树下睡着一个人。

下　　树　睡　人　　一　个

kən də ruːm sə ˀɔːŋ jəh soˀ moːi to.　　树下走着一条狗。

下　　树　走 狗　一　条

da tiˀ gə tak buŋ.　　他的手上粘着泥。

上 手　他 粘　泥

guaŋ gə kɛn vɛk moːi tian.　　他腰间挎着一把刀。

腰　他 挎　刀　一　把

kəl ˀɛk gə sə kɛp pɔp moːi n̥uai.　　他腋下夹着一本书。

腋　他 夹 书　一　本

da lə vaːŋ ˀah kɔːn siːm tɯːr.　　天上飞着小鸟。

上 天　有 小　鸟　飞

da l̥ok dɯm hə ˀjiar moːi tər nɯl.　　窝棚里住着一窝鸡。

窝棚　住　鸡　一　窝

da kluaŋ gaːŋ fak rum taːp moːi dər.　　屋里挂着一幅画。

里　　家　挂　画　一　幅

kluaŋ l̥ɯam tər gət kɔːn.　　心里惦记着孩子。

里　心　惦记　孩子

kluaŋ rə na ka plak l̥aːk moːi l̥ak.　　秧田里插着一块牌子。

里　　田 秧 插　牌子　一　块

kluaŋ kən tiŋ pə sɯm raːŋ maːk.　　院子里栽了好些花。

里　院子　栽　花　多

gɛːm toˀ den kəm m̥uˀ kə baːr gon. 桌子旁边坐了两个人。

旁边 桌子 坐 人 两 个

da koi toˀ plah vɛk moːi thian. 桌子上摆着一把刀。

上 桌子 摆 刀 一 把

da koi toˀ ˀuːn pəp moːi phɯn. 桌子上放着一本书。

上 桌子 放 书 一 本

da tə nɔh gaːm glɔk moːi l̥em. 嘴里叼着一支烟。

里 嘴 叼 烟 一 根

克木语存在动词的前边可以加否定副词 pə“不”、pəˀ“没有”表示否定的存在，也可以省略存在动词，在存在句中直接用否定副词表示否定的存在。例如：

da rəŋ kɔːŋ pə ˀah rə vaːi. 山上没有老虎。

山上 没 有 老虎

da ˀom pə ˀah kaˀ. 河里没有鱼。

里 河 没 有 鱼

rəŋ kɔːŋ pəˀ sə ˀɔːŋ pəˀ biːt. 山上没有树没有草。

山上 没有 树 没有 草

rə na pəˀ ˀom lɛːu. 水田没有水了。

田 没有 水 了

gaːŋ gə pəˀ kəm m̥uˀ. 他家没人。

家 他 没有 人

克木语的存在动词没有时体的形态变化。可以在存在动词的前边加上某些副词表达时体的不同变化。例如：

da gi gɔˀ ˀah thɛˀ ˀom moːi tər nal. 这里曾经有一条河。

这里 过 有 曾经 河 一 条

rəŋ kɔːŋ gɔˀ ˀah thɛˀ rə vaːi tɕaːt maːk. 山上曾经有很多老虎。

山上 过 有 曾经 老虎 很 多

gaːŋ gə hɛi ˀah kɔːn kə peˀ lɛːu. 他家已经有三个孩子了。

家 他 已经 有 孩子 三 了

da gaːŋ rian hɛi ˀah kɔːn rian tɕaːt maːk lɛːu. 教室里已经有很多学生了。

里 教室 已经 有 学生 很 多 了

da gaːŋ rian n̥ɔːŋ ˀah kɔːn rian kə peˀ gon. 教室里还有三个学生。

里 教室 还 有 学生 三 个

da tər ləh n̥ɔːŋ ˀah mah. 锅里还有饭。

里 锅 还 有 饭

克木语的存在动词还可以构成“VpəV”(“V 不 V”)的格式,询问某处是否存在某人或某物。例如:

da rəŋ kɔːŋ ˀah pə ˀah rə vaːi? 山上有没有老虎?

山上 有 没 有 老虎

da ˀom ˀah pə ˀah kaˀ? 河里有没有鱼?

里 河 有 没 有 鱼

在克木语中,除了表示存在的动词以外,还有表示出现或者消失的动词,这些表示出现或者消失的动词在句子中构成隐现句。例如:

kəm m̥uˀ kə baːr gon rɔːt da gaːŋ. 家里来了两个人。

人 两 个 来 里 家

ləŋ kaːl jəh gaːi kəm m̥uˀ moːi gon. 前面走来一个人。

面 前 走 来 人 一 个

kluaŋ gaːŋ siːm tɯːr rɔːt moːi to. 屋子里飞进来一只鸟。

里 家 鸟 飞 来 一 只

2. 处所成分

克木语的存在句有两种结构类型,处所成分既可以位于存在句的前段(句首),也可以位于存在句的后段(句尾)。即使同一结构形式的存在句,其处所成分也可以位于句首或者句尾。以处所成分位于句首最为常见。例如:

n drok jɛt da thaːn. 被子在床上。

被 子 在 上 床

mɛːu jɛt kluaŋ gaːŋ. 猫在屋里。

猫 在 里 屋

da thaːn ˀah kəm m̥uˀ kər nɛk moːi gon. 床上躺着一个人。

上 床 有 人 躺 着 一 个

biːt ˀom r̥əi kluaŋ ˀom. 河里漂着草。

草 水 漂 里 河

pat moːi to klə jɔːŋ da kluaŋ ˀom. 一只鸭子在河里游。

鸭子 一 只 游 里 河

koi ˀom kaːi tər nəŋ moːi sɛn. 河上架着一座桥。

上 河 架 桥 一 座

kaːl pər loŋ tuk sɔˀ moːi to.　　门前拴着一只狗。

前　门　拴　狗　一　只

构成克木语处所成分的可以是名词或“名词＋方位词”、指示代词或疑问代词、偏正短语。其中，以“方位词＋普通名词”充当处所成分的例子最常见，也最多，其他形式充当处所成分的例子较少。“方位词＋普通名词”充当处所成分体现了存在句的特点。

（1）处所成分为“方位词＋名词”。例如：

n drok jɛt da thaːn.　　被子在床上。

被子　在　上　床

da tər lah dar lot moːi kan.　　大街上跑着一辆车。

上　大街　跑　车　一　辆

da pə teˀ kə seh pleˀ moːi n̥uai.　　地上掉了一个果子。

上　地　掉　果子　一　个

da pə teˀ gɔˀ ˀah pɯŋ məˀ sɛn məŋ n̥am.　　地上有过几条大沟。

上　地　过　有　几　条　沟　大

da kluaŋ mah ˀah ˀjiak kə neˀ.　　饭里有老鼠屎。

里　饭　有　屎　老鼠

biːt ˀom r̥əi kluaŋ ˀom.　　河里漂着水草。

草　水　漂　里　河

（2）处所成分为名词。例如：

rə na　pəˀ　ˀom lɛːu.　　水田没有水了。

田　没有　水　了

ləŋ kaːl məh gaːŋ ˀoˀ.　　前面是我家。

面　前　是　家　我

muaŋ la ˀah kɔːn kəm m̥uˀ tɕaːt maːk.　　勐腊有很多克木人。

勐腊　有　克木　很　多

khun min ˀah gaːŋ dʑoŋ tɕaːt maːk.　　昆明有很多高楼。

昆明　有　楼　高　很　多

（3）处所成分为指示代词或疑问代词。例如：

ŋ̊ ˀniˀ me jɛt ləŋ məˀ?　　你现在在哪里？

现在　你　在　哪里

（4）处所成分为偏正短语。例如：

gaːŋ gə pəˀ　kəm m̥uˀ.　　他家没人。

家　他　没有　人

guaŋ gə kɛn vɛk moːi tian. 他腰间挎着一把刀。

腰 他挎 刀 一 把

3. 存在主体

克木语的存在句有两种结构类型，存在主体既可以位于存在句的后段，也可以位于存在句的前段。即使同一种结构形式的存在句，其存在主体也可以位于句子的后段或者前段。例如：

n drok jɛt da thaːn. 被子在床上。

被子 在 上 床

mɛːu jɛt kluaŋ gaːŋ. 猫在屋里。

猫 在 里 屋

da thaːn ˀah kəm m̥uˀ kər nɛk moːi gon. 床上躺着一个人。

上床 有 人 躺 着 一 个

koi ˀom kaːi tər nɔŋ moːi sɛn. 河上架着一座桥。

上 河 架 桥 一 座

kaːl pər loŋ tuk sɔˀ moːi to. 门前拴着一只狗。

前 门 拴 狗 一 只

rəŋ kɔːŋ pəˀ sɔ ˀɔːŋ pəˀ biːt. 山上没有树没有草。

山上 没有 树 没有 草

构成克木语存在主体的成分可以是普通名词和偏正短语。偏正短语又包括“名词＋数量短语”、“名词＋名词”、“名词＋副词”、“名词＋人称代词”和“名词＋形容词”。其中，以“名词＋数量短语”充当存在主体的例子最常见，也最多，其他成分表示存在主体的例子较少。因为，存在句的存在主体大多数是可数名词，这些可数名词都可以受数量短语的修饰。

(1) 存在主体为“普通名词”。例如：

n drok jɛt da thaːn. 被子在床上。

被 子 在 上 床

da rə na riŋ̊ sa li. 田里长着包谷。

里 田 长 包谷

da ran kiaːl pleˀ kiaːl maːk. 黄瓜架上结了许多黄瓜。

上 架 黄瓜 结 黄瓜 多

ˀmɔːn ˀoh l̥ian pluŋ. 伤口上化着脓。

伤口 有 出 脓

da rəm boh gə l̥ian rot. 他的脸上长着麻子。

上 脸 他 出 麻子

da koi toˀ tak pə teˀ.　　　桌子上粘着泥巴。

上 桌子 粘 泥巴

（2）存在主体为“普通名词＋数量短语”。例如：

da tər lah dar lot mo:i kan.　　　大街上跑着一辆车。

上 大街 跑 车 一 辆

da pə teˀ kə seh pleˀ mo:i n̥uai.　　　地上掉了一个果子。

上 地 掉 果子 一 个

da pə teˀ gɔˀ ˀah pɯŋ məˀ sɛn məŋ n̥am.　　　地上有过几条大沟。

上 地 过 有 几 条 沟 大

da pə teˀ den kəm m̥uˀ mo:i rɔ:i gon.　　　地上坐着一百多人。

上 地 坐 人 一 百 个

da tɔ n̥a ˀah n tuˀ gla:ŋ mo:i n̥uai.　　　对面有一个大岩洞。

面 对 有 岩洞 一 个

pat mo:i to klə jɔ:ŋ da kluaŋ ˀom.　　　河里游着一只鸭子。

鸭子 一 只 游 里 河

（3）存在主体为“名词＋名词”。例如：

da kluaŋ mah ˀah ˀjiak kə neˀ.　　　饭里有老鼠屎。

里 饭 有 屎 老 鼠

bi:t ˀom r̥əi kluaŋ ˀom.　　　河里漂着水草。

草 水 漂 里 河

ˀom mat kɔ:r kiŋ̊ dah mat na lɛ:u.　　　她眼里充满了泪水。

水 泪 充 满 里 眼 她 了

rəm boh rɔˀ kɛ:u mat.　　　脸上戴着眼镜。

脸 戴 镜 眼

kap ˀja jɛt ko:i toˀ.　　　烟盒在桌子上。

盒 烟 在 上 桌

（4）存在主体为“名词＋副词”。例如：

da gɛ:m ˀom ˀah sə ˀɔ:ŋ ma:k.　　　河边有许多树。

边 河 有 树 多

kluaŋ ˀom kaˀ klə jɔ:ŋ tɕa:t ma:k.　　　水里游着很多鱼。

里 水 鱼 游 很 多

kluaŋ kən tiŋ pə sɯm ra:ŋ ma:k.　　　院子里栽了好些花。

里 院子 栽 花 多

（5）存在主体为“名词＋人称代词”。例如：

lɔŋ kaːl məh gaːŋ ˀoˀ.　　前面是我家。

面前　是　家我

gaːŋ ˀoˀ jɛt tər hɔˀ, gaːŋ gə jɛt da gi.　　我家在那边，他家在这边。

家　我在那边　家　他在　这边

（6）存在主体为“名词＋形容词”。例如：

raːŋ jim m phrah kiŋ̥ rəŋ kɔːŋ.　　山上开满红花。

花　红　开　满　山上

da blɔːŋ naːi m phrah raːŋ jim.　　藤子上开着红花。

上藤子　开　花　红

da lə vaːŋ ˀah kɔːn siːm tɯːr.　　天上飞着小鸟。

上天　有小　鸟　飞

七、话题句

话题句是从语用的角度划分出来的一种句式。话题句由话题和述题两部分组成。话题句作为一种特定句式，在有的语言里有一定的形式标记，即话题标记，如汉藏语系中的白语、载瓦语等。话题化的手段包括语法手段、词汇手段和语音手段。语法手段主要是改变语序，词汇手段是指添加虚词（话题标记），语音手段主要有语音停顿、重音等。克木语的话题句没有话题标记。话题化的手段只有语法和语音两种。

（一）话题化的手段

克木语话题化的手段有两种，一是语法手段，主要是通过改变语序实现话题化。克木语的正常语序是 SVO，占据句首话题位置的通常是主语，在话语交际中，如果说话人谈论的话题与句子的主语不一致，就需要将非主语的成分移至句首，使之话题化。例如：

luaŋ viak gi, gon nəːŋ pə maːk.　　这件事，知道的人不多。

事情　这　人　知道　不　多

mɯ sə kɛt, gə gɛi jɛt sɔ sɛːu rian taŋ mɯ.　　星期天他又在学校学习了一整天。

星期天　他　又　在　学校　学习　整　天

kər nɯah, gə kɛːp plɔˀ lɛˀ.　　枕头，他压扁了。

枕头　他　压　扁　了

səŋ mah tɕaˀ gəˀ, ba gɔˀ mah bɯan hə?　　这种菜，你也敢吃吗？

菜　这种　你也吃　敢　吗

二是语音手段，即在话题成分之后有语音停顿，这是克木语话题句最明显的形式标志。例如：

suɯaŋ briˀ, gon phan piŋ̥ ŋ̥ek lɛːu.　野猪，猎人打中了。

野猪　猎人　打　中　了

tiˀ de gə, tɕəŋ ˀuːr huːc lɛːu.　他的手，马蜂蜇了。

手　的他　马蜂　蜇　了

thraːk, məh jɔˀ thɛi rə naːŋ braŋ, məh jɔˀ ru lot.　牛是犁田的，马是拉车的。

牛　是　的犁　田　马　是　的拉车

kːn n̥ɯn jɔˀ tɛˀ　gə naːi məh taːi　gə.　跳舞的那个姑娘是他姐姐。

姑娘　的跳舞那个　是　姐姐他

（二）话题成分的语义类型

话题是一句话里作为新情况的述说对象出现的事物或事件。话题总是占据一句话的句首位置。话题成分所受的语义限制较少，只要是实义的、定指的成分，一般都可以充当话题成分。主要包括以下几种类型：

1. 受事话题。受事在克木语的语序中，一般是充当宾语的，如果要将其话题化，就要将受事提前至句首，这时，受事话题之后习惯上有语音停顿。例如：

pleˀ m phuŋ, gə mah loːc lɛːu.　桃子，他吃光了。

桃子　他吃　光　了

səŋ məh me, nɔ　naːŋ lɛːu.　你的名字，他们知道了。

名字　你　他们知道了

2. 施事话题。施事话题往往与句子的主语重合，这时为了突出强调话题，在话题之后一般要有语音停顿。例如：

ˀoˀ, guˀ　tɕaˀ jim, pə guˀ　tɕaˀ klɔːk.　我，喜欢红色，不喜欢白色。

我　喜欢红色　不喜欢　白色

gə, hɛi　jɔh lɛˀ.　他，已经走了。

他　已经走了

3. 时间话题。表示时间的成分一般在句中充当状语，出现在动词之前，如果要使其话题化，就要移至句首，说话时一般稍有停顿。例如：

ŋ̥ dʑəˀ, ˀoˀ pə jɔh sɔ sɛːu.　昨天，我没去学校。

昨天　我没去　学校

grəŋ pi kaːl, gə n̥ɔːŋ pə tɕhaːi ˀmit lot n̥aːm.　半年前，他还不会开汽车。

半　年前　他还　不会　开　汽车

4. 处所话题。表示处所的词语可以移至句首成为话题，其后一般稍有语音停顿。例如：

taːp meŋ məh gaːŋ rian.　　侧面，是学校。

侧　面　是　学校

kluaŋ gaːŋ khua，ʔah kə dɔŋ ʔah gloh maːk.　　厨房里有许多坛坛罐罐。

里　厨房　有　罐　有　坛　多

5. 用事话题。表示工具、材料等意义的词语，可以移至句首成为话题。例如：

thraːk，məh jɔʔ thɛi rə na；ŋ braŋ，məh jɔʔ ru lot.　牛，是犁田的；马，是拉车的。

牛　是　的犁　田　马　是　的　拉车

mah məh jɔʔ bəʔ，tɛːp məh jɔʔ ŋ koʔ.　　饭是吃的，衣服是穿的。

饭　是　的吃　衣服是　的　穿

6. 当事话题。表示判断、描写、说明的对象的成分位于句首时成为话题。例如：

kɔːc da，ʔoʔ　ləʔ　lɯa na.　　画画，我比她好。

画画　我　好　比　她

bəʔ mah，gə kə mur pən taːk ʔoʔ.　　吃饭，他比我慢。

吃饭　他慢　比　我

jɔʔ　n̥am　məh　taːi，jɔʔ　ɲɛʔ məh hɛːm.　　大的是哥哥，小的是弟弟。

的　大　是　哥哥　的　小　是　弟弟

gə jɔh pə kəŋ.　　他去不合适。

他去不合适

gə lin ʔmia tɕaːt lin bɯan ləʔ.　　他下棋下得很好。

他下　棋　很　下　能　好

第十一章　克木语的复句

复句是指由两个或两个以上的分句构成的句子。克木语的复句，分句与分句之间有短暂的语音停顿，在意义上相互关联。分句之间有的用关联词语连接，用来连接的关联词多数是连词，也有一些是副词、助词等。也有的复句不用关联词。

根据前后分句之间的语义关系，克木语的复句可以分为联合复句和偏正复句两大类。

第一节　联合复句

联合复句的分句之间关系平等，不分主次。根据分句之间意义关系的不同，又可分为以下五类。

一、并列复句

并列关系的复句叙述或描写有关联的几件事情或同一事物的几个方面，前后分句没有主次之分。并列关系还可再分为两个次类。

1. 并列平举

并列平举是指分句所列的相关的几件事情或几个方面同时并存。

并列复句的关联词语分为两类，一类是连词，一类是副词，二者经常配合使用。

常用的关联词语主要有：khat de... gɛi...、nɔk... gɛi...“既（又）……又……”、san ˀmec... sanˀmec“有时……有时……”。例如：

gə khat de pə ˀɯak buːc，gɛi pə sok ˀja.　　他既不喝酒，又不吸烟。

他 既 不 喝 酒 又 不 吸 烟

na nɔk pə jɔh brian to，gɛi pə jɔh ˀəh viak.　　她既不去上学，又不去工作。

她 又 不 去 上 学 又 不 去 工作

gə san ˀmec lau hər lɔˀ hɔ，san ˀmec lau hər lɔˀ kəm m̥uˀ.

他 有时 说 汉语 有时 说 克木语

他有时说汉语，有时说克木语。

副词 gɔˀ“也”也可以单独连接并列关系的分句。例如：

ˀi thau tɕhaːi lau hər lɔˀ hɔ, tə seːŋ gɔˀ tɕhaːi lau hər lɔˀ kəm m̥uˀ.

依涛 会 说 汉语 岩香 也 会 说 克木语

依涛会说汉语，岩香也会说克木语。

表示动作同时进行关系的关联词语有ˀnɛ...ˀnɛ..."边……边……"、de ˀnɛ... de ˀnɛ... "一边……一边……"。这时关联词语ˀnɛ位于分句的末尾。例如：

nɔˀ ɯak buːc ˀnɛ, lau hər lɔˀ ˀnɛ. 他们边喝酒，边说话。

他们 喝 酒 边 说 话 边

na taːɲ khon de ˀnɛ təːm de ˀnɛ. 她一边织筒裙一边唱歌。

她 织 筒裙 一 边 唱歌 一 边

表示同一事物的几个方面时，常用：nɔk səŋ... drɔŋ ni..."一方面……另一方面……"、jɛt ɲ̥ɛˀ... jɛt ɲ̥ɛˀ..."一会儿……一会儿……"。例如：

nɔk səŋ kə maˀ, drɔŋ ni gɛi pə ˀah lot, hoc lih daˀ bi jɔh ga.

一方面 下 雨 另一方面 又 没 有 车 所以(表否定) 去 了

一方面下雨，另一方面又没有车子，所以不要去了。

briˀ jɛt ɲ̥ɛˀ kə maˀ, jɛt ɲ̥ɛˀ l̥ian mat briˀ. 天一会儿下雨，一会儿出太阳。

天气 一会儿 下 雨 一会儿 出 太 阳

有些并列关系的复句无联标记，分句间的结构关系主要依靠语义来表达。例如：

sa li məh sa li, ŋ̥ɔˀ məh ŋ̥ɔˀ. 玉米是玉米，谷子是谷子。

玉米 是 玉米 谷子 是 谷子

bɔ sɔːk hə ˀeˀ, ˀiˀ sɔːk traːk. 你们找柴，我们找牛。

你们 找 柴 我们 找 牛

2. 并列对举

前后两个分句的意义相对或相反。常采用肯定式和否定式合用的方法来凸显对比意义。常用的关联词语有：məh... pə məh..."是……不是……"、pə məh... məh səŋ..."不是……而是……"。例如：

nɔ məh kɔːn kəm m̥uˀ, pə məh gɔ. 他们是克木人，不是哈尼族。

他们 是 克木人 不 是 哈尼族

pə məh gə pə gaːi, məh səŋ ˀoˀ pə gaːi. 不是他不来，而是我不来。

不 是 他 不 来 而 是 我 不 来

无关联词语的例句如：

vɛːt ˀah meːi, daˀ vɛːt ˀah ɲ̥ɔk. 买肥肉，别买瘦肉。

买 肉 肥 别 买 肉 瘦

二、选择复句

两个或两个以上的分句分别说出几个选择项，表示彼此之间存在选择或取舍关系。选择复句根据如何选择可再分为以下三类：

1. 任选关系

分句列出几种情况，然后任选其一。常用的关联词语有：san ˀmec... san ˀmec...“或者……或者……”、məh... lɛˀ məh...“是……还是……”、lɛˀ məh...“还是……”。例如：

san ˀmec ˀan rə vaːi pok mah hoːc, san ˀmec moːt rə vaːi pin̥ haːn.
或者　给老虎　咬　吃　了　或　者　把　老虎　打　死
或者被老虎吃掉，或者把老虎打死。

san ˀmec ba jɔh, san ˀmec ˀoˀ jɔh.　　或者你去，或者我去。
或者　你去　或者　我去

səˀ gi məh khan thi nɯŋ, lɛˀ məh khan thi sɔːŋ.　　今天是初一，还是初二？
今天　是　初　一　还是　初　二

vɛːt tɛːp jim ləˀ rɯ, lɛˀ məh vɛːt tɛːp kheːu ləˀ rɯ?
买　衣服红　好呢　还　是　买衣服　绿　好呢
买红衣服好呢，还是买绿衣服好呢？

2. 限选关系

分句提供的两种情况互相排斥，非此即彼，只能限选其一。常用的关联词语有：san de... san de...“要么……要么……”、pə məh... gɔˀ məh...“不是……就是……”。例如：

san de ba vec, san de ba(pə vec) gɔˀ tɛːŋ ləˀ ləˀ.
要么　你回去要么　你　不　回　就　干好好
要么你回去，要么你就好好干。

san de jɔh dʑɯaːŋ, san de bak lot.　　要么走路，要么搭车。
要么　走　脚　要么　搭　车

pə məh gə bɛ, gɔˀ məh ˀoˀ bɛ.　　不是他赢，就是我赢。
不　是　他赢　就是　我　赢

3. 已定选择

前后分句列出两个选项，可以先取后舍，也可以先舍后取。常用的关联词语有：khə va... gɔˀ tɕih...“与其……不如……”、gɔˀ tɕih...“不如……”、ˀah ɲɯam... gɔˀ...“宁愿……也……”。例如：

ba khə va tɕi jɔh pan na, gɔˀ tɕih jɔh khun min.　　你与其去版纳，不如去昆明。
你　与其　去　版纳　不　如　去　昆明

(khə va tɕi) dɛn jɛt gɛːm təm braʔ, gɔʔ tɕih jɔh ntaːr vaːr.

与其 坐 在 边 火塘 不如 去 晒 太阳

坐在火塘边，倒不如去晒太阳。

上面两例中，khə va tɕi 表示一种“不是好的选择”的意思，可译为“与其”，上述两句中也可以不用这个词。

ʔoʔ ʔah ɲɯam moːt tec gaːŋ ni, gɔʔ tɕi ʔan kɔːn rian toʔ.

我 宁愿 把 卖 房子 了 也 要 让 孩子 读 书

我宁愿（可）把房子卖了，也要让孩子读书。

三、解说复句

解说复句的分句之间具有解释、说明或总分的关系。始发句总说，后续句分解说明。解说关系一般不使用关联词语。例如：

ʔiʔ jɔh dɯaŋ səŋ mah sɯaŋ: ba jɔh dɯaŋ da ki, ʔoʔ jɔh dɯaŋ da nai.

我们 去 采 菜 猪 你 去 采 这边 我 去 采 那边

我们去采猪菜：你去这边采，我去那边采。

jɔh kuŋ puŋ sɔ ʔah ŋɔːr sɔːŋ sen: moːi sen tɕi pɔːt tər nɔŋ, moːi sen tɕi kham ʔom.

去 曼蚌索村 有 路 两 条 一 条 要 过 桥 一 条 要 过 河

去曼蚌索村有两条路：一条要过桥，一条要过河。

四、连贯复句

前后分句所述的事理在时间上先后相继，动作上先后相承。连贯复句有的用 hoːc lih“以后”连接，有的用关联词语... kaːl, gɔi...“先……然后……”连接。例如：

mah hoːc ʔɯak hoːc hoːc lih, jɔʔ tec khɛːp goʔ jɔh lɛːu.

吃 完 喝 完 以后 的 卖 草鞋 也 走 了

吃过喝过之后，卖草鞋的也走了。

ba vec də gaːŋ hoːc lih, tɛːŋ səŋ mah kaːl, gɔːi puh tɛːp.

你 回 家 以后 做 饭 先 再 洗 衣服

你回家后，先做饭，再洗衣服。

ba ʔɯak ʔom səŋ gɔːŋ kaːl, gɔːi pəʔ mah. 你先喝汤，然后吃饭。

你 喝 汤 先 然后 吃 饭

连贯复句还有一些合用关联词语，如 khɔ... gɛi (gɔʔ)...“刚……就……”、pə jaːk... gɛi (gɔʔ)...“一……就……”。例如：

gə khɔ rɔːt da gi, gɛi tɕər ŋaːi lɛːu. 他刚到这里，就感冒了。

他 刚 到 这里 就 感 冒 了

gə pə jaːk mah biʔ, gɔʔ l̥ian jɔh laʔ lɛʔ. 他一吃饱饭，就出去玩耍了。

他 一 吃 饱 就出去 玩耍 了

bə riaŋ pə jaːk maːn̥ maʔ na, na gɛi jaːm. 人家一问到她妈妈，她就哭。

人家 一 问 妈妈 她 她 就 哭

上述例子中，khɔ... gɛi... "刚……就……" pə jaːk... gɛi... "一……就……"二者可以互换，他们的区别在于，后者比前者间隔时间更短，前后动作联系更紧密。

五、递进复句

递进复句的后一个分句表示在程度、数量、范围等方面比前一个分句更进一层。常用的关联词语有：nɔk səŋ... gɔʔ gɛi(gɔʔ hak)(gɔʔ)... "不仅……而且(还)……"、nɔk səŋ... gɛi... "不仅……还……"、pə məh ləŋ... gɔʔ gɛi... "不但……而且……"。例如：

na nɔk səŋ her, gɔʔ gɛi blia ʔnɛ. 她不仅聪明，而且漂亮。

她 不仅 聪明 而且 漂亮（助）

gə nɔk səŋ tɕhaːi lau, gɛi tɕhaːi tɛːŋ. 他不但会说，还会做。

他 不仅 会 说 还 会 做

nɔk səŋ gə tɕhaːi pin̥ sə nat, ʔoʔ gɔʔ tɕhaːi. 不仅他会打枪，我也会。

不仅 他 会 打 枪 我 也 会

gə nɔk səŋ tɕuʔ tɛːŋ to məh loːc, gɔʔ hak tɕhaːi loːc to məh.

他 不仅 想 做 什么 都 而且 会 都 什么

他不仅什么都想做，而且什么都会做。

na pə məh ləŋ tɕhaːi təːm, gɔʔ gɛi tɕhaːi tɛʔ ʔnɛ. 她不但会唱歌，而且会跳舞。

她 不但 会 唱歌 而且 会 跳舞（助）

后两句中的 gɔʔ hak 和 gɔʔ gɛi 都是"而且"义，其区别在于，gɔʔ hak 用在有副词的句子里。

也有单用的关联词语，如 ta plaːi"并且、甚至、连"、thɛm ma"况且"。例如：

gon da gi tɕhai təːm loːc, ta plaːi kɔːn ɲ̥ɛʔ gɔʔ tɕhai.

人 这里 会 唱歌 都 甚至 孩 小 也 会

这里人都会唱歌，甚至小孩也会。

səŋ məh deʔ gə tɕat ləʔn̥ ɲ̥ɛŋ, ta plaːi tɕat ləʔ tɕɯ.

名 字 的 他 很 好 听 并且 很 好 记

他的名字很好听，并且很好记。

tɛːp gi tɕat ləʔ jɛːŋ, thɛm ma gɛi pə pheːŋ, ba veːt moːi phɯn rɔ.

衣服 这 很 好看 况且 又 不 贵 你 买 一 件 吧

这件衣服好看，况且又不贵，你买一件吧。

第二节　偏正复句

偏正复句是指复句中的分句有正句和偏句之分。根据分句间语义关系的不同，可以分为以下五类。

一、转折复句

转折复句中前面的分句说出一个意思，后面的分句没有顺着前一分句的意思说下去，而是说出与前一分句相反、相对或部分相反的意思。根据前后分句相对立的程度，可以分为轻转关系复句和重转关系复句。

1. 重转关系

复句中前后分句相对、相反的程度较高。常使用合用关联词语：naŋ(gɛi)... gɔˀ/ˀnɛi/gɛi...“虽然……但是……”。例如：

naŋ gɛi ˀoˀ nap lɛːu, gɔˀ pə nap riˀ.　　我虽然数了，但没有数清楚。

虽然 我 数 了 但 没有 数 清楚

ˀoˀ naŋ gɛi nap hoːc, gɔˀ pə nap riˀ.　　我虽然数了，但没有数清楚。

我 虽然 数 完 但 没有 数 清楚

上述两例中，连词 naŋ gɛi“虽然”可以位于主语之前，也可以位于主语之后，不影响意义的表达。例如：

hə ˀjar naŋ gɛi ȵɛˀ, gɔˀ ˀah səŋ ʥir n̥am.　　鸡虽然小，却有个大大的鸡冠。

鸡 虽然 小 却有 鸡冠 大大的

tɛːp naŋ ləˀ jɛːŋ, ˀnɛi vaːŋ ȵɛˀ.　　衣服虽好看，但是长了些。

衣服 虽然 好看 但 长了 量少

naŋ ləh gə ʨat n deˀ, ˀnɛi ter gɔˀ ʨat ʥoŋ.　　尽管他个子矮，但跳得很高。

虽 个子 他 很 矮 但 跳 很 高

重转关联词语有双音节形式 naŋ gɛi 和单音节形式 naŋ 两种，其中，双音节形式更为常见。

2. 轻转关系

轻微转折常用单个的关联词语，主要用在后一分句的句首，ˀnɛi(gɔˀ)、ˀnɛi、gɔˀ 可译为“可是、但是、却”等。例如：

gə səŋ ləˀ niˀ ləˀ, ˀnɛi(gɔˀ) ȵɯan klaːi pət beːŋ.　　他好是好，可是脾气太倔了。

他(缀)好 是 好 可是 脾气 太 倔

gə vɛːt kaˀ moːi to gaːi hoːc, ˀnɛi pə ʨhai tɛːŋ.　　他买来了一条鱼，可是不会做。

他 买 鱼 一 条 来 了 可是 不 会 做

n drəi thu hoːc, ˀnɛi gɔˀ pə gɔn ŋar. 刮风了，不过不太冷。

风 刮 了 不过 不太 冷

ˀoˀ ˀah khɛːp m mɛˀ moːi gu, ˀnɛi pəˀ ˀah va. 我有一双新鞋，但没有袜子。

我 有 鞋 新 一 双 但 没 有 袜子

有的表示轻微转折的复句不用连词，偶尔使用副词，转折关系主要靠语义表达。例如：

n tɕəˀ briˀ n̥əŋ hɛŋ, sə gi gɛi dʑuːr rə ŋak lɛˀ. 昨天天还晴，今天就下雪了。

昨天 天 还 晴 今天 就 下 雪 了

kɔːn tɕəm kɯn jɔˀ ɲɛˀ gə nai, to ˀməh gɔˀ tɛːŋ bɯan. 那个女孩小小的，什么都能干。

孩 女 的 小 那 个 什么 都 干 能

二、因果复句

偏句说出原因，正句说出由此而产生的结果。克木语的因果复句一般因句在前，果句在后。根据前后分句的语义关系，还可以分为说明性因果复句和推论性因果复句。

1. 说明性因果关系

复句中原因和结果都是客观存在的，前一分句说出原因，后一分句是原因引起的结果。常用的关联词语有 taŋ tɕi“因而、因此”、gɔˀ khat“以致”，以及合用标记 jɛr səŋ... taŋ tɕi...“因为……所以……”。例如：

① gə kluaŋ gi sər maˀ hoːc, taŋ tɕi mah pə bɯan phriˀ.

他 最近 生 病 了 因而 吃 不 能 辣椒

他最近生病了，因而不能吃辣椒。

② jɛr səŋ gə pə rɔːt, bə riaŋ gɔˀ taŋ tɕi tɕuˀ n̥ɯam lɛːu.

因为 他 没 来 大家 就 所以 生气 了

因为他没来，所以大家都生气了。

③ gə jɛr səŋ pə kə muːl, taŋ tɕi vɛːt pə bɯan tɛːp phɯn gi.

他 因为 没 钱 所以 买 不 起 衣服 件 这

他因为没钱，所以买不起这件衣服。

例句②中因句和果句的主语不同，因此，前一分句的连词 jɛr səŋ“因为”和主语 gə“他”不能调换位置。例句③中前后分句的主语一致，前一分句的连词 jɛr səŋ“因为”和主语 gə“他”可以调换位置。例如：

④ gə ŋ kɔˀ tɛːp bə riaŋ hoːc, ˀiˀ gɔˀ khat pə gət rɔːt nəŋ.

他 穿 衣服 别人 了 我们 以致 没有 出来 认

他穿了别人的衣服，以致我们都没有认出来。

gɔˀ khak 在克木语中表示一种结果，在此处可译为“以致”。例如：

⑤ jɛr səŋ gə pə nəːm, ˀoˀ lɔt de jɛt lɛˀ.　　因为他不高兴，我只好留下来。

因为　他 不 高兴 我 所以 留下了

值得一提的是，jɛr səŋ 和 jɔːr səŋ 都表示“因为”，语音略有不同，可以互相替换。taŋ de、taŋ tɕi、lɔt de“所以”，也是同义词，可以互相替换，taŋ tɕi 更为常用。

2. 推论性因果关系

前一个分句提出一个依据或前提，后一个分句表示由这个依据或前提推出的结论。这种结论带有主观性，可能是事实，也可能不是事实。常见的关联词语有：dʑɯ səŋ... gɔˀ...“既然……就……”。例如：

dʑɯ səŋ　ˀiˀ　hɛi　mɔːt gaːi hoːc, gɔˀ biˀ ˀɔːr jɔh lɛˀ.　　我们既然拿来了，就不带回去了。

既然　　我们 已经 拿　 来　了　 就 不 带 去 了

dʑɯ səŋ gə hɛi　gaːi hoːc, ˀoˀ gɔˀ pə jɔh lɛˀ.　　既然他来了，我就不去了。

既然　　他 已经 来　 了　我 就 不 去 了

dʑɯ səŋ gə pə nəːm, ˀoˀ taŋ tɕi ˀun jɛt poˀ.　　既然他不高兴，我只好留下来。

既然　　他 不高兴 我 只好　 留 在 一起

dʑɯ səŋ lau sɯ ˀah viak, jim buar　ˀiˀ　hak rian.　　既然老师有事，下午我们自学。

既然　　老师　有　 事　下午　　我们 自 学

有些因果复句没有关联词语。例如：

ŋɔːr dəˀ hoːc, sə gi vec pə bɯan da gaːŋ lɛˀ.　　路坏了，今天回不了家了。

路　坏　了 今天　回 不 能　　　家 了

三、目的复句

偏句叙说事实或措施，正句叙说目的。克木语目的复句的偏句和正句位置较为灵活，叙说目的的句子可以在前，也可以在后。常用的关联词语有：gət səŋ/gət rɔːt“为了”、pə ni“省得”。例如：

1. “目的—行为”句

前一分句说明要达到的目的，后一分句说明为了达到目的所做的行动和采取的措施。例如：

gət səŋ sɔk kə muːl, gə l̥ian jɔh tɕaːŋ viak.　　为了赚钱，他出去干活儿/打工。

为了　　赚　　钱　　他 出 去　打工

gət səŋ tɕi rian hər lɔˀ kəm m̥uˀ, ˀoˀ jɔh rɔːt mɯaŋ la.

为了　　要 学　　语　克木　　我 去　到　勐腊

为了学克木语，我来到了勐腊。

gət rɔːt tɕi phan traːk, gə vɛːt vek moːi thian.　　为了杀牛，他买了一把刀。

为了　 要　杀　牛　他　买　刀　一　把

gət səŋ 和 gət rɔːt 都是“为了”，意义相同，gət səŋ 更为常用。

2. “行为—目的”句

前一分句是行为和措施，后一分句是要达到的目的。例如：

gə vɛːt pɔp tɕat maːk tɕɯ，gət səŋ bə riaŋ gɔˀ ˀan.

他 买 书 很 多 种 以便 大家 也 读

他买了很多种书，以便大家读。

ba vec da gaːŋ ˀan sə ruat ȵɛˀ，pə ni maˀ tɕi pə ˀuac.

你 回 家 让 早 程度小 省得 妈妈 要 担心

你要早点儿回家，省得(免得)妈妈担心。

gə vɛːt lɔt sə peŋ moːi kan hoːc，gət səŋ kɔːn jɔh rian səm ˀmai.

他 买 自行车 一 辆 了 为了 孩子去 学 方便

他买了一辆自行车，为的是孩子上学方便。

gə rian ləˀ ləˀ，gət səŋ(məh) jam hiˀ guːt rian ta sɔˀ.

他 学习好好 为了 是 以后 上 学 大学

他好好学习，是为了以后上大学。

在克木语中，较之“行为—目的”句，“目的—行为”句是优势语序。

四、假设复句

前一个分句假设存在或出现了某种情况，后一个分句说明由这种假设的情况产生的结果。还可以分为一致假设关系、让步假设关系、条件假设关系三类。

1. 一致假设关系

如果前一分句提出的假设能够实现，就会产生后一分句所表示的结果。常用的关联词语有：ˀan、ˀan səŋ、ˀan ləŋ、se lih、se səŋ 等，都表假设义，可译为“如果、要是”等。关联词语ˀan 和ˀan səŋ、ˀan ləŋ 主要是单双音节的区别，双音节经常省略为单音节ˀan“如果”。例如：

ˀan ˀoˀ bɯp gon hɔ，gɔˀ lau hər lɔˀ hɔ.　　我遇到汉族人的话，就说汉语。

如果 我 遇到 汉人 就 说 汉语

ˀan ba mah pə loːc，gɔˀ sə lah ˀun n̥iˀ gah!　　你吃不完的话，就剩下吧！

如果 你 吃 不 完 就 剩 留 下 吧

ˀan səŋ sə baŋ pə kə maˀ，ˀiˀ gɔˀ tɕi jɔh guːt kaːt.　　如果明天不下雨，我们就去上街。

如 果 明天 不 下雨 我们 就 要 去 上街

se lih ba rɔːt，ˀoˀ tɕat tɕi nəːm lɛˀ.　　要是你能来，我会很高兴的。

要 是 你 来 我 很 会 高兴 的

ˀan səŋ bak lot phrɯa，moːi mɯ gɔˀ bɯan rɔːt pə tɕin.

如果 坐 火车 一 天 就 可以 到 北京

如果坐火车，一天就可以到北京。

ˀan səŋ ba tɕi jɔh, niˀ tɕɔh jim məˀ?　　如果你要去，那什么时候走？

如　果 你 要 去 那 离开什么时候

根据语用的需要，假设句可以移后。例如：

ˀoˀ nəŋ ba guˀ sɛːu vaŋ, ˀan səŋ bə riaŋ pə guˀ duh?

我知道你喜欢　小王　如果　人家　不喜欢　呢

我知道你喜欢小王，如果人家不喜欢呢？

se səŋ pə(məh) glɛn, ˀoˀ tɕi kɔˀ gə vec rɔːt.

如果　不是　累　我 要 等 他 回　来

要不是累了，我会等他回来。

2. 让步假设关系

前一分句先提出一种假设的事实，并且退一步承认这种假设的真实性，后一分句转而述说与之相反或相对的意思。常用的关联词语有：sen de/naŋ“即使”。例如：

naŋ　ba ˀan kə muːl, ˀoˀ gɔˀ pə jɔh.　　即使你给钱，我也不去。

即使 你 给 钱　　我 也 不 去

sen de pə lau hər lɔˀ, bə riaŋ gɔˀ nəːŋ gə jɛt gət to m̥əh.

即使　不 说话　　大家　也 知道 他 在　想　什么

即使不说话，大家也知道他在想什么。

现在年轻人大部分都用 naŋ“即使”，老人们常使用 sen de“即使”。

五、条件复句

偏句提出条件，正句表示在满足条件的情况下所产生的结果。条件关系分有条件和无条件两类。

1. 有条件复句

一般是前一分句提出一种假设的条件，后一分句说明在这种条件下所产生的结果。常用的关联词语有：ˀan、ˀan səŋ、ˀan ləŋ、se lih、se səŋ 等，可译为“只有、只要”。且后一分句常有副词 taŋ tɕi、taŋ“才”与前一分句的关联词语呼应，其中 taŋ tɕi 更为常用。例如：

ˀan ba ˀah ɲɯam brəm hoːc, ˀiˀ　taŋ tɕi bɯan khɔːh tɛːŋ.

只有你　　愿意　　　了　我们 才 能　开始 做

只有你愿意了，我们才能开始做。

ˀan pian haˀ hoːc, taŋ tɕi bɯan jɛːŋ guːɲ raːŋ tɕaˀ gi.

只有 变 热　了　才　能　　看　到　花　种 这

只有天变热了，才能看到这种花。

ˀan　ba jɔh, na taŋ tɕi ˀjɯm ˀan ˀoˀ deˀ.　　只有你去，她才借给我。

只有 你 去 她 才 借　给　我　得

se lih ba jɔh, na gɔ^{ʔ} tɕi ^{ʔ}jɯm ^{ʔ}an ^{ʔ}o^{ʔ} de^{ʔ}.　　只要你去，她就借给我。

只要 你去 她就 会借 给 我 的

^{ʔ}an ləŋ sɔːk bɯp gə, taŋ tɕi bɯan sɔːk bɯp hɛːm.　　只有找到他，才能找到妹妹。

只有 找 到 他 才 能 找 到 妹妹

^{ʔ}an lau sɯ rɔːt, ^{ʔ}o^{ʔ} taŋ tɕi jɔh rian to.　　除非老师来，我才去上课。

除非老师 来 我 才去 上 课

^{ʔ}an ba lau rɯ, pə ni gə pə ɲ̥ ɲɛŋ.　　除非你说，不然他不听。

除非 你说 不然 他 不 听

有的假设复句借助语言环境，可以不用连词，只用副词即可。例如：

ba pə jɔh, ^{ʔ}o^{ʔ} gɔ^{ʔ} pə jɔh.　　你不去，我也不去。

你 不 去 我 也 不 去

2. 无条件复句

通常前一分句列出所有的条件，后一分句表示无论在什么情况下都会产生同样的结果，不以前一分句的条件变化为依据。常用的关联词语有：naŋ gəh“不论”，用在前一分句句首，后一分句常有 gɔ^{ʔ}/gɔ^{ʔ} tɕih“也”、hak“都”等副词与前一分句的连词呼应。例如：

① naŋ gəh kə ma^{ʔ} pə kə ma^{ʔ}, gə gɔ^{ʔ} tɕi jɔh ^{ʔ}əh viak.

不论 下雨 不 下雨 他 也 要 去 干 活

不论下不下雨，他也去干活儿。

② ŋɔːr naŋ gəh ^{ʔ}maːp jɔh pan pɯŋ mə^{ʔ}, sə ki gɔ^{ʔ} tɕih bɯan jɔh rɔːt.

路 无论 难 走 多么 今天 也 能 赶 到

无论路多么难走，今天也能赶到。

句②前一分句关联词语 naŋ gəh 和主语 ŋɔːr“路”可以互换位置，不影响意思表达。例如：

③ naŋ gəh mə^{ʔ} rɔːt, gə hak tɕat nəːm.　　不管谁来，他都很高兴。

不管 谁 来 他 都 很 高兴

句③后一分句中有表程度的副词 tɕat“很”，所以不用关联词语 gɔ^{ʔ} 而用 hak。

六、小结

纵观克木语的复句，有如下特点值得注意：

1. 克木语复句的构成以偏句在前、主句在后为主。但根据语用需要，也可以是主句在前、偏句在后。

2. 克木语复句的关联标记较为丰富。表示同一关系的关联标记，有单音节和双音节的区分。有的关联标记是含有共同语素的同义词。

3. 克木语是 SVO 型语言，其复句的关联标记几乎都是前置型的，只有少数后置标记。

附　　录

一　克木语2000常用词

（序号后加＊的是克木语的400个常用词）

序号	汉义	英语	中国克木语
1*	天	sky	lə vaːŋ
2*	太阳	sun	mat briˀ
3*	月亮	moon	moŋ
4*	星星	star	sər meŋ̥
5	北斗星	the Big Dipper	bər laːŋ moŋ
6	流星	meteor	mar tɕaˀ
7	云	cloud	m puːt
8*	雾	fog	m puːt
9	雷	thunder	klaːŋ mɯŋ
10*	风	wind	n drəi
11	旋风	whirl	kər viŋ
12*	雨	rain	kə maˀ
13	淅雨	rain	kə maˀ soi
14	小雨	drizzle	kə maˀ brəːi
15	闪电	lightening	ril raːl
16*	虹	rainbow	daːŋ doːr
17	暴雨	rainstorm	kə maˀ ŋ kuːr
18	霜	frost	ˀom m puːt
19	冰雹（雹子）	hail	prial
20	露水	dew	ˀom rə mɯl
21	火	fire	phrɯa
22	火焰	flame	pə təˀ phrɯa

23	火星	spark	ˀjak phrɯa
24	火炭	burning coals；charcoal	kən sah
25	(炊)烟	smoke(from kitchen)	pə təˀ ˀja
26	气	gas	n drəːi
27	蒸汽	steam	həˀ ˀoːi
28	地	ground；earth	ar pə teˀ；mɔːn(傣)
29*	山	mountain	mok
30	山脉	mountain range；mountain chain	təm pɔˀ mok
31	山谷	valley；mountain valley；dale	taːp ˀaːr mok
32	(上)坡	uphill path	(khɯan)təŋ khɯaːn
33	(下)坡	downhill path	(ʥuːr)təŋ ʥuːr
34	山顶	hill top	kən duːr mok
35	山洼	valley	sɛːr mok
36	高山	high mountain	mok ʥoŋ
37	山脚	mountain foot	rəŋ ʥɯaːŋ mok
38	山背后	shady mountain；back of a mountain	kən drɔːŋ mok
39	岩洞	rock hole；grotto	n tuˀ glaːŋ
40	土洞	cave	n tuˀ pə teˀ
41*	洞	hole	n tuˀ
42	山洞	cave；cavern	tuˀ mok
43	龙洞	cave	tuˀ pər jɔːŋ
44*	河	river	ˀom mɛ
45	小溪	brook	r̥oŋ
46	水库	reservoir	ˀom dɯaŋ；pan phai(傣)
47	池塘	pool	nɔːŋ kaˀ
48	沟	ditch；gutter	pak məːŋ ˀom
49*	井	well	sən luˀ
50	坑	hole	n luˀ
51	路	road	ŋɔːr
52	路边	wayside	gɛːm ŋɔːr
53	公路	highway	ŋɔːr kə dɯaŋ
54	小路	path	ŋɔːr ȵɛˀ
55	岔路	forked road	ŋɔːr təm kah
56	大路	highroad	ŋɔːr n̥am
57	土	soil	pə teˀ
58	红土	loess soil；red clays	pə teˀ jim

59	沙土	sandy soil	pə teˀ sə reh
60	山地	dry field	r̥eˀ
61*	水田	paddy field	rə na
62	茶园	tea plantation	suan m̥iaŋ
63	田埂	ridge	bɔːr rə na；tɛ rə na(傣)
64	荒地	wasted field	r̥e tuh(荒)
65	深山老林	dense forests	briˀ kɯt briˀ kɛ
66*	石头	stone	glaːŋ
67	鹅卵石	cobble	glaːŋ tɯr ŋur
68*	沙子	sand	sə reh
69	尘土	dust	bɔh
70	泥巴	mud	buŋ
71	土块	soil block	kɯm loˀ pə teˀ
72	砖	brick	kɔːn pə tɛˀ
73*	水	water	ˀom
74	泡沫	foam	tuih
75	水滴	water drop	tɕɛr ˀom
76	泉水	spring	ˀom puŋ
77	温泉	hot spring	ˀom n droh
78	旋涡	whirlpool	ˀom paːr
79	激流	torrent	ˀom tə gaŋ
80	瀑布	waterfall	ˀom khruk taːt
81	波浪	wave	kəl ba
82	森林	forest	briˀ kɛ
83*	金子	gold	sə riːl
84*	银子	silver	kə muːl
85*	铜	bronze	laːt
86*	铁	iron	tɕən droh
87*	锈	rust	ˀjak siat
88	铝	aluminum	sə tuˀ；sə ŋua
89*	炭	charcoal	glaːŋ kən sah
90	灶灰	ash	bɔŋ təm braˀ
91	地方	place	ˀmən(傣)
92	集市	market	tər lah
93	村寨	village	kuŋ
94	家庭	family；home	ruaŋ gaːŋ

95	学校	school	ga:ŋ rian
96*	桥	bridge	tər nəŋ
97	棺材	coffin	ʔmo:m
98*	坟墓	tomb	rə ma:n
99	身体	body	ʔah ləh
100*	头	head	kəm poŋ
101	头皮	scalp	m pu:r kəm poŋ
102	头发	hair	gləʔ
103	头旋儿	whirl on head	kər vɛ
104	辫子	plait	gləʔ təm la:ɲ̥
105	秃头	baldhead	kəm poŋ kluc
106	头皮屑	scurf; dandruff	ra:ŋ gləʔ
107	额头	forehead	kə dah
108	眉毛	eyebrow	koŋ m pi:r
109	睫毛	eyelash	khu:l mat
110*	眼睛	eye	mat
111	眼珠	eyeball	klɔ:ŋ mat
112	眼白	white of the eye; sclera	mat klɔ:k
113	眼皮	eyelid	m pu:r mat
114*	眼泪	tear	ʔom mat
115*	鼻子	nose	muh
116	鼻孔	nostril	n tuʔ muh
117*	耳朵	ear	rə mə:i
118	耳屎	cerumen; earwax	ʔjak gaŋ
119	耳郭	pinna	l̥aʔ rə m̥ə:i
120	耳孔	earholetterfly	n tuʔ rə mə:i
121	耳脓	ear furuncle	ʔom sə lu:t
122	耳眼	inner ear	ʥə:k rə mə:i
123	脸	face	rəm boh
124	面颊	cheek	ta:p ke:p
125	嘴	mouth	tə nəh
126	嘴唇	lips	m pu:r tə nəh
127	胡子	beard	khu:l ka:p
128	连鬓胡	sideburns	khu:l ke:p
129	汗毛	fine hair	khu:l
130	下巴	chin	ka:p

131*	脖子	neck	kən tuar
132*	肩膀	shoulder	blaʔ
133	背	back	kən drɔːŋ
134	腋	maxilla	kəl ʔɛk
135	胸	bosom	ʔɔk
136	乳房	breast	kə naːŋ buʔ
137	奶汁	milk	ʔom buʔ
138	肚子	belly	luːi
139	肚脐	navel	kən diːŋ
140	腰	waist	guaŋ
141	屁股	buttocks	dɔʔ
142	腿	leg	bluʔ
143	大腿	thigh	bluʔ n̥am
144	膝盖	knee	kə nuːn
145	小腿	lower leg	plɔːŋ
146	小腿面	lower leg	ŋɔːŋ
147	腿肚子	calf	ple plɔːn
148*	脚	foot	ʥɯaːŋ
149	脚后跟	sole of foot	pər ʥol
150	脚踝	ankle	poːm
151	脚掌	sole of the foot	kə daːk ʥɯaːŋ
152	脚趾头	toe	ʨə guːl ʥɯaːŋ
153	胳膊	arm (the first part)	kə dɔʔ tiʔ
154	肘	elbow	kiaːŋ
155*	手	hand	tiʔ
156	手腕	wrist	kər ȵel tiʔ
157*	手指	finger	ʨər guːl tiʔ
158	拇指	thumb	maʔ tiʔ
159	中指	middle finger; medius	ʨɯːl guːl vaːŋ
160	小指	little finger	kɔːn daːm tiʔ
161*	指甲	nail	təm m̥ɔːŋ tiʔ
162	拳	fist	kɯl poːm tiʔ
163	右手	right hand	tiʔ blah haːm
164*	左手	left hand	tiʔ blah veʔ
165	手掌	palm	kə daːk tiʔ
166	掌纹	palm print	saːi tiʔ

167	手茧	hand cocoon	sur tiˀ
168	肛门	anus	tuˀ ˀjak
169	男性生殖器	male genitalia	tleˀ
170	睾丸	testis	kla
171	精液	semen	ˀom ŋaˀ
172	女性生殖器	female genitalia	keˀ
173	月经	menses	ra:ŋ si ˀɔ:ŋ
174	胎盘	placenta	kər nɔ:n
175	皮肤	skin	m pur
176	皱纹	wrinkle	tər huat
177	雀斑	goose bumps;freckles	mɛk
178	青春痘	acne	muan
179	痣	mole	nu:m rɔ:i
180	疮	sore	hu:r
181	疤	scar	tər baˀ
182	癣	ringworm	ˀɯar
183	脖筋	neck tumor	rəm heˀ kən tuar
184	狐臭	body odor	m bɔ:i
185	疟疾	malaria	sər maˀ jɯh
186	感冒	the common cold	ʨər ŋa:i
187	火眼	an eye inflammation	mat jim
188	肉	flesh	ˀah
189*	血	blood	ma:m
190*	筋	tendon	rəm heh
191	手脉	hand vein	sa:i ma:m
192	脑髓	brain	kən taŋ
193*	骨头	bone	ʨə ˀa:ŋ
194*	脊椎骨	vertebra	ʨə ˀa:ŋ kən drɔ:ŋ
195	肋骨	rib	ʨə ˀa:ŋ trɯk
196	骨节	joint	sɛŋ ʨə ˀa:ŋ
197	牙齿	tooth	r̥aŋ
198*	牙龈	gum	hɯl
199	牙根	root of tooth	tu:t r̥a:ŋ
200	臼齿	molar tooth	r̥a:ŋ dɯr
201	犬牙	canine	r̥a:ŋ sər vɛ:k
202	舌头	tongue	ŋ ta:k

203	小舌	uvlar	tɕəl hel troŋ
204	人中	phitrum	kiaŋ muh
205	喉咙	throat	troŋ
206	肺	lung	tlɔːm tuh
207*	心脏	heart	təl ŋok
208*	肝	liver	tlɔːm rɔːŋ
209*	肾	kidney	klan
210	脾	spleen	paːŋ
211	胆	gall	pər tɕɛŋ
212*	胃	stomach	lui puːm
213	肠子	intestine	r̥iaŋ
214	膀胱	bladder	kəm nuːm
215	屎	shit	ʔjak
216*	尿	urine	nuːm
217	屁	fart	puːm
218	汗	sweat	ʔom hə ʔɔːl
219*	痰	sputum	kəm m̥aːk
220	口水	saliva	ʔom kə dʑuh
221	唾沫	saliva	ʔom kə dʑɔːr
222	鼻屎	dry nasal discharge	ʔjak muh
223	鼻涕	nasal discharge	ʔom muh; muh jɔːt
224*	脓鼻涕	liquid nasal discharge	ʔjak muh kak
225	清鼻涕	liquid nasal discharge	ʔjak muh hɛŋ
226	脓	pus	pluŋ
227	污垢	dirt	doh
228	声音	sound	siaŋ
229	尸体	dead body	tər lɔːŋ han
230*	寿命	lifespan	vaːŋ dʑua
231	年龄	age	ʔa ɲ̥uʔ
232	话	language	hər lɔʔ
233	想法	idea	tər gət
234	传说	legend	hər lɔʔ ʔuːp
235	故事	story; tale	phɯn ʔuːp
236	事情	things; matters	viak luaŋ
237	人	human beings	gon
238*	民族	nationality; ethnic	pha sa(傣)

239	汉族	Chinese	hɔ
240	克木族	Khmu ethnic	kɔːn kəm m̥uʔ
241	克木楼	Khmu Rok	kəm m̥uʔ rɔk
242	克木乌	Khmu wu	kəm m̥uʔ ʔu
243	克木伖	Khmu lue	kəm m̥uʔ lɯ
244	克木衮	Khmu kwen	kəm m̥uʔ guən
245	克木媛	Khmu yuan	kəm m̥uʔ juan
246	老挝族	Laos	laːu
247	傣族	Tai People	dʑɛʔ
248	克米人	Bit People	kə ʔmit
249	苗族	Hmong People	khə mɛːu
250	泰族	Thai People	thai
251	瑶族	Yi People	jaːu
252	阿卡族	Akha People	gɔ
253	老人	old people；elder	gon thau
254	成年人	adult	m̥uʔ riɲ
255	青年人	youth	kɔːn m̥ɯm
256	小孩(儿童)	kid；child	kɔːn ɲɛʔ
257	婴孩	infant	kɔːn ŋaːk
258	老头儿	old man	taʔ thau
259	老太太	old woman	jaʔ thau
260	男人	man	tɕəm brɔʔ
261*	已婚妇女	married woman	maʔ sə dəːn
262*	女人	woman	tɕəm kɯn
263	小姑娘	young woman	kɔːn n̥ɯm tɕəm kɯn
264	小伙子	young man	kɔːn n̥ɯm tɕəm brɔʔ
265	小男孩	a little boy	kɔːn tɕəm brɔʔ
266	小女孩	a little girl	kɔːn tɕəm kɯn
267	百姓	ordinary people mass	brɛi mɯaŋ
268	农民	farmer；peasant	joŋ r̥eʔ maʔ rə na；joŋ r̥eʔ maʔ gaːŋ
269	士兵	soldier	gon phaːn
270	大商人	businessman	joŋ ga n̥am
271	小商贩	vendor	kɔːn ga ɲɛʔ
272	老板	boss；proprietor	thau ga
273	老板娘	proprietress	maʔ ga
274	医生	doctor	mɔ ʔja(傣)

275	学生	student	gon rian to
276	牧师	priest	lə guːn
277	老师	teacher	naːi ˀmɔk to
278	会计	accountant	khə naˀ kan kɔ
279	木匠	carpenter	kən drɯaŋ pɛn
280	铁匠	blacksmith	thau lek
281	校长	headmaster;president	naːi
282	村长	village head	joŋ kuŋ
283	男巫师	wizard	thau baːr
284	女巫师	(female) wizard	maˀ baːr
285	和尚	monk	braˀ(傣)
286	乞丐	beggar	roːk
287	贼	thief	tɕoːn
288	朋友	friend	jɔˀ bɯːŋ
289*	瞎子	blind	lɯk
290	聋子	deaf	sə luːt
291*	疯子	bald pate	gon sar
292	驼子	hunchback	bɔˀ
293	傻子	fool	gon tɕir
294	结巴	stammer	kək
295*	哑巴	dumb	gon ˀjɛ;ˀmə(傣)
296	歪嘴	askew mouth	tə nɔh vek
297	客人	guest	tə mɔi
298	媒人	matchmaker	maˀ sɔːk
299	祖宗	ancestor	thau mɔːn
300	爷爷	grandfather	joŋ thau
301*	奶奶	grandmother	maˀ thau
302*	外祖父	grandfather	taˀ
303	外祖母	grandmother	jaˀ
304	曾祖父	great-grandfather	joŋ thau mɔːn
305	曾祖母	great-grandmother	maˀ thau mɔːn
306	父母	parents	joŋ maˀ
307	父亲	father	joŋ
308	母亲	mother	maˀ
309	儿子	son	kɔːn tɕəm brɔˀ
310	儿媳	daughter-in-law	ˀɔm

311	大儿子	the eldest son	kɔːn gau
312	老幺	the youngest	kɔːn gɔːp；kɔːn lun
313	女儿	daughter	kɔːn tɕəm kɯn
314	女婿	son-in-law	pər ha
315*	孙子	grandson	dʑeˀ
316*	孙女	granddaughter	dʑeˀ tɕəm kɯn
317	哥哥	elder brother	taːi tɕəm brɔˀ
318*	姐姐	elder sister	taːi tɕəm kɯn
319*	弟弟	younger brother	hɛːm tɕəm brɔˀ
320	妹妹	younger sister	hɛːm tɕəm kɯn
321	兄弟	brothers	taːi hɛːm tɕəm brɔˀ
322	姐妹	sisters	taːi hɛːm tɕəm kɯn
323	兄弟姐妹	brothers and sisters；siblings	phre mək
324	伯父	uncle	joŋ deŋ
325*	伯母	aunt	maˀ deŋ
326	叔叔	uncle	joŋ ˀaːu
327	婶母	aunt	maˀ ˀaːu
328	嫂子	sister-in-law	nɯːŋ（女称）；pəi（男称）
329*	舅父	uncle	joŋ ˀeːm
330	舅母	aunt	maˀ ˀeːm
331	姨父	uncle	joŋ
332	姨母	aunt	maˀ
333	姑父	uncle	joŋ kuːn̥
334	姑母	aunt	maˀ kɯn
335	岳父	father-in-law	joŋ ˀnoŋ
336*	岳母	mother-in-law	maˀ ˀnoŋ
337	夫妻	man and wife	gleˀ kəm braˀ
338	丈夫	husband	gleˀ
339*	妻子	wife	kəm braˀ
340*	大老婆	first wife	kəm braˀ tut
341	小老婆	concubine	kəm braˀ ɲ̥ɛˀ
342	未婚妻	numarried	pə deˀ jɔˀ
343	继母	stepmother	maˀ sɯːp
344	继父	stepfather	joŋ sɯːp
345	寡妇	widow	maˀ bəh
346	鳏夫	widower	joŋ bəh

347	动物	livestock	to taŋ
348	公水牛	cattle	traːk tloh
349*	母水牛	buffalo	traːk hiaːŋ
350	黄牛	cow	ləm boˀ
351*	阉牛	castrated bull；bullock	ləm boˀ tɔːn
352	黄牛犊	calf	kɔːn ləm boˀ
353	老黄牛	ox	ləm boˀ tloh ŋaːn
354	公黄牛	bull	ləm boˀ tloh
355	母黄牛	cow	ləm boˀ hiaːŋ
356	水牛粪	bullshit;cattle dung	ˀjak traːk
357	黄牛粪	cow dropping	ˀjak ləm boˀ
358	水牛角	horn	tɕən drɯŋ
359*	蹄	hoof	kiːp
360	毛	fur	khuːl
361	尾巴	tail	n taˀ
362*	马	horse	m braːŋ
363*	马驹	colt	kɔːn m braːŋ
364	公马	stallion	m braːŋ tloh
365	母马	mare	m braːŋ hiaːŋ
366	马鬃	horse mane	ŋɛ
367	马粪	horse dung	ˀjak m braːŋ
368	山羊	goat	pəŋ gɛh
369*	羊脚	goat legs	dʑɯaːŋ bɛˀ
370	羊毛	wool	khuːl bɛˀ
371	羊粪	sheep manure	ˀjak bɛˀ
372	肥料	fertilizer	ˀjak phun;traːk
373	驴	donkey；ass	la
374	猪	pig	sɯaŋ
375*	公猪	boar	sɯaŋ tɯ loh
376*	母猪	sow	sɯaŋ hiaːŋ
377	猪崽	piglet	kɔːn sɯaŋ
378	种猪	boar	dʑɯa sɯaŋ
379	猪粪	pig manure	ˀjak sɯaŋ
380	饲料	feeding stuff	səŋ mah to
381	狗	dog	sɔˀ
382*	公狗	male dog	sɔˀ tloh

383	母狗	female dog	maˀ sɔˀ
384	疯狗	mad dog	sɔˀ sar
385	种狗	dog	ʥɯa sɔˀ
386	猫	cat	mɛːu
387	兔子	rabbit	kə daːi(傣)
388*	鸡	chicken	hə ˀjar
389*	公鸡	cock	hə ˀjar tloh
390	母鸡	hen	maˀ hə ˀjar
391	雏鸡	chick	kɔːn hə ˀjar
392	鸡冠	cockscomb	səŋ ʥir
393	翅膀	wing	pə nɯr
394	羽毛	feather	khul
395	蛋	egg	kə doŋ
396	鸡窝	chicken coop；roost	tər nɯl hə ˀjar
397	鸭子	duck	pat
398*	鸽子	pigeon	sim ka kɛ
399	老虎	tiger	rə vaːi
400*	龙	dragon	pər jɔːŋ
401	爪子	pawl	təm m̥ɔŋ
402	猴子	monkey	faˀ
403*	熊	bear	hual
404*	大象	elephant	sə ʨaːŋ
405	野猫	catamount	sar
406	野猪	wild boar	sɯaŋ briˀ
407*	鹿	deer	tə jaːk
408	麂子	barking deer	puah
409*	水獭	otter	naːk
410*	豪猪	porcupine	r̥eˀ
411*	老鼠	mouse	kə neˀ
412*	田鼠	field mouse	kər
413	松鼠	squirrel	phrɔːk
414*	飞鼠	flying squirrel	phrɔːk tɯːr
415*	竹鼠	bamboo gopher	tə kan
416	狼	wolf	m brok
417	穿山甲	pangolin	kəm buar
418	鸟	bird	siːm

419*	鸟窝	bird nest	m pu:i si:m
420	老鹰	hawk	kla:ŋ
421*	猫头鹰	owl	bɔ:k
422*	燕子	swallow	sər ʔi:l
423	麻雀	sparrow	si:m tɕər lɔ:i
424*	小谷雀	small sparrow	ric
425	黑头翁鸟	a kind of bird with black head	kroʔ
426	鹌鹑	quail	tə gut
427	乌鸦	crow	kəl ʔak
428	野鸡	pheasant	kɔŋ kɔ:i
429	鹦鹉	parrot	lɛ
430	斑鸠	turtledove	si:m dʑoŋ
431	蛇	snake	mar
432*	蟒蛇	black viper	mar gu:n
433	青蛙	frog	kop；kən drɔ:r
434*	蝌蚪	tadpole	khruak
435	蜻蜓	dragonfly	tlɛ:ŋ tɛŋ
436	癞蛤蟆	toad	rok
437	鱼	fish	kaʔ
438*	鳞	scale	klep
439	鱼鳃	fish gill	kə:p
440	白鱼	white fish	kaʔ klɔk
441	红尾巴鱼	reddish tailed fish	kaʔ sər lɛ:ŋ
442	鱼子	roe	kə doŋ kaʔ
443	虾	shrimp	tɕən tah
444	螃蟹	crab	kə ta:m
445*	泥鳅	loach	tər lə:i
446	鳝鱼	eel	blek
447	螺蛳	snail	r̥oc
448	蚌	mussel	blaʔ；me:ŋ(傣)
449	虫	worm	kɔ:k
450	蛀虫	bristle tail	kə mɔt
451	跳蚤	flea	tlic（人）；tə maʔ(狗)
452*	虱	louse	təm briŋ
453	头虱	a louse on head	seʔ
454	牛虱	cattle louse	təm ka:ŋ

455	虮子	the egg of a louse;nit	kə doŋ seh
456	苍蝇	fly	rɔːi
457*	牛蝇	cleg;gadfly	tɕə lɯa
458	蛆	maggot	m braːi
459	蛔虫	ascarid;bellyworm	vaːk luːi
460	竹虫	bamboo worms	kɔːk tə baːŋ
461	蚊子	mosquito	səŋ pək
462*	蜘蛛	spider	səŋ vaʔ
463	蜈蚣	centipede	kə ʔiːp
464	蚂蟥	leech	pliːŋ(大);pliam(小)
465*	蚯蚓	earthworm	vaːk
466	蚂蚁	ant	m̥uik
467*	白蚁	white ant	druːɲ
468	萤火虫	firefly	raːŋ gleŋ
469	蝉	cicada	rə vɛ(知了);reːt(小知了)
470	蜂	bee	tɕɯŋ uːr
471*	小蜜蜂	small bee	kon m bɔːt
472	大土蜂	ground wasp	ʔɔːŋ
473	葫芦蜂	tree wasp	kə ʔaːɲ
474	黄土蜂	yellow ground wasp	ʔɔːŋ pə teʔ
475	蜂房	bee hive	tɕəŋ khraʔ ʔɔːŋ
476	蜜蜂	bee	m bɔːt
477*	蜂蛹	young of bee or wasp	kɔːn kap
478	蝗虫	locust	hɔi tɕə luʔ
479	蝴蝶	butterfly	tlaːm paːm
480*	蝙蝠	bat	n tɯar
481*	树	tree	sə ʔɔːŋ
482*	大树	big tree	sə ʔɔːŋ n̥am
483	树枝	branch	phrɛh sə ʔɔːŋ
484	树根	root	tuːt sə ʔɔːŋ
485*	叶子	leaf	l̥aʔ
486*	花	flower	raːŋ
487*	水果	fruit	pleʔ
488*	核儿	core	klɔːŋ
489*	芽儿	sprout;shoot	ŋɔʔ
490*	蓓蕾(花蕾)	bud	lok raːŋ

491	树杈	crotch;fork	təŋ ga^{ʔ} sə ^{ʔ}ɔːŋ
492	空心树	hollow tree	phrəŋ sə ^{ʔ}ɔːŋ
493	柳树	willow	sə ^{ʔ}ɔːŋ
494	松树	pine	phɛːk
495	橡胶树	rubber	tuːt jaːŋ
496	红毛树	schima wallichii; choisy	tuːt kəl doc
497	柚木	teak	tuːt mɛi sɛːk
498	攀枝花树	silk cotton flower	tuːt raːŋ trɔːl
499	刺桐树	thorny barrels tree	tuːt tɕə rɯm
500	桑树	mulberry tree	tuːt kɔːk mɛːŋ
501	桑葚	mulberry	ple^{ʔ} kɔːk mɛːŋ
502	松明	torch	ti^{ʔ} drɔ^{ʔ}
503	竹子	bamboo	tɕhuk
504*	刺竹	thorny bamboo	rə haːŋ
505	金竹	golden bamboo	rə haːŋ tɕə ŋaːr
506	甜竹	sweet bamboo	tuːt tə baːŋ məːi
507	竹梢	bamboo tip	səŋ grɛk
508	竹节	bamboo joint	sɛŋ tɕhu^{ʔ}
509	竹笋	bamboo shoot	tə baːŋ
510*	笋叶	bamboo leaves	rə məːi tə baːŋ
511	笋壳	bamboo sheet	m pɔk tə baːŋ
512	苦笋	bitter bamboo shoot	dʑaːk tɕɛŋ
513	甜笋	sweet bamboo shoot	dʑaːk hə ^{ʔ}jiːa
514	藤	vine	blɔːŋ
515	刺	thorn	tɕər la^{ʔ}
516*	桃子	peach	ple^{ʔ} m phuŋ(傣)
517*	李子	plum	ple^{ʔ} m man(傣)
518	香蕉	banana	tlɔːi
519	西瓜	watermelon	kial ^{ʔ}om
520	橘子	orange	ple^{ʔ} ȵ tɕuk(傣)
521*	柚子	grapefruit	ple^{ʔ} ^{ʔ}mak bu^{ʔ}(傣)
522	菠萝	pineapple	ple^{ʔ} ^{ʔ}mak kə ^{ʔ}nat(傣)
523	葡萄	grape	ple^{ʔ} kɯl puːn bri^{ʔ}
524	芒果	mango	ple^{ʔ} lə ŋi;ple^{ʔ} m moːŋ(傣)
525*	菠萝蜜	jackfruit	ple^{ʔ} n nuːn
526	多依果	sour jungle apple	ple^{ʔ} sə ruaːn

527	板栗	chestnut	pleʔ khaʔ
528	小板栗	small chestnut	pleʔ pruːl
529	酸角	sour pod	pleʔ m pɔːr
530*	龙眼	longan	pleʔ klɔːŋ mat pər jɔːŋ
531	芭蕉	plantain	tlɔːi
532*	野芭蕉	wild plantain	tlɔːi sə bɔŋ
533	芭蕉花	banana flower	jol
534	芭蕉叶	banana leave	l̥aʔ tlɔːi
535	芭蕉根	banana root	tuːt tlɔːi
536	酸浆果	tart fruit	ple dər he
537	甘蔗	sugar cane	kəl meʔ
538*	向日葵	sunflower	klɔːŋ mat briʔ
539*	木瓜	papaya	pleʔ sə mut
540*	稻谷	corn	ŋ̊ɔʔ rə na
541*	稻草	straw	tɕəm pɯaŋ
542	糯米	sticky rice	rəŋ koʔ ləʔ；mah ləʔ
543*	米	rice	rəŋ koʔ
544*	紫米	purple rice	rɯ kok hiaŋ
545	种子	seed	səm lah
546*	谷种	rice seed	ŋ̊ɔʔ səm lah
547	秧	rice seedling	dʑɯa
548	穗	spike；the ear of grain	pər leʔ
549*	谷粒	grain	met ŋ̊ɔʔ
550	瘪谷	shriveled rice；empty rice husk	koːŋ ŋ̊ɔʔ
551	黑米	black rice	rɯŋ kɔʔ hiaŋ
552	旱谷	dry rice	ŋ̊ɔʔ r̥eʔ
553	玉米	corn；maize	sa li
554*	玉米须	corn tassel	buːi sa li
555	玉米花	corn flower	raːŋ sa li
556	棉花	cotton	phaːi
557*	蔬菜	vegetable	təm briʔ
558*	白菜	Chinese cabbage	tloʔ klɔk
559	包菜	cabbage	tloʔ tiap
560	茴香	aniseed	phak dʑi(傣)
561	蕨菜	brake	kər suːn̥
562	韭菜	leek	səŋ ʔɯr sə lɛp

563	生菜	romaine	tlo^{ʔ} dʑɯŋ pat
564	苦菜	bitter edible wild herbs	tlo^{ʔ} dʑɛŋ
565	臭菜	a kind of wild vegetable with smell	sə ra^{ʔ}
566	野芹菜	wild celery	l̥a^{ʔ} kɔ^{ʔ} re
567	茄子	eggplant	ləm daːŋ
568	刀豆	canavalia glodiata	tho kham(傣)
569	西红柿	tomato	ple^{ʔ} khə maːn
570	萝卜	radish	phak brək(傣)
571*	辣椒	capsicum	phri^{ʔ}
572*	葱	shallot	səŋ ^{ʔ}ɯr
573*	盐	salt	m̥aːr
574*	糖	sugar	kəl me^{ʔ} kɛːu
575	蒜	garlic	kə thiam(傣)
576*	姜	ginger	rə vɛ^{ʔ}
577*	野山姜	wild ginger	kən sal
578	芫荽	cilantro	m pɔːm
579	土豆	potato	kuaːi
580*	芋头	taro	sə ro^{ʔ}
581	魔芋	konjak	sɛːt
582	山药	yam	kuaːi klɛh
583	红薯	sweet potato	kuaːi kɛu
584*	地瓜	pachyrhizus	kuaːi lə vɛːk
585	南瓜	pumpkin	ple^{ʔ} m piːr jim
586*	冬瓜	waxgourd	m piːr klək
587	黄瓜	cucumber	kiaːl
588*	丝瓜	towel gourd	rəm nal
589	洋丝瓜	towel gourd;loffa	ple^{ʔ} nɔːi kla
590	丝瓜瓤	loffa pulp	tɕəŋ khra^{ʔ}
591	豆荚	peapod	sə baːi tɕə mə^{ʔ} tɛːp
592	黄豆	soybean	ple^{ʔ} dʑə rum
593*	豌豆	pea	ple^{ʔ};tho nɔːi(傣)
594	葫芦	gourd	sə ko^{ʔ}
595	花生	peanut	sə baːi
596*	芝麻	sesame	lə ŋa ^{ʔ}bəm
597*	草	grass	hiu^{ʔ}; biːt
598*	茅草	couch grass	sər lɯaŋ

599*	香茅草	sweet couch grass	sə grə
600	狗尾巴草	green bristle grass	hiuʔ n taʔ sɔʔ
601	蘑菇	mushroom	tih
602*	木耳	fungus	tih dur
603*	鸡枞菌	a popular mushroom	tih jɔːr
604	奶浆菌	milky mushroom	tih tɕə ŋaːr
605	牛肝菌	bull mushroom	tih kən sah
606	大红菌	reddish mushroom	tih maːm
607	青苔	moss	glɛi
608	饭	rice	mah
609*	菜	meal; reast	tloʔ
610*	粥(稀饭)	porridge	mah tɕaːu lɛːu
611	冷饭	cold rice	mah ŋar
612	面粉	flour	khau ʔmɛn
613	馒头	steamed bun; mantou	mah bɔːŋ
614	糯米粑粑	glutinous rice cake	mah tɕɯn
615	荞麦粑粑	buckwheat	mah ŋɔk ʔɛːk
616	面条	noodle	khau mɛːn (傣＋汉)
617	面包	bread	mɛːn pau(汉)
618	卷粉(米干)	wide rice noodle	khau sɔːi(傣)
619	米线	long rice noodle	khau num(傣)
620	米汤	ricemilk	ʔom mah
621	醋	vinegar	ʔom tɕɛt
622	味精	gourmet powder	vəi tɕin (汉)
623	酱油	soy sauce	ʔom tɕaːŋ
624	辣椒酱	chili jam	ʔom phriʔ
625	饼干	biscuit; cracker	khau thaːŋ
626	瘦肉	meat	ʔah n̥ɔk
627	肥肉	fat	ʔah məːi
628	食用油	edible oil	məːi
629	干巴	salted beef	ʔah hɛːu
630*	干鱼	a kind of salted fish	kaʔ sə ron̥; kaʔ hɛːu
631	酸竹笋	sour salted bamboo shoot	tə baːŋ tɕɛt
632	刺竹笋	thorny bamboo shoot	tə baːŋ rə haːŋ
633	酸菜	sauerkraut	tloʔ tɕɛt
634*	腐乳	salted bean curd	dʑə ruːm tɕɛt

635	豆豉	soybean condiment	dʑə ruːm hə ʔuʔ
636	菜汤	vegetable soup	ʔom səŋ gɔːŋ
637	酒	wine;alcohol	buːc
638*	白酒	rice wine	buːc gem
639	酒糟	lees;pot ale	ȵah buːc
640	蘸水	a kind of condiment mixed with salt; garlic; onion; and hot pepper etc.	ʔom tɕɛːu
641	茶	tea	m̥iaŋ
642*	(纸)烟	smoke;cigarette	sə lik tɕɛ (缅)
643	(吸的)烟	cigarette; tobacco	glɔk;ʔja (傣)
644*	药	medicine;pill	sə ʔɔːŋ
645*	糠	bran;chaff	ŋ kaːm
646	粗糠	rice husk	ŋ kaːm jaʔ
647	细糠	fine husk for pig feed	ŋ kaːm mɔk
648	猪食	pig feed;hogwash;swill	səŋ mah
649	马料	horse fodder	hiuʔ m braːŋ
650	线	thread	saːi
651*	布	cloth	pik
652*	顶针	sewing finger ring	rɔːŋ sə kam
653	衣服	clothes	tɛːp
654*	上衣	upper outer garment	tɛːp juːt
655	衣领	collar	khɔ jɔːi tɛːp
656	衣袖	sleeve	tuʔ tiʔ tɛːp
657*	扣子	button	tɔːm tɛːp
658*	口袋	pocket	tɕaːn
659	衣袋	pocket	dɛi tɛːp
660	裤袋	pocket	dɛi m̥ɯr
661	裤子	trousers;pants	m̥ɯaːr
662*	裤腿	trousers leg	rɯŋ dʑɯaŋ
663*	裤腰	waist of trousers	guaŋ m̥ɯr
664	西装	suit	tɛːp
665	领带	tie	tɔːi kən tuar tɛːp
666	围裙	apron	khon
667*	包头	woman's headdress	m poŋ(包头巾); rə vəc m poŋ; ban kəm poŋ (傣语的条状)
668*	帽子	hat;cap	klup;m̥uak(傣)

669*	裤带	belt	sər ˀɛu
670*	裹腿	legging	kat kɛːŋ
671	袜子	socks;stockings	va(汉)
672	鞋	shoes	khɛp
673*	凉鞋	sandal	khɛp ʥaːr
674	布鞋	cloth shoes	khɛp pik
675	拖鞋	slippers	khɛp tɔp tɛp
676	皮鞋	leather shoes	khɛp m puːr
677	斗笠	bamboo hat	klɯp
678	梳子	comb	ʨən drɯah
679	耳环	earring;dangler	khal(老人语);sə ˀɔːŋ rə məːi(青年语)
680*	项圈	necklace	səŋ kloːi
681	戒指	finger ring	sə nuk tiˀ
682	手镯	bangle;bracelet	sər ȵak
683	背包	haversack	rə jaˀ gɔːk
684*	大背包	backbag	rə jaˀ thor
685	小银泡	little silver bubble	kə muːl man
686	枕头	pillow;sleeping pillow	kər nɯah
687	被子	quilt	n drok lom
688*	棉絮	batting;cotton wool	pha mɛːn(傣)
689	席子	matting	təŋ ˀaːi brɛt
690	竹席	bamboo matting	təŋ ˀaːi tla
691	雨衣	palm raincoat	kən dɔˀ
692	房子	house	gaːŋ
693	家	home; family	gaːŋ
694*	房顶	roof	kən duːr gaːŋ;ʨək gaːŋ
695	厨房	kitchen	gaːŋ khua
696	楼房	building	gaːŋ ʥoŋ
697	平房	bungalow	gaːŋ n deˀ
698	楼上	upstairs	koːi gaːŋ
699	楼下	downstairs	bɯːn gaːŋ;kən drum gaːŋ
700	粮仓	storehouse;depot	ʨə ˀɔˀ liːŋ
701	牛圈	cowshed	gɔːk traːk
702	猪圈	hog pen;sty	gɔːk sɯaŋ
703*	马圈	stable;shed for horses	gɔːk m braːŋ
704	羊圈	sheep pen;sheepfold	gɔːk bɛˀ

705	鸡圈	chicken coop;mew	l̥ok hə ˀjar
706	竹片笆	bamboo tile	təm briaŋ
707	泥墙	plaster wall	ʥiaŋ pə teˀ
708	木墙	wood wall	ʥiaŋ sə ˀɔːŋ
709*	篾子	bamboo split	rə nɔːm
710	木棍	stick	kər mel
711	木头	wood	gloh
712	木板	plank; board	pɛːn
713	柱子	pillar	ʨən drɛŋ
714	门	door	pər loŋ
715*	门板	door plank	ŋ kɯr
716*	门闩	bolt	lɛi
717	窗子	window	poŋ kɛːu(傣)
718	堂屋	central room	na pɔːŋ
719*	火塘	a kind of Chinese fireplace	təm braˀ
720	火塘烘架	kitchen rack	pən druˀ
721	大梁	beam	pɛ gaːŋ
722	椽子	rafter	khɯ jɯ
723	楼梯	stairs	rəŋ dɔːŋ
724	篱笆	fence	ʥiaŋ
725	园子	garden plot	kən tiːŋ
726	凉棚	mat-awning;mat shelter	ʨə ˀoˀ;tuːp(傣)
727	东西	thing;stuff	kən drɯaŋ
728	藤篾饭桌	bamboo table	phɯan blɔːŋ
729	藤编凳子	bench	sə dɛn blɔːŋ
730	木凳	wooden bench	sə dɛn sə ˀɔːŋ
731	床	bed	thaːn
732	摇篮	cradle	ˀu kɔːn ŋaːk
733*	箱子	suitcase	lim
734	柜子	cupboard	lim ʥoŋ
735	肥皂	soap	nam sɛk
736	毛巾	towel	m poŋ muːm
737	镜子	mirror	kɛːu
738	扫帚	broom	səm pɔˀ
739	柴	firewood;faggot	hə ˀeˀ
740*	火石	flint	glaːŋ tər nɛh

741	火柴	match	tər nɛh
742	竹火把	torch;flambeau	tiˀ drɔˀ
743	铁锅	iron kettle	tər lɔh khaːŋ
744	木饭铲	wood rice slice	ˀnaːm mah
745*	铁锅铲	pancake turner	paːk sə kua
746	盖子	lid;cover	tɕən drɯp
747	锅盖	pot lid	tɕən drɯp tər lɔh
748*	锅刷	pot brush	səŋ huk tər lɔh
749	刀	knife	vɛk
750	尖刀	sharp knife	tual miːt
751*	刀鞘	sheath	kər vaˀ vɛk
752	刀口	knife edge	ˀoh
753	刀把儿	hilt	gaːŋ vɛk
754	背刀带	knife belt	saːi kər vaˀ
755	饭勺	spoon	paːk vəːi mah
756	碗	bowl	sən dɛh
757	盘子	plate	sən dɛh phɛ lɛ
758*	筷子	chopsticks	thu(傣)
759	瓶子	bottle	kɔːŋ(傣)
760*	热水瓶	thermos bottle	kɔːŋ ˀom hah
761	罐子	pot;jar;tin	kə dɔŋ
762	酸菜罐	sauerkraut pot	kə dɔŋ tloˀ tɕɛt
763	甑盖	a lid of the rice steamer	tɕən drɯp r̥ɛi
764	甑子	an ancient earthen utensil for steaming rice	r̥ɛi
765	筷子篓	chopsticks crate	toŋ thu
766	饭篓	rice container	goːk mah
767	碗箩	bowl basket	pən drɛk
768	酒杯	wineglass	glək buːc;tɕɔk buːc(傣)
769	水桶	bucket	thuŋ heːk
770	水竹筒	water bamboo tube	ˀom gək
771	竹饭盒	bamboo mess tin	tər dɛːn mah
772	竹茶杯	bamboo teacup	glək m̥iaŋ
773	茶杯	teacup	sən dɛh m̥iaŋ
774	茶壶	teapot	tə lɔh m̥iaŋ
775	瓢	gourd dipper	ˀmuai
776*	葫芦瓢	gourd dipper	ˀmuai sə kɔˀ

777*	缸子	cup	ˀɛːŋ
778	铁三脚架	tripod(used for cooking)	kheːŋ
779	马灯	lantern	phaːŋ man
780	风箱	bellows	rə ɲuːt
781	火钳	fire-tongs	sər gɛp
782	吹火筒	blow tube	toŋ hur phɯar
783*	指甲刀	nail clipper	kər nɛp
784*	砧板	chopping board	kəm noh
785	扇子	fan	pər nəːi
786	挖耳勺	ear pick	səŋ guat rə məːi
787*	背带(背小孩用)	strap (for caring a kid on the back)	pər nɔˀ kɔːn;n drok bɔˀ kɔːn
788	眼镜	glasses;spectacle	kɛːu mat
789	烟斗	(tobacco) pipe	glək ŋoˀ
790	水烟筒	water pipe	glək trot
791	陀螺	peg-top	pleˀ riŋ
792	秤	scale	taˀ ˀniaŋ təm paˀ
793	戥子	small scale	ˀniaŋ
794	秤花	gradations marked on the beam of a steelyard	laːi
795	秤盘	the pan of a steelyard; scalepan	phaːŋ taˀ ˀniaŋ
796	秤钩	steelyard hook	rɔ khɔ ˀniaŋ
797	秤砣	weight;the sliding weight of a steelyard	kla taˀ ˀniaŋ
798	钱(货币)	money	kə muːl
799	工钱	money paid for odd jobs	kə muːl ʥaːŋ
800	尺子	ruler	ta dɛːk
801	针	needle	sə kam
802	钉子	nail	ʨən droh
803*	剪子	scissors	mit kɛp
804	梯子	ladder	rəŋ doːŋ
805*	水槽	sink	təm pɔh
806	书包	bag	rə jaˀ pɔp
807	洗衣粉	washing powder	naːm sok
808	香皂	soap; perfumed soap	ˀom hə ˀɯr
809	牙膏	toothpaste	ˀja kau
810	香	fragrant	phrəŋ
811	蜡烛	candle	ten pa

812	蜡台	candlestick	khan phrəŋ
813	伞	umbrella	tɕɔːŋ(傣)
814	字	character; word	to
815	黑板	blackboard	pian hiaŋ
816*	粉笔	chalk	phin sɔ
817	信	letter	naːŋ sɯ
818	画	painting	kɔːc da
819	书	book	pɔp
820	纸	paper	kə nat
821	墨水	ink	ˀom pi
822	钢笔	pen	pi ˀom
823	铅笔	pencil	pi tan
824	旗子	flag	thi
825	鞭炮	firecrackers	ˀmak tɕaːŋ
826	钥匙	key	tɕər nɔk; khɔ kə tɕɛ(傣)
827	棍子	stick	kəl mɛːl
828	拐杖	crutch	sə nar
829	马鞍	bridge piece; saddle	ˀmɔˀ m braːŋ
830	马蹄	horse's hoof	kiːp m braːŋ
831	马掌	horseshoe; tip	kap m braːŋ
832	牛轭	oxbow	ˀɛk traːk
833	牛鼻圈	a ring lodged in the nose of an ox	sər non traːk
834	牛绳	cattle rope	tɕə məˀ traːk
835	船	boat; ship	tɕə lɔːŋ
836	斧头	ax	soˀ
837	锤子	hammer	tər tam
838	凿子	chisel	tər nɔh
839*	锯子	saw	lɯa(傣)
840*	犁	plow	ŋɔːn thɛi
841	耙子	rake	phə
842*	锄头	hoe	tɕok
843	绳子	rope	tɕə məˀ
844	秋千绳	swing rope	tɕə məˀ rəŋ tɕhoŋ
845*	楔子	wedge	pər naˀ
846*	背篓	pack basket	bɛːm buh

847	背篓带	ties of a basket carried on the back	tɕə mə bɛ:m(老人语)；tɕə mə sə pa(现代语)
848	大谷箩	big millet basket	traʔ
849*	镰刀	reaphook	kia:u(傣)
850	脚杵	foot pestle	dai gual
851	脚臼	mortar	n tuʔ gual
852*	盐臼	salt mortar	gloh m̥ar
853	手杵	hand pestle	kən dreʔ gual
854*	筛子	sieve	tər jə:r
855	簸箕	dustpan；container for dust	m piar
856	撮箕	dustpan	kər hac
857	磨刀石	sharpening stone	gla:ŋ tər lɛŋ
858*	枪	gun	sə nat(缅)
859	火药	powder flask	m̥ɯ
860	火药枪	powder gun	sə nat phrɯa
861*	矛	spear	bliah
862	弩	bow	gər mɔʔ
863	弓	bow	mɔʔ
864	箭	arrow	kam mɔʔ
865	弹弓	slingshot	kuŋ kɔ:n
866*	弹丸	pellet of slingshot	təŋ gaʔ kuŋ kɔ:n
867*	(捕兽的)圈套	snare	pɔŋ tə va:r
868	陷阱	traps	n luk
869	(扣雀用的)树浆	tree gum	kəl ȵaʔ
870	鸟笼	birdcage	gɔ:n si:m
871	毒	poison	ʔom pər ʔeh(毒液)；ʔja ʔmɯa(毒药)
872	(撒)网	net	rəp
873	鱼钩	fish hook	ʔmet
874	(捕鱼用的)鱼笼	fishing basket	sə loʔ
875	鱼篓	junket； weel	gɔ:ŋ gɔʔ
876	歌	song	r̥ə lɔʔ təm
877	舞	dance	tɛʔ
878	象脚鼓	drum	bri:ŋ
879*	锣	gong	pɔŋ
880	铓锣	mang gong	rə ba:ŋ
881	钢琴	piano	tiŋ ju:n(汉)

882	喇叭	trumpet; horn	kuaːŋ pu
883	鼓	drum	briːŋ
884	钹	cymbals	tɕhɛːŋ
885	(吹)树叶哨	whistle made of leaves	l̥aʔ puŋ
886	直箫	flute	r̥oŋ
887	芦笙	reed-pipe wind instrument	səŋ kuːl
888	竹口琴	bamboo mouth organ	tɔt
889	铃	bell	kər lɛːŋ
890	鬼	ghost	r̥oːi
891	妖精	ghost	ȵɛk; roːi sɯ
892	菩萨	Bodhisattva	braʔ tɕau (傣)
893	龙王	dragon king	joŋ pər jɔːŋ
894	灵魂	soul	m maːl
895	(祭祀的)牲畜	scared animals	to baːk
896	运气	luck; fortune	ʔmun
897	力气	strength	rɛːŋ
898	名字	name	səŋ məh
899	罪	crime	thot(傣)
900*	痕迹	trace	kən n̥iʔ
901*	(甘蔗的)渣滓	dreg	haːc
902	影子	shadow	m maːl
903	梦	dream	m pɔʔ
904	东方	east	ləŋ mat briʔ l̥ian
905*	西方	west	ləŋ mat briʔ guːt
906*	南方	north	ləŋ tal
907	北方	south	ləŋ bəh
908	中间	middle	tər diʔ
909	旁边	aside	ləŋ gɛːm(近指); ləŋ jer(远指)
910	左边	left	ləŋ veʔ
911	右边	right	ləŋ ham
912*	前边	front	ləŋ kaːl
913*	后边	back	ləŋ kən n̥i
914*	外边	outside	ləŋ nɔːk
915*	里边	inside	ləŋ kluaŋ
916*	角落	corner	ləŋ tɕɛːŋ
917*	(针)尖儿	point; tip	tual

918*	(房子)周围	around;surrounding	kər ver
919	(桌子)上	on	koi
920	(桌子)下	under	bɯn
921	(房子)下	under	kən də ru:m
922*	时候;时间	moment;time	kra:u kəˀ;ȵa:m(傣)
923*	今天	today	sə gi
924	昨天	yesterday	n ʨəˀ
925	前天	the day before yesterday	n̥ ˀna:i
926*	明天	tomorrow	sə baŋ
927*	后天	the day after tomorrow	sə mo:i
928*	大后天	three days from now	sə ma:i
929*	今晚	tonight	pə sɯam sə gi
930*	明早	tomorrow morning	sə baŋ jim sə ruat
931	明晚	tomorrow night	pə sɯam sə baŋ
932	昨晚	last night	pə sɯam n̥ ʨəˀ
933	白天	day	briˀ bah
934	早晨	morning	jim sə ruat
935	晚上	evening	pə sɯam
936*	傍晚	dusk;evening	hə uȵ
937*	整晚	the whole night	taŋ pə sɯam
938*	三更半夜	mid-night	tər diˀ pə sɯam
939	属虎	the year of tiger	nɯm rə va:i
940	属兔	the year of rabbit	nɯm kə ta:i(克木+傣)
941	属龙	the year of dragon	nɯm pər jo:ŋ
942	属蛇	the year of snake	nɯm mar
943	属马	the year of horse	nɯm m bra:ŋ
944	属羊	the year of sheep	nɯm bɛˀ
945	属猴	the year of monkey	nɯm faˀ
946	属鸡	the year of cock	nɯm hə ˀjar
947	属狗	the year of dog	nɯm sɔˀ
948	属猪	the year of pig	nɯm sɯaŋ
949	属鼠	the year of mouse	nɯm kə neˀ
950	属牛	the year of cattle	nɯm tra:k
951	(农历)一月	first month of lunar calendar	moi moŋ;moŋ nɯŋ
952	(农历)二月	second month of lunar calendar	moŋ sɔ:ŋ
953	(农历)三月	third month of lunar calendar	moŋ sa:m

954	(农历)四月	forth month of lunar calendar	moŋ si
955	(农历)五月	fifth month of lunar calendar	moŋ ha
956	(农历)六月	sixth month of lunar calendar	moŋ r̥ok
957	(农历)七月	seventh month of lunar calendar	moŋ ʨet
958	(农历)八月	eighth month of lunar calendar	moŋ pɛːt
959	(农历)九月	ninth month of lunar calendar	moŋ kau
960	(农历)十月	tenth month of lunar calendar	moŋ sip
961	(农历)十一月	eleventh month of lunar calendar	moŋ sip ʔet
962	(农历)十二月	twelfth month of lunar calendar	moŋ sip sɔːŋ
963	日,天	day	mɯ
964	(一个)月	month	moŋ
965	年	year	nɯm
966*	今年	this year	nɯm gi
967	去年	last year	nɯm glaːt
968*	前年	the year before last	nɯm gaːr
969	明年	next year	nɯm baŋ
970*	后年	the year after next	nɯm moi
971	从前	once upon a time	jam jəʔ
972*	以后	before	ȵaːm hiʔ
973	现在	present	ŋ̊ ʔniʔ
974	将来	future	kə naːl kaːl mat
975	星期一	Monday	mɯ sən draːn
976*	星期二	Tuesday	mɯ thiʔ sɔːŋ
977	星期三	Wednesday	mɯ thiʔ sam
978	星期六	Saturday	mɯ thiʔ r̥ok
979	星期天	Sunday	mɯ thiʔ ʨet
980	(一)分钟	minute	(moːi) fun
981	(一)小时	hour	kən (moːi) ta
982	(一)点钟	o'clock	(moːi) ta
983	旱季	dry season	ȵam raŋ
984	雨季	raing season	ȵam kə maʔ
985	热季	the hot season	ȵam hə ʔɔːl
986	冷季	cold season	ȵam ŋar
987	春节	Chinese new year	ȵam l̥aʔ ploŋ
988	新年	new year	nɯm m̥eʔ
989	祭花节	Kemu festival	mah raŋ sa li

990	尝新节	new-grain festival	mah pər ˀɯp
991	玛格乐节(丰收节)	Magele festival	mah grəh
992	一	one	moːi(克木);nəŋ(傣)
993*	二	two	kə baːr(克木);soŋ(傣)
994*	三	three	kə peˀ(克木);sam(傣)
995*	四	four	si(傣)
996*	五	five	ha(傣)
997*	六	six	r̥ok(傣)
998*	七	seven	tɕet(傣)
999*	八	eight	pɛːt(傣)
1000*	九	nine	kau(傣)
1001*	十	ten	sip(傣)
1002*	十一	eleven	sip ˀet(傣)
1003*	十二	twelve	sip soŋ(傣)
1004*	十三	thirteen	sip sam(傣)
1005	十四	fourteen	sip si(傣)
1006	十五	fifteen	sip ha(傣)
1007	十六	sixteen	sip r̥ok(傣)
1008	十七	seventeen	sip tɕet(傣)
1009	十八	eighteen	sip pɛːt(傣)
1010	十九	nineteen	sip kau(傣)
1011	二十	twenty	saːu(傣)
1012	三十	thirty	sam sip (傣)
1013	百	hundred	rɔːi(傣)
1014	千	thousand	ban(傣)
1015	万	ten thousand	m̥ən
1016*	一半	half	moːi grəŋ
1017*	第一	the first	thiˀ kən moːi
1018*	第二	the second	thiˀ kə baːr
1019	(一)个(人)	a person	(moːi) gon
1020	(一)个(碗)	a bowl	(moːi) n̥uai
1021	(一)条(河)	a river	(moːi) tər nal
1022*	(一)头(牛)	a thread	(moːi) toˀ(傣)
1023*	(一)张(纸)	a piece of paper	(moːi) dəːr
1024	(一)个(蛋)	an egg	(moːi) n̥uai(傣)
1025	(两)只(鸟)	two birds	(sim kə bar) to

1026	(一)根(棍子)	a stick	(mo:i) l̥em(傣)
1027	(一)根(草)	a blade of grass	(mo:i)sen(傣)
1028	(一)粒(米)	a grain of rice	(mo:i) klɔ:ŋ
1029	(一)把(扫帚)	a broom	(mo:i) mat
1030	(一)把(刀)	a knife	(mo:i) mak;vɛk mo:i thian(傣)
1031*	(一)棵(树)	a tree	(mo:i) tut
1032	(两)本(书)	two books	(pɔp sɔ:ŋ) phɯn;(pɔp kə ba:r) phɯn
1033	(一)座(桥)	a bridge	(tər nɔŋ mo:i) l̥em
1034	(一)把(菜)	a bunch of vegetable	(mo:i) mat
1035	(一)把(米)	a handful of rice	(mo:i) sər bot
1036	(一)支(笔)	a pen	(mo:i) l̥em(傣)
1037	(一)堆(石头)	a heap of stones	(mo:i) kɔ:ŋ
1038	(一)桶(水)	a pailful of water	(mo:i) khɔ:n
1039	(一)碗(饭)	a bowl of rice	(mo:i) səŋ dɛh
1040	(一)块(地)	lot;a piece	(mo:i) ˀmɔ:n
1041	(一)块(粑粑)	a piece of sugar cake	(mo:i) nak
1042	(一)片(树叶)	a leaf	(mo:i) də:r
1043	(一)朵(花)	a flower	(mo:i) dɯ:n̥
1044	(一)句(话)	a word	(mo:i) kər lɔh
1045	(一)首(歌)	a song	(mo:i) ˀmot
1046	(一)件(衣服)	a piece of clothes	(mo:i) phɯn(傣)
1047	(一)双(鞋)	a pair of shoes	(mo:i) gu(傣)
1048	(一)对(兔子)	a pair (couple) of rabbits	(mo:i) gu(傣)
1049	(一)群(羊)	a flock of sheep	(mo:i) mu
1050*	(一)半(路)	half	(mo:i) grəŋ ŋɔ:r
1051	(一)节(竹子)	a section of bamboo	(mo:i) sɛŋ
1052	(一)天(路)	a day's walk	(mo:i) mɯ
1053	(一)只(鞋)	one shoe	(mo:i) blaˀ
1054	(一)卷(布)	a bunch of cloth	(mo:i) rəm par
1055	(一)背篓(草)	a bunch of firewood	(mo:i) sə rɔ:ŋ
1056	(一)捆(茅草)	a bunch(bundle) of grass	(mo:i) mat
1057	(一)捧(米)	a handful of rice	(mo:i) rə ko:p
1058	(一)匹(马)	a horse	(mo:i) to(傣)
1059	(一)袋(米)	a bag of rice	(mo:i) tɕan;(mo:i) dɛi tɕan
1060	(一)串(葡萄)	a bunch of grapes	(mo:i) tɕət r̥ut
1061	(一)窝(蛋)	a brood of eggs	(mo:i) tɯl nɯl

1062	(一)滴(油)	a drop of oil	(moːi) ˀjɔt
1063	(两)层(楼)	two-storied building	kə baːr raːn
1064	(一)间(房)	a room	(moːi) l̥aŋ
1065	(一)包(菜)	a pack;bundle of	(moːi) rə jaˀ
1066	(一)瓶(酒)	a bottle of wine	(moːi) kɔːŋ(傣)
1067	(一)斤	half of a kilogram	(moːi) kin(汉)
1068	(一)公里	kilogram	(moːi) l̥ak(傣)
1069	(一)米	meter	(moːi) gam
1070	(一)吨	ton	(moːi) tɯ
1071	(一)庹	fingertip to fingertip of out-stretched arms	(moːi) va(傣)
1072	(一)拃	thumb to out-stretched middle finger	(moːi) gɯːp(傣)
1073	(一)指宽	the width of a finger	(moːi) liːu
1074	(一)肘长	the length from the elbow to the hand	(moːi) sɔːk(傣)
1075	(一)吉普	one Lao kip	(moːi) kip(老)
1076	(等)一会儿	a while	moːi gə raːu
1077	一天	a day	moːi mɯ(傣)
1078	一夜	a night	moːi pə sɯam
1079	半个月	half of a month	(moːi) grəŋ ˀnɯan
1080	上个月	last month	moŋ gaːl;ˀnɯan gaːl
1081	(一)年	a year	(moːi) nɯm
1082	(一)岁	a year	(moːi) nɯm
1083	一辈子	a life	taŋ ʥua
1084	(一)步(路)	a step	rən ʥaːn
1085	(走一)步	make a move	ȵaːi rən ʥaːn
1086	(去一)次	go once	(moːi) bat
1087	(吃一)顿	have a meal	(moːi) graːp
1088	(喊一)声	shout;call out;cry	(moːi) siaŋ(傣)
1089	(打一)下	beat	(moːi) tə niˀ
1090	(踢一)脚	kick	(moːi) tə niˀ
1091	一些(人)	some people	saːn ˀmec
1092*	一点儿	a few;a little	ȵɛˀ
1093	一家(人)	the whole family	(moːi) gaːŋ
1094	每天	everyday	ʥɯ mɯ
1095	每个	everyone; each one	məˀ gɔˀ
1096	我	I	ˀoˀ
1097	我俩	we both;both of us	ˀa

1098	我们	we	ˀi
1099*	咱俩	both of us	ˀa ba:r gon
1100	咱们	we	ˀi
1101*	你	you	me(男);ba(女)
1102	你俩	you two; both of you	sə ba ba:r gon
1103	你们	you	bɔ
1104*	他	he	gə
1105*	她	she	na
1106*	他俩	they two;both of them	sə na ba:r gon
1107*	他们	they	nɔ
1108	大家	all	taŋ pɯk
1109	别人	others	bə riaŋ
1110*	这	this	gi
1111*	这个(人)	this person	gon gə gi
1112*	这些	these	tər gi
1113*	这里	here	da gi
1114*	这样	in this way	tɕaˀ gi
1115	那	that	gə na:i
1116*	那个人	that person	gon gə na:i
1117	那些	those	tər na:i
1118*	那里	there	tər hɔˀ
1119*	那样	in that way	tɕaˀ na:i
1120	谁	who	məˀ
1121*	谁的	whose	deˀ məˀ
1122	哪里	where	lɔŋ məˀ
1123*	几时	what time;when	ȵa:m məˀ
1124	怎么	how	jar məˀ
1125	多少	how many;how much	pɯŋ məˀ
1126	几个(问人)	how many	pɯŋ məˀ gon
1127	几个(问物)	how many;how much	pɯŋ məˀ l̥em
1128*	什么	what	to m̥əh
1129	其他(人)	other	briaŋ məˀ baŋ;gon məˀ baŋ
1130	自己	self	de
1131	全部(物)	all	ta:ŋ lo:c
1132	全部(人)	all	ta:ŋ grɔk
1133	大	big	n̥am

1134	小	small	ȵɛ?
1135	高	high	ʥoŋ
1136*	矮	short	n de?
1137*	凸	protrudable	hoːl
1138*	凹	concave	bɛp guːt
1139*	长	long	vaːŋ
1140	短	short	liat
1141	远	far	ʥa?
1142*	近	near	leh
1143*	宽	wide	vah
1144*	窄	narrow	ʨɔm
1145*	厚	thick	m buɯl
1146	薄	thin	n da?
1147	竖	vertical;upright	pər duɯn
1148*	横	harsh and unreasonable; perverse	kəl neːŋ
1149*	深	deep	ʥə ru?
1150	浅	shallow	dəːl
1151	满	full	kiȵ
1152*	空	empty	plɔh
1153	瘪	shriveled;shrunken	tɛp
1154*	多	many;much;excessive	maːk
1155	少	little;few	ȵɛ?
1156	椭圆	oval;ellipse	mon baːp
1157*	圆	round	mon(傣)
1158	扁	flat	baːp
1159	尖	sharp	siam
1160	秃	bald	klec
1161	平	plane	truɯm
1162	皱	wrinkled	tər huat
1163	(打得)准	(to shoot) straight	ȵiak
1164	整齐(站立)	tidy	sə mə(傣)
1165	直(的)	upright	sə gaːr
1166	弯(的)	curved	kɔk
1167	黑	black	hiaːŋ
1168	白	white	klɔk
1169*	红	red	jim

1170*	黄	yellow	tɕə ŋa:l
1171*	绿	green	khe:u(傣)
1172*	蓝	blue	lə:n
1173*	亮(的)	light	bah
1174*	黑暗	dark	lə ŋiŋ
1175	重	heavy	khə tam; n̥ak(傣)
1176	轻	light	ɲ̥ dʑa:l
1177	快	quick;fast	lɛh;vai(傣)
1178*	慢	slow	kə mur
1179*	快快地	quickly	vai vai
1180*	慢慢地	slowly	ləm ja:ŋ
1181*	轻轻地;悄悄地	gently; stealthily	səm kɔ:i
1182	早	early	sə ruat
1183	迟	late	khuai
1184	锋利	sharp	ʔoh
1185*	钝	blunt	da:r
1186	牢固	firm;deep-set	ʔman
1187*	清(的)	clear	hɛŋ
1188	浑浊	cloudy;feculent	pi:k
1189	肥	fat	gu:l(人);mə:i(猪)
1190	瘦	thin	ɲ̥ dʑɔʔ
1191	干	dry	n taŋ
1192*	湿	wet	sə kɔʔ
1193*	(粥)稠	thick	kak
1194*	(粥)稀	thin	lɛ:u
1195*	(布)密	close	ɲ̥i:k
1196	(头发)稀	sparse	lɛ:m
1197	稀疏	scarce	dʑa:r
1198	稠密	dense;thick	ɲ̥i:k
1199	硬	hard	gə raŋ
1200	软	soft	ɲ̥ dʑim
1201	硬邦邦	rigid	graŋ ŋ̥iau
1202*	光滑	smooth	tər bah
1203*	粗糙	coarse;rough	gɯr sɯr
1204	(路)滑	slippery	ɲ̥i:r
1205	紧	tight	khat

1206	松	loose	n lɔŋ
1207	脆	crisp; fragile	suh
1208	乱	disorderly	n drɯ
1209	对	right	mɛn
1210	错	wrong	klih
1211	真	real; true; genuine	sər məˀ
1212	假	fake; artificial	səŋ laːk
1213	生(的)	raw	ˀaːɲ̥
1214	新	new	m mɛˀ
1215	旧	old	m̥aŋ
1216*	好	good	ləˀ
1217*	坏	bad	(gon) pə ləˀ
1218	不错	correct	khraːu niˀ
1219	富	rich	rə maŋ
1220	(人)穷	poor	rɔːk
1221	(价钱)贵	expensive	phɛːŋ(傣)
1222	(价钱)便宜	cheap	thuːk(傣)
1223*	(植物)老	old	kɛ
1224*	(植物)嫩	tender; young	kə ɲ̥ɔːm
1225*	年老	old	(gon) thau
1226	年轻	young	n̥ɯm
1227	美	beautiful	(gon) blia
1228	丑	ugly	(gon) ʥəˀ
1229	热	hot	haˀ
1230	冷	cold	ŋar
1231	(水)温	warm	hə ˀɯm
1232*	暖和	warm	hə ˀɯm
1233*	懒	lazy	gran
1234	凉快	cool	huːc
1235	(水)凉	cold	huːc
1236	烫	scald	haˀ
1237	难	difficult	jaːk
1238	容易	easy	ŋai
1239	(气味)香	fragrant; aromatic	ləŋ veːŋ
1240	臭	stink	həˀ uˀ
1241	(味道)香	delicious; sweet-smelling	sɛːu

1242	酸	sour; tart	tɕɛt
1243*	甜	sweet	hə ʔja
1244	苦	bitter	tɕɛŋ
1245*	(辣椒)辣	hot;peppery	phriʔ
1246*	咸	salty	n̥ap
1247*	(盐)淡	sweetless	blɛːh
1248*	熟	cooked	siːn
1249*	涩	acerbity	tɕiːk
1250*	腥	fishy;rammish	piaːl
1251*	油腻	greasy	vɯaʔ
1252*	闲	free	jɛt plɔh
1253	忙	busy	gaŋ
1254	干净	clean	gr̥ɔh
1255	脏	dirty	dʑəʔ
1256	活(的)	alive	bɯaːl
1257*	死(的)	dead	haːn
1258	清楚	clear	riʔ
1259*	好吃	delicious	ləʔ bəʔ
1260*	好听	orphean	ləʔ n̥ ɲɛŋ
1261	好看	good-looking	ləʔ jɛːŋ
1262	难看	botchy;malformed	pə ləʔ jɛːŋ
1263	(吃)饱	be full	biʔ
1264	响	loud	ʔɯh
1265	辛苦	hard;toilsome	m̥ɯai
1266	舒服	comfortable	səm ʔmaːi
1267	急急忙忙	quickly;in haste	baːu
1268	花(的)	flowery	ŋɔːc
1269	聪明	clever	l̥ɔk
1270	蠢	foolish	dʑiʔ;baːn(傣)
1271	合适	proper;right;appropriate	tə rɔʔ;kəŋ(傣)
1272	凶恶	atrocious;ferocious	sə maːn
1273	厉害	grisly; redoubtable	ʔa raʔ
1274	吝啬,小气	chary; close handed	təŋ vaːi
1275	自私	selfish;self-centred	khər gɛt
1276	勤快	hardworking	dʑɔ
1277	笨拙	clumsy;awkward	pə thɯːk

1278.	笨手笨脚	clumsy-handed;awkward	tiˀ dʑɯaːŋ pə thɯːk
1279	(孩子)乖	poppet; good	hɛːr
1280	淘气	naughty	saːm pɯk;lɯn rəːl
1281	不听话	be disobedient	pə ɲ̥ ɲɛŋ r̥ə lɔˀ
1282	可怜	poor;miserable	tər nɛːm
1283	高兴	happy;glad;delightful	nəːm
1284	平安	peaceful	klɔːc
1285	单独	alone	dɔːk
1286	弯弯曲曲	sinuate;snaky; squiggly	kɔk veːk
1287	斑斑点点	flecky	kər ŋaːc
1288	花花绿绿	flashy	kər ŋɯac
1289	绿油油	shiny green	kheu lek deːk
1290	白茫茫	vast whiteness	klɔk bɔːl bɔːl
1291	黄澄澄	glistening yellow	tɕə ŋaːr ˀeŋ treŋ
1292	红艳艳	brilliant red	jim səŋ ˀeːŋ
1293	红彤彤	red	jim sɛɲ̥ riaɲ̥
1294	嫩嫩的	tender	kə ˀjɔːm
1295	干干的	dry	hɛːu ˀeŋ reŋ
1296	湿湿的	wet	sə kɔˀ luc duac
1297	轻飘飘	light	ɲ̥ dʑaːl tɯk mɔk
1298	苦苦的	bitter	tɕɛŋ tɕə ˀɯk
1299	直直的	straight	sə gar təŋ rəŋ
1300	弯弯的	bend	kɔk loŋ goŋ
1301	甜甜的	sweet	hə ˀja tɕə ˀə
1302	酸酸的	sour	tɕɛt tɕəm rɯam
1303	笨头笨脑	stupid;blockhead	kən taŋ kəm poŋ pə thɯk
1304	心直口快	frank	vɛi tə nɔh
1305	挨近	get close to;approach	r̥iːt leh
1306	挨骂	be scolded;be reproached	guˀ səŋ raːi;gəːi səŋ raːi
1307	爱	love	guˀ
1308	爱(吃)	feel like eating	guˀ mah
1309	熬(药)	decoct	tom
1310	拔(草)	pull out grass	trəh
1311	耙(田)	harrow	kaːu
1312	掰开	break off with both hands	pɛh
1313*	搬(家)	move	graːi;ɲ̥ai(傣)

1314*	帮助	help	dʑɔːi jɔˀ
1315	帮工	help with farm work	dɯaŋ tə niˀ
1316	拴	tie	tuk
1317	绑	tie; bind	gaːt
1318	包(东西)	wrap (something)	tiap
1319	剥(花生)	peel (the peanut)	laːc
1320	抱(东西)	hold or carry in the arm	hom
1321*	饱	full	biˀ
1322*	办(事)	to do sth. ; to manage sth.	tɛːŋ viak(傣)
1323	刨(木)	plane	le
1324*	背(东西)	carry sth. on the back	buh
1325	背(孩子)	carry(a child) on the back	bɔˀ
1326	闭(眼)	close eyes	jɛp
1327*	毕业	graduate	rian loːc
1328	比赛	compete	ˀeːŋ jɔˀ
1329*	编(辫子)	plait	təm laːɲ
1330	编(篮子)	weave; braid (a basket)	taːɲ
1331	病	be sick	sər maˀ
1332*	补(衣)	mend; patch(a garment)	təm baːl
1333	簸(米)	winnow	guːm
1334*	擦(桌子)	wipe; brush (a table)	ˀɔːt
1335	猜(谜)	guess riddles	tɛk
1336	猜中	guess right	tɛk ɲɛk
1337*	说中	speak right	lau mɛːn
1338	裁(衣)	cut	tɛːp bat
1339	踩	step on; trample	bɯac
1340	藏(东西)	hide; conceal	sɔːr
1341	插(牌子)	insert (a board)	plak(l̥ak)
1342*	插(秧)	transplant rice seedlings	pə sɯm
1343	拆(衣服)	unpick and wash(clothes)	grah
1344	拆(房子)	destroy(a house) by pulling down	pən dəˀ; maːŋ(傣)
1345*	搀扶	support sb. with hand	r̥in
1346	掺(水)	blunge; mingle with water	vɛːi
1347*	缠(线)	twist	ban
1348	馋(肉)	be greedy for meat	mɛɲ ˀah
1349	尝	taste	dʑiːm

1350*	唱	sing	təːm
1351	成功	succeed	hɛːi bɛ
1352	吵	make a noise	thiaŋ
1353	吵闹	noisy	klih jɔˀ
1354	炒	stir-fry	kuah
1355	沉	sink	tɕom
1356	称(粮食)	weight (the foodstuff)	phɔːŋ
1357*	撑住	wale	kəm ban m̥an
1358*	撑(伞)	open (an umbrella)	kaŋ
1359	盛(饭)	dish out;fill	tɯp
1360	成(了)	grow up as a man	hai tɕep lɛːu
1361	承认	admit;acknowledge	hai nɔːm
1362*	吃	eat	bəˀ
1363	吃(药)	take (medicine)	mah
1364	舂(米)	pestle;pound	hic
1365*	抽(出)	draw out;reel off;elicit	rɛh
1366	抽(烟)	smoke	soh
1367*	抽(筋)	clonus;cramp;fidge	khron
1368	出走	go out	l̥ian duˀ
1369	出去	come out	l̥ian jɔh
1370	出(太阳)	(sun) rise	l̥ian
1371*	出嫁	get married	deˀ gleˀ
1372	取出	take out	toh
1373	锄(草)	uproot (the grass)	hɛːl
1374	除(草)	weed	hɛːl
1375	穿(衣)	put on	ŋ koˀ
1376*	穿(鞋)	put on (the shoes)	tɕhup
1377	穿(针)	do sewing work	r̥ut
1378*	喘(气)	blow;gasp	n toh ɲ̥ɯam
1379*	吹	trump	hur
1380*	戳	jab;poke	druk
1381	搓(绳)	twist (into a rope)	tə veɲ̥(tɕə məˀ)
1382*	搓(棉线)	twist (cotton thread)	tɔːc(phaːi)
1383	答应	promise	kən ˀɯ
1384	打(人)	hit;beat sb.	ˀmak
1385	打猎	hunt	laˀ briˀ

1386	打(枪)	shoot;fire	piɲ
1387*	打架	fight;fray	bak jɔˀ
1388*	打(水)	get water	ˀɔh
1389*	打(柴)	cut firewood	pliat hə ˀeˀ
1390	打瞌睡	nap;doze	kən kuːi
1391	打哈欠	yawn	ŋaːp
1392	打嗝	belch;hiccup	tɕə lək
1393*	打鼾	snore	n dɯr
1394*	打霹雳	thunderbolt	lak
1395*	打(雷)	thunder	ˀɯ kuːr
1396*	打(牌)	play(cards)	lin(phaːi)
1397	打(电话)	call	ti (saːi)
1398	打工	take a temporary job	jɔh tɕaːŋ
1399	打(针)	inject	keɲ
1400	带(孩子)	take care of kids	krok(kən)
1401	带(路)	lead;show the way	ˀɔːr jɔh
1402	戴(帽子)	wear a hat	təŋ guˀ
1403	戴(包头)	wear (headgear)	ban(kəm poŋ)
1404	戴(手表)	wear (watch)	buan(na li)
1405*	戴(手镯)	wear (bracelet)	ɲɛk(sə gɛk)
1406	(墙)倒	collapse;push over	paŋ
1407	倒(水)	pour (the water)	kəh
1408	到达	arrive;get;reach	rɔːt
1409	等待	wait for	kɔˀ
1410	地震	earthquake	m bɯr
1411	点(火)	light a fire;set fire	tuːɲ
1412	点(鞭炮)	light(firecrackers)	guc
1413	铺(垫子)	fill up;underlay	bɯal
1414	落(下)	drop	kur
1415	吊	suspend	fak
1416	钓(鱼)	fish;troll	tuk
1417	跌倒	slip	sən drur
1418	叠(被子)	make the beds	lap
1419	(蚊子)叮	(a mosquito)bite	pok
1420	丢失	lose	laːc
1421*	懂	understand	nəːŋ

1422	动手术	have an operation	paːt pə ȵaːt
1423	读(书)	read	rian
1424*	堵塞	jam; wall up	bit;ləm bit
1425	赌博	gambling	hɔːi phai
1426*	渡(河)	cross a river	khaːm
1427	(线)断	break (the thread)	tər tec
1428	弄断(线)	(the thread) be broken	pən tɯr tɛc
1429	堆(草)	heap;pile	khrɔːn
1430*	躲藏	hide;dodget	pər pɛːm
1431	剁(肉)	chop;cut	bla
1432	饿	be hungry;starve	haˀ luːi
1433	发抖	shake;tremble	tər jɯh
1434	发(芽)	come up;shoot up	ploŋ
1435*	发霉	go moldy	ˀmuːt
1436	发展	develop	tɛːŋ jəh
1437	翻(过来)	turn outside in	təm lɯːak
1438	翻筋斗	loop;somersault;tumble	ˀuk kən duːr
1439	放(盐)	put;add(salt)	rɔˀ
1440	放牧	browse;herd	liaŋ
1441	(小鸟)飞	fly	tɯːr
1442*	发(东西)	hand out	mɛŋ jɔˀ
1443	分	divide;disport	khɯai;pan(傣)
1444*	分手	break up;separate	gən jɔˀ
1445	疯	go insane;be mad	sar
1446*	缝	sew	ləh
1447	孵(蛋)	incubate	gəm
1448	腐烂	belt;decompose;perish	pɯai
1449*	腐朽	rotten;decadent	pə uːn̥
1450	盖(土)	cover (with soil)	thom
1451	盖(被子)	cover (with quilt)	lom
1452	盖(盖子)	lid	pɯŋ guːp (tɕə rɯp)
1453	赶(集)	go to the market	guːt
1454	敢(吃)	dare	a raˀ;ka(傣)
1455	干(活儿)	work	tɛːŋ
1456	告诉	tell	pən tuːn
1457*	割(肉)	cut (butcher) (flesh)	paːt

1458*	割(草)	cut (grass)	sɛk; kiːeu(傣)
1459	给	give	ˀan
1460	跟(在后面)	follow	ʥɔːm
1461*	耕(田)	plow	thɛːi
1462*	拱(土)	(pigs) dig the earth with nose	kən ȵuːr
1463	钩	clasp;hook	vɔk
1464	够	adequate;enough	hai deˀ; bɔ(傣)
1465	刮(毛)	shave	khuːt
1466	刮(风)	blow	thu
1467*	刮(胡子)	shave	khuːt
1468	刮(痧)	a popular treatment for sunstroke by scraping the patient's neck; chest or back	khuːt
1469	挂(在墙上)	hang;put up (on the wall)	fak
1470	关(门)	close;shut (the door)	ŋ kɯr
1471	关(羊)	bolt the door (of sheepfold)	khraŋ(傣)
1472*	归还	return	pə gaːi
1473*	跪	kneel	kəm nuːn
1474	过(了两年)	two years later	glaːt
1475	哈痒	tickle	kəl ŋaːc
1476	害羞	shy	pɯŋ gaˀ
1477	害怕	be afraid;scare;frighten	ŋɔˀ
1478	喊(人)	shout;cry;call	hɛːt
1479*	喝	drink	ˀɯak
1480*	恨	hate	sər ˀɔh
1481	烘	dry or warm by the fire	ˀɛːr
1482*	滑(坡)	(hill) creep; landslide	tlɔːc
1483*	画(图)	paint	kɔːȵ
1484	怀孕	be pregnant	maːn(傣)
1485	还(账)	repay (a debt)	pə gaːi
1486	还(工)	help sb. in return	tɔːp
1487	换	exchange	pian;lɛk (傣)
1488	回去	return;come back	vec
1489	会(写)	be able to (write)	ʨhaːi
1490*	挤(牙膏)	squeeze (toothpaste)	pɯaːt
1491*	记得	remember	pər nəŋ
1492	寄(信)	send (a letter)	pə jəˀ

1493	系(腰带)	tie;button up (waistband)	r̥iat
1494	夹(菜)	use chopsticks in eating	to:c
1495	捡	collect;gather;pick up	bɯp
1496	剪	cut	sɛk;kɛp
1497*	讲(故事)	tell (a story)	ˀu:p
1498	降(落)	descend;land down	pə dʑu:r
1499	交换	exchange	pia:n
1500	浇(水)	water	hu:t
1501	(烧)焦	burn;char	m̥u:n
1502	嚼	chew;chaw	bu:m (嚼,槟榔);miaŋ(嚼,饭)
1503	签名	sign; signature	tɛ:m tɕɯ
1504	存款	deposit	tɯŋ khrɔn ˀu:n
1505*	交税	pay tax	khe ga sui
1506	教	teach	ˀmɔ:k
1507	(公鸡)叫	crow	tər ˀoˀ
1508	(母鸡)叫	cluck;crackle;chuck	kəl də:t
1509*	(猫)叫	meow;purr	(mɛ:u)ja:m
1510	(驴)叫	heehaw	ˀor
1511	(马)嘶	neight;whinnie; nicker	(m bra:ŋ) kən tɕiah
1512	(牛)哞	low;moo;boo;bleat	kən ŋac
1513	(狗)吠	bark	kua:l
1514	(猪)叫	squeal;grunts	ˀor
1515	(羊)叫	bleats;baa;bleats	ja:m
1516	(老虎)吼	growl;roar	kən pɛk
1517	叫(人)	call the name	ˀhɛt
1518	揭(盖子)	unlid	tə:c
1519	结(果子)	bear fruit	kɯr lɔ:i
1520	结婚	get married	mah khɛ:k
1521	解开	untie; unfasten	kah
1522	戒 (酒)	break off a bad habit	kən
1523*	借(钱)	borrow (money)	khə rɔ;ˀjɯm(傣)
1524	借(工具)	borrow (tools)	ˀjɯm
1525	浸泡(衣服)	infuse in;dip in;marinate	dʑɛ
1526*	进(屋)	enter (the room)	gu:t
1527	居住	live in;dwell	dɯm
1528*	举(手)	put up;raise (hands)	dʑəh

1529	锯	saw	sɛk
1530	卷(袖子)	roll up (the sleeves)	kəl dəːc
1531	蜷缩	crouch;gather up	ŋot
1532	捐款	donate	rɔˀ kə muːl;ˀmək
1533	卡住	lock	hak
1534	开(门)	open (the door)	paːŋ
1535	(水)开	(water) get boiled	n troh
1536	(花)开	(flower) bloom	m phrah
1537*	开(车)	drive (the car)	ˀmit
1538	开会	have a meeting	jəh phɔːm
1539	开始	begin;start	khɔːh
1540	砍(柴)	cut (wood)	pliat
1541	砍(骨头)	chop;hack;cut (bone)	kɔh
1542	看	look at	jɛːŋ
1543*	看见	see	jɛːŋ guːn̥
1544	扛	lift with shoulder	klam
1545*	烤(肉)	roast	kən d̥ʑɯl
1546*	烤(火)	warm up at a fire	kaːr
1547	靠(着)	lean on	ˀiŋ (jɔˀ)
1548*	嗑(瓜子)	kowtow	pok
1549	咳嗽	cough	ŋ̥kɔːt
1550	渴	be thirstyough	hɛːu
1551	啃	gnaw;nibble ate thirsty	kiar;klɛːm(狗啃)
1552	抠	lift up;dig;scratch	kɔh
1553	扣(扣子)	button up	pər m̥an
1554	哭	cry;weep	jaːm
1555	捆(草)	tie;bundle;bind	hɔːm
1556	亏本	lose one's capital	sum
1557*	拉	pull;draw	ru
1558	拉(屎)	defecate	ruh (ˀjak)
1559	(从下方)来	come	d̥ʑuːr
1560	(从上方)来	come	khɯan
1561	勒	tie sth. tight	r̥iat
1562	累	be tired	glɛn
1563	犁	plough	thɛi
1564	量(长短)	measure	dɛk

1565	晾(衣服)	dry (clothes) in the sun	ˀjəŋ
1566	聊天	chat	ˀu jɔˀ
1567	裂开	split	pər dah
1568	淋	shower	lic
1569	领(路)	lead;show (the way)	brɔːŋ
1570	(水)流	flow;stream	kɔːr
1571	留(种)	reserve seeds for planting	ˀuːn
1572	聋	deaf	sə lut
1573	漏(水)	make water	tlɔːt
1574	乱(了)	in disorder;chaos	n drɯ
1575	摞	pile (up)	təm boːl
1576	(太阳)落	sunset n.	guːt
1577	(脚)麻木	benumbed	haːn
1578	骂	scold;blame	raːi
1579	埋葬	bury	m̥an
1580	买	buy	vɛːt
1581	卖	sell	tec
1582	满(了)	be full of;be filled with	kiɲ
1583*	没有	have nothing	pəˀ
1584*	蒙盖	overspread	pəŋ guːp
1585	(火)熄灭	extinguish;put out (fire)	biːt
1586	摸	feel;touch;stroke	m pɔːc
1587	磨(刀)	sharpen a knife	tə lɛŋ
1588	磨(牙)	grind one's teeth	sər giːt
1589	拿	hold;seize	mɔːt
1590*	拿到	get possession of	mɔːt bɯan
1591	挠(痒)	scratch	gɔr
1592	(花)蔫	(flower) wither	jup(傣)
1593	念书(上学)	go to school	rian(傣)
1594	拧(毛巾)	twist;screw (the towel)	viat
1595	呕吐	vomit	hɯal
1596	(小孩)爬	grabble	məːc
1597	(蚂蚁)爬	creep	pɔːt
1598*	拍(桌子)	beat (the table)	kən tah
1599	跑	run	dar
1600	泡(米)	soak;immerse (the rice)	tɕɛm

1601	碰(着)	bump	baˀ
1602	碰撞	hit	kə duɯk
1603	披(衣)	drape over one's shoulder	ˀmiŋ
1604	劈(柴)	hack (wood)	pha (傣)
1605	泼(水)	pour;sprinkle water	huːt
1606	破(篾)	cut bamboo strips	glah
1607	(衣服)破	worn-out	n drac
1608	(碗)破	(bowl) broken	dəˀ
1609	打破(碗)	break (the bowl)	pən dəˀ
1610	剖	cut open;dissect	lak
1611	铺(铺盖)	extend;spread	dam
1612	欺负	bully	nuk khuɛn
1613	欺骗	cheat;deceive	guˀ laːk
1614	砌	build by laying bricks	kɔh
1615	骑	ride	bak
1616	起来	arise	rəh
1617	起(名)	name	pən məh
1618	牵(牛)	lead an ox; lead cow	pih
1619	欠(钱)	owe (a debt; money)	n̥i(傣);ah
1620	抢	grab; rob	raˀ
1621	敲	knock; strike	khɔk
1622	翘(尾巴)	be cocky	kəl vəh (dɔːŋ)
1623	撬	prize; pry	kəl vɯah
1624	切(菜)	slice (the vegetable)	sə rɛːn
1625	亲(小孩)	kiss (a kid)	kər nɔˀ
1626	驱逐	expel; banish; drive out	khap
1627	取(钱)	get (money)	thɔːt
1628	取(东西)	get	tɔh
1629	娶	marry	deˀ jaˀ
1630	(向下)去	go	(loŋ tal) ʥuːr
1631	(向上)去	go	(loŋ bəh)khɯan
1632	祷告	pray	bɔr khrɔ
1633	痊愈	heal over; recover from	khuɛːn
1634	染(布)	dye (cloth)	ʥup
1635	燃烧	burn	haˀ rɯl
1636	嚷	shout	hɛːt lu

1637	让(路)	give way to; make way	viːk
1638	认(字)	know how to read	jɛːŋ nəːŋ
1639	认得	know; recognize	hɛːi nəːŋ
1640	扔(石头)	chuck; flap; throw (stone)	dɛc
1641	融化	unfreeze	laːi
1642	锁	lock	kə tɕɛ(傣)
1643	撒(尿)	urinates	nuːm
1644*	撒(种)	broadcast sowing	tɯr
1645	(鞋带)散开	(shoelace) loosen	ŋ grah
1646	扫	besom; sweep	pɔˀ
1647	杀	kill	phaːn
1648	筛(米)	sift; sieve (the rice)	tɯr jəːr
1649	晒(衣服)	dry (clothes) in the sun	n taːr
1650*	晒(太阳)	bask	lic
1651	商量	consult with	ˀuːp jɔˀ
1652	上(楼)	go (upstairs)	ga
1653	上课	have a class	jɔh rian
1654	上网	surf	khɯan saːi
1655	(野火)烧山	wild fire burns the hill	ha ˀbriˀ
1656	烧	burn	pɔːk
1657	射(箭)	shoot (an arrow)	pin̥ mɔˀ
1658	射中	shoot straight	pin̥ ɲ̥iak
1659	伸(手)	stretch	dʑ̊əh (tiˀ)
1660	生(锈)	get rusty	jak (siat)
1661	生(孩子)	give birth to (a child)	ˀah (kɔːn)
1662	生气	be angry	giat; tɕuˀ ɲ̥ɯam
1663	失(魂)	lose (one's soul)	laːc (m mal)
1664	失业	be out of job	pic viak
1665	失败	lose; be defeated; fail	gaːn
1666	释放	release; set free	plɔi
1667	试	try	nɔːm
1668	(不)是	be (not)	məh
1669	收割	harvest; reap	grəh ˀuːn; kep kiau(傣)
1670	收到	receive	rap bɯan(傣)
1671*	收(伞)	close the umbrella	plot
1672	收拾	tide up	rip ˀuːn

1673	梳	comb	dʑrɯah
1674	输	be defeated	ga:n
1675	(水果)熟	ripe	n tu:m
1676	(饭)熟	cooked	si:n
1677	瘦(了)	become thin	ŋ̥ tɕɔʔ
1678	数(数目)	count	nap(傣)
1679	刷(墙)	paint (the wall)	biak
1680	摔(下来)	fall (down)	kə seh
1681	闩(门)	bolt	klat (lɛ:i)
1682	拴(牛)	fasten; tie (the cattle)	tuk
1683	睡	sleep	sih
1684	吮	suck	tot
1685	说	say	sə roʔ
1686	撕	rip; tear	tɕa:k
1687	厮打	beat up	gla:c
1688	死	die	ha:n
1689	算	count; calculate	lɛ:i
1690	损坏	attaint; damage	dəʔ
1691	锁(门)	lock	thɛp
1692	塌	collapse; sink; fall down	pa:ŋ
1693	踏	step	bla:n
1694	抬;扛	carry; raise; uplift	dʑəh(抬);klam(扛)
1695	淌(泪)	tear	kur
1696	逃跑	run away; escape; flee	duʔ
1697	讨(饭)	beg for food	krɔ:h
1698	痛	ache	tɕuʔ
1699	(路)通	(road) be clear	(ŋɔ:r) tə lɔ:t
1700	踹	stamp	tɕhop
1701	踢	kick	thop
1702	剃(头)	have one's head shaved	khut
1703	(天)阴	cloudy	ʔəp
1704	(天)晴	fine	hɛŋ
1705	(天)亮	day break	bah
1706	(天)黑	dark	lə ŋiŋ̥
1707	填(坑)	fill the hole	thom
1708	舔	lick	klɛ:t

1709	挑选	select	rɛh
1710	挑(水)	lift up a bucket of water	klam
1711	跳舞	dance	tɛˀ
1712	跳(远)	long-jump	ter
1713	(心)跳	(heart) beat	tər jɯh (l̥ɯam)
1714	(脉)跳	pulse n.	kə blɔk
1715	贴	glue; paste; stick	ta:p
1716	听	listen to	ȵ ȵɛŋ
1717	听见	hear	mec
1718	停止	stop; quit	kən
1719	偷	steal	lə:c
1720	投掷	toss; pitch	dɛc
1721	吐(痰)	spit	kə ʥuh
1722	推	push	ȵut
1723	(后)退	move back; withdraw	ga:i
1724	吞	swallow	kəm blət
1725	(蛇)蜕(皮)	exuviate	m bu:t
1726	拖(木头)	drag; haul; pull (the log)	ru
1727	脱(衣)	take off (clothes)	puc
1728	脱(臼)	disjoint; dislocate	tər lic
1729	驮	carry on the back	ta:ŋ
1730	挖	dig; excavate; grub	khɯaŋ
1731	挖(地)	dig	ˀmok
1732	挖(耳朵)	pick (ear)	khor
1733	剜	cut out; gouge out	kəl vɛc
1734	完	finish	hɛi lo:c
1735	玩耍	play	tɯŋ hɔ:i
1736	忘记	forget	l̥oŋ
1737	(草)旺	grow luxuriantly	bik
1738	喂(奶)	feed	pən mah
1739	闻(嗅)	smell	hə ˀɯr
1740	问	ask	ma:ȵ
1741	握(笔)	hold the pen	kop (tiˀ)
1742	捂(嘴)	cover (the mouth)	kən dop
1743	吸(气)	breathe; whiff	n toh
1744	吸毒	take drugs	sok ˀja phin

1745	吸烟	smoke	sok ʔja
1746	洗(头)	wash (one's hair)	puh
1747	洗(衣服)	do some washing	puh
1748	洗(碗)	wash dishes	ra;kər laːŋ(傣)
1749*	喜欢	like	guʔ
1750	瞎(眼)	blind	lɯk
1751	下(楼)	go downstairs	ʥuːr
1752	下(猪崽)	give birth to (piglet)	ʔah
1753	下(蛋)	lay (an egg)	kə doŋ
1754	下(雨)	rain	kə maʔ
1755	献(鬼)	offer sacrifice to (ghosts)	jɛk
1756	羡慕	envy	meŋ̥
1757	相信	believe; trust	dɯːm
1758	想念	miss	sər ʔeːŋ
1759	想起	think	gən rɔːt
1760	想(去)	want (to go);feel like (going)	ʨuʔ
1761	像	be like	m̥ɯan(傣); jɛr
1762	消(肿)	lessening of a swelling	ŋ̥ɔp
1763	削	peel	baːt
1764*	小心	be careful of; beware	jəh rɛːn
1765	笑	smile; laugh	khə rah
1766	写	write	kɔːc
1767	泻(肚)	scour; have diarrhea	ruh
1768*	擤	blow one's nose	khuːr
1769	(睡)醒	awake	pən drɛh
1770	休息	have a rest	hər luʔ
1771	许多	many; plenty of	ʔah maːk
1772	学	learn; study	rian(傣)
1773*	熏	fume; smoke	phruʔ
1774	寻找	look for; seek	sɔːk
1775	选举	elect	rɛ; lɯak
1776	压	press	not
1777	压榨	squeeze; exploit	bɯac
1778	压碎	crush up; crumple up	kər let
1779	沙哑	dumb	plɯk
1780	痒	itchy	m̥ɯr

1781	养(鸡)	keep (hens)	liaŋ(傣)
1782	摇动	shake; tremble	ŋ̥ɯr
1783	摇晃	rock; sway; shake	m bɯr
1784*	摇(头)	shake the head; wave	kə ləŋ ŋel
1785	(狗)咬	bite	pok
1786	(蛇)咬	bite	tok
1787*	舀(水)	bail	vaːi
1788*	要	want	deˀ
1789	引(路)	lead (the way)	ˀɔːr
1790*	溢(出来)	spill	təm bah
1791	赢	win	bɛ(傣)
1792	拥抱	embrace; hug; hold up	sər gək
1793	游泳	swim	klə jɔːŋ
1794	有(钱)	have (money)	ˀah (kə muːl)
1795	有(人)	there be (people)	ˀah (gon)
1796	有(水)	there be (water)	ˀah (ˀom)
1797	遇见	meet; see; encounter	bɯp guːŋ̥
1798	约定	agree on; appoint; arrange	brɔːŋ jɔˀ
1799	(头)晕	be light in the head	vit
1800	栽(树)	plant (trees)	pə sɯm
1801	在(屋里)	inside (the house)	jat
1802	增加	add	təm bɔˀ; thɛːm
1803	(刀)扎	prick; stick into; thrust at	sən tak
1804	眨(眼)	blink	kər jɛp
1805	摘(花)	pick (flowers)	dɯaŋ
1806	站	stand	dɯn
1807	蘸(辣椒)	dip in (hot pepper)	tɔˀ
1808	张(嘴)	open (the mouth)	ˀaːŋ
1809	长(大)	grow up	riŋ̥
1810	涨(水)	swelling; freshet	ŋ̥ɯŋ
1811	(肚子)胀	bulge; swell	bɔːŋ
1812	招(魂)	call the spirit back (a celebrative activity of Khemu people)	kə ˀəːi; dɯaŋ
1813	找	search; look for	sɔːk
1814	照(相)	take pictures	thɔːŋ
1815	(马蜂)蜇	sting	plak

1816	(地)震	earthquake	m bɯr
1817	震动	shake; tremble	təŋ kɯr
1818	蒸(玉米)	steam (corn)	hə ˀoh
1819	蒸(饭)	steam (rice)	ruŋ (mah)
1820	知道	know	hɛːi nəŋ
1821	织	weave; knit	taɲ
1822	(用手)指(人)	point at sb.	tɕəŋ guːl
1823	债	debt	n̥i
1824	种(谷子)	grow; plant (the wheat)	tɕə mɔːl
1825	肿	turgescence; swollen	tər ˀɛh
1826	拄(拐杖)	walk with (crutch)	suc
1827	拄(支撑)	prop up with stick; stick	tɯh
1828	煮(饭)	cook; steam (rice)	tɕaːu
1829	煮(菜)	cook; steam (dishes)	gɔːŋ
1830	煮(玉米)	cook; steam (corn)	gɯp
1831	抓	catch; take hold of	grɯp
1832	转(身)	turn around; swing around	taːu
1833	装(进)	pack in	rɔˀ
1834	追	pursue; chase; seek	rɔːm
1835	捉(鱼)	capture; catch; grasp; hold	grɯp
1836	摸(鱼)	matrix (fish)	lɔk
1837	捞(鱼)	drag (fish)	kə nɔr
1838	啄(玉米)	peck at	tok
1839	走	walk	jɔh
1840	(用钻子)钻	drill	se; paːi
1841	醉	be drunk	paːɲ
1842	坐	sit; seat	den
1843	做(事)	make; do; produce	tɛːŋ; ˀəh
1844	做错	be on the wrong track	tɛːŋ klih
1845	做(梦)	dream	m poˀ
1846	做(生意)	deal with	ga khai(傣); vɛl tɛc
1847	做礼拜	go to church	jɔh gaːŋ tɛˀ
1848	(鸟)做(巢)	do; make (a nest)	kɔ
1849	嗯(肯定语气)	yes	ˀɯ
1850	不	no; not; never	pə
1851	很	very	tɕaːt

1852	别,勿	no; don't	daʔ
1853	共	total; together	taːŋ puɯk
1854	和	and	poʔ
1855	更加	more	geːm
1856	比	than	ʔeːŋ
1857	一样	the same	tɕaʔjɔʔ; m̥ən jɔʔ
1858	的	's; of	hec
1859	也	too; also; as well	gɔp
1860	再,又	again	bɛːi
1861	正在	in process of	taŋ de
1862	可以	may; can	gɔ bɯan
1863	但是	but; however	ʔnɛi gɔʔ
1864	一起	together	brɔːm jɔʔ
1865	因为	because	jɔːr səŋ
1866	村长	chief of village	joŋ kuŋ
1867	妇女队长	female chief of village	kɔːn ʔɔːn maʔ sə dən
1868	邮局	post office	jau tɕiʔ(汉)
1869	世界	world	taŋ lok(傣)
1870	国家	country; nation	phaʔ tet(老)
1871	泰国	Thailand	mɯaŋ thɛi(傣)
1872	中国	China	mɯaŋ hɔ(傣)
1873	美国	the United States of America	mei koʔ(汉)
1874	老挝	Laos	mɯaŋ laːu(老)
1875	缅甸	Myanmar	mɯaŋ maːn(傣)
1876	越南	Vietnam	mɯaŋ kɛːu
1877	曼谷	Bangkok	maːn ku(汉)
1878	北京	Beijing	pə tɕin(汉)
1879	昆明	Kunming	khui min(汉)
1880	西双版纳	Xishuangbanna	sip sɔːŋ pan na(汉)
1881	勐腊	Mengla	mɯaŋ la(傣)
1882	磨憨	Mohan	ʔmɔ raːn(傣)
1883	磨丁	Moding	ʔmɔ ten(傣)
1884	曼蚌索	Manpongsu	kuŋ puŋ sɔ
1885	首都	capital	səu tu(汉)
1886	市	city	ʔman mɯaŋ(傣)
1887	县	district; county	sɛːn (汉)

1888	乡	sub-district	siɛːŋ (汉)
1889	寨子	countryside	kuŋ gaːŋ
1890	老寨	old village	kuŋ phrim
1891	新寨	new village	kuŋ m meʔ
1892	城市	city	mɯaŋ n̥am(傣+克木)
1893	饭馆	restaurant	si kuan(汉);raːn mah(傣+克木)
1894	宾馆	hotel	gaːŋ dɯːm
1895	医院	hospital	mɔ ʔjaʔ(傣)
1896	大学	university	ta sɔʔ(汉)
1897	中学	high school	tɕuŋ sɔʔ(汉)
1898	小学	primary school	sɛːu sɔʔ(汉)
1899	幼儿园	kindergarten	kɔːn ɲ̥ɛʔ(汉)
1900	政府	government	tɕəːn fu(汉)
1901	法院	court of justice	fa jɛn(汉)
1902	军营	military camp	viaŋ
1903	监狱	jail	guːt gək
1904	商店	store	raːn tec
1905	公司	company	kuŋ si (汉)
1906	教授	professor	lau sɯ(汉)
1907	军官	officer	maːu
1908	司令	commander	naːi brɛːi (傣+克木)
1909	演员	actor	gon tɛʔ
1910	富翁	rich man	rə maːŋ
1911	皇上	king	tɕɯaŋ
1912	皇后	queen	jaʔ tɕɯaŋ
1913	总理	premier	tɕoŋ li(汉)
1914	市长	mayor	tɕau mɯaŋ(傣)
1915	头人	headman	joŋ kuŋ
1916	公务员	civil servant	gon lat than
1917	工人	worker	gon tɛːŋ viak
1918	民工	peasant labor	gon tɕaːŋ
1919	基督教	Christian	tɕi tu tɕɛːu (汉)
1920	佛教	Buddhism	braʔ tɕau(傣)
1921	佛塔	pagoda	that(傣)
1922	寺庙	temple	vat(傣)
1923	袈裟	catholic	pha tɔːi

1924	教堂	church	gaːŋ tɛˀ
1925	佛教经书	bible	to thaːm(傣)
1926	苏打水	soda	ˀom glaːŋ pun
1927	矿泉水	mineral water	ˀom glaːŋ
1928	可口可乐	Coca-Cola	ˀom teh
1929	冰淇淋	ice-cream	ˀom m̥uc
1930	冰棍	stick-ice; ice-cream	ˀom kat
1931	玻璃	glass	phɛːn kɛːu
1932	收音机	radio	tɕaːk sɔ
1933	洗衣机	washer	tɕɛk puh krua(傣＋克木)
1934	电冰箱	refrigerator	lim huːc
1935	空调	air-conditioner	khuŋ tɛːu
1936	电饭煲	electric cooker	tər ləh mah hek(汉)
1937	电话	telephone	saːi ti
1938	手机	mobile phone	səu tɕi(汉)
1939	电风扇	electric fan	pər nəːi hek
1940	煤气	gas	n drəːi
1941	照相机	camera	grɔːŋ kɔːŋ sɔːŋ
1942	汽车	car; automobile	lot ˀnaːm (傣＋克木)
1943	自行车	bike; bicycle	lot sə peːŋ; guŋ ken
1944	飞机	airplane	tɕə lɔːŋ tɯːr
1945	汽油	gasoline	məːi lot
1946	柴油	diesel	məːi lot dɔk dɔk
1947	电灯	electric light	plɔˀ phrɯa
1948	电线	electric wire	saːi phrɯa
1949	电筒	flashlight	grɔːŋ thɔŋ(傣)
1950	电吹风机	hair dryer	pər nəːi hur
1951	手表、钟点	watch; clock	na li(傣)
1952	电影	film; movie	tɛːn jin (汉)
1953	电视	television	tɛːn sɯ (汉)
1954	电视台	TV station	tɛːn sɯ thai(汉)
1955	播音员	broadcast speaker	gon paːu kaːn
1956	电	electricity	prɯa
1957	水电费	charges for water and electricity	ga ˀom (傣＋克木)
1958	体育场	stadium	khoŋ lɯn
1959	自来水	tap-water	ˀom sən dɔːr

1960	沙发	sofa	sən dɛːn jaːŋ
1961	录音机	recorder	tɕaːk sɔ(缅＋克木)
1962	电脑	computer	tɛːn nau(汉)
1963	剃须刀	shaver	mit khut (傣)
1964	衣架	hanger; clothes stand	səŋ vɔk tɛp
1965	衣柜	wardrobe	lim tɛp
1966	轮船	ship	tɕə lɔːŋ
1967	车票	ticket	phɛːu lot(汉＋傣)
1968	子弹	bullet	klɔːŋ sə nat(克木＋缅)
1969	电梯	elevator; lift	ruŋ dɔːŋ phrɯa
1970	铁路	railway	gɔːr lot phrɯa
1971	火车	train	lot phrɯa
1972	飞机场	airport	khoŋ tɕə lɔːŋ tɯr
1973	卡车	truck; lorry	lot saˀ raˀ(傣＋克木)
1974	摩托车	motorcycle	mɔ thɔ (汉)
1975	公共汽车	bus	lot pan sə(傣＋汉 班车)
1976	轮胎	tyre	jaːŋ lot(傣)
1977	高速公路	expressway	ŋɔːr vɛi
1978	汽车站	bus station	khoːŋ lot dɯn
1979	路牌	guideboard; sign	l̥ak ŋɔːr
1980	经济	economy	khɔŋ rə maŋ
1981	工资	salaries	kə muːl ˀnɯan
1982	图章	official seal	tɕam jin
1983	频道	channel	phin tau(汉)
1984	报纸	newspaper	pɔp tɕɯ(傣＋汉)
1985	图画	picture	rum taːp
1986	学费	tuition	kə muːl rian (傣)
1987	网吧	internet cafe	vaːŋ pa(汉)
1988	方便面	instant noodles	faŋ pɛn mɛn (汉)
1989	乒乓球	table-tennis	pleˀ plɔk plɛk
1990	篮球	basketball	pleˀ ˀmak lum(克木＋傣)
1991	排球	volleyball	phai siːu(汉)
1992	土地税	land tax	ga pə tɛˀ
1993	聘礼	betrothal price; bride price	an kən drɯaŋ
1994	算术	arithmetic	sɔn su(汉)
1995	语文	language and literature	to hɔ

1996	体育	physical education	hat lan
1997	美术	fine arts	kɔːi da
1998	地理	geography	ti li(汉)
1999	历史	history	r̥ə lɔˀ tər dɔh
2000	文化	culture	r̥ə phɯn
2001	社会主义	socialist	sə hui tɕu ji(汉)
2002	共产党	Communist Party	kuŋ saːŋ taŋ(汉)
2003	方向盘	steer	grɔŋ phat lot
2004	排挡	gear	pən khan
2005	刹车	brake；brake control	saːi haːm

二 克木语长篇语料

(一)

ˀom pɛk ˀom ŋɛːl thuam taŋ lok

洪 水 淹没 世界

kɔːn kəm m̥uˀ rəh da məˀ rɔːt? taŋ lok gi pha sa məˀ gɔˀ hak ˀah deˀ de hər lɔˀ phɯn, tun laŋ

人 克木 从 哪里来 世界 这民族 每个都 有的自己话 神 讲述

lok poˀ hər lɔˀ taˀ jaˀ hər lɔˀ uːp deˀ kɔːn kəm m̥uˀ. kɔːn kəm m̥uˀ ˀiˀ gi gɔˀ ˀah hər lɔˀ phɯn riːt

创世和 话 祖先 神话 的人 克木 人 克木 我们 也 有 话 历史

phɯn doh jim r̥əŋ naːn.

传统 悠久 (语气词)

nam jəˀ, sə na phre mɔːk jɔh khɯaŋ tə kan, tə kan niˀ ˀmɔk ˀan sə na nəŋ sah tɕi ˀah ˀom pɛk

很久以前 两 兄妹 去 挖 竹鼠 竹鼠 那告诉 给他俩知道可能 有 水沸腾

ˀom ŋɛːl, thuan klup taŋ lok gaːi laːt kuŋ gaːŋ gaːi rɔːt da gaːŋ sə na, sə na phre mɔːk niˀ taŋ de

水 汹涌 淹没 世界 来 淹没 村 寨 来 到 于 家 他俩 两 兄妹 那自…自己

tɛːŋ briːŋ moːi n̥uai hə vak təm luːi ˀuːn daˀ tuːt kəl doːc, daˀ vat tau puŋ, n̥ə daːk mɯaŋ thɛːŋ

做 木鼓 一 个 挂 吊 留 于 树红毛 在 叼崩(村子名) 下方 勐厅尼(地名)

ni n̥iˀ, ˀmaːt ˀom pɛk ˀom ŋɛːl niˀ rɔːt sə na phre mɔːk guːt da luaŋ briːŋ niˀ, hoːc deˀ huːt liːt,

那 当 水 沸腾 水 汹涌 那 来到 两 兄妹 进 里面 木鼓 这 然后用蜂蜡堵塞

briːŋ niˀ hər loːi juːr taːm, gɔˀ pə nəːŋ jɛt pɯŋ mɯ. ˀah moːi mɯ, sə na nəːŋ sah ˀom pɛk ˀom ŋɛːl

木鼓 那 流 顺水 也 不 知 过 多少天 有 一 天 他们 感觉 到 洪水

niˀ ruat loːc lɛːu pə nəŋ lɔːŋ nɔk məh tɕaˀ məˀ. sə na tɕaːk briːŋ niˀ l̥ian, n tuˀ moːi. phre mɔːk sə na

那 退 已 了 不知 外面 是 怎样 他们 戳 木鼓 那 出来 洞 一个 兄妹 俩

l̥ian gɔˀ bai guːɲ kuŋ guːɲ gaːŋ, taŋ lok gɔˀ bai ˀah məˀ ˀmoːi gon. bai ˀah mɯaŋ, gɔˀ bai ˀah

出来 也 没 看见 村子 看到 人家 世界 也 没 有 任何 一个 人 没 有 城市 也 没 有

kɔːn kuŋ kɔːn gaːŋ sam haːn loːc. m̥ɔːŋ phre mɔːk kə baːr gon, phre niˀ lau ˀaˀ bɯan de pan jɔˀ

村 村 寨 寨 死亡 已经 剩下 兄妹 二 人 哥哥 那 说 我俩 可能 要 分开

jɔh sɔːk gon, ba jɔh lɔŋ n̥ɯŋ poˀ lɔŋ taːl jɔh sɔːk de deˀ gleˀ, ˀoˀ tɕi jɔh lɔŋ suˀ poˀ lɔŋ hɔ, jɔh sɔːk

去 寻找人 你 去 东方 和 西方 去 寻找 自己的丈夫 我 要 去 南方 和 北方 去寻找

de de? kəm bra?, sə na la? sɔːk rəŋ lɛːu, gɔ? pə guːɲ mə? moːi gon. sə na phre mɔːk jɔh taːm
自己 的 配偶 他俩 到处 寻找 许久 了 也 不 见 任何 一个 人 两 兄妹 走 四处
jɔh gɛi gaːi rɔːt ?mɔːn phrim. sə na gɛi lau jɔ? hoːc, taːi jɔh lɔŋ hɛːm mɔːk jɔh lɔŋ su? sɔːk. hak
走 又 回 到 原处 他们 又 商议 完 哥哥 去 北方 妹妹 去 南方 寻找 还
məh phəh ?ah gon. sə na sɔːk jɔh sɔːk gaːi hak bɯp lɔŋ phre mɔːk kə baːr gon.
是 没 有 人 他们 找 去 找 来 仅仅 见到 兄妹 两 人

?ah siːm moːi to, siːm to gə ni?, siːm mat jim, tə nɔh kheːu, n̩ ta? vaːŋ, "tok gɔːk", to siːm ni?
有 鸟 一 只 鸟 只 那 鸟 眼睛 红 嘴巴 绿 尾巴 长 "德哥" 只 鸟 那
hɛːt jɔːm sə na phre mɔːk lau: "tok gɔːk gɔːk, tok gɔːk gɔːk phre mɔːk sər gɔk jɔ? gɔ? pə jɛr m̥əh."
呼叫 追着 两 兄妹 说 德 哥哥(象声)德 哥哥 兄妹 结婚 互相 也 没 关系
taŋ n̥?ni? sə na phre mɔːk ɲ ɲɛŋ hər lɔ? siːm tə gɔːk to ni? ?mɔːk ?an, sə na phre mɔːk gɔ? de? jɔ?
从此 两 兄妹 听话 鸟 德哥 只 那 教 给 两 兄妹 就 结婚
lɛːu, tɛːŋ gle? tɛːŋ kəm bra?. pə rəŋ, kəm bra? maːn kɔːn, maːn tɕet nɯm, ?ah kɔːn l̥ian məh ple? sə
了 成 夫 成 妻 不 久 妻子 怀孕 孩子 怀孕 七 年 生 孩子 出来 是 葫芦
ko? rə mɯːl. sə na gle? kəm bra? tɕu?, roːc de? ?om ra sɛŋ jɔh plah ?uːn da tɕə dɔh gaːŋ, ple? sə
大 两 夫 妻 生气 然后 用 水 洗 干净 去 置 放 于…角落 茅屋 葫芦
ko? ni? m̥am jɔh dʑɯ mɯ dʑɯ mɯ, ?ah moːi mɯ, sə na gle? kəm bra? jɔh ga rəŋ kɔːŋ la? piɲ dɯaŋ
那 大 长 一 天 一 天 有 一 天 两 夫妻 去 上 山 狩猎 采集
səŋ mah gaːi da gaːŋ. sə ?ət mec ?ah siaŋ sə ro?, siaŋ pər ?ɔːm ɯŋ ɯŋ sə na gɔ? vir sah, mɔːt sər
野菜 回 里 家 突然 听见 有 声音 说话 声音 聊天 嗡 嗡 他俩 就 奇怪 用 铁尖
nɛ ni? pɔːk ha? gɯar jim, hoːc lih sə ko? ni?, rəh ple? sə ko? ni? l̥ian kɔːn kəm m̥u? kaːl mɔːt ple? sə
那 烧 烫 彤彤 红 完了 戳通 葫芦 那 从 葫芦 那 出来 人 克木 先 把 葫芦
ko? plah pic da nɔːk gaːŋ, pəh r̥əŋ, ple? sə ko? ni? gɛi n̥ɔːŋ ?ah siaŋ sə ro?, ?ɯŋ ?ɯŋ, gɛi mɔːt pər
放 于…外面 屋 不 久 葫芦 那 还 在 有 声音 说话 嗡 嗡 又 拿 凿子
naːi paːi thɛːm moːi n tu? rəh da n tu? pər naːi ni? l̥ian məh rɔːk, gon jɛt da kluaŋ gɔːk sə ko? ni?
钻 再 一 洞 从 里 洞 凿子 那 出来 是 佤族 人 在 里面 葫芦 那
gɛi n̥ɔːŋ maːk pha sa de? sə rɛ sɛ gɔ? tɯk de? pər naːi paːi gɔ? pə loːc, hoːc sə na gle? kəm bra?
还 剩下 很多 民族 用 铁尖 戳 也 接着 用 凿子 钻 也 不 完 然后 两 夫 妻
de? vɛk lak gɔːk sə ko? ni?, daŋ l̥ia pha sa mə? baŋ loːi, jɔ? grəh da gɔːk sə ko? l̥ian kaːl briaŋ
用 大刀 劈开 葫芦 那 就 出来 民族 其他 等等 的 从于… 葫芦 出来 先 其他
məh kɔːn kəm m̥u? i? jər səŋ de? pɔːk sər nɛ sɛ m̥uɲ gɔːk sə ko? kɔːn kəm m̥u? l̥ian kaːl. kɔːn
是 人 克木 我们 因为 把 烧 铁尖 戳 烙焦 葫芦 人 克木 出来 先 人

kəm m̥uʔ l̥ian khit ʔaŋ n tuʔ sər nɛ daŋ tɕi ʔah gləʔ hiaːŋ m puːr ləh gɔʔ hiaːŋ, məʔ baŋ, deʔ tər
克木 出来 沾染 炭灰 口 铁尖 所以 有 头发 黑 肤 色 也 发黑 另外 用 凿子
nɔh tɔh n tuʔ moːi mɔːn, l̥ian pha sa dʑɛʔ、hɔːʔlɛʔ pha sa məʔ baŋ pha saː. l̥ian dʑɔːm, jɛr səŋ nɔ
凿 洞 一个 洞 出来民族 傣 汉 等民族 其他 民族 出 后 因为 他们
pə bɯan de khit ʔaŋ sər nɛ, daŋ tɕi pə ɕiaŋ; ʔah l̥ian hoːc gon mak, mah m̥əh gɔʔ pə bɔ nɔ
没 有 沾染 炭灰 铁尖 所以 不 黑 有 出来 已经 人 多 吃 什么 也 不 够 他们
ʔɔːr jɔʔ mah pə teʔ mah glaːŋ, kɔːn kəm m̥uʔ pə bɯan gɔːi mah gɔːi tə mɛr. lam gɔʔ mah pə lam
一起 吃 泥 吃 黄石 人 克木 没 有 省 吃 省 用 能吃 也 吃 不能吃
gɔʔ mah, dʑɛʔ nɔ hər, tɕaʔ ləʔ mah nɔ mah, tɕaʔ pə ləʔ mah nɔ duh pic, tɛːŋ ʔan pə
也 吃 傣族 他们 狡猾 的(助词)好 吃 他们 吃 的(助词) 不 好 吃 他们 丢掉 让 平
tɛʔ kəːt rəŋ kɔːŋ.
地 堆积 高山

ʔah moːi nɯm, bəŋ jɔh la piŋ bɯan ʔah pə siːn mah, məʔ dʑaːn pə rɔːt ʔah to m̥əh ʔan tɛːŋ
有 一 年 人们 去 狩猎 得 野兽 煮 吃 谁 拿 不 到 肉 只 是 如果 姓
səŋ taʔ to niʔ, ʔah ʔan ʔah gon dʑaːn pə rɔːt ʔah rə vaːi niʔ gɔʔ səŋ taʔ gə məh, gɔʔ n̥ɔːŋ ʔah gon dʑaːŋ
姓氏 只 那 肉 如 有 人 拿 不 到 肉 老虎 那 就 姓氏 他 是 也 还 有 人 拿 不
pə bɯan siːm tə gɔːk gɔʔ səŋ taʔ siːm tə gɔːk niʔ lɛʔ. jɛr niʔ kɔːn kəm m̥uʔ jɔʔ səŋ taʔ, məh taŋ da
到 白头翁鸟 就 姓氏 白头翁鸟 那 了 这样 人 克木 的 姓氏 是 从、自于…
ʔom pɛk ʔom ŋɛːl niʔ l̥ia lɛʔ. kɔːn kəm m̥uʔ jɛt ʔar məʔ gɔʔ n̥ɔːŋ tɕɯ pə l̥oŋ hər ləʔ tər dɔh
洪水 那 来 的 人 克木 在 哪 里 也 都 记得 没有 忘记 故事 传说
deʔ de niʔ.
的 自己 这

译文：

洪水淹没世界

克木人从哪里来？世界上的每个民族都有自己的创世神话传说，克木人也有神话，也有克木人悠久的传统历史与文化。

很久很久以前，两兄妹去挖竹鼠，那竹鼠告诉他俩可能会有滔天洪水淹没整个世界，淹没村寨，甚至淹没他俩的家。兄妹俩便制作了一个木鼓吊挂在勐厅尼下方叼崩这个地方的红毛树上，当洪水来临时两兄妹便钻进木鼓里，然后用蜂蜡封好，木鼓随波漂流，也不知道过了多少天。

有一天，他们感觉到洪水已经退潮了，不知道外面会是什么样子，他们戳通了木鼓，并从戳通的洞口出来。

兄妹俩出来后见不到村子，见不到一户人家，整个世界也没有一个人，没有城市，也没有村寨……村村寨寨的人都已经死光了。只剩下兄妹二人，哥哥说，我俩可能要分开去找人，你去东方和西方找配偶，我去南方和北方寻找配偶。他俩到处寻找了许久，也没找到一个人。两兄妹走啊走，又回到了原处，他们又商议后，哥哥去北方找，妹妹去南方找，还是没有人。找去找来，直到又见面。

有一只鸟，红眼睛、绿嘴巴、长尾巴，“德哥”，那只鸟追着两兄妹呼叫说：“德哥哥，德哥哥，兄妹互相结婚也没关系。”两兄妹听了那只鸟的话，结了婚，成了夫妻。不久，妻子怀孕了，怀了七年后生出来的孩了是个大葫芦，夫妻俩很生气，用水洗干净放在矛屋旮旯里。那葫芦一天天长大。有一天，夫妻俩上山狩猎、采集野菜，回到家突然听到有说话的声音，他俩很好奇，就把铁尖烧得红彤彤的，戳通了那个葫芦，从葫芦里就出来了克木人。他们把葫芦放在屋外，不久，葫芦里仍然还有说话的声音，嗡嗡的，他们又拿凿子再钻了一个洞，从洞里出来的是佤族，在葫芦里面还剩下很多民族，用铁尖或凿子钻也出不完，夫妇俩只能用大刀劈开那个葫芦，从里面出来了很多民族。先从葫芦里面先出来的是克木人，因为用铁尖戳通葫芦，克木人先出来了。克木人出来时沾染了洞口的炭灰，所以他们的头发是黑色的，而且肤色也黑。从用凿子钻开的洞出来的是傣族、汉族等民族，因为他们没有沾染着炭灰，所以就不黑。出来后人们吃什么都不够，他们就一起吃泥巴和黄石，克木人不会省吃俭用，能吃的也吃，不能吃的也吃。傣族比较狡猾，他们只吃好吃的，不好吃的就丢掉，让平地堆成高山。

有一年，人们去狩猎，猎得野兽，便煮着吃，谁拿不到哪只（动物）肉就以哪只（动物）为姓。如果有人拿不着老虎肉就姓老虎姓氏，还有人拿不着白头翁鸟的肉，那就姓白头翁鸟姓氏了。这样，克木人的姓氏是从洪水滔天时来的。克木人（无论）在哪里都记得他们的神话传说。

（二）

tuːt riah ˀmun mah grəh

来历 节 玛格乐

hərlɔˀ lau grəh dʑɛˀ lau sah mun grəh l̥ian deˀ hər lɔˀ trəh kuaːi jar ni kɔːn kəm m̥uˀ ˀiˀ daŋ

话 讲述 格乐 又 称为 节日 秋收 的含义 丰收 红薯 就这样 克木人 我们才

gəːi lau sah mah grəh. jar məˀ kɔːn kəm m̥uˀ ˀiˀ daŋ tɛːŋ riːt grəh? ˀan ˀiˀ nəːŋ tuːt riahˀ

常 说 玛格乐 怎样 克木人 我们 才 形成 节 玛格乐 让 我们知道 来历

mun mah grəh deˀ kɔːn kəm m̥uˀ məh nɛːu məˀ.

节 玛格乐 的 克木人 是 怎样

mah grəh məh riːt deˀ kɔːn kəm m̥uˀdʑɯm gon，mah grəh məh ˀmun nɯm m mɛˀ deˀ，gɔˀ

玛格乐 是 习俗 的 克木人 每个 人 玛格乐 是 过年 新 的 也

n̥ɔːŋ məh səŋ tɛːŋ ˀjɛk thai ˀan roːi gaːŋ taˀ jaˀ khun tɕɯaŋ taˀ ȵi mɯ dʑiaŋ roːm n̥am deˀ，

还 是 祭祀 氏族 给 神 家 祖先 坤壮 达伊 日 节 重大 的

tɛːŋ to məh kɔːn kəm m̥uʔ ʔiʔ gi taŋ tɕi lau ʔmun mah grəh, gə jɛr səŋ məh ʔiʔ jɛt sə riʔ thai taʔ jaʔ
为什么 克木人 我们 都 在 说 节 玛格乐 那 因为 是我们在 敬奉 始祖
khun tɕɯaŋ taʔ ȵi gi.
坤壮 达伊 这

jim jəʔ rəŋ naːn, gə məh gon ʔa raʔ ʔah nam naːt moːi gon, gə məh naːi phan sək ta han brɛi.
以前 很久 他 是 人 勇敢 有 权力 一 个 他 是 首领 部落
khun tɕɯaŋ nap ʔan ta han gə jɔh bok sək. ʔan nɔ bok sək bɛ ləʔ, tɛːŋ buːc sa ʔɯak.dɯŋ niʔ gə
坤壮 下令 给 部落 他 去 打仗 当 他们打仗 胜 了 酿 水酒 喝 这样 他
ʔɔːr ta han brɛi ŋam jɔh bok sək, khun tɕɯaŋ bok jɔh dok ʔməh gɔʔ bok biʔ be. khun tɕɯaŋ gə
带 部落 一直 去 打仗 坤壮 打仗 去 这么 久 也 打仗 没 胜利 坤壮 他
han məh moŋ sip sɔːŋ. khun tɕɯanŋ gə məh tɕau si_vit kɔːn kəm m̥uʔ deʔ ʔiʔ gi. taŋ n̩ niʔ kɔːn
死 是 月份 十二 坤壮 他 是 召西维 克木人 的 我们 这些 从此 克
kəm m̥uʔ ʔiʔ gi taŋ tɕi tɛːŋ ʔmun mah grəh jɛt sə riʔ khun tɕɯaŋ taʔ ȵi khɔp nɯm sip sɔːŋ moŋ
木人 我们 举行 节 玛格乐 纪念 坤壮 达伊 每 年 十二 月份
rip ŋ̥ɔʔ rip mah hoːc gɔʔ tɛːŋ ʔmun mah grəh gɔʔ məh səŋ sə riʔ khun tɕɯaŋ taʔ ȵi.
秋收 后 就 过 节 玛格乐 就 是 祭奠 坤壮 达伊

ʔnɯan tɕɯaŋ ʔȵɯan ȵiʔ məh ʔnɯan nɯŋ ʔnɯan sɔːŋ gi nam jəʔ kɔːn kəm m̥uʔ ʔiʔ gɛːi lau
诞生 壮 诞生 伊 是 一月 二月 这 以前 克木人 我们 常 说
sah khun tɕɯaŋ taʔ ȵi mɯ ʔah ʔnɯan sɔːŋ gi məh ʔnɯan beŋ ʔah khun tɕɯaŋ məh ʔnɯan si ȵɛʔ
是 坤壮 达伊 天 诞生 二月份 这 是 圆月 生 坤壮 就是 月份 生日
deʔ khun tɕɯaŋ. niʔ khun tɕɯaŋ ʔah l̥ian daʔ kluaŋ r̥oŋ ʔnɯan sɔːŋ gi. joŋ maʔ gə seh gə deʔ sɯŋ
的 坤壮 这 坤壮 出生 在 地名 二月份 这 爸妈 他取名 他 的 名字
məh taʔ, ȵi dʑɯm mɯ gi kɔːn kəm m̥uʔ ʔiʔ n̥ɔːŋ ʔah hər lɔʔ tər dɔh taʔ ȵiʔ graːn jar niʔ, kɔːn kəm
是 达伊 从 时候 那 克木人 我们 还 有 故事 传说 达伊 懒汉 这样 克木
m̥uʔ deʔ daŋ lau moŋ ʔnɯan gi sah məh ʔnɯan taʔ ȵi, taʔ ȵiʔ n̥am khɯan tɕɯ mɯ bəŋ phrəh pə
人 才 能说 月 月 这 就 是 生日 达伊 达伊 长大 天天 就 任命
khɯan ʔan gə tɛːŋ naːi taʔ haːn, bəŋ pian sɯŋ gə sah məh khun tɕɯaŋ, ʔan bɛ briaŋ kɔːn kəm m̥uʔ
给 他 做 官 军队 从那 变 名字 他 就 是 坤壮 给 打 败仗 克木人
ʔiʔ deʔ ʔmaːn də ʔmɯaŋ. laːc ʔam naːt, jɛt tuaːŋ kluaŋ ʔnɯan nɯŋ kɔːn kəm m̥uʔ de kɔːi lau sah
我们 的 血 人亡 夺 权力 就在期间 一月份 克木人 就常常说 是
moŋ nɯan khun tɕɯaŋ haːn gɔʔ məh gə dʑur bri deʔ khun tɕɯaŋ rar niʔ; bəŋ seh sɯŋ məh nɯŋ
月 坤壮 死 也 是 他 出生 的 坤壮 那天 人们 称为 月

gi məh ˀnɯan khun tɕɯaŋ.
这个是 诞辰 坤壮

nam jəˀ,moːi nɯm səŋ gɔːp rɔːt moŋ ˀnɯaŋ khun tɕɯaŋ taˀ n̥i gi,kɔːn kəm m̥uˀ bɯan.de
很久以前 一 年 轮转 到 月 诞辰 坤壮 达伊 这 克木人 就 助词
sə riˀ gɔˀ məh mɯ gə ʥur bri,gɔˀ məh khun tɕɯaŋ ˀap haːn niˀ.
祭祀 也 是 天 他 生辰 也 是 坤壮 死 这

kluaŋ saːm mɯ gi sə riˀ pə ləˀ jɔh tɛːŋ viak,gɔˀ pə ləˀ jɔh plian hə ˀeˀ. mah grəh məh moːi
三 天 这 祭祀 不能去 干活 也 不能 去 砍 柴 玛格乐 是 每
pi sip sɔːŋ ˀnɯan,kɔŋ kuŋ kɔŋ gaːŋ məˀ gɔ tɛːŋ səŋ mah ˀmaːk ʥɯ ˀmaːk nɛːu,jɔh sə roŋ rɔːt da
年 十二 月 各家 各 户 任何 都 做 饭菜 各种 各样 去 送 到 于
gaːŋ lə guːan; thai ˀan hər loːi kuŋ hər loːi gaːŋ mah kaːl,thai ˀan hər loːi gaːŋ joːŋ thau vi la
家 勒管(人名)祭祀 神 寨 神 家 吃 先 敬奉 神 家 祖先 时间
tɛːŋ mah grəh gi,məh moːi pi moŋ sip sɔːŋ rip ŋ̊ɔˀ rip mah hoːc kɔːn kəm m̥uˀ jɛt daˀ briˀ tɕin
举行玛格乐 这 是 一 年 月份 十二 秋收 结束后 克木人 在 于 中国
briˀ laːu gɔˀ m̥ɯan jɔˀ jɛt sə riˀ ˀnɯan khun tɕɯaŋ gɔˀ məh mah ʥiaŋ khun tɕɯaŋ taˀ n̥i deˀmah grəh.
老挝 都 一样 纪念 生辰 坤壮 也 是 过 节日 坤壮 达伊 的 玛格乐
gə gɔˀ məh saːm khan tɛːŋ thai hər loːŋ gaːŋ hər loːŋ thau khun tɕɯaŋ taˀ n̥i, ˀmun mah grəh
也 就 是 主要 供奉 氏族 祖先 坤壮 达伊 节 玛格乐
məh riːt sə mɛi phrim ˀuːn pə jɔh ˀiˀ deˀ n̥ ˀniˀ ˀan ˀiˀ naŋ səŋ məh riːt khɔːŋ kɔːn kəm m̥uˀ deˀ.
是 世代相传 留 给 我们 的 现在 让 我们 记住 是 风俗习惯 克木人 的
n̥aːm ˀiˀ mah mah grəh gi,gə məh moŋ sip sɔːŋ,gɔˀ gɛi məh moŋ ˀah khun tɕɯaŋ taˀ n̥i deˀ
那时 我们 过 玛格乐 这 就是 月份 十二 也 就 是 月 出生 坤壮 达伊 的
moŋ ʥiaŋ mɯ jɛt sə riˀ gə. mah grəh məh deˀ kɔːn kəm m̥uˀ gi rɔːt loːi jəːm tɛːŋ muan sɯn,phan
重大意义 日子 纪念 他 玛格乐节 是 的 克木人 这些 来 都 热烈 庆祝 杀
sɯaŋ phan traːk,tɛːŋ phram sa la jɛt daˀ tər diˀ kuŋ,taŋ kɔːn kuŋ, kɔːn kuŋ kɔːn gaːŋ
猪 宰 牛 搭起 凉棚 在 于…的中间 寨子 全部 村民 老老少少
tɕəm kɯn tɕəm brɔˀ məˀ gɔˀ rɔːt loːc ʥɔːi jɔˀ kən tɕhəh,maˀ sə dən kɔːn m̥ɯn gɔˀ ˀjɔːŋ brap ŋ koˀ
男男女女 人人 都 来 全部 参加 活动 妇女 小姑娘 都 梳妆打扮穿着
grua,su jəːm təːm tɛˀ, jok ˀtɕɔk buːc phɔk buːc ˀɯak la mah sə roˀ ʥim kuaːi,jɛt ˀmən mun gəh
盛装 唱歌 跳舞 举起 杯 酒 敬 酒 喝 茶 吃 芋头 尝 红薯 在 宴会 这个
ni, gɔˀ n̥ɔŋ ˀah təːm tɛˀ sɯn muan. kɔːn n̥ɯm maˀ sə dəːn məˀ gɔ dɛn, tiˀ taːm jaːn, tɔːi poŋ, taːm
也 还 有 歌 舞 表演 姑娘们 妇女们 每个 都 坐 手 击 铜鼓 敲 铓锣 打

tɕhɛŋ ləh sian tiːŋ nɔ taːm ˀnɛ təːm ˀnɛ, gɛi ˀah joŋ sə dən, nɔ gɔˀ gək jaːn tam jəh jɔˀ nɔ

钹子 等 乐器 她们 击 边 唱 边 也 有 男子 他们 也 踏着 铜鼓 敲 走 向 人们

tam tɕhɛŋ tam poŋ. tɛˀ kə mɔŋ poˀ tɛˀ dʑəŋ laˀ suəːi. kɔːn n̥ɯm kɔːn dʑɔːŋ jok tiˀ tɛˀ səːi daːu daːu

敲 钹 打 锣 跳刀 和 舞拳 到处 小姑娘 小姑娘 举起手 跳起 叨叨(舞蹈)

phɯːn.phɛːn ˀɛːn muan kɔːn kəm m̥uˀ kɔːn kun seh məh khun tɕɯaŋ taˀ ɲi moŋ deˀ ˀah gə,

热烈 欢乐 克木人 人民 称为 坤壮 达伊 月 的 生 他 才

taŋ bɯan pən məh ˀmun mah grəh.

能 译作 节 玛格乐

译文：

“玛格乐”节的来历

“玛格乐”节是怎么来的呢？

所谓“格乐”，又称“秋收节”，意为红薯丰收。克木人常称为“玛格乐”。

克木人的“玛格乐”节是怎样形成的呢？下面我们将知道克木人“玛格乐”节是怎么来的。

“玛格乐”节是克木人世代相传并盛行至今的传统节日，“玛格乐”节既是克木人的新年，也是克木人祭祀、敬奉祖先坤壮—达伊的重大节日活动。为什么我们克木人都称为“玛格乐”节呢？那是因为我们在敬奉“坤壮—达伊”这位先祖。很久以前，“坤壮—达伊”是一个勇敢而有权力的人，他是一个部落首领。他常常带领部落的人去打仗，当他们打了胜仗，就酿水酒喝。他就这样一直带领部落人打仗，后来怎么打也没打胜，坤壮在十二月份死了。坤壮是克木人的召西维。从此，克木人就在每年的十二月份秋收后过“玛格乐”节纪念坤壮—达伊这位先祖了。

达伊的生辰就是一月份或二月份，以前克木人常说成“壮伊的诞生”。二月份月圆时坤壮出生，二月份月圆这天就是坤壮的生日。因为坤壮在二月份出生，他父母给他取名为“达伊”。从那时起，我们克木人，还有“懒人达伊”的故事。于是，克木人才说这个月就是达伊的生日。达伊一天天长大，后来被提拔为军官，从此就改名为“坤壮”。后来，坤壮打了败仗，我们克木人血流成海，伤亡惨重，坤壮的权力也被夺取了。当时正好就是一月份，克木人就说这是坤壮去世的月份，也是坤壮出生的那天。所以，人们把这个月成为“坤壮的生辰”。

很久以前，一年一度的这个月，克木人就祭祀这个坤壮—达伊，具体就是在他生辰和去世的这一天。祭祀活动要持续三天，在这期间，人们不能干活，也不能砍柴。每年十二月，“玛格乐”节时，各家各户都要做各种各样的菜，然后送到勒管（主管祭祀的人）家，祭祀寨神家神，让寨神家神先吃，也用以敬奉祖先。举行“玛格乐”节的时间为一年中的十二月份秋收后，中国的克木人和老挝的克木族都同样纪念坤壮的生辰，也就是过“坤壮—达伊”节。所以，“玛格乐”主要就是供奉氏族祖先“坤壮—达伊”。

“玛格乐”节是克木人世代相传的节日，现在每一个克木人都记得这是我们克木人的传统节日活动。起初，我们就是在十二月份过"玛格乐"节，也就是在坤壮—达伊的出生月中具有重要意义的日子里纪念他。克木人隆重庆祝"玛格乐"节时，人们杀猪宰牛，在寨子中间搭起凉棚，全村男女老少都参加节日活动，妇女姑娘们梳妆打扮、穿着盛装、载歌载舞；人们举起酒杯，敬酒喝茶，品尝新鲜的芋头和红薯。在这个宴会上，人们尽情地歌舞。姑娘们、妇女们就地而坐，击铜鼓、敲铓锣、打钹子等乐器，她们边击边唱。也有男子，他们也敲着铜鼓走，向人们敲钹打锣，四处跳刀舞和舞拳。小姑娘们举起手跳起"叨叨"舞。这个场面笼罩着欢庆的气氛，克木人称为坤壮—达伊的生日，并译作"玛格乐"节。玛格乐是克木人的习俗，意思就是过新年。

(三)

phunɯ ˀup lɯaŋ hər loˀ kɔːn kəm m̥uˀ

故事 传说 语言 克木人

naŋ ˀiˀ pə ˀah to laːi deˀ kɔːn kəm m̥uˀ, nɛi ˀah hər loˀ phi set deˀ de pən tun ˀuːp

虽然 我们 没 有 文 字 的 克木人 但 有 语言 独特 的 自己 传说

jɛt phrim ɲam jeˀ, kɔːn kəm m̥uˀ məh gɔˀ ah to laːi deˀ de to laːi deˀ nɔ kɔːc jɛt da m puːr traːk

在 古代 克木人 是 也 有 文字 的 自己文字 的 他们 写 在 于… 皮 牛

n̥i, ˀah moːi mɯ kɔːn kəm m̥uˀ jua taˀ jaˀ buh m puːr traːk jɔh da mɯaŋ pha la, jɛt ram

那 有 一 天 克木人 祖先 背 皮 牛 去 于… 勐帕拉(地名) 在 中间

grəŋ ŋɔːrˀ ˀah ˀom moːi tər nal nɔ gɔk m puːr traːk kə niˀ kham ˀom pə nəŋ jəŋ da lɔh kɔːi

路 有 河 一 条 他们 背 皮 牛 那时 渡 河 不 慎 将 于 身上 刻

to laːi jɛt m puːr traːk pən sə kɔˀ lɛˀ, nɔ ˀ khaːm ˀom hoːc ŋaːr nɛ tɕuˀ mah nɛ səŋ məh, nɔ

文字 在 皮 牛 弄 湿 了 他们 渡过 水 完了 冷 也 饿 也 于 是 他们

jɛt gɛːm ˀom mal phrɯa n̥am gɛi moːt m puːr traːk ˀar l̥ian ˀɛːr pɯk, kɔˀ m puːr traːk ˀɛːr hɛu niˀ taŋ

在岸上 水 生 火 大 将 把 皮 牛 取出 烘烤 等 皮 牛 烤 干 时 才

guːɲ, nəŋ to laːi jɛt da n̥a m puːr traːk laːc duˀ lɛːu, nɔ gaːi gɛi moːt m puːr traːk niˀ pan jɔˀ mah lɛːu,

发现 文字 在 上面 皮 牛 消失 了，他们 便 将 把 皮 牛 那 分配 吃 了

taŋ niˀ jɔh kɔːn kəm m̥uˀ biˀ ˀah de deˀ to laːi lɛˀ, ˀnɛi səŋ l̥ok deˀ kɔːn kəm m̥uˀ gaːi tər gət

从 此 开始 克木人 没 有 自己 的 文字 了 但 聪明 的 克木人 回忆

jɔh nai mɯ mal phrɯa pɯk m puːr traːk niˀ ˀah siaŋ pɯl doh riak raːk deh ˀɯh, nɔ gɔˀ gəi

起来 那 天 生火 烤 皮 牛 时 有 声音 噼里啪啦 地 响 他们 就 向

rian siaŋ pɯl doh phrɯa tɛːŋ saŋ l̥ian de deˀ hər loˀ sroi, dəŋ niˀ kɔːn kəm m̥uˀ n̥ niˀ lau hər

学习 声音 噼里 火 创造 出 自己 的 语言 说 所以 克木人 现在 说话

loˀ ˀɔːr ˀah m bɯl geːm jɔˀ siaŋ pɯl doh riak raːk ˀah n taːk ter sər laːi nɔk ŋ ɲeŋ muan trɔˀ

带 有 厚 浓 的 声音 噼里啪啦 有 舌头 弹动 非常 好 听 舒服

tɕen n̥ ˀniˀ.

现在

译文：

克木人语言的传说

虽然克木人没有自己的文字，但也有自己独特的语言。相传在远古的时候克木人是有自己的文字的，当时他们的文字是写在牛皮上的。传说有一次克木人的祖先背着牛皮去勐帕拉（地名），在半路途中有一条河，他们在渡过河时不小心把刻有文字的牛皮弄湿了，渡过河后他们又冷又饿，于是他们在岸上生火取暖，将牛皮取出烘烤等到牛皮烤干时，才发现写在牛皮上面的文字全消失了，他们便将那牛皮分给大家吃了。从此，克木人就再也没有自己的文字了，但是聪明的克木人回忆起那天生火烤牛皮时，火中所发出的噼里啪啦的声音，于是他们就模仿学习这些声音，最后创造出自己的语言，所以现在的克木人说话时带有浓厚的噼里啪啦的声音，有许多舌头弹动的音，非常悦耳动听。

三　调查日志

2010 年 9 月—2010 年 12 月

成立寒假跨境语言调查课题组，并开始制订调查方案。

2010 年 12 月 6 日　星期一

晚上 7 点，召开课题组成员第二次会议。参加人员：戴庆厦、余成林、陈国庆、朱艳华、范丽君、王跟国、李春风、黄平、刘玉兰。

会上，课题组组长戴老师宣布，寒假期间克木语跨境调查研究计划正式启动。克木人在中国境内人数很少，在西双版纳的勐腊县仅 2000 多人。在老挝，克木族是第二大民族。跨境语言克木语调查，要先做好前期准备工作。从现在起，收集关于克木人、克木语的材料，并作了具体分工。

会议初步确定 1 月 1 日从北京出发，先在西双版纳勐腊县调查境内克木人语言本体及其使用情况。1 月 14 日到达老挝南塔调查。

2010 年 12 月 19 日　星期日

晚上 7 点，召开课题组成员第三次会议。戴庆厦、王跟国、李春风、黄平、刘玉兰、桐柏等人参加。本次会议进一步落实调查前的准备工作。检查工作的进展情况，督促做好各项准备工作。安排调查任务，责任到人，各负其责。

调查内容包括两部分：一是克木语的语言功能，包括克木人学习母语的情况、克木人兼用汉语及其他语言的情况、青少年语言能力状况。概况部分必须根据实际调查情况，对人口、经济、文化等方面的材料加以核定、补充。二是克木语本体，包括语音、词汇、句法。大家要事先设计相关的例句。另外还有：调查日志、照片、附录。

戴老师修改境内克木人概况，安排大家传阅，叮嘱大家不要把准备工作带到下边去，这样可以节省时间，下去后就能多收集第一手材料。

2010 年 12 月 24 日　星期五

戴老师先期到达云南参加"全国第二届高等院校民族语文教学暨学术研讨会"，并与有关单位联系这次调查事宜。

2011年1月1日 星期六

新春伊始，人们正在欢度元旦佳节，课题组则在为此次的田野调查做紧张的准备工作。包括整理调查词表、打印相关材料、准备出国用的小礼物等。

2011年1月2日 星期日

一大早，课题组大部分成员到达昆明。下午和戴老师及云南民族大学的部分老师在昆明机场会合。晚上乘坐10点的飞机飞抵西双版纳。入住西双版纳云武宾馆。晚上12点时开会，布置第二天的行程和工作安排。

2011年1月3日 星期一

上午9点钟出发，前往勐腊县。途中，国家语委副主任李宇明教授发来信息说："支持你们的工作，佩服你们的精神。注意安全。"大家都很受鼓舞。戴老师高兴地说："我们的思路是对的，我们的这些调查材料是能成为有用的文献的。"中午12点多赶到勐腊县城，勐腊县检察院的办公室杨主任接待了课题组成员。饭后大家入住绿宝石宾馆副楼玉林宾馆。

下午3点在玉林宾馆2102室开会。重申这次调查的基本目标，陈国庆介绍了克木语的主要特点及目前手头的参考资料。戴老师进一步明确这次调查的主要任务：一是语言本体的调查，确定一个点，选用的发音合作人应该有一定的文化素养；另一个是了解克木人的背景材料，调查克木人普遍使用语言的情况，境内选择两个聚居点和杂居点。

晚上6点，勐腊县检察院高检察长在餐馆里招待课题组成员。高检察长当即打电话把分管克木人经济建设的县人大依腊波副主任叫来，商议如何支持我们的工作。依副主任很健谈、很爽快，答应全力帮忙，并商定了第二天的工作安排。

2011年1月4日 星期二

早上9点，勐腊县检察院高检察长带着课题组部分成员到了县人大依腊波副主任的办公室。依副主任介绍了政府对克木人的扶持情况，并为我们提供了手头的相关材料；帮助联系了勐腊县发改委克木人项目办，复印了他们扶持克木人工作的一些文件材料；联系了民宗局局长，并由余金枝等人到民宗局采访；民宗局局长详细介绍了勐腊县克木人的分布情况，为我们的调查选点提供了参考方案；联系到县进修学校的克木人依论刚老师。

依论刚是克木人，多年来热心于克木人的发展及语言工作。她的条件很好，第一语言是克木语，有一定的语言学常识和辨音能力。

为了调查方便，中午我们改住到进修校附近的义康酒店。中午邀请依论刚老师一起吃饭。

下午开始工作，戴老师到勐腊县进修校找依论刚记音、对音，初步了解克木语的语音情况。课题组其余成员由陈国庆带队赴勐腊镇曼纳伞村委会曼迈村民组开始语言使用情况的调查。刚入村庄，映入眼帘的是漂亮的傣式二层房屋，这里的人是真正富裕起来了。正如我们后来了解到的，大多数家庭有小汽车，摩托车更是家家都有。村里的会计接待了我们。我们走家串户，调查了十多家克木人的家庭语言使用情况，作了五个访谈。

晚上 9：40 开始开会。团队全体成员及泰国清莱皇家大学松巴老师参加。余金枝介绍了曼迈村寨的基本情况，陈国庆、王跟国、李春风、黄平、刘玉兰、桐柏都交流了调查材料。戴老师根据交流情况作了总结，认为勐腊县克木人的语言使用基本上是母语保留，但兼用类型发生了转变，老一辈克木人兼用傣语，年轻人兼用汉语。

2011 年 1 月 5 日 星期三

昨天下午就已得知，今天是寨子里的一户人家“上新房”（克木人乔迁新居的仪式）。寨子里的会计邀请课题组成员参加这个仪式，正好大家也可以实地体验一下克木人的民风民情。上午，调查组全体人员到曼迈村寨调查，由村长带着我们去了要进的新房。新房周围许多人在忙碌着。村民介绍说，整个寨子里的人都要来帮忙并参加祝贺，我们也按风俗习惯参加了上新房的祝贺，由依论刚老师准备了一瓶酒和一袋包谷，并集体送了一份贺礼。

我们调查人员还是像昨天下午那样又进行了走家串户的登记调查，作了不同年龄阶段的 400 词测试。为了了解少年儿童的母语使用情况，余金枝、朱艳华等不顾劳累，还到了寨子里的小学进行了近三个小时的调查。

晚饭时，村长用克木语向村民广播：今天参加上新房的有中央民族大学的教授和博士生，非常荣幸。晚上全寨子的人都来吃饭，我们还遇上许多从别的寨子里赶来参加“上新房”的克木人，共摆了 50 多桌，场面蔚为壮观。

饭桌上，村长、会计对我们高兴地说：“你们能来关心我们克木人，我们太高兴了。”当我们的项目成员桐柏和他们用克木语交流时，村长情不自禁地说：“外国朋友会说我们的克木话，太高兴了，再倒一杯酒！”

晚饭后已将近 8 点，村长认为对我们的调查帮助不够，还一再表示歉意。离别时依依不舍。

晚上 10 点开会，戴老师总结了曼迈寨子不同年龄段母语使用情况。指出老一代没问题，中青年没问题，小孩子尤其是 12 岁以下的差一些，但完全放弃的没有。要求大家明天整理好这两天的材料。

2011 年 1 月 6 日 星期四

开始整理资料。余金枝、王跟国、李春风分别整理昨天的访谈。黄平根据昨天的访谈补充概况。刘玉兰负责已调查户口的整理和统计。桐柏负责 400 词测试表的统计和整理。戴庆厦和李春风到进修学校找发音合作人作语音记录。

2011 年 1 月 7 日 星期五

上午 8：30 开会，调查组全体成员参加。要求大家熟悉音系，按音系去调查。完成曼迈点的个案。共同商定了全书框架初稿。

2011 年 1 月 8 日 星期六

在义康宾馆整理音系，改定 400 词，区分 2000 词中的傣语借词。单元音感觉是不长不短，看来是没有长短音的对立。

2011 年 1 月 9 日 星期日

继续进行 2000 词的记音工作，并将 2000 词的国际音标记音陆续输入电脑。补充、修改个案。

2011 年 1 月 10 日 星期一

桐柏早上 6 点多到汽车站坐车回老挝，为老挝的调查工作打前站。

上午 8：30，在义康宾馆 206 室开会，布置下一步的语法调查工作。

上午，陈国庆、黄平到政府、县志办等处找资料数据。余金枝到民宗局访谈。王跟国、李春风输入 2000 词。依论刚继续做 2000 词的记音工作。

晚上，王跟国、李春风、黄平等核对 400 词。

2011 年 1 月 11 日 星期二

下午，陈国庆、王跟国、黄平去王四龙村调查。晚 6 点出发，7 点到达尚勇镇政府，岩糯对副镇长接待了课题组成员。

2011 年 1 月 12 日 星期三

尚勇镇依副书记陪同调查组到王四龙村，上午对村长进行访谈。中午岩腊村长、岩光副村长和调查组一起回到尚勇镇。下午、晚上将王四龙寨村的 63 户户口资料录入电脑，并了解各户家庭的语言使用情况。

2011 年 1 月 13 日 星期四

王四龙村调查小组租车去王四龙村，在副组长岩光和驻村工作员邓忠的帮助下，作了不同年龄段的 400 词测试，进行了入户访谈。工作一直进行到下午 8 点钟。

2011 年 1 月 14 日 星期五

陈国庆、王跟国、黄平在尚勇镇整理王四龙村的调查材料。

2011 年 1 月 15 日 星期六

尚勇镇王四龙村的调查个案基本完成。

上午，课题组成员朱艳华、范丽君分别从芒市、北京赶到勐腊加入调查队。中午 12：30 与在勐腊的课题组成员赶赴磨憨口岸。与在王四龙村调查的课题组成员在磨憨口岸会师后，全组大队人马出磨憨口岸进入老挝境内。从此，课题组的工作进入了在老挝作调查的新阶段。

四 照片

1. 戴庆厦教授、余金枝、刘玉兰和发音合作人依论刚核对勐腊克木语的音位系统

2. 余金枝在曼迈小学测试学生的汉字能力

3. 余成林、朱艳华、范丽君认真核对语法调查材料

4. 刘玉兰、桐柏在曼迈村入户调查语言使用情况

5. 陈国庆在王四龙村调查语言使用情况

6. 王跟国认真核对王四龙村的人口情况

7. 黄平在王四龙村对克木少年进行 400 词测试

8. 李春风、刘玉兰和克木人亲切合影

9. 与曼迈村组长波依康叫（右五）合影

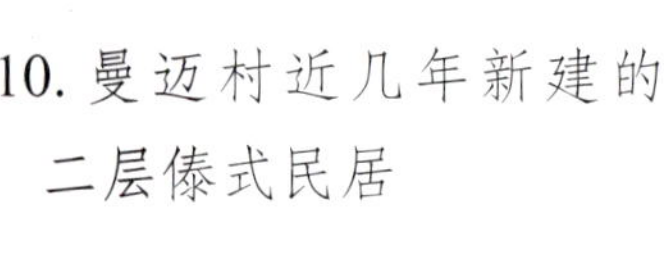

10. 曼迈村近几年新建的二层傣式民居

11. 曼迈村家家户户都有摩托车，村民出行很方便

参考文献

陈国庆《克木语研究》,民族出版社,2002。

陈国庆《克木语概况》,《民族语文》2001 年第 3 期。

陈国庆《孟高棉人称代词的形态特征》,《民族语文》2005 年第 6 期。

陈国庆《南亚语系语言研究》,《中国少数民族语言研究 60 年》,中央民族大学出版社,2009。

陈国庆《孟高棉语言前缀》,《语言研究》2010 年第 1 期。

陈相木、王敬骝、赖永良《德昂语简志》,民族出版社,1986。

戴庆厦《跨境语言研究》,中央民族学院出版社,1993。

戴庆厦、岭福祥《彝语词汇学》,中央民族大学出版社,1998。

戴庆厦、乔翔、邓凤民《论跨境语言研究的理论与方法》,《云南师范大学学报》(哲学社会科学版) 2009 年第 3 期。

李成武《克木人——中国西南边疆一个跨境族群》,中央民族大学出版社,2006。

李道勇《我国南亚语系诸语言纪略》,《民族研究论文集》(5),民族出版社,1985。

李道勇《我国南亚语系诸语言特征初探》,《中央民族学院学报》1984 年第 4 期。

李道勇《中国的孟—高棉语族概略》,《云南民族学院学报》,1984 年第 4 期。

李道勇《国外克木人的研究情况》,《中央民族学院学报》1988 年第 2 期。

李道勇、聂锡珍、邱锷锋《布朗语简志》,民族出版社,1986。

刘　稚《克木人图腾崇拜》,《东南亚》1986 年第 1 期。

刘　稚《克木人源流考》,《东南亚》1986 年第 2 期。

刘　稚《中国—东南亚跨界民族发展研究》,民族出版社,2007。

罗常培《云南之语言》,《云南史地辑要》,内部刊行,1944。

申旭、刘稚《中国西南与东南亚的跨境民族》,云南民族出版社,1988。

王国祥《西双版纳雨林中的克木人》,云南教育出版社,2009。

王敬骝、陈相木《我国的孟高棉语及其研究情况》,《云南民族学院学术论文集》,内部刊行,1981。

王敬骝《中国孟高棉语研究概况》,《民族调查研究》1985 年第 4 期。

王敬骝《克木语调查报告》,《布朗族社会历史调查》(三),云南民族出版社,1986。

颜其香、周植志《佤语简志》,民族出版社,1984。

颜其香、周植志《格木语元音的长短与松紧、声调的关系》,《民族语文论文集》,中央民族学院出版社，1993。

颜其香《格木语形态词法浅说》，《云南民族语文》1994 年第 4 期。

颜其香、周植志《中国孟高棉语族语言与南亚语系》，中央民族大学出版社，1995。

营子丹《吃茶的民族》，湖南美术出版社，2005。

赵廷光、刘达成《云南跨境民族研究》，云南民族出版社，1998。

勐腊县人民政府编《云南省勐腊县地名志》，内部刊行，1988。

勐腊县志编辑组《勐腊县志》，云南人民出版社，1990。

云南省地方志编撰委员会《云南省志》(少数民族语言文字志)，云南人民出版社，1998。

[美]迪福乐《南亚语系》，《民族译丛》1980 年第 3 期。

[瑞典]林德英、史岩、谭戎、戴雅宁著，王敬骝、陈相木译，《克慕语方言之语音研究》，《民族研究译丛》(7)，云南省民族研究所编印。

H. L. Shorto. Word and Syllable Pattern in Palaung [M]. H. L. Shorto Bulletin of the School of Oriental and African Studies, University of London, Vol. 23, No. 3(1960), pp. 544—557.

Jan—Olof Svantesson. Kamu Phonology and Morphology [M]. CWK GLEERUP.

后　　记

这本书是中央民族大学"985 工程""中国少数民族语言国情"调查课题的一个子课题。克木人在中国只有 3000 余人，归入布朗族。但在国外，却分布在老挝、泰国、缅甸等国，是一个人数不少的独立的民族。如在老挝，克木人就有 50 多万人，是老挝的第二大民族。这样一种跨境语言，其使用现状如何，有什么变化？在现代化进程不断加快的历史时期，其生存和发展会遇到什么问题，中国的克木语和老挝的克木语存在一种什么关系，应当怎样处理好二者的关系。

这本书又是跨境语言研究成果《老挝南塔省的克木族及其语言》的前期成果。因为，老挝的克木语与中国的克木语有着来源上的血缘关系，要研究跨境语言必须研究不同国家的克木语。认识中国的克木语，是认识老挝克木语的方便之门。

为了在进入老挝之前获取中国克木语的使用现状及其特点，课题组成员等不及学校放假就提前来到了西双版纳勐腊县的克木村寨进行田野调查。短短半个多月时间，在克木父老兄弟的热情帮助下，我们获取了大量的材料，得到了许多前所未有的知识，为《勐腊县克木语及其使用现状》积累了基本的第一手材料。进入老挝开展跨境语言调查后，我们课题组成员仍挤出时间在做国内克木语调查语料的整理工作。

我们课题组的成员在这之前曾参加过数次语言国情调查，都有一定的经验。所以，一进入"阵地"，个个都生龙活虎般地去完成所交给的任务。

我们的预想是：这本书将给读者提供一份真实的、具体的克木语使用状况，能启迪他们去思考应当怎样看待一个在众多语种包围下的小语种的命运，应当怎样以科学的态度来对待小语种，应当如何处理好多民族国家的语言关系。

这个成果能在不长的时间内完成，主要因素有二。一是有前人的研究成果，包括国内外研究克木语专家的成果。国内的，我们参考了王敬骝、李道勇、陈相木、陈国庆、李成武等人的成果。二是我们有位很好的合作者——依论刚。她的克木语很好，具有丰富的克木文化知识，而且思维敏捷。更重要的是，她有保存、发展克木人语言、文化的强烈愿望。她还把自己所有的材料毫无保留地提供给我们参考。这段时间，她自始至终与我们一起工作，共同度过了多少个不眠之夜！

感谢西双版纳州勐腊县有关单位、勐腊县人大依腊波副主任、勐腊县检察院高文佳检察长为我们工作提供的方便，感谢勐腊县教师进修学校领导对我们工作的支持。

感谢课题组每位成员，他们为了完成课题任务，一个多月来夜以继日地工作，就连大年初一也像平常一样在工作。本书的长篇语料，赵秀兰老师为我们做了编辑工作，她那认真的工作态度值得我们学习。在此也表示感谢。

我们愿把此书献给朴实善良、积极向上的克木同胞，祝他们的未来蒸蒸日上！

戴 庆 厦

2011 年 2 月 11 日于老挝南塔

DOKCHAMPAKAO 宾馆